Commercial

商法界论集

第2卷

期货法立法研究

Law

陈　洁／主编
夏小雄　钟　维／副主编
中国社会科学院法学研究所
商法研究室 主办

法律出版社 LAW PRESS·CHINA

编 委 会

总　　序

在党的十四大报告确定建立社会主义市场经济体制的改革目标之后，1992 年 10 月王保树先生以敏锐的学术观察力及时做出反应，建议将中国社会科学院法学所经济法研究室改为商法经济法研究室，并坚持将“商法”放在名称构成的前面。王保树先生的该项提议被迅速采纳，商法经济法研究室在 1992 年 10 月即实现更名，成为我国最早的冠以商法名称的科研机构之一。当时在商法经济法研究室工作的我学轻而识浅，却与保树先生言谈无忌，曾言“商法不就是个词嘛，在研究室名称中商法之先后甚或有无没啥实际意义，只须追求科研有实在内容就行了”。至今我还记得，当时保树先生意味深长地看了我一会儿，伴以扣桌之声而很有节奏地对我说：“你以后就知道叫商法有啥意义了。”10 年之后，商法经济法研究室分立为商法研究室和经济法研究室，商法研究室以商法学科为专属科研领域，作为一个充满理论创造力与学术号召力的专业团队存续并壮大于商法界，为中国商法的法治进步与学术繁荣不断做出努力与贡献。

随着法学所商法研究室的发展而成长的 20 多年间，我时常感怀保树先生的学术擘画之功及对我的提携之情，亦因年轻时一句“有啥意义”而更为深刻地体悟精心建构学术平台的重要意义。如果没有保树先生当年率先对商法概念的再本土化，以及在此过程中殚精竭虑地建构各种形式的商法学术平台，如主编《商事法论集》、在单位设立商法研究中心、领导中国法学会商法学研究会等，那么中国商法及商法学即便也会应时出现并有所发展，但或许是另外一个样子。

因承继积淀与创新拓展，法学所商法研究室已是一个科研效益与学术能量颇为可观的平台。为学养培植与学识增进，商法研究室并不囿于本单位课题研究与编制内团队培育，愿意并努力秉持更广阔的学术情怀与更勤勉的学术担当，为整个商法界的兴盛繁荣付出努力，包括为商法界精心搭建并维护更有特色与效益的学术平台。继开设微信公众号“商法界”广获影响之后，又再接再厉，创设《商法界论集》系列，以期商法界同仁可以在此坦诚砥砺学问、系统阐释观点、集萃思考精华。

商法研究室开设的微信公众号“商法界”旨在“以商新法，以法促商”，《商法界论集》仍将秉持这一学术理念，并努力使之在商法制度建设和学科发展中持续彰显、不断增效。“以商新法，以法促商”概括了商与法的关系，既反映了经济社会发展中商与法之间的互动规律，也标明了商法研究中学术生长的基本机制。把握“以商新法，以法促商”，商法研究者要作为敏锐、睿智且负责的观察者深度介入商事活动实践，与市场主体同时感受市场运行中变化着的力量与趋向,及时发现新的业态、交易模式、资源配置方式,且比一般的市场主体更能深刻地观察到商事创新的动因、性质、结构以及规则表现与运行效果;秉持以法治方式促进经济社会发展进步的学术立场,在科研实践中充分认识到商法建构与实施的能动性要服从市场运行的规律性,科学运用法治思维认识并以法律语言表述商事活动的事物属性、法律关系结构及应有的法律评价,进而做出有效的商法理论创新或者提出适当的商法制度建议,推动市场经济的良性运行与协调发展。

改革开放40年以来,尤其是社会主义市场经济体制确立以来,中国法治建设特别是商法建设具有前所未有的时空场域,商法及商法学经历了前所未有的跨越式发展与爆发式扩张。在这一时代背景中,商法界面临前所未有的贡献于学术、贡献于法治、贡献于社会的机会与责任。商法界专家学者在其科研实践中的睿思宏想、真知灼见是珍贵的学术资源和社会财富,《商法界论集》有心通过精心选萃和用心推广,使商法研究之圃的理论之花更多、更明媚地绽放于学界、灿烂于社会、辉煌于时代。商法研究室作为《商法界论集》这一学术新平台的维护者,希冀获得商法界专家学者的大力支持和深度参与,资深者率先倡导,莫自谦一得之见,再做学术示范;新锐者勇于展现,莫拘谨一议之功,放飞学术理想。只要我们用心过、合作过、努力过,《商法界论集》对中国商法学科体系、学术体系和话语体系的建构意义,以后我们就知道了。

*

2018年8月23日于北京

* 中国社会科学院学部委员,法学研究所所长,研究员、博士研究生导师。

目　　录

专题　期货法立法研究

论　　文

案例评论

学位论文

专题　期货法立法研究

中国期货市场跨境监管协作的思考①

唐　波*　李轶鸣**

摘要：资本市场国际化是中国经济转型的必由之路。法律规则直接关系到期货市场的运行质量和功能发挥，决定整个资本市场的发展水平和方向。因此，在跨境监管合作中，一方面要通过持续的国际交流，深入理解各国资本市场的监管法律制度，不断增进共识、建立互信、避免误解；另一方面要立足于国际法的基本理论，以尊重各国法律法规和执法权限为基础，本着相互信任的态度，朝着相互依赖的方向，加强跨境监管执法合作，尽最大努力协助境外监管机构达成监管目标。在此背景下，本文结合期货市场"引进来"和"走出去"的要求，分析和借鉴国际衍生品市场的规则和经验，旨在为期货市场跨境监管协作的法律基础和执法体制机制方面进行积极探索，进而提供些许改革建议。

关键词：跨境监管　期货市场

健全与完善资本市场的基础性法律制度是资本市场稳健发展的根本保障。特别是在金融全球化的大背景下，解决好跨境、跨业和跨市场的金融市场国际性法律问题，对于充分保护境内外投资者的合法权益，有效实施跨境监管合作，具有特别重大的现实意义。② 尤其是随着"以人民币计价、可转换成黄金"的中国原油期货合约于 2018 年 3 月 26 日在上海国际能源交易中心（Internation Energy Exchange，INE）挂盘交易，成为我国第一个全面国际化的期货品种。它的成功上市对于期货市场对外开放具有里程碑意义。与此同时，期货市场对外开放过程中的跨境监管、执法协作等一系列重要问题愈加凸显。

资本市场国际化是中国经济转型的必由之路。2014 年 5 月 9 日国务院发布的《关于进一步促进资本市场健康发展的若干意见》第 7 条中提出，扩大资本市场开放的相关政

---

① 本文为中国金融期货交易所 2018 年度计划课题"全面开放背景下期货市场跨境监管与执法协作研究"的阶段性研究成果。

* 华东政法大学教授、博士研究生导师。

** 华东政法大学博士后研究人员。

② 刘士余：《完善跨境交易和监管协作制度》，载《证券时报》2017 年 4 月 1 日。

策制度,包括便利境内外主体跨境投融资、逐步提高证券期货业对外开放水平和加强跨境监管合作等内容。2015年中共中央、国务院在《关于构建开放型经济新体制的若干意见》中提出,推动资本市场双向有序开放,扩大期货市场对外开放,允许符合规定条件的境外机构从事特定品种的期货交易。在风险可控的前提下,研究逐步开放金融衍生品市场,并以此为契机全面提升中国期货市场在国际市场上的竞争力和影响力。同时,法律规则是期货市场的生命线,直接关系到期货市场的运行质量和功能发挥,决定整个资本市场的发展水平和方向。因此,在跨境监管合作中,一方面要通过持续的国际交流,深入理解各国资本市场的监管法律制度,不断增进共识、建立互信、避免误解;另一方面是要立足于国际法的基本理论,以尊重各国法律法规和执法权限为基础,本着相互信任的态度,朝着相互依赖的方向,加强跨境监管执法合作,尽最大努力协助境外监管机构达成监管目标。

一、跨境监管协作的主要目的

期货等金融衍生产品因其具有独特的风险管理作用,自20世纪70年代产生以来,在世界范围内得到了广泛运用,交易量持续快速增长,品种创新层出不穷。衍生交易已成为现代金融活动的核心部分之一。然而,由于期货等金融衍产品具有很强的杠杆交易特性,使其在发挥风险管理作用的同时,其自身也蕴含着巨大的风险。历史经验表明,如果衍生交易的风险控制不好,即便是一家资本规模雄厚的百年老店,也完全可能在顷刻之间灰飞烟灭。另外,由于在衍生交易市场上,从事衍生交易的机构以金融机构为主,机构之间重复交易情况常见,交易集中度非常高,导致衍生交易的潜在风险也是集中这些少数机构身上。一旦其中任何一家机构因风险控制不好而出现破产倒闭事件,都会给与之交易的机构对手造成负面影响,甚至可能连锁性导致其交易对手以及其交易对手的对手也发生债务危机或破产倒闭,从而可能给整个金融市场、一国的经济甚或是世界范围内的经济活动造成震荡,出现系统性风险。

2008年金融危机以后,全球各国政府与市场机构都充分认识到现有金融市场在透明度、风险管理等方面存在的一些不足,推出了一系列监管改革措施。但如果不增强各国监管者之间的监督合作和信息共享,世界范围内所计划实施的很多监管改革都会被证明难以完成它们所要完成的任务。① 除此之外,各国资本市场不同的监管政策及要求,乃至宽严不均的监管环境,都有可能会导致监管套利(regulatory arbitrage),并可能引起投机资本及风险资本向“监管洼地”集聚,并最终诱发系统性风险。

因而,与一国境内期货市场监管的目的不同,跨境监管协作的主要目的应是防范区

① See“Principles Regarding Cross-Border Supervisory Cooperation”, http://www.iosco.org/library/pubdocs/pdf/IOSCOPD322.pdf.,at p.3.

域性乃至全球系统性风险。这也就意味着，跨境监管协作不只是一国某一主管行政主管机关的职责，更不应仅满足于关注个体金融机构、金融交易的安全与稳定，应将其纳入一国宏观审慎监管框架。在2008年金融危机前，监管往往被认为是微观的，针对的是某种行为或某类金融机构。但实践看来，微观监管似乎并不能取得有效防范系统性风险的效果。仅限于一国境内的公平、有效而全面地监管和监督并不足以阻止未来发生金融危机。这就需要将监管上升到宏观层面，从宏观平衡、宏观稳定的角度再加上审慎原则的有机组合。审慎意味着杜绝了比较过激的政策。审慎的概念是当面对很多可能的时候要考虑最坏的可能，按最坏的结果去设计方案。宏观审慎政策具有的一个突出特征是它的全系统视角。这是因为微观审慎政策存在"合成谬误"，即有的活动对于机构个体而言合适，但共同作用于全系统时可能会产生或加剧金融稳定性问题。①

二、我国跨境监管协作的前提性困局

跨境监管协作的前提是一国开放的期货市场，但是鉴于国家安全等原因，资本市场的开放并不能"一蹴而就""一放到底"。否则，对于欠发达的市场而言，很可能会导致一时"泥沙俱下"，对本国经济安全造成巨大冲击。尤其对于中国期货市场而言，自设立以来一直是一个相对封闭型的区域性市场，对于市场开放的应对可能尚不充足。

（一）过多的行政审批造成交易成本攀升和交易渠道不畅等问题

党的十四大曾明确提出要使市场对资源配置起基础性作用。党的十八届三中全会更进一步将市场在资源配置中起"基础性作用"修改为起"决定性作用"。要让市场起到决定性的作用，就意味着要尽量减少非市场因素的干预，如各种不合理的行政管制。虽然历年来，国务院一直在取消或调整行政审批的项目，但我国金融领域中依然存在政府权力过大、审批过杂、干预过多的问题，这仍在一定程度上影响了我国经济的发展活力和资源配置的效率。金融机构等市场参与主体需要相关行政部门的审批同意后才能从事金融业务，不仅无法使企业做到完全的自主经营和风险自担，而且因此造成我国金融创新动力不强、金融产品缺乏国际竞争力等一系列后续问题。

虽然目前可以投资境内原油期货的境外投资者包括以下四类：一是可以通过境内期货公司代理参与交易；二是可以通过境外中介机构，并由境外中介机构委托境内期货公司会员或者境外特殊经纪参与者参与交易；三是可以通过境外特殊经纪参与者代理参与交易；四是可以申请作为境外特殊非经纪参与者直接参与交易。② 但是，在资本项目的对外开放程度上，国际货币基金组织（International Monetary Fund，IMF）在2011年的《汇兑

① 王擎：《宏观审慎知难行艰——读〈系统性风险、危机与宏观审慎监管〉》，载《中国金融》2017年第7期。

② 参见上海国际能源交易中心2017年5月11日正式发布的《上海国际能源交易中心境外特殊参与者管理细则》。

安排与汇率限制年报》中将资本项目划分为7大类40个子项,[①]2015年扩展到10大类。2012年中国人民银行将上述子项划分为可兑换、基本可兑换、部分可兑换和不可兑换四类。境外股票、债券、基金、金融衍生产品、商品期货及衍生产品,实行部分可兑换,即存在严格准入限制或额度限制。

这些关于市场主体(包括内外资)资格和业务范围的审批,不仅涉及多个审批机构、流程长、成本高,而且阻碍了跨境和跨市场的交易,是我国期货市场在开放过程中需要首先应予以有效解决的问题。

(二)国内机构和市场的国际竞争力不够、金融产品线尚不完整问题

总体而言,在期货市场的开放过程中,国内期货交易所、期货经纪公司对国际市场普遍不甚熟悉;国内的期货市场则因较长时期处于封闭环境,也缺乏国际竞争力。反观部分国外市场,近年来纷纷涉足与我国相关的金融业务,如新加坡、伦敦金融市场正在积极建设区域性的人民币离岸业务中心。在贸易以及金融需求的推动下,境内外资金都会不断涌向开放度更大的国家和地区。因此,如果我国再不加快境内相关市场的开放力度,境内市场与境外市场在市场深度、国际化程度等方面的差距可能越来越大。

此外,产品种类的不齐整无法充分满足参与机构的各类交易需求,与国际先进的金融市场差距较大。市场和产品上的这些弱项在客观上降低了境外机构参与我国期货市场的积极性。如何在竞争激烈的国际环境中提升我国金融机构和市场的竞争力以及完善相关的金融产品线,是我国期货市场需要积极面对的开放挑战。

(三)开放过程中的风险监管挑战

国内金融市场在开放过程中,需要关注资本跨境流动的规模和速度可能对利率、汇率及货币需求产生的影响。开放将使包括期货市场在内的资本市场更容易受到国际风险因素的影响,并导致市场更大的波动幅度。纵观世界他国资本市场开放的历史,有的国家能够抓住机遇迅速步入现代化行列,有的国家则金融和经济危机频繁发生、发展缓慢,这些无不与一国能否在开放过程中有效维护本国的金融安全、有效控制金融风险的能力有关。最近20多年,拉美地区成为世界上金融危机发生最为频繁和最严重的地区,35%以上的拉美国家曾经历过数次危机,发生危机的次数是世界其他地区的3倍以上。[②]拉美国家频繁出现金融危机的主要原因一般都与开放有关,如外资的无序进出、资本账户自由化的错误步骤安排等。在缺乏有效监管和风险控制手段的情况下,对外开放将面临很多外部风险。虽然拉美国家的国情和经济发展的情况与我国有很大的不同,其发生金融危机的许多因素在我国目前也不存在。但是有一个教训很值得我们吸取:在国内尚

---

① See"Annual Report on Exchange Arrangements and Exchange Restrictions 2011",October 2011,IMF.

② 郑新立:《中国金融市场的对外开放与风险防范》,载《中国金融》2006年第23期。

缺乏健全的金融监管体系和本国金融企业尚缺乏足够竞争力的情况下,盲目、过度地开放本国金融市场,非但不能起到促进本国经济发展的有益作用,反而会有害于本国经济的健康发展,成为导致经济波动和长期停滞不前的根源。如何稳步有序开放我国的期货市场,同时对国际金融风险进行有效的识别和管理,不出现重大的风险事件,有效实施宏观审慎监管和维护境内金融经济稳定局面等是开放过程中将遇到的又一难题。

(四)中国期货市场跨境监管尚无相关法律法规

首先,中国当前对期货市场的监管依据是《期货交易管理条例》及其配套管理办法和相关细则,尚缺少较高层阶的法律。其次,在查处跨境违法违规行为时,须按照双边、多边协议或者委托执行,存在案件管辖权归属的约束及法律适用等问题,程序更为复杂。与案件协查相比,跨境处罚难度更大,可能面临多个国家或地区的法律冲突。最后,跨境执法效力难保证。既无强制约束权,对相关当事人的询问完全依赖其自愿行为,缺乏强制力,调取通信记录也面临相关法律的制约,又无起诉违规者的权力,手段仅限于自律处罚、行政处罚以及国内刑事处罚,交易所和监管机构都不能作为原告起诉期货市场的任何涉嫌违法者。

以中美跨境监管协作为例,近年中国证监会和美国证券交易委员会(U. S. Securities and Exchange Commission,SEC)在案件协查时,SEC 向中方提出的多项协查请求,仅少数案件有部分进展,但仍未完全满足 SEC 的需求。同样,SEC 对中方提出的协查请求,反馈速度迟缓且有效性不高。双方一度存在相互试探和博弈的情况。尽管中国证监会与美国商品期货交易委员会(U. S. Commodity Futures Trading Commission,CFTC)已于 2002 年签署了合作备忘录,且在国际证监会组织(International Organization of Securities Commissions,IOSCO)多边谅解备忘录框架下应当进行跨境监管协作,但双方还未处理过跨境监管协作的具体期货案件。而一个案件能否在美国执行相关处罚裁决,取决于很多因素。美国法院可能认为外国法院的处罚判决缺乏程序的公平性和正当的程序保护,因此美国法院会否协助中国法院执行相关处罚裁决是难以预期的。

三、跨境监管协作中的监管冲突问题

2008 年国际金融危机后,欧美等国制定的一些金融监管改革立法带有较强的域外管辖权色彩,不仅要求本国机构和境内交易遵守本国法律,还要求某些外国机构和跨境交易也遵守本国法律,导致了各国在管辖权上发生冲突,并产生了不可忽视的影响。

在这些立法中,美国《多德—弗兰克法案》之"沃尔克规则"以及美国《外国账户税收合规法案》(Foreign Account Tax Compliance Act,FATCA)的域外管辖权最为明显。尽管 2018 年 5 月 24 日,特朗普总统签署了 S. 2155 号议案《促进经济增长、放松监管要求、保护消费者权益法案》(以下简称新法案),使其正式成为法律。这是 2010 年至今美国最大的金融监管改革,对《多德—弗兰克法案》进行了修订。① 尽管有人认为"沃尔克紧箍咒"将松绑,②但新法案仍然没有对域外管辖权作出任何让步。

根据《多德—弗兰克法案》强化对美国交易者参与境外交易所监管的思路,其重点在于监管境外上市且与美国期货合约密切联系的合约。在该法案第六章第二部分"互换市场监管"(Regulation of Swap Markets)第711条和第718条,对境外交易所、联系合约作出了定义,并具体规定了美国交易者怎样参与境外交易所的交易。③ 具体到CFTC根据《多德—弗兰克法案》修订的限仓规章§151.8,要求在以下两个条件满足的情况下,将美国交易者持有的境外交易所合约合并计算持仓,实施头寸限制:第一,该合约以在美国指定合约市场交易(Designated Contract Market)或互换执行机构(Swap Execution Facility)上市的一个或多个合约的日结算价或最后交割结算价为交割结算价格。第二,境外交易所为其在美国的会员或其他参与者提供该合约的直接接入电子交易和指令撮合的服务。并在此基础上实行境外上市合约备案制度与参与许可制度。④

(一)参与者进入境外市场,境外交易所须向CFTC进行注册

《多德—弗兰克法案》将需要注册的衍生产品交易的机构分为两类进行注册:一类是"互换交易商"(Swap Dealer,SD),另一类是"主要互换参与者"(Major Swap Participant,MSP)。SD主要是指互换市场做市商,其特点是交易量大,为互换市场提供双边报价等做市服务,是市场的核心交易商;MSP是基于投资、套期保值等原因持有较大互换头寸的一般交易商。根据CFTC的规定:(1)一个非美国机构和美国实体互换交易活动的名义本金超过规定的限额,该机构需要注册成为SD;(2)如果没有达到SD的要求,但该机构与美国实体之间互换交易的风险敞口超过规定限额,应注册为MSP;(3)若双方都为非美国实体,但交易一方获得美国实体担保,该交易将被纳入另一方的注册限额计算。满足注册限额的非美国机构必须及时申请注册,未履行注册义务的机构将面临处罚。⑤

根据美国联邦法规,境外交易所如果想要让美国的会员和投资者直接进入它们的电子平台交易或者进入它们的指令匹配系统,必须根据规定的程序申请注册,境外交易所

---

① "Remarks by President Trump at Signing of S. 2155, Economic Growth, Regulatory Relief, and Consumer Protection Act", https://www.whitehouse.gov/briefings-statements/remarks-president-trump-signing-s-2155-economic-growth-regulatory-relief-consumer-protection-act/, May 24, 2018, Visited on Sep. 26, 2018.

② 《沃尔克规则八年后首次修订,华尔街迎"去监管时代"》,载《第一财经日报》2017年6月4日。

③ "Dodd-Frank Wall Street Reform and Consumer Protection Act", athttps://www.congress.gov/111/plaws/publ203/PLAW-111publ203.pdf., at p. 267.

④ See Commodity Futures Trading Commission, Cross-Border Application of Certain Swaps Provisions of the Commodity Exchange Act, Federal Register Vol. 78, Number 144, 2013(7).

⑤ See "17 CFR Parts 3, 23 and 170 Registration of Swap Dealers and Major Swap Participants", https://www.cftc.gov/idc/groups/public/@lrfederalregister/documents/file/2012-792a.pdf.

及其相关清算机构必须获得注册指令(Order of Registration)。同时,申请表的电子版本须在CFTC的秘书处(Secretary of the Commission)备案。注册的申请由CFTC的官员进行审查。一旦签发了注册指令,境外交易所及其清算机构需要按照要求遵守相应的规则和条款。

(二)对美国投资者适用的境外交易所产品

在通常情况下,美国《商品交易法》(Commodity Exchange Act,CEA)和CFTC的规则对于向美国投资者销售一般境外交易所的期货和期权合约没有限制。但是,对于股票指数产品和境外国债产品,仍须遵守特殊的流程。

具体产品要求和限制为:第一,境外交易所的宽基股票指数期货合约(及其对应的期权合约)必须获得CFTC的办公室(Office of General Counsel)签发的不行动豁免函(no-action letter)。[①] 如果某个期货合约是这封函的主体,那么它对应的期权合约也视为被批准向美国投资者销售;第二,符合特定条件的境外股票期货产品(security futures products,包括窄基股票期货或期货期权产品)只能出售给美国合格机构客户(qualified institutional buyers)。

(三)注册外国机构须接受美国的机构监管要求

向美国投资者出售境外交易所的期货或者期权合约的中间商,无论注册在哪个国家(地区),都应该遵守美国联邦法规的规定。同时,法规还规定了所有代理美国投资者从事境外交易所的期货或期权合约的中间商必须以期货佣金商(Futures Commission Merchant,FCM)、投资银行(Investment Banks,IB)、商品交易顾问(Commodity Trading Advisor,CTA)或商品基金经理(Commodity Pool Operator,CPO)等名义向CFTC注册,或申请注册豁免。所有向美国投资者出售境外交易所的期货或者期权合约的行为都必须遵守境外交易所所在国家(地区)的法律和法规。因此,可能存在有些时候美国投资者根据美国《商品交易法》的规定能买卖某种产品,但境外法律或法规不允许这种行为的发生。

外国机构注册后须接受CFTC的机构监管。机构监管主要着眼于机构的整体风险控制,主要包括:(1)为非银行类的外国金融机构设立特殊的资本要求,防止其违约给对手方带来的损失;(2)要求任命首席合规官(Chief Compliance Officer,CCO)负责整个机构的合规政策和程序,并应向CFTC提交合规的合规报告;(3)要求向CFTC认可的交易

① "Foreign Trading System No-Action Letter",https://www.cftc.gov/idc/groups/public/%40lrlettergeneral/documents/letter/00-78.pdf. 截至目前,我国境内仅上海清算所于2016年获得CFTC颁发的"不行动函",可以豁免注册DCO至2019年2月28日,在此期间可为美国金融机构直接提供中央对手清算服务。

信息库报告已清算和未清算的交易总体信息、必须定期提交某些实物交易的仓位报告等。①

(四)严格的豁免规定

根据CFTC的规则,在以下两类情形下,登记为SD或MSP的外国机构可以豁免上述监管义务:一种是替代合规,另一种是获得豁免令。

替代合规(Substituted Compliance)是指如果CFTC承认SD或MSP的母国的监管要求实质上类同于美国,则允许这些机构仅遵守其母国的法规。② CFTC在认定某国监管规则是否与美国等同时,会将该国每一个具体的监管要求与美国监管要求进行比对,与美国不一致或未进行约定的,SD和MSP需遵守美国的该项监管要求。

豁免令是指外国机构可向美国期货协会提供内部合规计划,如果符合条件可以取得豁免被监管的指令。③ 外国机构可以在豁免令颁布后一年内豁免某些监管要求,但即使行使豁免令,外国机构与美国实体之间的交易仍需要通过指定中央对手方(Central Counter Party,CCP)和交易数据库(TR),并向CFTC进行报备。总体来看,美国对于域外管辖的豁免条件都相当严格,能够豁免的义务也较为有限。

国际金融危机后,美国在《多德—弗兰克法案》中强调域外管辖权,其解释是处于保护美国投资者利益和维护资本市场效率。但是域外管辖权的使用极有可能造成一国管辖的过度扩张,并引发国际争议。

四、跨境监管协作中的监管冲突问题对于中国期货市场的影响

跨境监管协作中的监管冲突问题对于中国期货市场的影响包括以下三方面:

(一)对于中国期货市场的自主发展格局产生影响

目前,中国期货市场保持平稳较快发展,交易规模不断扩大、产品种类日益丰富、市场基础设施和制度建设日趋完善。但是,国际监管规则的变化及其较强的域外管辖效力会导致参与境外期货交易成本的增加和国际市场期货合约偏好的变化,其传导作用会改变我国目前的期货产品结构和市场格局,影响中国期货市场独立自主的发展格局。

(二)对于中国期货市场金融信息安全性产生影响

在中国境内市场的部分期货交易包括中国机构与境内美资机构的子公司或分公司

---

① See Commodity Exchange Act, § 6d-Dealing by unregistered futures commission merchants or introducing brokers prohibited; duties in handling customer receipts; conflict-of-interest; avoid duplicative regulations; swap requirements; portfolio margining accounts, July 21, 2010, 124 Stat. 1646, 1682, 1712, 1746.

② See "Federal Register, Volume 78 Issue 249 (Friday, December 27, 2013) [Federal Register Volume 78, Number 249 (Friday, December 27, 2013)]", https://www.cftc.gov/LawRegulation/FederalRegister/OrdersandOtherAnnouncements/2013-30979.html, visited on Oct. 8, 2018.

③ Ibid.

的交易,以及中国机构与被美国实体担保的任何机构进行的交易都可能被纳入《多德—弗兰克法案》要求的交易限额计算。在中国境内暂时没有金融隐私信息保密的相关立法安排下,达到注册标准的中国机构需将所有交易及头寸信息向美国监管机构进行报告,这将在一定程度上对中国金融信息的安全性产生影响。

(三)对于中国期货市场基础设施建设产生影响

根据《多德—弗兰克法案》,一旦交易一方为美国注册的 SD 或 MSP,非美国境内的中央对手方或交易数据库就要得到 CFTC 的认可才能为交易提供服务。因此,尽管期货合约在中国境内交易,交易要素紧系中国市场,更适合在中国境内进行结算和信息报备,但《多德—弗兰克法案》对国内相关基础设施的要求将影响中国金融市场基础建设的自主性和主动性。

由于美国在国际衍生品市场上的绝对优势,很多国家和地区的市场改革均以其监管规则为参照标准,但与此同时,应当谨防美国"长臂管辖"效应对中国期货市场产生的不利影响。在此背景下,一方面,中国需要认真研究美国监管的最新规则,与美国监管机构进行合作与沟通,达成谅解备忘录,积极维护中国机构利益,避免双重监管;另一方面,也应借鉴域外先进经验,大力发展国内期货市场,尽快推动完善中国金融市场基础设施建设,增加期货产品标准制定的话语权,探索建立一套既符合中国实情又与国际市场接轨的监管机制。

五、结论

从国家角度而言,尽管各国存在利益冲突,但监管目标是一致的,IOSCO 等通过出台相关指引,①对各国金融业和监管机构提出规范建议,由于这些指导性文件并不具备国际法的地位,因而各国特别是非成员国是否遵从相关指引具有不确定性。不同国家采取不同的监管方式所导致的监管差异和适用分歧对国际金融市场带来安全隐患。在跨境监管实施时,各国应当以互利合作为原则,为维护国际金融市场的稳定而努力。

(一)夯实法律基础,完善跨境监管协作规范

一方面,应加速《期货法》的立法进程,加强对相关问题的基础性研究,同时制定和完善针对境外投资者和中介机构参与我国期货市场的法律规定,从法律层面明确期货市场跨境监管的相关体制、原则和权限。另一方面,还要考虑进一步完善与境外监管机构之间跨境监管合作机制的建立,在应对境外不对等监管法律要求中,必须完善我国相应的法律制度,为跨境市场活动和跨境监管执法合作提供法律保障。

此外,可综合考虑在《期货法》明确域外管辖权适用于境外参与者及境外经纪机构参与境内期货交易,扰乱市场秩序、侵害市场各方合法权益等情形。同时,应对境外长臂管

① 如《跨境监管合作原则》(Principles Regarding Cross-Border Supervisory Cooperation)。

辖权的扩张,也可要求境外期货交易场所向境内单位或个人提供交易接入服务的,须向境内监管机构注册或豁免注册。

(二)创新合作机制,丰富跨境监管协作模式

由于双边司法协助条约不专门针对国际证券监管协作,并可能存在以下弊端:首先,由于双边司法协助条约必须通过外交途径谈判和最高权力机构批准,因而流程较烦琐,效率不高;其次,双边司法协助可适用性较差,主要集中于刑事司法协助和引渡方面,且我国尚未与主要资本市场发达国家缔结民商事司法协助条约;[①]最后,证券监管机构和法院无法利用双边条约进行调查取证,不能满足维护证券市场正常秩序的要求。而双边谅解备忘录IOSCO框架下的多边合作能够克服双边司法协助条约的不足,打破证券法领域跨境监管协作出现的诸多障碍和壁垒。因而,一方面,可推动国际证监会组织完善多边谅解备忘录或签署双边谅解备忘录,赋予一方监管机构向另一方监管机构申请冻结、扣划违法财产的权利,加大行政处罚执行力,提高对跨境操纵行为的威慑和打击力度;另一方面,可以创新合作机制,丰富跨境监管协作模式。

(三)发挥自律作用,开拓跨境监管协作途径

作为自律组织,交易所在推动全球监管规则趋同、监管措施一致上可以发挥重要的作用。自律可以在很大程度上解决目前经济、金融日益全球化而各国监管法律制度存在巨大差异的事实。通过交易所引入境外机构和投资者,以及交易所的跨国发展,交易所的规则制度也进行了跨国延伸。正如IOSCO指出,自律组织与受其监管的组织和个人间存在的契约关系是强有力的,它可以穿越国界,覆盖全球,到达法定监管权力可能无法作用的领域。可见自律的契约属性特别有助于交易所在国际化、全球化的过程中发挥监管作用,因此应当积极发挥自律机制的作用,弥补政府监管的不足。

同时,进一步完善交易所间合作备忘录的内容并加强执行,可在备忘录中就黑名单、违规调查和处理情况、公司和高管人员信息等方面的内容进一步细化,明确相关规定,定期开展跨境信息交换。并可以借助国外相关法律,约束境外市场参与者,定期续签备忘录。必要情况下可以召集跨境监管联席会议,加强自律组织间的合作与交流。

(四)前置风险管理,降低跨境监管协作风险

由于跨境协查、执法存在不确定的若干问题与障碍,强化风险管理显得尤为重要,特别是应当加强事前管理。通过科学合理的制度设计,并建立投资者适当性制度,在引入

---

① 截至2018年2月,我国已与71个国家缔结司法协助条约、资产返还和分享协定、引渡条约和打击"三股势力"协定共138项(116项生效)。其中,民刑事司法协助条约生效19项,刑事司法协助条约生效35项生,引渡条约生效37项,民商事司法协助条约生效18项。详见中华人民共和国外交部:《我国对外缔结司法协助及引渡条约情况》,载https://www.fmprc.gov.cn/web/ziliao_674904/tytj_674911/wgdwdjdsfhzty_674917/,最后访问日期:2018年10月8日。

境外主体的前置环节,注重境外市场参与者和投资者的资信水平、经营规模、资金实力、合规运作水平与内控能为等方面,是有效防范风险,消除市场隐患,关口合理前移的重要举措。境外投资者和中介机构在通过投资者适当性评估合格,正式参与中国期货市场前,须与国内期货交易所签署相关协议,期货交易所应当以具备法律效力的协议与其约定,会员对其客户有尽职审核的义务,以及未来配合提供相关交易、持仓、交割、内控等相关信息的义务。通过协议,境外市场参与主体必须接受东道国的监管标准,并不受所在国监管部门制约。这种存在于交易所和境外市场参与主体之间的有约束力的协议,在推动监管标准趋同化方面会产生渐进式的重要影响,将极大地影响跨境监管协作的发展。

(五)开展合规检查,落实跨境监管协作要求

在对境外会员进行合规运作检查方面,可以考虑如下几种方式:一是交易所直接赴境外开展检查;二是交易所委托境外交易所检查;三是交易所委托境外专业机构检查;四是交易所委托境外监管机构或协会检查。直接赴境外检查成本较高,并有可能由于文化差异导致有效性不高。委托境外交易所或境外监管机构、协会进行检查的前提一般需要双方建立对等合作关系,如交易所间、监管机构间、协会间签订双边谅解备忘录,分别为协助对方进行会员检查明确责任、权利和义务,目前由于中美两国监管协作尚未取得实质性突破,因此其效果还有待检验。因此,较为可行的方式是聘请境外专业机构如会计师事务所、审计师事务所、律师事务所就专业领域进行专业性检查,这一方式也可在涉及跨境调查的情况下采用予以取证。

论期货合约上市制度

——以反投机为核心

贺绍奇*

摘要:用于投机目的的期货合约实质上就是赌博,虽具有经济目的,但易于被投机者操纵的期货合约实际上也被用于赌博。为防止期货合约交易脱实就虚,服务于实体经济,有必要建立期货合约上市制度,通过上市前审查,将上述两类合约过滤掉。期货合约上市制度的核心就是反投机。它需要建立清晰的上市条件和审查标准,以便能够把用于投机和易于被投机者操纵的合约与服务于实体经济具有商业实用性的合约区分开来。

关键词:期货合约　上市制度　投机

一、引言

期货合约交易的价值在于其避险功能和价格发现功能,实体经济的商业用户可以用来避险和作为交易的参考价格,但期货合约交易是标准化高杠杆交易,易被用于投机套利。期货合约交易被投机者滥用主要有两种情形:一是合约的设计者和提供者在设计合约时就是为了满足投机者的需求或偏好,而不是实体经济的商业用户的需求,设计和上市的合约主要用于投机;二是期货合约能够满足实体经济商业用户的需求,但很容易被投机者操纵,导致过度投机。这两种情形将导致期货合约交易脱实向虚,损害投资者的利益,导致系统性的金融风险。如果在期货合约上市交易前就对拟上市合约进行必要审查、测试,将那些主要用于投机或容易导致过度投机的合约过滤筛选掉,就可确保其期货合约交易其服务于实体经济,防止其脱实就虚。

我国现行《期货交易管理条例》第13条第1款规定,期货交易所上市、中止、取消或恢复交易品种,上市、修改或者中止合约,都必须经国务院证券监督管理部门的批准。该条例第13条第2款同时还规定:"国务院期货监督管理机构批准期货交易所上市新的交

---

* 中国政法大学民商经济法学院教授。

易品种,应当征求国务院有关部门的意见。”现行立法规定的新产品上市制度被称为“多部门联合审批制”。立法没有明确规定新产品上市必须满足条件、产品审批应当采取的审查标准以及审查程序及期限,也没有明确规定参与审批具体有哪些部委、审批的程序。实践中,审批过程不透明、审批时间长,产品是否能够得到批准充满不确定性,业内对此怨声载道,不断呼吁改革上市制度,采取注册制。但学界有对期货上市制度理论背景的阐释并不充分,相关改革建议缺乏足够的理论支撑说服力不足。本文尝试借助反投机理论对期货上市制度理论背景加以阐释,提出期货上市无论是采取审批制、核准制还是注册制,核心在于是否有清晰明了的辨识条件和审查标准。

二、我国现行产品上市制度、弊端、改革的呼声及困惑

(一)我国现行期货上市制度——联合审批制度

期货新品种上市、退市审核权最初在各个期货交易所。后因一些风险事件的发生导致监管收紧,在1993年和1998年两次期货市场整顿中,这一权力收归到证监会。① 1990年郑州粮食批发市场引入期货交易机制以来20多年间,治理与整顿一直贯穿期货行业发展。1993年11月国务院颁发《关于坚决制止期货市场盲目发展的通知》,1994年3月国务院批准《国务院办公厅转发国务院证券委员会关于坚决制止期货市场盲目发展若干意见的通知》,治理与整顿措施包括减少期货交易所的数量、加强对期货经纪公司的监管、取消一些上市品种。上市期货品种从1993年年末的7大类50多个减到2000年年底的12个。② 1998年国务院《关于进一步整顿和规范期货市场的通知》(国发〔1998〕72号)取消了一些期货交易品种同时,还规定“中国证监会可根据市场需要调整上市品种”。

我国首部有关期货交易的行政法规对新产品上市采取了审批制。1999年9月1日起实行的我国首部行政法规——《期货交易管理暂行条例》第17条规定“期货交易所上市、中止、取消或恢复期货交易品种,应当经中国证监会批准”。该规定并未明确规定其他部委必须参与审批。2007年3月修订后的《期货交易管理条例》第13条、第50条规定,期货交易所上市新品种由中国证监会审批,并且“国务院期货监督管理机构批准期货交易所上市新的交易品种,应当征求国务院有关部门的意见”。最终确定了实践中形成多部位联合审批制。③ 实践中,我国仍然延续清理整顿时期的做法,新品种上市需要由申请上市的交易所层层上报,最终由国务院决定是否批准上市。④ 虽然该条例规定是由期

① 《审批制十五年,品种上市机制谋变》,载《中国证券报》2014年8月18日,A05版。

② 巫文勇:《期货产品设计与上市法律制度完善与发展》,载《投资研究》2011年第6期。

③ 黄运成、王海东:《推进期货品种上市的注册制改革》,载《中国金融》2014年第10期。

④ 田晓军:《期货新品种上市机制省思》,载《资本市场》2004年第7期。

货监管机构批准,但因为要征得各相关部委同意,实际决定权在国务院。[①] 也就是说,产品上市需要18个部委批准(而且实行一票否决制)。[②] 任何一个部门或环节基于各种原因提出的异议都可能导致新产品审核搁浅或通不过。[③]

(二)多部门联合审批制带的弊端

1. 多部门联合审批制下的新产品上市审批程序复杂、面临的环节多、成本高、周期长、不确定性大。[④] 缺乏明确的审查标准,批准与不批准的条件与标准是什么,有关部委提出意见是什么、依据是什么,不清楚。审批过程不规范、不透明。[⑤]

2. 严重阻碍金融创新和期货业的发展。一是多部门联合审批不仅效率低下,而且对于上市一些关乎实体企业风险管理需求较大的品种带来一定障碍。[⑥] 二是上市产品质量差。审批制导致供给导向,而不是需求导向,导致无效率新产品上市。申请者单纯追求审批过关,忽视实体企业需求,产品上市后成交不活跃,但交易所又不愿意放弃。[⑦] 因为在联合审批制下,上市品种成为一种稀缺的资源,期货交易所被迫跑马圈地,"管生不管养",将过多上市资源用于协调行政关系,而不是培养和发挥自身优势、开发符合实体经济需求的期货品种。[⑧] 三是审批环节过多、时间过长、程序烦琐、新品种推出的速度很慢,往往错过了产品上市的最佳时机。[⑨]

(三)期货上市制度改革的呼声及理论上的困惑

2004年国务院《关于推进资本市场改革开放和稳定发展若干意见》明确提出:"稳步发展期货市场,在严格控制风险的前提下,逐步推出为大宗商品生产者和消费者提供发现价格和套期保值功能的商品期货品种;要建立以市场为主导的品种创新机制。"有学者认为,市场主导的机制就是"注册制",将提供合适上市品种的义务赋予交易所,上市新品种由交易所自行决策,不需要得到政府主管部门批准,只需要由交易所向政府主管部门登记备案,只要交易所按规定将有关新品种文件完整、及时、真实、准确予以报告备案,期

---

① 王之言:《关于期货品种上市问题的思考》,载《期货日报》2003年5月21日。

② 田晓军:《期货新品种上市机制省思》,载《资本市场》2004年第7期。

③ 王之言:《关于期货品种上市问题的思考》,载《期货日报》2003年5月21日,这一审批程序的基本流程为:先由期货交易所向期货监管机构即中国证监会申请,中国证监会再向国务院报批,国务院在批准之前先向相关部委征求意见,如果其中某一个部委提出反对意见,其上市申请就得不到批准。另见巫文勇:《期货产品设计与上市法律制度完善与发展》,载《投资研究》2011年第6期。

④ 田晓军:《期货新品种上市机制省思》,载《资本市场》2004年第7期。

⑤ 黄运成、王海东:《推进期货品种上市的注册制改革》,载《中国金融》2014年第10期。

⑥ 《审批制十五年,品种上市机制谋变》,载《中国证券报》2014年8月18日,A05版。

⑦ 同上。

⑧ 黄运成、王海东:《推进期货品种上市的注册制改革》,载《中国金融》2014年第10期。

⑨ 《三期交所抱怨现行品种的上市机制》,载《中国证券报》2006年5月22日。

货主管机关不得以新品种未达到一定标准而决绝其上市。① 支持采取注册制改革的一个主要理由就是欧美发达国家都采取了注册制。

2014 年《关于进一步促进资本市场健康发展的若干意见》提出要推进期货市场建设,对期货品种上市改革,由审批制改革到注册制的呼声再起。② 主张采取注册制的学者认为,20 多年发展,我国期货市场已经形成了"一个条例 9 个办法"为框架的监管法规体系。③ 夯实了期货市场的制度基础,为期货市场健康发展提供了保障。期货新品种上市采取注册制的时机已经成熟。④

2010 年 4 月 8 日沪深 300 股指期货产品经过 9 年研发、4 年筹备、3 个月准备,正式启动上市交易。⑤ 在该产品筹备上市过程中,中国证监会党委确定股指期货上市工作的指导思想为:以平稳推出和安全运行为首要目标,严格控制风险,引导投资者有序参与,不追求交易量和活跃程度,逐步发挥市场功能。即"高标准、稳起步、严监管"的指导思想。证监会官方解释说,"股指期货的平稳上市运行是我国'新兴加转轨'特定机制下'政府主导、市场配合'这一创新机制的成功尝试"。⑥ 而我国"新兴加转轨"的市场实际为:法制诚信基础薄弱、市场机制不健全、个人投资者特别是中小散户比例很高、炒作风气浓厚等。⑦ 按照证监会的这一指导思想,期货新产品上市仍将维持严格的审批制。

以上表明,期货监管机构关于新产品上市审批的指导意向与业界、学界上市制度改革的呼声相去甚远。学界与业界要求与期货监管机构在期货上市制度上态度与立场存在很大分歧。但提出上市制度改革、采取注册制的主要支持理由是欧美发达国家都普遍采取注册制(实际情况并非如此),并没有充分的理论论据,不具有说服力。而监管机构坚持严格的审批制似乎也只是出于对市场稳定的担心。到底应该采取何种上市制度,需要从更深刻理论分析和论证。

三、反投机理论下的期货合约上市制度

(一)什么是投机

美国学者埃里克·波斯纳(EricA. Posner)和威尔(E. Glen Weyl)认为,金融产品可

---

① 田晓军:《期货新品种上市机制省思》,载《资本市场》2004 年第 7 期。

② 黄运成、王海东:《推进期货品种上市的注册制改革》,载《中国金融》2014 年第 10 期。

③ 一个条例是指《期货交易管理条例》;"九个办法"是指《期货公司管理办法》《期货公司风险监管指标管理试行办法》《期货公司董事、监事和高级管理人员任职资格管理办法》《期货从业人员管理办法》《期货公司金融期货结算业务试行办法》《证券公司为期货公司提供中间介绍业务试行办法》《期货投资者保障基金管理暂行办法》《期货交易所管理办法》《国有企业境外期货淘气保值业务管理办法》。

④ 黄运成、王海东:《推进期货品种上市的注册制改革》,载《中国金融》2014 年第 10 期。

⑤ 中国证监会股指期货上市领导小组办公室:《股指期货上市记录》,载《中国金融》2011 年第 8 期。

⑥ 同上。

⑦ 同上。

被用于投机(speculation),也可以被用于管理风险。投机就是赌博(gambling)或对赌(betting)。而管理风险是避险或投保(insurance),或对冲(hedging)风险。当金融产品在帮助人们对冲风险时(insure risk),就是对社会有益的。如果被用于赌博,就可能对社会具有危害性。保险与赌博,即投机的区别就在于保险降低了交易者面临的风险,而赌博增加了风险。赌博导致社会福利受损,而保险创造价值。如果交易的一方是投机,而另一方是避险,该交易只有在总的风险降低情况下才能被称为保险。而赌博则发生于双方都是投机,双方都是基于不同信念、直觉或不同税收或监管待遇而进行异议基础上(disagreement)的投机、直觉基础的(heuristic-based)投机、税收套利基础的(tax arbitrage-based)投机和监管套利基础上(regulatory arbitrage)的投机。① 按照波斯纳和威尔的看法,投机就是不存在需要对冲的风险(可保利益,insurable interest),交易双方都是期望通过未来或然性事件发生或不发生为偿付条件,从交易对手方获利的行为。

美国学者林恩·斯多特(Lynn A. Stout)认为,美国《商品交易法》就其核心而言是反投机法(ant-speculation statute)。他认为,经济学界关于投机的解释有三类学说:一是风险对冲说。该学说认为,投机是风险对冲者与投机者之间的交易,即厌恶风险的对冲者将风险转移给愿意承担风险的投机者,投机者通过承接风险进行风险套利。二是信息套利说(information arbitrage),即不愿意承担信息搜寻的交易者成本与愿意承担信息搜寻成本并拥有信息优势的投机者进行的交易,投机者可依靠信息优势进行套利。三是异议基础上的交易说,或异质预期投机说。依该学说,投机是双方对未来不确定性持有不同预期或不同看法投机者之间进行的交易。风险对冲与信息套利交易会增加交易双方的净福利,让市场价格更准确,而异质预期驱动的交易则导致交易者福利受损和扭曲价格。②

斯多特认为,法律上禁止的投机应该是后一种投机,即具有社会危害性的投机。区分此类投机与风险对冲及信息套利"投机",主要从以下三个方面:一是不确定性;二是交易双方都是投机者;三是必然有人受损。即投机是在不确定性环境下,具有不同预期的投机者之间进行交易,其中一方收益必然导致另外一方受损。③

(1)不确定性(uncertainty)。不确定性与风险(risk)不是一回事,风险是指对未来尚不了解的情形,但其存在的各种可能性是可知的。如扔硬币,具有风险但不具有不确定性,虽然我们不知道是正面还是背面朝上,但我们知道,二者各自具有50%的概率。相

---

① Eric A Posner, E. Glen Weyl, "An FDA for Financial Innovation: Applying the Insurable Interest Doctrine to Twenty-First-Century Financial Markets", 107 *Nw. U. L. Rev.* 1307(2013).

② Lynn A. Stout, "Why The Law Hates Speculators: Regulation and Private Ordering in the Market for OTC Derivatives", 48 *Duke L. J.* 701(1999).

③ Ibid.

反,不确定性是指未来可能发生结果的概率本身是不可知的。例如,股票市场既有风险又具有不确定性,我们不仅不知道市场是涨还是跌,而且无法就到底会发生哪种情况形成一致的看法。不确定性让每个人都可对将来或然性事件持不同看法,其作为异议基础的交易是区别风险对冲的理论基础。异议基础投机要求双方对未来或然性事件具有不同主观看法。(2)交易双方均是投机者。主观上不同看法并不足以将风险对冲交易与信息套利区分开来,要区分开来,还必须满足下列条件:交易双方均是投机者。投机者是指具有购买某种资产并快速将其卖出,或卖出某种资产而又快速买进而获利意图的人。按照风险对冲模型,投机者与期望保护自己免受未来价格波动影响的对冲者进行交易,而按照信息套利模型,投机者与不愿意在可获得但代价高昂可预测性信息进行投资、拥有信息相对较少的生产者和消费者进行交易。二者都只有交易的一方是投机者,而另一方是避险者。(3)意义基础上的投机是零和博弈,一方获利必然是另一方损失。① 异议基础上的投机降低了交易者福利,扭曲了价格,更重要的是导致泡沫,带来系统性风险,尤其是过度投机。② 按照斯多特的理论,法律上限制或禁止的应该异议基础上投机者与投机者之间投机交易。

在斯多特的理论基础上,美国学者蒂莫西·林奇提出了"纯投机衍生品"(purely speculative derivatives)概念。他认为,衍生合约是射幸合同,双方当事人根据某个或某几个外在、未来的和不确定事件,价值或其他指标来确定支付,每个当事人对结果预期与对方均不相同。从这个特征上来说,保险合约和赌博协议事实上都是衍生品。衍生合约可以用来对冲现有风险,但也可以用于投机。纯粹性投机合约不过是零和博弈交易,它被用于监管套利,增加道德风险,减损社会财富,带来系统性风险。衍生合约按照对手方的动机(counterparty motivation)分为三类:(1)双方当事人都是为了对冲既有的风险(避险者之间交易的合约);(2)一方当事人是为了对冲既有的风险,一方是为了投机(避险者与投机者之间的合约);(3)双方都是为了投机。第三种就是纯粹投机性合约(purely speculative derivatives)。③ 投机者与避险者之间合约中的投机者要么是风险套利(risk arbitrage),要么是信息套利(information arbitrage),两者都会降低风险,而投机则是双方基于不同预期,无避险目的与需要,投机就是赌博,就是对价格波动打赌。纯粹投机合约

---

① Lynn A. Stout, "Why The Law Hates Speculators: Regulation and Private Ordering in the Market for OTC Derivatives", 48 *Duke L. J.* 701 (1999).

② Ibid.

③ Timothy E. Lynch, "Gambling by Another Name: The Challenge of Purely Speculative Derivatives", 17 *Stan. J. L. Bus. & Fin.* 67 (2011).

也不是完全没有价值,它具有娱乐、价格发现,创造流动性的价值。[①] 但弊大于利,所以应当限制或禁止。简言之,投机就是无避险目的建立在异议基础上投机者与投机者之间的交易。

(二)如何反投机

斯多特认为,美国《商品交易法》就是反投机法。[②]《商品交易法》规定,所有期货合约必须在场内交易,禁止场外交易。之所以只允许场内交易,这是因为场内交易拥有充分反投机机制可控制投机。换句话说,这些反投机的机制确保了场内期货交易投机是可控的。

场内期货交易反投机机制主要有两个:(1)新产品上市核准制。上市所有新的期货和期权合约都必须首先证明这些合约背离公共利益。即按照法律规定向监管机构证明,合约服务于除投机外的经济目的(economic purpose),满足了经济目的测试,而不仅仅是投机,监管机构才会批准上市新合约的申请,否则就得不到批准,未得到批准的合约不得上市交易。(2)场内对期货或期权合约交易均设置了仓位限制,限制包括单个交易者在具体合约交易仓位规模的限制和具体交易商交易规模的限制。[③]

斯多特还认为,期交会核准过程中,区分有用的对冲和信息套利交易与异议基础上的交易(投机)并不是件容易的事,没有完美手段,但期交会可以采取以下几种手段大致可将有益与有害的交易区分开来。(1)如果能够证明是出于对冲目的,就可豁免仓位限制和交易的限制;(2)交易所申请新产品上市,必须证明该合约能够抵消现存的风险源头;(3)如果期交会发现某个期货合约计划完全被逐利的投机者占据,而不是消费者和生产者或投机者集体在该合约交易损失金钱,就可合理得出结论该合约很显然吸引了异议基础的交易者而不是信息套利者。[④]

林奇认为,区分对冲(hedging)与投机(speculating)是很难的,解决方案就是衍生品无须事先获得监管核准,但如果交易当事人对纯粹投机性衍生合约不具有可保利益,该合约将无效,除非纯粹投机性合约事先得到监管批准(如便利价格发现)。[⑤] 按照林奇的说法,交易所为消除合约无效的法律风险,会自愿请求监管机构核准。

---

① Timothy E. Lynch, "Gambling by Another Name: The Challenge of Purely Speculative Derivatives", 17 *Stan. J. L. Bus. & Fin.* 67(2011).

② 《商品交易法》就其核心而言就是反投机成文法。Lynn A. Stout, "Why the Law Hates Speculators: Regulation and Private Ordering in the Market for OTC Derivatives", 48 *Duke L. J.* 701(1999).

③ Lynn A. Stout, "Why the Law Hates Speculators: Regulation and Private Ordering in the Market for OTC Derivatives", 48 *Duke L. J.* 701(1999).

④ Ibid.

⑤ Timothy E. Lynch, "Coming Up Short: The United States' Second-best Strategies for Corralling Purely Speculative Derivatives", 36 *Cardozo L. Rev.* 545(2014).

美国学者索尔·奥玛诺娃(Saule T. Omarova)认为,导致金融危机一个重要原因就是金融市场前所未有的复杂性(complexity)和相互关联,包括复杂金融工具、市场和机构,它们导致了不透明、相互依赖和不可预见,增加了市场无效率、潜在系统性失灵的风险。复杂性让市场参与者可以从事过度金融投机、税收和监管套利,从而导致系统性风险增加。① 因此,他提出对复杂的金融产品(complex financial products)采取核准制。核准制的目的是控制潜在增加系统性风险的复杂金融产品的扩散,防止过度投机和降低监管套利。②

艾瑞克·波斯纳和威尔提出的解决方案,就是采取美国类似联邦食品药品监理署(Food and Drug Administration,FDA)的事先许可制度。通过上市前许可制度对产品进行过滤筛选。具体解决方案就是:不允许监管机构阻止金融产品上市,但给予其对产品颁发上市许可的权力。之所以要采取上市许可制度,是因为要从合约形式上区分用于合法避险目的和用于投机目的(赌博)的合约异常困难或根本就不可能。③ 但饶有兴趣的是,波斯纳和威尔并不主张采取强制许可制度。他们提出许可制度是自愿性的,即金融创新者为了避免金融合约法律效力上的不确定性,会自愿向监管机构申请产品上市许可(license)。采取此种制度的理论前提为:所有不具有可保利益(insurable interest)交易都是赌博,违反州反赌博法(anti-wager)和可保利益法(insurable interest laws),该合约无效。为避免上市新产品交易被认定为是赌博,消除法律上的不确定性,金融创新者将通过向联邦监管机构申请上市许可,因为联邦法具有排除州反赌博法适用的效力。④

综上所述,反投机理论认为,通过事前审查是可以识别和测试出拟上市新合约是否是用于投机目的,或易于被用于投机,通过产品上市核准制度就可以将那些单纯用于投机或易于用于投机,或用于投机可能性大于用于避险的合约筛选出去,有效遏制或减少交易中的投机。

(三)产品上市时如何进行反投机审查与测试

1. 对产品投机需求与避险需求进行量化分析

波斯纳和威尔认为,对拟上市新产品的审查标准应当是新产品避险产生的福利收益超过赌博可能产生的成本。监管机构评估从企业计划推出新金瓯让产品的市场需求分析开始,然后监管机构将这些需求区分为保险或赌博,并对避险和赌博可能产生的收益

---

① Saule T. Omarova,"License to Deal Mandatory Approval of Complex Financial Products",90 *Wash. U. L. Rev.* 63(2012).

② Ibid.

③ Eric A Posner,E. Glen Weyl,"An FDA For Financial Innovation:Applying the Insurable Interest Doctrine to Twenty-First-Century Financial Markets",107 *Nw. U. L. Rev.* 1307(2013).

④ Ibid.

和危害进行量化。如果从避险产生收益大于赌博产生的危害,就给予许可。[①] 为量化新工具投机可能产生的成本,可将投机性需求分为异议基础、监管套利基础、税收套利基础和直观套利基础的类型,对每一类进行量化,识别可能对该产品有兴趣购买的每个人,预测其预期需求的量。[②] 通过对需求量的量化分析,就可识别判断该产品是否具有满足用户避险实际需求的经济目的,是否主要用于赌博套利、监管套利、税收套利等等投机活动。

2. 对拟上市产品的经济目的、申请机构管控投机风险的能力和产品上市后可能系统性风险是否可控进行全面审查评估

索尔·奥玛诺娃认为,每个复查金融产品核准都应当从功能性、机构性和政策角度(functional, institutional, and policy perspectives)进行审查和评估。只有拟申请上市复杂金融产品满足了以下三个法定标准才可核准上市:(1)经济目的测试(economic purpose test)。申请者举证证明每个拟上市的金融工具具有商业上和社会上的实用性(commercial and social utility)。(2)机构能力测试(institutional capacity test),对申请企业有效监督和管理拟上市产品风险的能力进行审查。(3)系统性效应测试(systemic effects test),要求申请批准的拟上市产品不会带来增加系统脆弱性的无法接受的风险。[③]

索尔·奥玛诺娃认为,为满足经济目的测试,申请企业必须:(1)识别拟上市金融产品的目标市场,描述该产品的潜在用户;(2)证明该产品将实现潜在产品用户具体的商业需求,而现行金融产品无法满足其需求;(3)证明这些合法企业的商业需求显著超过了该产品用于投机性投资或监管套利的目的。经济目的标准是"事实和情形"测试,很难从给出清晰理论上哪种产品应当因为缺乏实际经济目的而不应批准,现实中,通常很难看清楚会发生什么。[④]

机构能力测试要求申请者证明其内部组织、运营和财务能力,监督和管理与拟上市产品的风险。类似期交会审查交易所支持新期货合约市场的内在能力。包括:(1)其资本充足率;(2)企业整个业务和风险状况;(3)拟进行活动和其他业务和资源(包括人力和技术资源)之间的关系;(4)监管合规和风险管理内部体系;(5)监管和合规记录和针对企业或关联实体的执法历史。[⑤]

---

① Eric A Posner, E. Glen Weyl, "An FDA for Financial Innovation: Applying the Insurable Interest Doctrine to Twenty-First-Century Financial Markets", 107 *Nw. U. L. Rev.* 1307 (2013).

② Ibid.

③ Saule T. Omarova, "License to Deal Mandatory Approval of Complex Financial Products", 90 *Wash. U. L. Rev.* 63 (2012).

④ Ibid.

⑤ Ibid.

系统性效应测试,申请者必须证明该产品不会产生潜在的不可接受的系统性风险或其他可能增加金融系统脆弱性。①

上述反投机理论都可定了传统普通法和2000年《商品期货现代化法》取消强制性核准制,排除州反投机法适用之前,美国普通法和《商品交易法》采取期货合约上市合约强制核准制在反投机上是有效的。但2000年《商品期货现代化法》排除了州反投机法的适用,取消强制性核准制,采取交易所自我认证注册制和自愿性核准制,放松了对复杂的场外衍生品市场准入的限制,是最终导致2008年金融危机的一个重要原因。

四、反投机导向的产品上市制度——美国经验

(一)上市制度立法

美国《商品交易法》将期货场内市场称为"指定合约市场"(designed contract markets,DCMs),期货新合约上市制度被称为"合约指定"(contract designation)。2000年《商品期货现代化法》颁布生效前,美国采取的强制性的核准制,即交易所所有新合约上市都必须向期交会申请核准,获得指定合约市场地位,即上市核准的新合约上市交易的许可。上市新产品核准过程不仅是对拟上市合约的审查,而且是对申请者——交易所是否具有确保上市后合约交易健康有序能力的审查。

在2000年《商品期货现代化法》颁布前,《商品交易法》第5a(a)(12)节一个最重要的规定的就是要求所有期货合约的条款和条件都必须在交易前得到期交会的核准。《商品交易法》第5节规定了获得合约指定(拟上市期货合约获得核准)的主要条件。

2000年12月美国联邦国会通过了《商品期货现代化法》,放松了对期货和柜台衍生品的监管,废除了《商品交易法》第5a(a)(12)节,即期交会对交易所规则和产品事先核准的强制性规定。新法允许交易所根据书面自我认证该产品符合《商品交易法》的条件,并向期交会报备即可上市交易。交易所也可自愿申请期交会在上市前核准合约,并将该产品标明"得到期交会核准"。换句话说,新产品上市制度由强制性核准制转为自我认证注册制和任意性核准制相结合的制度。

期交会根据立法颁布了有关自我认证注册和自愿申请核准的具体操作规则及程序,并颁布了具体操作指南。期交会规章38.4和期交会40.2规定了新合约自我认证注册的程序。期交会规章38.4(a)和规章40.3则规定了指定合约市场(Designated Contract Market,DCM)自愿申请核准程序,并规定,在自我认证注册前、同时或之后均可自愿申请核准。

强制性核准制、任意性核准制与自我认证注册制只是审核体制上的不同,实质性问

---

① Saule T. Omarova,"License to Deal Mandatory Approval of Complex Financial Products",90 *Wash. U. L. Rev*. 63(2012).

题仍然是拟上市新产品必须满足的条件或标准。无论是采取自我认证的注册制,还是采取核准制,都必须要证明其满足美国《商品交易法》及依据该法制定的监管规章规定的经济条件(Economic Requirements)。虽然2000年《商品期货现代化法》取消强制性核准制,但上市必须满足的法定条件仍然保留。①

(二)上市审核

采取核准制的目的是防止上市期货合约导致基础商品的过度投机。1974年前的《商品交易法》并没有明确对上市新产品应当满足的条件或标准作出明确规定。1974年美国众议院通过法案,除非该合约具有实际的经济目的(economic purpose),或作为价格发现机制或用于相关现货市场对冲商业风险,而不是进行投机,否则,不得上市交易。该法案遭到期货业的强烈反对,他们反对将经济目的测试作为上市新产品取得核准必须满足的法定条件。理由是,很难预见到拟上市新产品的最终用途。美国参议院通过的立法版本最终删除"经济目的"的措辞,以含糊的"公共利益"取代。最终联邦国会通过的《商品交易法》修订案采纳了参议院的版本,即要求拟上市的新合约不得与公共利益对立。②实践中,根据1974年法案成立的美国商品期货交易委员会(以下简称期交会)将立法相关条款解读为拟上市新合约必须同时满足广泛的公共利益和更具体的"经济目的"测试。③

1."经济目的"测试

美国《商品交易法》并没有明确规定上市新合约必须要满足的条件或标准。但美国学界及期交会都认为,拟上市的新合约必须满足"经济目的"测试。学界将"经济目的"阐释为具有社会的实用性(social utility)或商业上的实用性(commercial utility)。上述实用性是指:(1)对冲价格风险;(2)发现价格;(3)对商业商品交易定价。不能满足经济目的测试,纯粹投机性目的的期货合约得不到批准,监管机构也可对那些已经上市交易被证明不具有实用性、纯粹投机性期货合约撤销其核准,终止上市交易。④ 实质上,经济目的测试就是要求交易所申请合约指定(核准)时,必须证明期货合约基础商品交付地存在一个充分活跃和流动性的现货市场,交易所有正式的检查设施,这些能够确保在交付节点,卖空方能够在流动性充裕的现货市场购买到必要数量的基础商品用于交付,而做多方在接受交付后能够出售这些商品。这实际上是推定通过基础商品实

① "Economic Requirements", https://www.cftc.gov/IndustryOversight/ContractsProducts/EconomicRequirements/index.htm.

② Saule T. Omarova, "License to Deal Mandatory Approval of Complex Financial Products", 90 *Wash. U. L. Rev*. 63(2012).

③ Ibid.

④ Ibid.

际交付结算的合约交易与基础商品交易的商业活动是紧密联系在一起,而不是纯粹的投机。①

2. 公共利益测试

美国《商品交易法》强调期货服务于"通过提供管理和承担价格风险、发现价格或扩散价格信息而服务于全国公共利益"。②《商品交易法》第4节明确宣示,其主要政策目标是"阻止和防范价格操纵或其他破坏市场诚信的行为;确保所有受到该法约束交易财务上的稳健和避免系统性风险;保护所有市场参与者免受欺诈或其他滥用销售做法和滥用顾客资产的伤害;促进负责任的创新和交易所之间和其他市场与市场参与者之间公平竞争"。为防止期货和相关现货商品市场的欺诈和价格操纵,《商品交易法》规定了许多禁止性交易。《商品交易法》第4a节规定:"按照合约市场或衍生交易执行设施规则签订期货商品出售合约导致该商品价格突然或不合理波动或交付无法保障,对该商品州际商务而言是不适当的和不必要的负担。"按照该规定,商品期货市场的投机如果满足下列条件就被禁止:(1)过度(excessive)投机;(2)导致该商品价格突然的不合理的波动或变化;(3)对该商品州际商务带来不当和不必要的负担。

过度投机(excessive speculation)被定义为"投机的总量超出必要或相关对冲需求"(hedging needs)。美国《商品交易法》第5(d)(3)节规定拟上市的新合约应当是"不容易被操纵的合约"(必须核心准则3),即指定合约市场只能上市不那么容易被操纵的合约。第5(d)节还要求期交会和指定合约市场必须在必要和适当时采取投机仓位限制,以便降低市场操纵或拥堵说来的威胁,尤其是在交付月的交易。③

实际上,基于公共利益考虑,在核准拟上市新合约的审查过程中,除对拟上市合约的条款进行实质审查外,期交会还必须对交易所内部政策、程序、做法进行监控,以确定它们有能力监督拟上市的期货合约交易。如果期交会对交易所能力确保市场诚信和限制潜在市场操纵或滥用能力不满意,它可驳回指定。因此,立法将期货合约可行性和功能性实用性与交易所自律能力结合起来。④

作为合约指定过程的一部分,《商品交易法》赋予期交会具有强制要求对拟上市期货合约具体条款进行修改的法定权力,如果该变更是为了防止或减少价格操纵、市场拥堵

---

① Saule T. Omarova, "License to Deal Mandatory Approval of Complex Financial Products", 90 *Wash. U. L. Rev.* 63 (2012).

② Ibid.

③ Ibid.

④ Ibid.

或该商品在州际商务不正常运动。①

2000 年美国《商品期货现代化法》取消强制性核准制后,产品上市自我认证注册、任意性核准仍然保持强有力的反投机效力。虽然,指定合约市场不必对每个期货合约取得单独的认定(designation),但必须遵守有关核心准则。其中之一就是只能上市不那么容易被操纵的合约。如果工具被设计为投机性的投资目的,其潜在被操纵的可能性极高。期交会修订后的第一号指南,对交易所寻求自愿申请核准提供了指导,在有关证明拟上市合约基础商品市场的对冲或价格机制的经济功能上保留同样的基本条件。此外,《商品期货现代化法》保留交易所对投机者设置仓位限制以便降低市场操纵的潜在威胁。因此,虽然自我认证注册制、任意性核准制放松了事前监管,但美国《商品交易法》防止期货市场受到过度金融投机伤害的政策目标及产品上市条件及审查标准并没有变。②

柜台衍生交易投机泛滥、失控是导致 2008 年金融危机一个重要原因。2010 年《多德—弗兰克法案》改革对柜台衍生品的监管,实质上就是对柜台衍生品采取类似期货合约那样的监管,依靠场内交易市场反投机机制防范金融风险。

五、结论与建议

第一,采取什么样产品上市制度核心并不在于审批制、核准制和注册制的选择,而在于能否建立清晰的产品审查目标与法定条件,明确产品上市的审核标准。

第二,我国现行多部门审批制最大弊端就是缺乏明确的目标诉求和获得审批应满足的法定条件,也缺乏相应理论支撑,这实际上为审批机关消极不作为提供了激励。出于规避责任考虑,参与产品上市审批机构宁可错杀一千,也不愿意一个漏网。

第三,我国期货产品上市制度改革的重心应当是明确上市产品应满足法定条件和政策目标,明确产品上市审查的标准,立法应当明确这些条件和政策目标,并授权监管机构根据立法规定的条件和政策目标制定上市审查标准和审查程序,让产品上市审核公开透明,具有可预见性,引领金融创新。

第四,可根据上市产品复杂程度,分别采取强制性核准制与任意性核准制和注册制,但应赋予监管机构享有对已经上市交易但发现不符合或不再符合条件的产品强制退市,或强制其修改合约规则的权力。

第五,上市核准审查应从产品本身延伸到申请上市的交易所自律能力的审查。

---

① Saule T. Omarova, "License to Deal Mandatory Approval of Complex Financial Products", 90 *Wash. U. L. Rev.* 63 (2012).

② Ibid.

论期货法与证券法调整范围的界分与衔接

焦增军*　李　铭**

摘要：从法理上界分期货法与证券法的调整范围是法律制定的逻辑起点。本文从典型的期货交易、证券交易行为入手，提出两法调整范围应主要以证券期货交易机制的异同作为划分标准，并通过对个股期权、权证等金融衍生品的法律属性分析，进一步澄清两法分别立法下的对象归属。在此基础上，本文借鉴境外相关立法经验为期货法立法和《证券法》修改提出有关建议，有利于立法衔接，丰富了金融法研究的理论价值。

关键词：期货交易　证券交易　证券衍生品　分别立法

调整范围(包括具体的调整对象)的不同是一部法律区别于其他法律的基本标志。目前，我国期货法制定与《证券法》修改正同步推进，两部法律同属资本市场法律体系的重要内容且关系密切，因此有关两法调整范围的准确界分便成为立法研究的当务之急。两法应以什么标准确立各自的调整范围，如何确定证券衍生品的理论边界，以证券或证券相关指数为基础资产并采用期货交易机制的金融衍生品的法律归属等，都需要我们结合金融法理论及实务经验进行考察和认定。

我国《证券法》的调整范围主要是一定的证券活动或证券关系，如证券发行、证券交易与证券监管等。① 我国《证券法》第2条即规定"股票、公司债券和国务院依法认定的其他证券的发行和交易"及"政府债券、证券投资基金份额的上市交易"适用本法，并规定"证券衍生品种发行、交易的管理办法，由国务院依照本法的原则规定"。同理，我国《期货交易管理条例》第2条规定，"任何单位和个人从事期货交易及其相关活动，应当遵守本条例"，也揭示了未来期货法的调整范围主要是期货交易及相关活动或社会关系。据此，从证券交易与期货交易入手，析分两者的本质差别，有利于厘清证券法与期货法各自的调整范围。

---

* 中国人民大学法学院博士研究生。

** 法学博士，中国社会科学院经济研究所博士后研究人员。

① 刘少军：《金融法学》，中国政法大学出版社2008年版，第37页。

一、期货交易与证券交易的辨析

(一)期货交易的主要特征

期货交易是指以期货合约或者期权合约为交易标的的交易活动。与现货交易以实实在在可即时交付的货物为对象不同,通说认为,期货交易的对象是由交易所统一制订高度标准化的期货合约或期权合约。① 以玉米期货合约C1809为例,除交易价格外的具体内容如标的、数量、交割质量、交割地点等都由交易所统一制订,如每份合约(1手)均约定玉米买卖数量为10吨,应在2018年9月16日之前交付,买卖价格则是在不特定买卖双方匿名报价基础上,由交易所系统自动撮合成交后产生。如果刚好买方A报价2340元/吨,卖方B报价2338元/吨,经过集中竞价,A、B之间达成的买卖价格可能为2339元/吨。这种由交易所统一制订的合约交易形式构成了交易所高度标准化、效率化的交易基础。

同时,期货交易还有一套独特运行的交易及风险管理机制,如保证金制度、当日无负债结算制度、对冲平仓机制等。与现货交易相比,由于期货交易的标的是合约,而非实物,因此期货交易的达成并不意味着卖方必须转移货物所有权,也不要求买方立即支付全部价款。仍以玉米期货合约C1809为例,A、B作为买卖双方通过交易所集中竞价以2339元/吨达成1手交易后,买方A无须支付全部价款,卖方B也无须交付货物,两者只需向交易所交纳1169.5元(2339元/吨×10吨×5% =1169.5元)作为履行合约的担保即可,这种交易双方均需提供相应担保的制度即为保证金制度;若当日结算价为2340元/吨,交易所作为中央对手方将10元盈利划入买方A账户,同时从卖方B账户中划出10元(23400-23390=10元)。若次日结算价为2342元/吨,交易所再次将20元盈利划入A账户,同时在B账户中划出20元(23420-23400=20元),每日交易结束后,交易所都会如上述操作般按当日结算价计算盈亏,这种当日交易结束后即计算并划转当日盈亏的制度即为每日无负债结算制度;若卖方B无意继续交易,可作为买方与第三人C另达成一份相同的期货合约,由此B的卖义务与买义务便可相互抵销,从而退出交易,这种通过进行方向相反的交易而了结期货交易的机制即为对冲平仓机制。② 这三种制度是将期货交易与其他交易区别开来的重要标志。

(二)证券交易的主要特征

证券交易是以证券为标的的交易活动。证券是指用以表明特定民事权利的书面凭证,是一定权利义务关系的具体表现形式。③狭义的证券仅指有价证券,即发行人依法签

---

① 彭真明:《期货法论》,华中师范大学出版社1998年版,第76页;李明良:《期货法》,人民法院出版社1999年版,第7~8页。《期货交易管理条例》也对此予以了采纳。

② 裴斐:《期货市场自律监管制度研究》,华东政法大学博士学位论文,第150页。

③ 万国华:《证券法学》,清华大学出版社2010年版,第34页。

发的证明持券人拥有一定财产权的凭证。证券市场最典型的证券是股票和债券，股票代表着持有者作为上市公司股东所享有的股东权，债券则代表着持有者因其对发行人出借了资金而享有的债权。证券交易则是发行人签发证券后，证券持有人依照交易规则，将证券转让给其他投资者的行为。[①] 证券交易以证券发行为前提，主要是一种现货交易，投资者无须缴纳保证金，一般也不实行当日无负债结算（如 T+1 结算）。

（三）期货交易与证券交易的区别

第一，从法律性质上看，期货交易的标的是一种合约，而证券交易的标的是一项权利凭证，两者体现的权利义务关系不同。期货合约或期权合约作为期货交易的对象，是一种标准化合约，必须由买卖双方持有，且同时承载着双向性的权利和义务；而证券的本质是权利凭证，持有人仅为一方，直接表征着持有人享有的某项财产权利，具有单向性。据此，在证券持有者将证券出售给他方从而退出交易的过程中，存在证券权属的实际移转，交易机制上仍属于现货交易；期货合约的持有者则是通过对冲平仓退出交易，在该过程中，只存在新旧合同中债权、债务的相互抵销，不发生基础资产的实际移转。以个股期货和该股票本身为例，某个股期货的持有人需有 A、B 两方，卖方 A 对买方 B 负有在未来特定时间出售股票的义务，同时享有向 B 收取相应价金的权利；B 对 A 享有以特定价格购买该股票的权利，也负有向 A 支付价金的义务。如 A 欲退出交易，需作为买方与第三人重新签订一份相同合约，从而使其先前的卖义务与买义务相互抵销。但对该股票本身而言，其持有人只有一个，所代表的内容只有权利，没有义务。假设 D 持有该股票，D 则享有股权。D 若退出交易，需将股票出售并直接转移到买受人名下。

第二，从程序上讲，证券交易须以证券发行为前提，而期货交易则不存在发行环节。发行行为是指政府、企业、金融机构等以募集资金为目的向投资者出售代表一定权利的有价证券的活动。[②] 习惯上，发行市场又称为一级市场，交易市场则称为二级市场。如某公司基于投资者的投资或向投资者借入的资金，向投资者发行相应的股票或债券，以证明其所持有的股权或债权。只有经过发行程序后，才会产生第一批证券持有者，当这批持有者将所持有的股票、债券在证券二级市场上转让进行流通时，证券交易便由此展开。由于证券交易须以其发行环节为基础，因此无论证券交易如何活跃，其市场总量是以其发行总量为限的。而期货合约只是由交易所统一制订的标准化合同文本，任何市场参与者均可直接通过期货交易达成期货合约，因此期货交易不存在发行环节，若不考虑进行限仓等市场风险管理安排，其市场总量（持仓规模）理论上是无限的。

第三，从市场功能上讲，期货交易功能在于风险管理和价格发现，而证券交易功能主

① 徐明、李明良：《证券及期货市场诸问题研究》，百家出版社 2004 年版，第 71～75 页。

② 王文宇：《新金融法》，中国政法大学出版社 2003 年版，第 345～346 页。

要在于投融资。[①] 证券市场上,股票发行人通过发行股票募集公司资本,债券发行人通过发行债券筹措资金,都可以直接满足发行人的融资需求,而投资者则相应地获得了股息红利或利息,并可以通过二级市场上的低买高卖赚取交易溢价。期货市场虽然也是投资者财富管理的选择之一,但其主要功能在于通过事先锁定未来价格回避价格波动风险。如某铜加工厂预计未来铜价格会上涨时,可通过期货交易获得一项期货合约,约定该厂次年1月可以以17,100元/吨买入铜,若届时铜的市场价格涨到17,200元/吨,该厂基于期货合约仍然可以以17,100元/吨买入铜,从而成功避免了铜价上涨的价格风险。此外,期货交易特有的价格发现功能,也与证券"价格发现"含义迥异。一般而言,商品现货市场较为分散,各地价格差异较大,难以作为大宗商品交易的价格参考。而期货市场通过集中交易方式,排除了那些非本质、偶发的因素,且交易数量巨大,并通过交割环节反馈给现货市场,[②]具有真实性、预期性、连续性和权威性的特点,能够比较真实地反映出未来商品价格变动的趋势。据此,商品生产经营者可根据期货市场提供的价格信号做出经营决策,进而影响其经营效益。在这个意义上,期货交易确实起到了实体经济"体温计"的作用。而证券的"价格发现"实质上就是上市公司的价值发现。通俗地说,就是上市公司的当下价值和预期价值就在股票价格的涨跌中得到体现。

二、特殊金融衍生品的法律归属

根据期货交易与证券交易机制不同,可以对期货法与《证券法》的调整范围作出大致区分,即期货交易由期货法调整、证券交易由《证券法》调整的分别立法模式。但实践中,一些特殊的金融衍生品,如个股期权、权证、可转换公司债券等场内交易的证券衍生品,其法律归属仍存在一定争议。尽管我国《证券法》第2条规定"证券衍生品种发行、交易的管理办法,由国务院依照本法的原则规定",似乎表明证券衍生品应由《证券法》调整,但它既没有对证券衍生品进行定义或列举,国务院也没有根据《证券法》作出进一步的规定。有学者梳理相关立法资料后推断立法原意是,"当初立法规定该条款就是因为考虑到了证券衍生品与证券的差异性,认为《证券法》难以适用于各种证券衍生品,而不是要让《证券法》适用于各种证券衍生品"。[③] 除了历史解释的路径,立足法条文义进行解释也许可以更妥当地区分期货法与《证券法》在特定证券衍生品调适上的差异。

(一)证券衍生品的两分法

一般认为,证券衍生品是指证券或证券指数等基础资产价值变动的基础上设计出的

① 罗培新:《构建金融衍生工具上市机制的若干思路》,载《法学》2006年第3期。

② 叶林主编:《期货期权市场法律制度研究》,法律出版社2017年版,第43页。

③ 同上。

金融产品,[①]具体包括股指期货、股指期权、个股期货、个股期权、权证、可转换公司债券等。我国《证券法》第2条"证券衍生品种发行、交易的管理……依照本法的原则规定"的表述,就暗含了适用我国《证券法》调整的证券衍生品应当包含发行、交易两个环节,这便为对证券衍生品分别纳入两法调整提供了一种现实路径,即具有发行环节的证券衍生品属于证券交易模式纳入证券法的调整范围;而不具有发行环节的证券衍生品属于期货交易模式纳入期货法的调整范围。本文试以交易机制极为相似的个股期权与权证为例详述之。

(二)不具有发行环节的个股期权交易为期货交易

前述证券交易与期货交易主要有三大区别来看,由于个股期权兼具风险管理功能与投融资功能,难以简单从功能上确定其属于证券交易还是期货交易,但仍可通过其他两点区别予以判别,即法律属性上是权利凭证还是合约,是否具有发行环节。由于只有在某项权利实现了证券化,成为权利凭证后,才可能作为发行的内容交付给投资者,即存在发行程序的本身就意味着相关品种是权利凭证,而非合约。依此标准,个股期权作为交易所统一制订的标准化合约,不具备发行环节,属于期货交易范畴,应由期货法进行调整。

(三)具有发行环节的权证为证券交易

权证作为以单只股票为基础的衍生品(如南航权证就是基于南方航空股票的认沽权证),其在交易机制上与个股期权非常相似,也意味着买方享有未来按约定价格买进股票的选择权。[②] 但权证与个股期权的本质区别在于,权证是该选择权本身的证券化,[③]不包括义务,而个股期权本身是合约,同时承载着双方当事人的权利义务(买方付权利金,有选择权;卖方付保证金,需依买方要求交付股票,有权收取权利金);权证可以直接转让,而个股期权合约只能通过反向开仓后平仓对冲了结;权证具有发行环节,个股期权则无此环节;权证总量以其发行量为限,而个股期权总量理论上并无上限。要之,以权证具有发行环节为标准,宜将其归为证券交易范畴,应由我国《证券法》予以调整。类似的还有可转换公司债券。其以债券为基础的衍生品,其持有人有权在特定时间范围内将其购买的债券转换为股票,实际上包括了对发行公司的债权和将债权转换为股权的选择权两种权利特征。但因其具有发行环节,亦以股权或债券凭证形式存在,也应归为证券交易而纳入证券法的调整范围。

三、境外相关立法与实践

以证券交易与期货交易是否分别立法为标准,境外相关立法可划分为三种模式,即

---

① Ernst Juerg Weber, A Short History of Derivative Security Markets, http://www.uwa.edu.au/__data/assets/pdf_file/0003/94260/08_10_Weber.pdf.

② 陈欣:《衍生金融交易国际监管制度研究》,北京大学出版社2006年版,第14~18页。

③ 徐家力、李京生等:《期货交易法律理论与实务》,中国政法大学出版社2000年版,第6~10页。

分别立法模式、统一立法模式及混合立法模式。

(一)分别立法模式

以美国为代表,采取证券交易、期货交易分别立法,由不同法律规范进行调整。

美国证券、期货立法尽管也遵循了分别立法的模式,但由于对个股期权、股指期货等金融衍生品界分不清,导致了管辖权之争。① 依美国《1933年证券法》②和《1934年证券交易法》规定,③"证券"的含义被不断扩大,除债券、股票外,还包括了投资合同、个股期货、窄基股指期货和以证券为基础资产的期权。而《商品交易法》中的"商品"则涵盖了除电影票房和洋葱以外几乎所有服务、权利及利益。④ 两法调整范围的交叉重叠导致了美国期监会(Commodity Futures Trading Commission, CFTC)与证监会(Securities and

① 罗培新:《美国金融监管的法律与政策困局之反思——兼及对我国金融监管之启示》,载《中国法学》2009年第3期。

② 参见 Securities Act of 1933 Sec. 2. (a)(1): The term "security" means any note, stock, treasury stock, security future, security-based swap, bond, debenture, evidence of indebtedness, certificate of interest or participationin any profit-sharing agreement, collateral-trust certificate, preorganization certificate or subscription, transferable share, investment contract, voting-trust certificate, certificate of deposit for a security, fractional undivided interest in oil, gas, or other mineral rights, any put, call, straddle, option, or privilege on any security, certificate of deposit, or group or index of securities (including any interest therein or based on the value thereof), or any put, call, straddle, option, or privilege entered into on a national securities exchange relating to foreign currency, or, in general, any interest or instrument commonly known as a "security", or any certificate of interest or participation in, temporary or interim certificate for, receipt for, guarantee of, or warrant or right to subscribe to or purchase, any of the foregoing。

③ 参见 Securities Exchange Act of 1934 Sec. 3. (a)(10): The term "security" means any note, stock, treasury stock, security future, bond, debenture, certificate of interest orparticipation in any profit-sharing agreement or in any oil, gas, or other mineral royalty or lease, any collateral-trust certificate, preorganization certificate or subscription, transferable share, investment contract, voting-trust certificate, certificate of deposit for a security, any put, call, straddle, option, or privilege on any security, certificate of deposit, or group or index of securities (including any interest therein or based on the value thereof), or any put, call, straddle, option, or privilege entered into on a national securities exchange relating to foreign currency, or in general, any instrument commonly known as a"security"; or any certificate of interest or participation in, temporary or interim certificate for, receipt for, or warrant or right to subscribe to or purchase, any of the foregoing; but shall not include currency or any note, draft, bill of exchange, or banker's acceptance which has a maturity at the time of issuance of not exceeding nine months, exclusive of days of grace, or any renewal thereof the maturity of which is likewise limited。

④ 参见 Commodity Exchange Act Sec. 1a(9): The term "commodity" means wheat, cotton, rice, corn, oats, barley, rye, flaxseed, grain sorghums, mill feeds, butter, eggs, Solanum tuberosum (Irish potatoes), wool, wool tops, fats and oils (including lard, tallow, cottonseed oil, peanut oil, soybean oil, and all other fats and oils), cottonseed meal, cottonseed, peanuts, soybeans, soybean meal, livestock, livestock products, and frozen concentrated orange juice, and all other goods and articles, except onions (as provided by section 13 – 1 of this title) and motion picture box office receipts (or any index, measure, value, or data related to such receipts), and all services, rights, and interests (except motion picture box office receipts, or any index, measure, value or data related to such receipts) in which contracts for future delivery are presently or in the future dealt in。

Exchange Commission,SEC)长期以来的管辖权之争。① 直至 1981 年 CFTC 与 SEC 联合发布了一项关于一系列金融工具(特别是股指期货)监管权划分的基本协议(《夏德—约翰逊协议》),规定 SEC 具有对股票和股指期权的管辖权,CFTC 享有对宽基股指期货的管辖权,而单一股票期货和窄基股指期货的交易则被禁止。2000 年《商品期货现代化法》对 SEC 和 CFTC 关于股票期货领域的管辖权予以进一步明确,单一股票期货和窄基股指期货由 CFTC 和 SEC 共同监管,宽基股指期货则由 CFTC 专属管辖。2010 年《多德—弗兰克法案》明确了与证券有关的新型衍生品管辖权纠纷解决程序,规定任何人都可以就该衍生品的定性问题向 CFTC 或 SEC 提出建议。SEC 可以要求 CFTC 在法定期限内就该产品的定性作出决定,反之亦然。如果该衍生品具有共同管辖特征,任何一方都可以提出豁免管辖。如果出现管辖权争议,任何一方都可以向哥伦比亚巡回法院请求司法判定。此外,CFTC 还与美国财政部、美国联邦能源管理委员会(Federal Energy Regulatory Commission,FERC)就外汇期货、能源期货的监管管辖权存在争议,尽管现有的监管协作备忘录对此进行了一定程度上的协调,但从泽伦纳(Zelener)案、②阿马兰斯(Amaranth)案的实践来看,③这些争议可能并仍将持续下去。

(二)统一立法模式

以德国、英国、韩国、澳大利亚为代表,采取统一立法模式,将证券交易和期货交易规定在同一部法律中。

---

① A Joint Report of the SEC and the CFTC on Harmonization of Regulation, www. cftc. gov, October 16, 2009.

② 2003 年 CFTC 指控迈克尔·泽伦纳(Michael Zelener)在两年内通过其设立的外汇工作室从 200 多位客户身上骗取上百万美元,泽伦纳表面上从事的是要求在两天内交割的外汇现货交易合约,但是实际上这些合约被不停地展期,从来没有被实际交割过,这一行为违反了《商品交易法》。CFTC 认为泽伦纳从事的实际上是外汇期货合约的交易,故对此提出指控。但审理此案的美国第七巡回法庭采取了与 CFTC 完全不同的判断方法:CFTC 运用多因素测试方法;而第七巡回法庭只关注该合约是否可替代,如果可替代则是期货合约,不可替代则是远期合约和现货合约。法庭认为泽伦纳提供的合约是不可替代的,因为每个合约所涉及的外汇数量、到期时间或交割时间都是不同的。因此,其合约是现货合约,而不是期货合约,所以 CFTC 不具有对此案的管辖权,不能引用《商品交易法》反欺诈条款对泽伦纳进行指控和执法。

③ 阿马兰斯(Amaranth)曾经是美国知名的对冲基金,其公司的交易员亨特在天然气合约上持有的头寸经常大到足以影响市场价格,2006 年年初阿马兰斯的头寸甚至在当年冬季气候合同的未平仓量中占 60% ~ 70%。这一冒险的交易方法在 2006 年导致了阿马兰斯的破产,由于亨特错估天然气价格走势,阿马兰斯在 2006 年 9 月因天然气价格下跌亏损近 60 亿美元而惨遭清盘。此类对冲基金破产案在美国并不鲜见,但是由于其发生在能源交易市场,因此 FERC 和 CFTC 都认为自己有权对此提出指控。2006 年 7 月 15 日,CFTC 对亨特和阿马兰斯公司提起诉讼,指控亨特和该基金企图操纵 NYMEX 天然气期货价格,试图通过抛售大量 NYMEX 天然气期货合约以压低价格,从而从其在 ICE 持有的巨量天然气掉期合约空头头寸中获利。CFTC 认为亨特的操纵企图并未成功。2006 年 7 月 16 日 FERC 也提出了自己的指控,与 CFTC 的指控不同的是,FERC 认为亨特的价格操纵行为成功了,并要求阿马兰斯支付高达 2.59 亿美元的赔款。两个机构的指控截然不同的原因在于两个机构对价格操纵的标准不一致。

多数国家能够基于是否存在发行环节,来界分证券交易与期货交易。德国、[1]韩国、[2]澳大利亚均以是否具有发行环节为标准,只将权证纳入证券范畴,其他不具有发行环节的证券衍生品一概置于期货交易或衍生品交易范畴。[3] 韩国、澳大利亚在立法表述中甚至明确以"发行"字样对"证券"进行定义,如韩国2007年《资本市场法》规定,证券是指本国人或外国人发行的金融投资品,投资者除了负有在获取该商品时支付相应的金钱等义务外,不负有任何其他支付义务。[4] 澳大利亚通过《金融改革法》[5]修订了《公司法》关于证券、期货合约的界定,虽以金融产品一词涵盖证券、衍生品等所有金融工具,并以衍生品替代期货合约,[6]但在金融产品内部,仍对证券与期货作了清晰划分,严格基于具有发行环节的特点界定证券,即证券包括股票、债券、通过发行方式获得某项股票或债券的选择权等。[7] 英国《2000年金融服务与市场法》以"投资"一词涵盖原属于外汇法、银行法、证券法、期货法领域的所有金融品种。[8] 该法分别对证券、创造或认可的债券工具、期权、期货、价差合同、保险、存款等进行了分别界定,各概念间不存在交叉。[9]

(三)混合立法模式

以日本、新加坡为代表,采取将证券衍生品与证券在一部法律中统一规制,将全部或部分商品衍生品排除在外单独立法的混合立法模式。

日本《金融商品交易法》在"金融商品"定义中将有价证券与金融衍生品并列,有价证券是一系列表示相关权利的证券或证书,金融衍生品则包括了衍生于有价证券、货币等基础资产、相关指数的期货合约、期权合约、互换合约等;[10]日本《商品期货法》则适用于农产品、林产品、矿物等大宗商品的期货交易。新加坡《证券期货法》分别界定了证券与期货合约,虽然二者在证券衍生品领域有所交叉,但该法同时明确规定期货市场上交易的期货合约不是证券,以此解决证券与期货界定中的立法不足;[11]《商品期货交易法》则适用于除证券、能源外的其他商品类衍生品。[12] 可见,即使立法上将证券衍生品从商品

---

① 参见德国《证券交易法》第2(1)条。

② 参见韩国《资本市场法》第3(2)条。

③ 宋雪飞:《世界主要期货市场监管模式的比较及其对我国的启示》,载《甘肃社会科学》2001年第6期。

④ 参见韩国《资本市场法》第4条。

⑤ 参见澳大利亚《金融改革法》第761D条。

⑥ Remo Giuffre, "Regulation of the Commodity Futures Market in Australia", *U. N. S. W Law Journal*, Vol. 5.

⑦ 参见澳大利亚《金融改革法》第761A条。

⑧ 参见英国《2000年金融市场与市场法》附件2第11条、第12条、第17条、第18条。

⑨ DR Kevin A Lewis, "A Decade on: Reforming the Financial Services Law Reforms", http://www.inhouselegal.com.au/Compliance_Course/SupCourtPaper.pdf.

⑩ 参见日本《金融商品交易法》第2条。

⑪ 参见新加坡《证券期货法》附则。

⑫ 参见日本《商品期货交易法》第2条。

期货中分离出来与证券置于同一部法律中，一般也会对证券与证券衍生品区别界定。

四、衔接两法的有关建议

（一）从证券、期货交易的本质差异界分两法调整范围

首先，期货、期权不属于证券，不应纳入《证券法》调整范围。证券是证明某项权利的凭证，证券存在发行环节，主要功能是投融资，证券的交易及交付意味着相应财产权利的转移。① 而期货、期权本质上是一种交易方式，没有发行环节，主要功能在于风险管理。作为期货交易的对象，期货、期权合约并非权益凭证，而是同时承载着双方当事人权利义务的合约。期货、期权合约因买卖双方达成一致后而由双方同时持有，也可因对冲平仓而彻底了结，与权证等证券衍生品作为权利凭证的转让存在本质区别。此外，期货、期权合约作为风险管理工具，其投资属性不明显，更缺乏融资功能，与直接实现投融资功能的证券价值属性差异明显。

从美国金融市场发展实践来看，其兼具直接融资金融和风险管理金融两个特征，直接融资主要在证券等投融资市场开展，而风险管理金融主要通过场内期货和场外衍生品市场提供交易工具来管理风险。② 两种模式，一个似剑极力促进美国资本的全球扩张，另一个似盾有效进行了管理风险，相互借力从而在全球金融市场化浪潮中获得了巨大的经济利益。正如1986年澳大利亚《期货业法案》注释备忘录中的一段话："试图将期货立法合并进证券规定里是不可行的。这样做没有考虑到期货与证券市场的不同。证券市场关注于财产所有权的转移，而期货市场的主要功能是便于风险管理，并非使财产中的所有权可以移转。"③

其次，若在《证券法》中规定期货、期权等金融衍生品内容，可能引发市场风险。由于期货与证券市场的交易机制存在本质区别，一个采取逐日盯市的风险控制制度，另一个则是"钱货两清"的现货交易机制。若《证券法》与期货法在规范内容上交叉重叠，将导致市场参与者利用两法可能存在的制度矛盾或没有覆盖到的领域实施监管套利，导致风险事件的发生。此外，《证券法》中关于发行上市的制度安排与期货产品的上市交易制度不一致，在实际操作中，也极易引发法律适用的混乱，形成潜在的风险。④

最后，结合两个市场的性质、特征，证券法和期货法均可有针对性地设计证券、期货交易的主体与条件、交易结算制度、多层次市场发展及资产证券化等业务规定，有利于高效、科学立法，便于为相关工作开展提供有效的法律支持。我们应当吸取美国证券、期货立法

① 陈大钢主编：《证券期货法教程》，中国财政经济出版社1998年版，第8页。

② 李强：《期货市场的国际惯例及对我国的启示》，载《河南金融管理干部学院学报》2003年第2期。

③ Paul Latimer, "Futures Market Regulation in Australia: What Is It Trying to Achieve", *UNSW Law Journal*, 1990.

④ 熊玉莲：《金融衍生工具法律监管问题研究》，北京大学出版社2009年版，第150~151页。

中由于概念重叠、纠缠不清,[①]给相关监管机构监管执法造成被动的教训,明晰证券法、期货法各自的调整范围,为证券期货监管机构依法履职提供切实的法律支持。

(二)我国采取分别立法模式有现实的制度基础

大部分采取统一立法模式的国家,包括从分别立法模式转变为统一立法模式的国家(如韩国、新加坡),[②]大多由同一监管主体统一监管证券、期货市场,同时,这些国家的商品期货市场不尽发达,期货市场以证券衍生品为主,甚至只有证券衍生品。鉴于其衍生品市场与证券高度紧密的联系,证券、期货合并于统一法律中规范是与其市场自身发展特征相适应的。而拥有着世界最发达的大宗商品期货市场的美国,即使证券、期货法律交叉适用弊端广受诟病,仍坚持分别立法模式。这同样与其期货市场发展的特殊背景有关。美国期货市场源于商品市场,自始即与证券市场具有相对独立性,证券与期货两个市场的立法也是自始相对独立的。长期以来存在的美国证券与期货法律的适用冲突根源在于没有清晰界定证券与期货交易标的的边界,而非其分别立法模式。因此,美国在检讨、修补相关法律规制后,仍坚持采取分别立法模式。

与美国市场特征类似,我国商品期货市场也较为发达。作为众多大宗商品的生产国、消费国和贸易国,我国商品期货的发展具有天然优势,[③]以证券为基础资产的金融期货的发展空间也很大,期货市场具有单独立法的市场基础。同时,我国证券、期货成立伊始就采用了分别立法模式,期货市场已经形成了一套由保证金、限仓、涨跌停板等制度构成的相对独立的规则体系。实践表明证券、期货两个市场在监管手段、理念、处理风险方式等方面都有诸多不同,无视业已分业监管数十年的法制体系和市场现实,简单化以"证券"一语统合期货、期权等金融衍生品概念,也不利于两个市场的平稳健康发展。

(三)将是否具有发行环节作为区分特殊金融衍生品法律属性的标准

国际上,以是否具有发行环节为标准界分证券、期货交易归属的立法经验已较为成熟,如前文所述的德国、韩国、澳大利亚均采用此判断标准。考虑到该标准较为直观、容易操作,能够较好地避免个股期权、权证等特殊金融衍生品的法律归属,解决期货法与证券法调整范围中的交叉定义问题,可建议分别作如下规定。即具有发行环节的证券衍生

---

① 值得注意的还有美国证券法上有关投资合同的解释。根据1946年SEC v. W. J. Howey Co.案中确立的判定标准,投资合同是须满足:(1)利用钱财进行投资;(2)投资于一个普通企业;(3)仅仅由于发起人或第三方的努力;(4)期望使自己获得利润的合同、交易或计划。可见,投资者通过投资持有"投资合同"后(经过发行程序),只有收益的权利而不附加任何义务,本质上仍为一项收益权的凭证。与我们通常理解的兼具权利义务的合约有本质不同。

② 柳瑛:《政府主导的国际金融中心》,载《数字财富》2004年第2期。

③ 叶萍:《我国期货市场法制建设的最新规范与立法完善——我国期货市场法制建设的最新规范与立法完善》,载《江西社会科学》2007年第2期。

品，如权证、可转换公司债券仍纳入证券法调整范围，而将不具有发行环节的证券衍生品，如个股期货、个股期权、股指期货、股指期权等均纳入期货法调整范围，证券期货监管机构依法监管两个市场并完善相应的法规、规章及规范性文件，不断健全资本市场法律体系的制度供给。

期货交易认定标准之辨

——以涉期货交易司法审判案例为切入点[①]

陈建伟[*]

摘要:期货交易认定是期货法立法工作中的重点问题,其标准不仅关涉期货法律法规的立法格局和监管机构的职责划分,还直接影响司法审判对涉期货交易合同效力的认定,进而影响市场参与主体的利益调整。通过回顾监管与学界对期货交易认定的探索过程,本文提出增加"功能要件"认定维度,从交易目的、交易形式、初始程序、交易功能四方面对期货交易进行全面认定,以限缩认定范围,同时应尽快制定出台期货法,确立期货法律关系,构建开放的交易场所审批制度和严格的现货市场监管体制,为市场交易构筑法理基础和制度保障。

关键词:期货交易　认定标准　司法审判

一、问题的提出

期货交易认定是期货法立法工作中的重点问题,其标准不仅关涉期货法律法规的立法格局和监管机构的职责划分,还直接影响司法审判对涉期货交易合同效力的认定,进而影响市场参与主体的利益调整。但关于期货交易认定问题的争论,多年来业界与学界一直未有定论,最直观的反映就是涉期货交易司法审判在认定标准问题上的反复试错与探索。

2007年我国《期货交易管理条例》颁布以来,大量牵涉"期货交易"的司法诉讼案件不断涌现。[②] 不过,在交易模式基本相近、案情大致相同的前提下,司法审判却出现了四种不同的裁判思路和结果:以刑事判决取缔"变相期货交易"、[③]以民事判决支持"类期货

---

① 本文观点仅代表作者个人见解,与所供职单位无关。

* 中国金融期货交易所金融衍生品研究院助理研究员。

② 1999年之前,期货交易活动并不是法律规制的具体对象,参见国务院《非法金融机构和非法金融业务活动取缔办法》(1998年);1999年,国务院颁布《期货交易管理暂行条例》,期货交易监督管理才进入有法可依的状态,但限于彼时市场狭小、纠纷极少,期货交易在很长一段时期内并未进入司法审判视域。

③ 2007年国务院颁布《期货交易管理条例》,首次对"变相期货交易"的认定标准作明确规定;2012年《期货交易管理条例》修订,删除了"变相期货交易"的具体规定,参见国务院《关于修改〈期货交易管理条例〉的决定》(国务院令第627号)。

交易”、①以民事裁定驳回诉讼请求不予受理和以民事判决否定交易合同效力(详见表1)。

表1　涉期货交易典型案例

<table>
<tr><th>类别</th><th>典例</th><th>案情梗概</th><th>案号</th><th>裁判结果</th></tr>
<tr><td>第一类:以刑事判决取缔“变相期货交易”</td><td>黄某、龚某非法经营黄金期货交易案②</td><td>被告人成立杭州钱翔投资管理有限公司,在没有任何经营期货业务资格的情况下,利用在网上购买软件招揽客户进行黄金衍生产品交易</td><td>杭州市下城区人民法院刑事判决书(2013)杭下刑初字第569号</td><td>认定杭州钱翔公司为从事黄金期货交易;被告人非法经营黄金期货业务,符合非法经营罪的全部犯罪构成要件</td></tr>
<tr><td rowspan="3">第二类:以民事判决支持“类期货交易”</td><td rowspan="3">刘某某、天津镁富贵金属经营有限公司合同纠纷案</td><td rowspan="3">原告刘某某在被告天津镁富贵金属经营有限公司(系天津贵金属交易所注册会员单位)所提供的交易服务平台上开展贵金属“现货及现货延期交收交易”,后因亏损严重,诉至法院请求确认双方签订的《客户协议书》无效</td><td>兰州市中级人民法院民事判决书(2013)兰民二初字127号</td><td>一审认为涉案《客户协议书》不违反我国法律和行政法规禁止性规定</td></tr>
<tr><td>甘肃省高级人民法院民事判决书(2014)甘民二终字第121号</td><td>二审指出涉案交易为贵金属现货及现货延期交收交易,显然与期货交易所中交易的“期货”并不相同</td></tr>
<tr><td>最高人民法院民事裁定书(2015)民申字第2989号</td><td>最高人民法院裁定本案合同约定的是贵金属现货交易和现货延期交易,不属于期货交易</td></tr>
</table>

① 2012年“变相期货交易”的称谓被废止,为表述简化起见,笔者将与变相期货相类似的市场交易活动简称为“类期货交易”,下文同。

② 同类案例参见赵某非法经营黄金期货交易案[浙江省平湖市人民法院刑事判决书(2012)嘉平刑初字第803号]等。

续表

类别	典例	案情梗概	案号	裁判结果
第三类:以民事裁定驳回诉讼请求不予受理	毛某某、天津贵金属交易所合同纠纷案①	原告毛某某通过民泰(天津)贵金属经营有限公司(系天津贵金属交易所注册会员单位)开展白银等"现货及现货延期交收交易",损失资金110万元,诉至法院请求确认津贵所的白银等现货挂牌电子交易业务属非法期货交易,从而确认其所进行的所有交易无效	天津滨海新区人民法院民事判决书(2016)津0116民初2800号	一审不予支持该交易属于非法期货交易的主张
			天津市第二中级人民法院民事裁定书(2017)津02民终2621号	二审认为,涉案的贵金属公司现货及现货延期交收交易业务的定性问题,尚不属于人民法院受理范围,裁定撤销一审法院民事判决,并驳回上诉人毛某某的起诉
第四类:以民事判决否定交易合同效力	展某、陕西西北黄金珠宝交易中心有限公司合同纠纷案②	原告展某在陕西西北黄金珠宝交易中心有限公司开户入金买卖"秦龙白银50""西北白银100"等合约,后因亏损严重,诉至法院请求确认双方合同法律无效,并判令西北黄金公司返还其投资本金	西安市中级人民法院民事判决书(2014)西中民四初字第00528号	一审认定涉案交易为"未经批准的期货交易",双方签订的合同因违反法律法规强制性规范而无效
			陕西省高级人民法院民事判决书(2015)陕民二终字第00113号	二审亦认定涉案交易为非法期货交易,维持原审判决
			最高人民法院民事裁定书(2016)最高法民申1002号	最高人民法院裁定涉案交易系非法期货交易

资料来源:中国裁判文书网。

上述代表性案例中的涉案交易,带有明显的共性特征。即交易自身定位均为贵金属"现货交易",交易场所集中,交易标的合约标准化,均采用保证金交易、强制平仓等机制,

① 同类案例参见王某某、天津贵金属交易所有限公司合同纠纷案[天津市滨海新区人民法院(2016)津0116民初2794号民事判决、天津市第二中级人民法院(2017)津02民终2673号民事裁定];王某某、天津贵金属交易所有限公司合同纠纷案[天津市滨海新区人民法院(2016)津0116民初2795号民事判决、天津市第二中级人民法院(2017)津02民终2615号民事裁定]等。

② 同类别案例参见金某某、兰州西部商品交易中心有限公司合同纠纷案[甘肃省兰州市中级人民法院(2015)兰民二初字第396号民事判决、甘肃省高级人民法院(2016)甘民终228号民事判决]等。

交易价格多采用现货市场即时报价,交割时点通常由投资者自主决定。裁判的核心争议都是,此类具备期货交易典型特征①的“现货交易”是否属于“变相期货交易”或“非法期货交易”。面对这类相似模式的交易,各级、各地法院的裁判结果却各有千秋,出现了明显的“同案不同判”现象。

司法审判属于事后救济,涉期货交易司法案件裁判结果的不确定性,本身是期货法律与监管制度建设滞后,甚至缺失的直观反映。显然,这种不确定性会对市场相关交易行为的法律效力产生干扰,进而对市场参与主体的行为空间和交易积极性产生相当程度的负面影响。因此,在期货法立法工作正紧锣密鼓推进的当下,进一步厘清“期货交易”的内涵、明确期货交易认定标准显得尤为迫切。

二、期货交易认定的监管标准

针对期货交易的相关认定,监管机构曾先后出台两个标准:一是《期货交易管理条例》(2007 年)中对“变相期货交易”的界定;二是证监办发〔2013〕111 号文对“非法期货交易”的界定。

(一)“变相期货交易”认定标准

在早期的涉期货交易案件审理中,司法机关基本是通过刑事审判、判断交易是否符合非法经营罪构成要件予以判处。2007 ~ 2012 年,《期货交易管理条例》中关于“变相期货交易”的认定标准是这一类司法审判的重要依据,该认定标准包括三个要件:(1)从事该交易的机构或市场“未经国务院期货监督管理机构批准”;(2)该交易“采用集中交易方式进行标准化合约交易”;(3)该交易采用以下交易机制或具备以下交易机制特征之一:“(一)为参与集中交易的所有买方和卖方提供履约担保的;(二)实行当日无负债结算制度和保证金制度,同时保证金收取比例低于合约(或者合同)标的额 20% 的。”②

我国《期货交易管理条例》(2007 年)对“变相期货交易”的这一界定,虽然描述了变相期货的一部分特征,但以倒推的方式、仅凭不周延的形式特征来作为认定变相期货的标准,难免会扩大认定范围,存在逻辑谬误。③ 其实施以后,各地涉嫌变相期货未见减少、反有增多,凸显了该规定的缺陷。2012 年《期货交易管理条例》修订,关于“变相期货交易”的具体规定被删除。

(二)“非法期货交易”认定标准

2012 年我国新修订的《期货交易管理条例》将“期货交易”概括性描述为“采用公开的集中交易方式或者国务院期货监督管理机构批准的其他方式进行的以期货合约或者期权合约为交易标的的交易活动”,④在法律法规层面,不再以具体特征认定期货交易

---

① 通常认为,期货交易典型特征包括:以套期保值或投机牟利为交易目的,采用标准化合约,实行保证金交易、当日无负债结算、强行平仓制度等风险防范机制。

② 参见《期货交易管理条例》(2007 年)第 89 条。

③ 李曙光:《“变相期货”的实践认定标准》,载《中国检察官》2010 年第 3 期。

④ 参见国务院《关于修改〈期货交易管理条例〉的决定》(国务院令第 627 号)。

活动。

但立法上这种暂避争锋的做法,一是向市场传递了监管放松的信号,从事产权交易、文化艺术品交易和大宗商品中远期交易等各种类型的交易场所纷纷设立,其交易大多属于"类期货交易",交易风险不断集聚;二是相关认定工作不具有可操作性,增大了司法、监管机关在"非法期货交易"认定上的困难程度。

2013年12月31日为落实国务院关于清理整顿各类交易场所、切实防范金融风险的要求,证监会办公厅印发《关于做好商品现货市场非法期货交易活动认定有关工作的通知》(证监办发〔2013〕111号),明确从目的要件与形式要件两方面判断现货市场交易活动是否属于非法期货交易的标准,使"非法期货交易"的认定重新回到了以特定交易特征倒推认定的逻辑上来。该标准认为,符合如下条件的交易即可被认定为"期货交易":

1. 目的要件:"从目的上看,允许交易者以对冲方式了结交易,而不以实物交割为目的或者不必交割实物。"

2. 形式要件:"从形式上看,交易一般具备交易对象为标准化合约和交易方式为集中交易两项主要特征。"一般有如下特征:(1)交易对象为标准化合约,除价格、交货地点、交货时间等条款外,其他条款相对固定的合约;(2)交易方式为集中交易,可细分为集合竞价、连续竞价、电子撮合、匿名交易、做市商机制等方式。

相比2007年的规定,这一认定标准,在"形式要件"上细化了对"标准化合约"内容和"集中交易"方式的界定,而且增加了从"目的要件"进行实质性辨认的维度,体现了对现货市场"非法期货交易"认定更为谨慎的态度。据此,各地司法机关集中审理了一批"非法期货交易"案件,通过确认涉案交易活动属于"期货交易"、违反我国《合同法》《期货交易管理条例》等法律法规的强制性规范,①进而否定交易协议法律效力,以有效防控区域性金融风险。②

(三)小结

目前,从司法裁判文书看,以证监办发〔2013〕111号文的标准为依据、否定"非法期货交易"法律效力的裁判思路,逐渐成为审理涉期货交易案件司法实践的主流逻辑。③但是,这一裁判思路,在助力区域性金融风险防范和化解的同时,也宛若"达摩克利斯之

---

① 我国《合同法》第52条规定合同无效的法定情形:"有下列情形之一的,合同无效:(1)一方以欺诈、胁迫的手段订立合同,损害国家利益;(2)恶意串通、损害国家、集体或者第三人利益;(3)以合法形式掩盖非法目的;(4)损害社会公共利益;(5)违反法律、行政法规的强制性规定";《期货交易管理条例》第6条规定:"未经国务院批准或者国务院期货监督管理机构批准,任何单位或者个人不得设立期货交易场所或者以任何形式组织期货交易及其相关活动。"

② 参见最高人民法院《关于进一步加强金融审判工作的若干意见》(法发〔2017〕22号)。

③ 交易合同是否有效,是相关司法审判中判断交易主体损失分配和责任分摊的先决条件。2015年股市异常波动后,除期货纠纷案件外,"交易合同因违反强制性法律规范而被认定为无效"的司法审判进路在场外配资纠纷等领域的案件中也较为常见。参见刘燕:《场外配资纠纷处理的司法进路与突破——兼评深圳中院的〈裁判指引〉》,载《法学》2016年第4期。

剑”悬于市场上方。民事案件“不诉不理”,在进入诉讼程序、法院裁判合同无效之前,现货市场大量采用期货交易部分交易机制的市场活动正常运营;一旦“投资者”遭受投资损失的时候,便会诉诸法院,请求法院确认交易无效并判令对方当事人返还投资本金。如此反复,相当于“允许那些在投资或者对冲交易中看错方向的当事人宣布合同无效”,从根本上颠覆“契约必须信守”的法律原则、瓦解金融交易的法律基础。① 这不仅会扰乱市场交易的稳定预期,还会助长投资者的投机行为。

而且应当承认的是,现货市场采用标准化合约、开展集中交易,能够显著降低交易成本、提升交易效率。若立法、监管将标准化集中交易模式限定为期货交易独有特征,必然会对现货市场的正常发展产生抑制,加之我国缺失开放的交易场所审批制度,现货市场所谓的“非法交易”屡经清理整顿而不断“死灰复燃”的问题依然无法得到彻底解决。如何更好地管控“类期货交易”的交易风险,仍然值得深入讨论和探寻更优对策。

三、期货交易认定的学理标准

近20年来,学界对“期货交易”的性质、法理、特征的探讨一直未曾停息,争论激烈、分歧较大。

(一)早期基于交易客体的认定

期货交易兴起早期,学界曾围绕期货交易的概念有过翔实的辩论。根据对交易客体的认识不同,主流观点大致分三种,即“买卖期货说”“买卖期货合约说”“折中说”。

买卖期货说认为,期货交易是交易者在期货交易所内通过订立标准化期货合约进行的期货买卖行为,期货是交易的客体;期货既可以是可供交付的实物(如农产品、能源等),也可以是不可交付的“拟制物”(如股票指数、利率、汇率等);在法律性质上,对冲平仓被视为双务合同的债的抵销。②

买卖期货合约说认为,期货交易是在专门场所对期货合约的竞价买卖行为,期货合约是交易的客体;在法律性质上,对冲平仓被视为合同权利义务的概括性转让。③

折中说又被称为“将来债权说”,它将期货交易视为交易双方各自同结算所成立中介合同的行为,标准合约只是一个将来合同的范本,是交易者进行交易的一个计量单位,只

① 楼建波:《金融商法的逻辑:现代金融交易对商法的冲击与改造》,中国法制出版社2017年版,第336页。

② “买卖期货说”参见施天涛、李旭:《期货交易概念之法理甄别》,载《法律科学》2000年第6期;文海兴:《论期货交易定义》,载《法律适用》1995年第8期。“买卖期货说”的法理阐释,缺陷在于其无法解释:(1)期货交易实践中,实物交割量仅占交易总量3%左右,若要求实际履行,则绝大多数期货合约自始、客观无法履行;(2)交易目的多为套期保值或投机牟利,并非是获得期货的所有权;(3)多数金融期货无法进行实物交割;(4)债的抵销要求双方当事人互负债务且债务到期,而期货交易对冲通常为非到期义务且有三方当事人。

③ “买卖期货合约说”参见王斌:《关于期货合同的法律探讨》,载《法律科学》1996年第1期。“买卖期货合约说”的法理阐释,缺陷在于其无法解释:(1)合同一方当事人权利义务的概括性转让须征得合同相对人的同意,但期货交易中对冲行为无须征求对手方意见;(2)移转期货合约的前提是拥有期货合约,第一份交易不可能是合同移转。

有在交割时才依它的格式成立买卖合同。[①]

在争论过程中,买卖期货合约说尽管存在某些法理缺陷,但因紧扣交易实质,指明交易者通过期货交易得以支配的权利类型是债权而非所有权,且符合期货交易的外观特征,最终被立法者所接纳,成为我国期货法律法规的基本立场。[②]

随着对期货交易的认知不断深化,近年来,另一种"折中说"——"双层标的说"逐渐兴起。其核心观点认为,期货交易本身是以双层标的为核心的复合法律结构,其中期货交易合同的标的是采用对冲交易机制的合约,而合约的标的是能够决定合约价值的基础资产。[③]该说比"买卖期货合约说"更贴合交易实际、解释力度更强,有待为业界和学界主流接纳。

(二)近期基于期货合约的认定

尽管买卖期货合约说逐渐成为学界通说,但"如何认定期货合约"这一更深层问题又随之而来。

少数学者主张对交易进行实质判断,赞成"目的说"。该说认为,现货交易与期货交易最本质的不同在于交易目的,现货交易以转移交易标的物所有权为目的,而期货交易基本不进行标的物交付,主要以套期保值或投机牟利为目的。[④]

更多学者仍主张对交易进行形式判断,赞成"特征说",但对能够作为期货交易认定标准的具体特征看法不一。从交易形式看,有学者认为采用集中交易方式交易标准化合约才是期货交易的本质特征,保证金交易、对冲平仓等机制,只有服务于标准化合约的集中交易,才是期货交易。[⑤] 相似地,也有学者进一步提出,"标准化合约"的限定其实可被对冲交易机制所吸收,期货交易之所以标准化就是为了通过对冲交易机制追求流动性,因此,采用对冲交易机制应当作为判断期货交易的标准。[⑥] 不过也有学者从交易程序出发,认为自始天然存在做空机制是期货交易区别于现货交易方式的关键,因为在交易初始环节,现货交易要拥有基础资产(商品类)或有发行人(证券类),[⑦]而期货交易自始即可做空,即使没有既存的交易标的(既无须拥有基础资产,也无须有发行环节)也能买或卖。[⑧]

---

① "将来债权说"参见毛初颖:《期货合同性质探讨》,载《法学研究》2000年第1期。"将来债权说"对交易当事人的意思进行了完全的人为拟制,与交易现实不符,且没有法律或交易所、结算机构规则上的依据,故而受到较多批评。

② 1999年《期货交易管理暂行条例》、2007年《期货交易管理条例》和2012年修订的《期货交易管理条例》均采纳"买卖期货合约说"。

③ "双层标的说"参见叶林、钟维:《核心规制与延伸监管:我国〈期货法〉调整范围之界定》,载《法学杂志》2015年第5期;钟维:《期货交易双层标的的法律结构论》,载《清华法学》2015年第4期。

④ 李曙光:《"变相期货"的实践认定标准》,载《中国检察官》2010年第3期。

⑤ 周洪波:《"变相期货"规定的立法完善》,载《中国检察官》2010年第3期。

⑥ 叶林、钟维:《核心规制与延伸监管:我国〈期货法〉调整范围之界定》,载《法学杂志》2015年第5期。

⑦ 即便是证券交易中的融券卖空(先借入证券再售出),针对整个证券交易系统而言也是实券买卖、现货交易。

⑧ 楼建波:《美国处理期货法与证券法之间关系的实践及其启示》,载《法学论坛》2015年第4期。

(三)小结

目前,学界对期货合约作为交易客体的共识已基本达成,但对期货合约的实质和形式判断标准依旧分歧较大。

笔者认为,从宏观层面看,现货市场与期货市场除了"目的"与"特征"不同外,其市场"功能"也差别明显,但目前学界尚未聚焦。现货市场以商品或资金的融通为主要功能,而期货市场的功能主要在于风险管理与价格发现。从认定维度看,"目的""特征""功能"的组合能够形成完整的认定链条。在交易实践中,"目的要件"形成于交易前端,重在甄别主观意图;"特征要件"(包括交易形式和交易程序)形成于交易中端,重在甄别行为本身;"功能要件"形成于交易终端,重在甄别客观效果。而且"目的"与"功能"要件不宜混同,审视上文引述的司法审判典例,多数涉案的类期货交易通过设置"延期交付"机制,以实现不实际交付标的物的目的,但其交易价格大多采用"即时价格"——现货市场价格,从客观上看,交易并不能实现风险管理与价格发现的功能。因此,即便这些交易与期货交易目的相同或相近,但功能依然差异较大,有必要在"目的""特征"要件之外增加"功能要件"的认定维度,以限缩认定范围,为现货市场正常发展预留空间。

四、启示及建议

回顾业界与学界对期货交易认定的探索过程,纵然争论不断,但可以得到如下基本启示:一是单纯以特定交易特征倒推认定的逻辑不可行,期货交易与现货交易在交易目的、交易特征、交易功能等多个维度都存在显著区别,需要多方位审视交易的属性以做出准确的认定判断。二是期货交易独占特定交易机制不符合市场长期发展趋势,期货交易所运用的一系列典型的交易机制,如标准化交易、风险防范机制等,可以有效降低交易成本、提升流动性和交易活跃度,虽确由期货市场首先发现并使用,但不能成为其独占此类交易方式的正当理由。三是现有法律体系并未完全接纳期货交易独特的法律关系,从期货交易的法理探讨中可见,现行以合同法为核心的民商法体系,并不能够充分容纳并解释期货交易的独特法律关系,交易规则与传统民商事法律之间冲突难以避免。

综上,结合市场发展现状及司法审判实践,笔者建议:

第一,增加"功能要件"认定维度,从交易的目的、形式、程序、功能四个方面对期货交易进行全面认定。从交易形式看,应尊重市场发展趋势,允许现货交易采用期货交易的部分交易机制(如标准化合约、保证金交易等)。此外,期货交易与现货交易在交易目的、初始程序、交易功能三个方面也存在明显差异,建议增加"功能要件"认定维度,只有全部满足四方面标准的市场交易,才能被认定为"期货交易",严格认定标准,限缩认定空间。具体建议标准见表2。

表2　期、现货交易认定的建议标准

交易目的		期货交易	现货交易
		套期保值或投机牟利	转移交易标的物所有权
交易特征	交易形式	标准化(对冲)交易	既可非标准化交易,也可标准化(对冲)交易
	初始程序	自始天然存在做空机制	初始环节一方拥有基础资产(商品类)或存在发行环节(证券类)
交易功能		风险管理与价格发现	商品或资金的融通

第二,尽快制定出台期货法,确认期货法律关系。期货交易,不仅具有“合约性”(交易标的为合约权利义务),还带有独特的“未来性”(当前订约、未来履行)和“衍生性”(价值由其他资产价格决定)特点,亟待通过出台期货法确认期货法律关系的独特性,使现行民商法得以扩张自身体系,以明晰期货交易的法理基础。

第三,变“堵”为“疏”,针对现货市场构建开放的、严格的监管体系和制度。积极转变监管理念,通过深化法律、监管领域改革,构建开放的交易场所审批制度,将部分成熟的“类期货市场”转变为合法的现货交易市场。同时,对其构建严格的监管体系和制度,整合、集中监管资源,明确市场准入门槛,在自律监管、交易流程、业务合规等方面给予持续督导,并协助其做好投资者教育和适当性管理工作,密切监控价格波幅,强化资金监管,严厉打击恶性投机和市场操纵行为,为市场多样交易形式和风险管理活动提供坚实的制度供给与保障。

期货市场操纵民事赔偿机制研究①

程红星*　王　超**

摘要：价格操纵是资本市场较为典型的违法行为，为世界各国立法所普遍禁止。但是相对于欺诈客户、不当强平等违法行为而言，我国期货市场操纵行为的法律责任，尤其是民事责任的具体认定和追究一直处于相对滞后的阶段。我国现行《期货交易管理条例》仅规定了针对操纵行为人的行政处罚及刑事责任，没有规定操纵者应当赔偿受害者损失的民事责任条款，存在明显不足。鉴于此，笔者建议，一方面，在期货法立法时，对期货市场操纵行为人的民事赔偿责任加以规定；另一方面，积极推动配套规章及司法解释的出台，明确民事责任构成要件、诉讼模式以及损失的计算方法等，尽早将期货市场操纵民事损害赔偿纳入诉讼轨道，切实保护好投资者的合法权益。

关键词：期货市场　价格操纵　民事赔偿　基准日

期货市场的重要功能是价格发现和风险管理。价格操纵行为会扭曲期货市场价格、影响市场风险管理功能的发挥，严重损害投资者的合法权益，是期货市场典型的民事侵权行为之一。② 禁止操纵市场行为，追究其责是成熟期货市场的普遍做法，我国对于操纵行为也作出禁止，并规定了操纵行为人的行政和刑事法律责任，但民事责任的规定尚属空白。③ 民事责任的存在不仅可以有效保护投资者的合法权益免受价格操纵行为的损害，而且可以加大市场操纵者的违法成本。民事责任的欠缺使受损害的投资者不能得到应有的赔偿，背离了期货市场操纵行为责任制度的初衷。从境外实践来看，市场操纵作为经济利益驱动型违法行为，包括英美两国在内，在法律责任构造上，二者均重民事责任而刑事责任设置相对较缓，这有利于预防与减少违法犯罪行为的发生。④ 从境内市场情

① 本文观点仅代表作者个人见解，与所供职单位无关。

* 中国金融期货交易所法律部副总监，法学博士、博士后。

** 中国金融期货交易所法律部员工。

② 杜惟毅、张永开：《期货市场操纵行为的类型及认定标准研究》，载黄红元、徐明主编：《证券法苑》（第9卷），法律出版社2013年版，第736页。

③ 赵振华、江海亮：《论期货市场操纵行为的民事责任》，载《中国矿业大学学报》（社会科学版）2013年第1期。

④ 胡光志、张美玲：《我国期货市场操纵立法之完善——基于英美的经验》，载《法学》2016年第1期。

况来看,近年来,期货市场操纵行为呈现多发趋势,[①]但大多终结在行政处罚程序,较少进入刑事诉讼,且由于上位法的缺失,尚无案件进入民事赔偿程序。没有了民事赔偿措施,法律就像失去了牙齿,其惩治力度也大打折扣。[②] 因此,本文拟将着眼点放到期货市场操纵行为民事责任的认定和追究上,重点分析民事责任的构成要件以及损失计算方法等,并结合我国期货立法对市场操纵行为法律规制的现状,就市场操纵行为法律责任体系的完善提出相关建议。

一、期货市场操纵的概念和类型

(一)期货市场操纵的概念

期货市场操纵概念的界定,对于确定期货市场操纵行为的性质、构成要件,明确期货市场操纵行为的内涵和外延意义重大。[③] 然而,从法律上给操纵下定义却是非常困难的事情,因为,操纵首先是一种经济事实,立法和司法机构在准确把握操纵上存在相当的难度。[④] 尽管如此,以美国为例,多年来美国学界、法院、商品期货交易委员会、自律组织等一直试图为操纵下一个明确的定义。[⑤] 总体而言,"人为价格说"[⑥]认可度较高。理论上讲,操纵是为了经济利益而扭曲市场价格。典型的价格扭曲涉及创造一个不反映供求关系的人为价格,或者制造虚假的供求关系使价格发生操纵者所期望的变化,或者引起其他市场参与者做出操纵者所期望的反映。同美国以及其他国家类似,我国在对期货市场操纵的界定问题上,较为认可将对期货市场价格的影响,即人为价格,作为市场操纵的要素。[⑦] 代表性的观点为期货市场操纵行为是指行为人违反国家期货管理法律法规,采取不正当手段扭曲期货合约交易价格,扰乱期货市场秩序的行为。[⑧] 该观点相对抽象和客观,基本上反映了操纵行为的本质。

---

① 据统计,自2012年起,行政处罚案例共有8起,分别为胶南粮库操纵硬麦105合约案(行政处罚决定书〔2012〕15号),镇江宝尔胜钢铁有限公司操纵螺纹钢1107期货合约案(行政处罚决定书〔2012〕22号),海南大印集团有限公司等操纵天然橡胶RU1010期货合约案(行政处罚决定书〔2013〕67号),厦门宝拓操纵焦炭1209期货合约案(行政处罚决定书〔2014〕35号),姜某操纵"甲醇1501"期货合约案(行政处罚决定书〔2015〕31号),陶某、傅某某操纵胶合板1502合约案(行政处罚决定书〔2016〕1号),刘某某操纵聚氯乙烯1501案(行政处罚决定书〔2016〕119号),廖某某操纵"普麦1601"期货合约案(行政处罚决定书〔2017〕58号)。

② 李明良、陈洁:《证券市场操纵行为法律规制之国际比较研究——以民事法律责任为重点》,载张育军、徐明主编:《证券法苑》(第1卷),法律出版社2009年版,第238页。

③ 程红星:《期货市场操纵的认定及民事责任研究》,载崔亚东主编:《新金融与司法研究》,法律出版社2017年版,第124页。

④ 温观音:《如何认定期货操纵》,载《人民司法》2008年第11期。

⑤ 程红星、王超:《美国期货市场操纵行为认定研究》,载曹越主编:《期货及衍生品法律评论》(第1卷),法律出版社2018年版,第80页。

⑥ 人为价格说将期货市场操纵行为定义为"由一人或一群人,所为的制造人为价格的有计划的行动"。

⑦ 叶林主编:《期货期权市场法律制度研究》,法律出版社2017年版,第166页。

⑧ 杜惟毅、张永开:《期货市场操纵行为的类型及认定标准研究》,载黄红元、徐明主编:《证券法苑》(第9卷),法律出版社2013年版,第736页。

(二)期货市场操纵的类型

如果以期货市场操纵所运用的手段和方法作为类型化的标准,期货市场操纵行为可划分为三大基本类型,即市场力量型操纵、交易型操纵和信息型操纵。[①] 市场力量型操纵是指操纵者利用对现货的支配性地位以及在期货市场的优势头寸,扭曲期货交易价格的行为,为期货市场所特有,具体可分为囤积和挤压扎空两种行为。交易型操纵行为的主要特征表现为行为人通过期货市场的买卖行为,便可使期货交易价格出现人为变动,最终达到操纵目的,具体又包括真实交易型操纵和虚假交易型操纵。前者主要表现为连续交易操纵、特定时段操纵等,后者包括约定交易操纵、洗售操纵、虚假申报操纵等。信息型操纵是指行为人利用信息可能对期货行情产生的影响,人为控制或者影响信息的生成、披露、传播等,影响期货交易价格的行为,[②]主要有蛊惑交易和"抢帽子"交易两种表现形式。近年来,虽然期货市场操纵出现了些新形态,但均无法算作上述三种类型以外、独立的操纵类型,以跨市场操纵为例,它本身与一般的市场操纵模式没有显著区别,只是操纵行为与获利位于两个相关的市场。[③] 因此,虽然操纵的形式有许多,但是主要以上述三种类型为主。

二、期货市场操纵的行为性质及民事责任的构成要件

(一)期货市场操纵的行为性质

操纵市场行为是严重的期货市场违法、违规行为,同时也是一种欺诈行为,[④]违反了民法的诚实信用原则。民法上的诚实信用,是指民事主体进行民事活动必须意图诚实、善意,行使权利不侵害他人与社会的利益,履行义务信守承诺和法律规定。期货市场的操纵行为者却滥用所拥有的资源优势(包括资金优势、持仓优势、信息优势等),破坏侵害他人和社会利益以牟取暴利,因此操纵行为违反了诚实信用原则。基于以下理由,我们可以认定市场操纵行为是一种民事侵权行为。

首先,从市场操纵者的行为来看,该行为对期货交易的相对方造成了损害。市场操纵行为侵害的客体是一种财产上的利益,这种利益损失在一般情况下由两部分组成。一部分是期待利益,期待利益是基于假设的公正交易而产生的机会利益。对期待利益的侵害在英美法上造成所谓"纯粹经济上损失",在德国法上造成所谓"纯粹财产上损害",这两种表述含义相同,都表明期待利益属于一种预期性的不利益,即应当增加而没有增加

---

① 叶林主编:《期货期权市场法律制度研究》,法律出版社2017年版,第168页。

② 王超:《期货市场信息型操纵的法律界定》,载许多奇主编:《互联网金融法律评论》(第12辑),法律出版社2018年版。

③ 程红星、王超:《跨市场操纵立法与监管研究》,载黄红元、卢文道主编:《证券法苑》(第22卷),法律出版社2017年版,第481页。

④ 在操纵行为的性质问题上,虽然学界还存在较大的争议,但我国的主流观点认为市场操纵行为属于欺诈行为。参见陈洁:《证券欺诈侵权损害赔偿责任研究》,北京大学出版社2002年版,第189页。杨秋林:《试论操纵证券市场的民事责任研究》,载郭锋主编:《证券法律评论》(2017年卷),中国法制出版社2017年版,第378页。

的利益,未对财产造成直接或实际的损害。[①] 另一部分是为平仓而蒙受的损失,期货市场的价格因市场操纵出现偏离,这时相关投资者不得不高价买入或者低价卖出平仓,投资者的财产遭受了不应有的损失。总体而言,我国对纯粹经济上损失原则上是不予保护的,市场操纵行为人承担民事赔偿责任的范围,以投资者因操纵市场而实际发生的损失为限。[②]

其次,从操纵行为者的主观方面来看,操纵行为是一种有过错的行为。[③] 关于行为者的主观过错,理论上有主观说和客观说两种理论。市场操纵者主观过错的认定宜采客观说,即理性人标准。按照客观说理论,只要交易者从事了不符合市场正常人标准[④]的市场滥用行为就是有过错的。[⑤] 在案件中可以通过分析当事人的动机、行为、事后状态等事项,综合判定当事人是否具有操纵的故意,[⑥]当事人可以进行辩解说明,法院综合判断当事人是否符合理性人的标准。通常而言,操纵者的目的是通过一系列交易行为,造成交易量和价格波动的假象,从市场价格波动中获利。操纵者大多利用持仓优势和资金优势,大量建仓或者频繁交易(如高买低卖等)推动价格波动,目的就是要操纵市场价格,使价格向着有利于自己的方向变化。在这种情形下,我们可以认定操纵行为在主观上由故意构成,且以获取不正当利益为目的。

最后,从操纵行为和危害结果之间的关系来看,两者之间具有相当的关联度,构成法律意义上的因果关系。大陆法系国家关于因果关系通行的理论是"相当因果关系说",我国民法理论也倾向采此种学说。[⑦] 相当因果关系由"条件关系"和"相当性"构成,即在某一原因和某种结果同时发生时,还不能断定有因果关系,必须依一般观念存在同一条件就能发生同一结果时,才能认定该条件与该结果间有因果关系,即在"条件说"的基础上引入"相当性"标准对条件说进行必要限制,并由法官以社会一般人的角度对行为时及行为后的结果是否有预见为标准,做出因果关系成立与否的客观判断。

综上所述,市场操纵行为客观上造成了交易相对方的经济利益损失,行为实施主体在主观上具有实施操纵行为的故意,并且操纵行为与危害结果间存在相当的因果关系,足以构成法律上的侵权行为。因此,操纵行为实际上是一种金融领域内特殊的侵权行为,除具备一般侵权行为的特征外,还具有操纵行为人可能会对市场中不特定的多数投

---

① 张新宝、李倩:《纯粹经济损失赔偿规则:理论、实践及立法选择》,载《法学论坛》2009年第1期。

② 王洪光:《论操纵证券市场民事责任之构成》,载《人民司法》2009年第15期。

③ 过错在归责原则之中极为重要,过错是责任的构成要件、归责的最终要件以及确定责任范围的依据。参见王利明:《侵权行为法研究》,中国人民大学出版社2004年版,第214页。

④ 即行为不经济或不合理。Wendy Collins Perdue, "Manipulation of Futures Markets: Redefining the Offense",56 *Fordham L. Rev.* 345(1987－1988).

⑤ 王利明:《侵权行为法归责原则研究》,中国政法大学出版社2003年版,第184~186页。

⑥ 范林波:《操纵证券市场行为监管执法问题实证研究——以中国证监会2015~2017年三季度行政处罚决定书为视角》,载黄红元、卢文道主编:《证券法苑》(第22卷),法律出版社2017年版,第424页。

⑦ 刘信平:《侵权法因果关系理论之研究》,法律出版社2008年版,第78~90页。

资造成损害的特点，[①]为大规模侵权行为，[②]社会危害巨大。

（二）期货市场操纵民事责任的构成要件

侵权民事责任是指侵权行为人由于过错违反法律规定的义务，以作为或者不作为的方式，侵害他人人身权利和财产权利，依法应当承担的损害赔偿等民事责任。金融衍生品交易过程中的侵权民事责任同样应符合一般侵权责任的构成要件。[③] 期货市场操纵行为指意图通过人为方式扭曲自然供需所形成的公正价格，创造人为价格。不过，我国《侵权责任法》并未将操纵市场作为一种法定的侵权行为类型，因此在分析操纵行为民事责任构成要件时，可以参考一般侵权责任构成要件。具体而言，期货市场操纵行为民事责任的构成要件应包括：违法行为、过错、损害事实、因果关系。

1. 违法行为

客观上实施了操纵市场的行为，是操纵行为人承担民事赔偿责任的前提。操纵行为既是行为构成要件中的核心，也是民事责任产生客观事实，从而成为构成责任要件之一。[④] 判断某个行为是否为操纵行为，需明确两个问题：第一，由谁去认定？第二，认定的标准？对于一般侵权行为而言，一般由受害人承担存在违法行为的举证责任，但考虑到期货市场交易机制较为复杂，不同操纵行为构成要件的差异性，由证监会及其派出机构进行认定可能更具有可操作性，通常而言，行政处罚决定书可作为存在操纵行为的证据。至于认定的标准，可重点分析当事人的行为是否制造了人为价格或产生明显的价格效应。

2. 过错

归责原则是侵权责任的构成要件之一，决定举证责任的内容和分配。在期货市场侵权民事责任认定中应采取过错责任和过错推定原则。民法上的过错，是指支配行为人从事法律上和道德上应受非难的行为故意和过失状态，换言之，指行为人通过违背法律和道德的行为表现出来的主观状态。

（1）主观意图

并非所有国家均将意图作为市场操纵行为成立的要件。在意图构成操纵要件的国家中，一些国家将重点放在争议行为是否伴随欺诈意图或误导意图，其他国家则要求证明存在产生人为价格的意图。具体而言，意图包括以下几种：一是诈欺的意图、误导的意图，这在许多国家被界定为：诈欺或在市场参与者心中产生错误印象的意图。二是导致

---

① 薛洪增：《操纵市场民事赔偿实质不容忽略》，载《证券时报》2011 年 7 月 30 日，A04 版。

② 所谓大规模侵权是指基于同一侵权行为或者多个具有同质性的侵权行为，给为数众多的受害者造成人身、财产损害或者同时造成上述两种损害，须提供数额巨大的损害赔偿救济以及更好地进行预防和惩罚，来保障社会安全的特殊侵权行为。参见杨立新：《〈侵权责任法〉应对大规模侵权的举措》，载《法学家》2011 年第 4 期。

③ 程红星：《期货市场操纵的认定及民事责任研究》，载崔亚东主编：《新金融与司法研究》，法律出版社 2017 年版，第 142 ~ 143 页。

④ 贾纬：《操纵市场行为的认定及其民事责任》，载《人民司法》2007 年第 17 期。

人为价格的意图。一些国家将焦点放在某些类型操纵行为引致人为价格的意图上。导致人为价格的意图本身,就算没有诈欺或虚伪不实,仍可能被视为操纵。在衍生品交易方面,要证明引致人为价格的意图,主管机关或检察官可能必须证明市场参与者合法持仓的获利不仅限于有利的市场情况下。如果持有多头持仓的参与者,蓄意减少可供交运的供给,或增加其在衍生商品市场中的多头持仓,即可能会被推论有操纵行为。三是不符经济法则的行为,即不合理商业目的。在证明意图时,主管机关或检察官可能必须反驳一个论点,即涉嫌操纵者所从事的行为实际上有合理的经济目的。因此,调查必须将交易或报价活动与供给及需求状况加以比较,如果对该有价证券或资产的需求并无增加,则价格就不应上涨。对准许实物交割的衍生商品而言,衡量实际进行交运是否有一个合理的目的(如尝试交运者在现货市场是否有固定价格的销售义务)是很重要的。四是显示影响价格或制造交易活跃假象的动机。参与者进行市场操纵的常见动机是逢高出脱、获利了结。为支持此动机,必须举证操纵者及其关系人所持有的大量有价证券或选择权持仓,采用被哄抬的价格出脱。虽然在衍生商品交易,动机并不一定是操纵案件的必要条件,操纵者可能持有巨额的衍生商品或现货市场持仓,而从价格变动中获利。

(2)过错推定原则

操纵行为作为一种侵权行为,应适用民事侵权行为的归责原则。操纵市场行为样态多、技术性强、操纵隐秘复杂,要求受害投资者对操纵行为人的主观心理状态进行证明难度太大。[①] 因此,各国证券期货法在规定归责原则时,对过错的举证责任分配基本都采取了过错推定原则,兼用无过错责任原则和公平责任原则。过错推定原则是指通过推定的方式来间接证明当事人的主观意图,即任何人只要实施了以人为方式控制金融衍生品价格以牟利的行为均可认定为存在操纵的主观意图。但对于此项推定,允许行为人以反证推翻。[②] 当然,如果监管部门已经认定行为构成操纵行为,本身就足以说明行为人实施操纵行为在主观上具有过错,实际上投资者无须再行证明。[③]

3. 损害事实

对于所有请求权基础来说,损害的存在都是一个必然的前提。[④] 期货合约的价格由于受各种系统、非系统因素的影响,其在某一时点上的价格是否为反映供需关系的正常价格难以确定。而这会带来两个问题:第一,投资者的损失是否由于操纵行为导致;第二,如果是由于操纵行为导致,影响的程度有多大,而这也决定投资者遭受的损失在多大程度上得到补偿。一般而言,如果投资者在期货合约被操纵时段内,从事了与操纵行为人相反方向的交易,而被迫进行高买或低卖,则依据相关交易记录可证明损害事实存在。

---

① 赵振华、江海亮:《论期货市场操纵行为的民事责任》,载《中国矿业大学学报》(社会科学版)2013年第1期。

② 季秀平、王朋:《操纵证券市场行为及其法律规制》,载《南京大学法律评论》1998年春季号。

③ 薛洪增:《操纵市场民事赔偿实质不容忽略》,载《证券时报》2011年7月30日,A04版。

④ 曹宇萌:《德国行情与市场价格操纵行为规制民事责任制度研究》,载《研究生法学》2011年第1期。

至于损害数额的确定，还需结合当时市场情况，依据后文所述计算方法，综合考量。

4. 因果关系

因果关系是指市场行为人的行为与受害人遭受的损害之间的因果联系，因果关系是侵权责任认定的重要条件。依普通法传统，要对操纵行为加以惩戒，须证明投资者损失与操纵行为之间存在因果关系。对此，美国商品期货交易委员会指出，当监管机构在确定操纵者是否违反第6(c)(1)条时，并不需要证明该因果关系，但是因果关系的证明仍然是私人诉讼中的重要内容。这实际上就是进一步明确，对操纵行为进行行政处罚适用的证明标准要低于民事责任追究中的证明标准。① 对因果关系需要从两个方面加以证明，一是证明存在因果关系，即原告需要证明若不存在被告的违法行为交易就不会完成，至少不会以最终表现的形式完成；二是损失因果关系的证明，即原告应证明，原告遭受的损害与被告的违法行为之间具有一定的因果联系。

在期货市场交易中因果关系在一定意义上包含在操纵能力之中。所谓因果关系实际上指的是有能力引起价格的人为变化。而判断期货市场操纵者的操纵能力，可从以下三个方面着手：(1)确认潜在的操纵者是否有能力影响市场价格及数量；(2)确认市场操纵者是否存在对供给的控制；(3)确认市场操纵者是否拥有无须控制供给即可影响价格的能力，如通过散布谣言等信息手段影响价格等。被告一旦被证明具有操纵的能力和意图，而且被指控操纵的时间内价格确实被人为扭曲，那么剩下的工作就是要证明价格的扭曲是由于被告的行为所导致的。考虑到期货市场的新兴加转轨的特点、投资者还不成熟以及在举证过程中的明显劣势地位，建议降低因果关系证明的难度，在证明责任上采用责任倒置。② 如果被告能够证明，虽然他具有操纵的能力，但价格的背离并非因其行为所致，则被控方也不应该被定为操纵。

三、期货市场操纵民事责任的承担

(一)法院管辖问题

当前我国期货市场的交割和交易案件实行的是中级人民法院管辖制度。笔者建议，分别从级别管辖、地域管辖方面，对期货市场操纵等民事赔偿案件的管辖问题进行规定。在管辖原则的确定上，首先，应采取相对集中管辖的原则。期货市场操纵行为引发的侵权民事赔偿案件，在事实认定和法律适用方面均存在相当的难度，我国的金融衍生品投资者大多集中于经济相对发达地区，而案件又不能过于集中于上海、③北京、大连和郑州等城市，因此规定计划单列市以上的中级人民法院管辖比较合适。其次，因期货市场民

---

① 李明良、李虹：《〈多德—弗兰克法〉期货市场反操纵条款研究》，载张自军、徐明主编：《证券法苑》(第5卷)，法律出版社2011年版，第1204页。

② 参见钟守鹏、应鹏：《试论操纵市场民事诉讼中的因果关系的多样性及其价值》，载《东南大学学报》(哲学社会科学版)2013年第S1期。

③ 日前，上海金融法院已经正式挂牌，依据最高人民法院《关于上海金融法院案件管辖的规定》，与期货交易相关的民商事案件将由金融法院管辖，上海市辖区内操纵民事赔偿案件将由金融法院受理。

事侵权行为地不具有唯一性,以侵权行为地确定地域管辖存在难度,故对该类案件地域管辖宜统一采用我国民事诉讼法确立的原告就被告原则。如投资人对多个被告提起期货市场操纵民事赔偿诉讼的,以主要被告的所在地法院为案件管辖法院。

(二)前置程序的设定与诉讼模式选择

目前,证券市场虚假陈述民事责任追究中,法院规定了行政处罚和刑事处罚作为民事诉讼受理的前提。期货市场操纵行为可能同时违反了刑法、行政法律法规,这种制度安排在期货市场民事责任建立初期有其必要性,有助于相关法律责任的衔接。也有观点提出,受制于操纵行为本身的专业性和隐蔽性,目前人民法院尚不具备认定操纵市场行为的能力和条件。① 但从长期来看,为了更有效地保护投资者的合法权益,最高人民法院应根据物权法、侵权责任法、期货法律法规的规定,对期货市场所发生的操纵市场等违法行为尽快作出民事赔偿司法解释,完善资本市场民事侵权责任制度,进而建立期货民事赔偿案件的直接受理机制。当然,为了避免投资者滥诉,或者利用虚假诉讼扰乱市场,对于未经行政处罚或刑事处罚的案件,初期法院可适当提高立案门槛。在具体认定过程中,法院也可以委托交易所、行业协会、监管部门提供协助,从而有效把握涉案行为性质,提高案件审理效率。

目前,证券虚假陈述诉讼中采用的诉讼方式是单独诉讼和共同诉讼两种方式。共同诉讼是指当事人一方或双方为2人(含2人)以上的诉讼。证券民事责任的诉讼中之所以引入共同诉讼模式主要基于以下几点考虑:第一,证券市场中一旦发生侵权行为,作为受害人的投资者可能规模过于庞大;第二,投资者受侵害的情况和实际损失通常不雷同;第三,我国目前还没有类似美国的中介机构对成千上万投资者的损失进行登记和计算,仅依靠人民法院通过公告对权利人登记、由权利人选择加入诉讼是不现实的。因此,对证券市场人数众多的赔偿诉求,以代表人方式进行的共同诉讼是符合法院和证券市场现有条件的。有学者建议,在证券民事责任的诉讼中应当采纳集团诉讼的模式。但从法律规定来看,现行民事诉讼法只规定了代表人诉讼,并没有规定集团诉讼。鉴于期货市场侵权诉讼的影响面广,采用单独诉讼或者代表诉讼可能并不能真正维护投资者的合法权益,建议在期货市场民事责任制度建立初期,可引入支持诉讼制度,即赋予某些团体,如中证中小投资者服务中心②以诉权,使其可以直接提起民事诉讼以保护中小投资者的合法权益。③ 同时,可考虑扩大代表诉讼中诉讼代表人的范围,赋予特定团体或者组织代表投资者起诉的资格。但从长期来看,衍生品市场操纵等侵权民事责任追究应当坚持集团诉讼。衍生品市场操纵等侵权受害人众多、个人诉讼费用高、损害求偿有限等诉讼特点决定了集团诉讼是较为适合的诉讼方式。此外,集团诉讼可以将民事诉讼与其合理性基础结合

---

① 贾纬:《证券市场侵权民事责任之完善》,载《法律适用》2014年第7期。

② 日前,中证中小投资者服务中心提起全国首例证券市场操纵损害赔偿支持诉讼。参见朱宝琛:《全国首例证券市场操纵损害赔偿支持诉讼被受理》,载《证券时报》2018年8月7日,A02版。

③ 丁冬:《证券支持诉讼的示范意义》,载《人民法院报》2016年11月23日,第7版。

起来考虑,尽可能采用最有利于保证广大投资者利益和发挥市场约束的诉讼方式。

(三)民事赔偿计算相关问题

目前,证券期货相关法律法规和规章均未对操纵市场民事赔偿的计算方法作出规定,司法实践中也没有相关司法判例。在确定民事赔偿的范围和计算方法时,需要综合考虑严格限定赔偿范围、赔偿限于直接损失、期现货市场计算方法基本一致等原则。

1. 关于期货市场投资者范围的确定原则

根据最高人民法院《关于审理证券市场因虚假陈述引发的民事赔偿杆件的若干规定》以及"8·16"民事赔偿判决,虚假陈述、内幕交易等证券期货市场违法行为与投资者损失的因果关系应采用推定因果关系。即在相关违法行为实施期间,如果投资者从事了与相关违法行为主要交易方向相反的交易行为,投资者最终遭受损失,则应认定违法行为与投资者损失具有因果关系。按照上述司法解释和判例的原则和思路,在认定期货市场操纵行为与期货市场投资者损失的因果关系方面,建议也采用推定因果关系的做法,并据此确定赔偿的投资者范围。具体而言,如果投资者从事了与操纵行为人最终平仓交易方向相反的期货交易,且最终遭受损失,则应认定操纵行为与投资者损失之间具有因果关系,可以将这部分投资者纳入民事赔偿的范围。

2. 关于期货市场获赔投资者类别

按照上述原则,能够获得赔偿的投资者应当具备四个条件:一是投资者与操纵行为人交易的期货合约相同;二是在操纵行为对期货市场投资者产生影响的时段内进行了相关合约期货交易;三是投资者的交易方向与操纵行为人最终平仓交易的方向相反;四是投资者有交易损失,且仅限于直接损失。在一般情况下,可获赔的投资者主要有以下三种情况:一是在操纵行为时间段之间有持仓,在操纵行为时间段内反向平仓产生损失的投资者;二是在操纵行为时间段之间无持仓,在操纵行为时间段内反向开仓产生损失的投资者;三是无论在操纵行为时间段之前有无持仓,在操纵行为时间段内既有开仓又有平仓交易,并且该时间段内的平开仓互相冲抵后,形成与操纵行为人平仓交易方向相反的净头寸的受损投资者。

3. 关于期货市场投资者损失金额的计算

参照"8·16"民事赔偿判决的相关审判原则以及境外已有案例,建议以投资者在操纵时间段内的交易价格与基准价格的差额,乘以交易的具体数量,计算损失金额。在基准价格的认定方面,需要综合考虑违法行为及其涉及的交易品种特点、当时市场情况等因素。考虑到期货市场对于各类信息具有较强的价格敏感性,市场对于各类信息消化和吸收的速度较快,可以在较短的时间内对相关信息作出反应,如果操纵行为持续时间较短,可以认为当日计算时市场基本已消化和吸收操纵行为的相关影响,当日结算价能够反映操纵行为影响消除后的价格,可以作为基准价格。不过,如果操纵行为持续时间较长,或者是以操纵交割结算价的方式进行,则考虑考虑采用操纵行为开始之前的价格作为基准价格,同时适当考虑操纵行为持续期间其他价格影响因素。①

至于投资者的具体损失额,可以采用以下简便计算原则来认定:(1)每一日操纵行为时间段内的所有反向交易(无论是开仓还是平仓)价格减去基准价格形成的差额,乘以交易的具体数量,以此作为该日损失额;(2)如果在每一日操纵行为时间段内还存在同向交易的,则应将反向交易与同向交易在同等交易量(手)基础上先结算冲抵计算交易盈亏额,剩余的反向交易按第(1)项原则计算交易盈亏额,然后两项盈亏额相加,以此作为该日损失额;(3)操纵行为分布在多个交易日的,每个交易日的损失额相加,作为投资者最终的具体损失额。

四、结论

我国《证券法》在2005年修订时,对操纵市场的民事责任进行了规定。虽然较为原则,但是为投资者提起民事诉讼提供了明确的法律依据。相较而言,目前我国《期货交易条例》在法律责任设置上尚存不足。为更好地保护投资者的合法权益,建议在未来制定期货法时,进一步完善期货市场操纵行为的法律责任体系,填补民事责任空白,明确规定操纵者应当赔偿投资者因操纵行为造成的损失。② 至于具体民事赔偿制度,可以参照证券市场以及境外的相关经验,通过配套规章、司法解释初步明确期货市场操纵民事赔偿诉讼的程序性规定,如前置程序的去存、因果关系的认定、基准日的确定等,待积累一定案件之后,再进一步完善。

---

① 张玮心:《操纵证券市场的不法所得与损害赔偿计算》,载郭锋主编:《证券法律评论》(2017年卷),中国法制出版社2017年版,第365页。

② 杜惟毅、张永开:《期货市场操纵行为的类型及认定标准研究》,载黄红元、徐明主编:《证券法苑》(第9卷),法律出版社2013年版,第752页。

英国如何监管幌骗行为?①

刘宏光*

摘要:幌骗行为是近年来随着高频交易兴起而迅猛发展的一类交易策略。这类行为体现了交易者对其技术优势的滥用,损害市场的有序与公平运行,在多数国家或地区受到普遍禁止。与美国《商品交易法》的规制模式不同,英国将幌骗行为纳入市场操纵行为的范畴。在幌骗行为的认定中,英国法坚持客观化立场,不要求证明行为人主观意图、人为价格等要素,并通过罚款、公开谴责、其他行政制裁、行为禁令、退赔令等形式进行监管。针对我国实践现状,未来我国在立法上应使用"明确规定"替代"兜底条款",在监管细则中明确规定幌骗行为的构成要件与认定标准,强化交易所的一线监管,并充分发挥监管科技的作用。

关键词:高频交易　幌骗　操纵市场　虚假申报

随着美国股票市场2010年5月6日"闪电崩盘"②的出现以及2016年期货市场"幌骗交易刑事第一案"③的宣判,幌骗行为走到聚光灯下,迅速成为业界与监管机构关注的焦点。除美国外,幌骗行为在其他国家和地区亦颇受关注,英国、日本、新加坡、我国香港

---

① 本文观点仅代表作者个人见解,与所供职单位无关。

* 法学博士,中国金融期货交易所与华东政法大学联合培养博士后研究人员。

② 2010年5月6日上午,美国股市道琼斯工业平均指数突然大幅下跌近1000点,此后迅速回弹,该日收盘时报跌348点。后经监管机构调查确认,交易员Navinder Singh Sarao及其Nav Sarao期货公司在CME市场上标普500迷你股指期货交易中采用了幌骗等一系列欺骗性交易加剧了当天市场的震荡。后Sarao分别被告美国司法部与CFTC追究刑事与行政责任,没收违法所得1287多万美元,判处罚款2574多万美元,并处以终身禁入期货市场的禁令。

③ 2011年8月至11月间,Michael Coscia及Panther能源公司在CME的17个期货合约和ICE的3个期货合约上发出无意执行的巨额订单。2014年10月,美国司法部以涉嫌犯幌骗罪为由对Michael Coscia提起刑事诉讼,法院于2016年7月判处Michael Coscia有期徒刑3年,缓刑3年。该案作为幌骗行为刑事审判第一案在世界范围内引起重大反响。

特别行政区等国家和地区也均有幌骗行为的处罚案例。① 幌骗行为不仅扰乱金融市场的价格形成机制,动摇投资者对市场的信赖,还直接损害投资者利益。英国是金融衍生品交易的重要市场,且其幌骗行为监管的立法模式与我国类似。因此,对英国幌骗行为行政监管的立法与实践情况进行研究,对我国强化幌骗行为监管具有重要借鉴意义。

一、幌骗行为在英国属于操纵市场行为

(一)幌骗行为的界定

幌骗(spoofing),又称堆单(layering),②是交易者从事证券期货交易时的一类交易策略,幌骗行为人在订单簿的一侧提交大额或大量订单以营造市场流动性方面的假象,通过对限价订单簿的影响引诱其他投资者跟风交易,而其真实目的是在反方向成交,进而从其他投资者身上获利。典型的幌骗行为分为"虚假报单""撤销报单""反向成交"三个步骤。行为人先在单边申报大量(报价更优的)无成交意图的订单,引诱其他参与者跟随进行在同方向报单,引发交易价格向行为人报单方面移动,行为人继而在其订单全部(或大部分)执行之前将其撤销,在撤单的几乎同时地在反方向报单,与之前被引诱跟随报单的其他市场参与者成交并从中获利,其他交易者因误信行为人的虚假报单而利益受损。③行为人虽然在单次交易行为中仅获取微利,但往往通过多次实施此类行为累积巨额利益。高频交易的兴起在报撤单方面与累积利益方面均为行为人实施幌骗交易行为提供了便利,④但幌骗行为未必一定通过高频交易实施,手动(manually)操作亦可。例如,2015年10月19日CFTC指控3 Red公司的交易员伊戈尔·B.奥斯塔赫(Igor B. Oystacher)进行幌骗交易,美国商品期货委员会(Commodity Futures Trading Commission, CFTC)在起诉状中提到交易员的申报是通过手工进行,而且影响到许多为市场提供流动性的高频交易者。⑤

---

① 相关案例主要包括新加坡 Dennis Tey Thean Yang 案(2017年),available at http://www.mas.gov.sg/News-and-Publications/Media-Releases/2017/First-conviction-of-market-misconduct-under-the-joint-investigations-arrangement-with-CAD.aspx;日本查处的 Select Vantage 公司案(2014年)、Blue Sky Capital Management 公司案(2016年),available at https://www.fsa.go.jp/sesc/english/news/reco/20140218 - 1.htm, https://www.fsa.go.jp/sesc /english/news/reco/20160304 - 1.htm;中国香港特别行政区的严敏行案(2013年),available at http://www.sfc.hk/edistributionWeb/gateway/TC/news-and-announcements/news/doc? refNo = 13PR34。

② 堆单行为与幌骗行为并无本质区别,但在堆单行为中行为人发出的订单往往是多层的(multi-layers)、而非单一的大额订单,故有时被认为是幌骗的一种高级形式。英国习惯上使用"layering"一词指代此类行为,在本文中统一译为幌骗。参见 Raj Malhotra,"Flash Crash' course:What is layering?"(22 April 2015),available at https://www.cnbc.com/2015/04/22/flash-crash-course-what-is-layering-commentary.html. FSA, Manipulation of the order book- "layering and spoofing", Market Watch, Issue No. 33,(August,2009) available at http://www.fsa.gov.uk/pubs/newsletters/mw_newsletter33.pdf。

③ 张孟霞:《高频交易的频繁报撤单与市场操纵认定——以美国国债期货"虚假报单操纵"案例为视角》,载《证券市场导报》2016年第5期。

④ Tom C. W. Lin,"The New Market Manipulation", *Emory Law Journal*, Vol. 66(2017), p. 1253.

⑤ CFTC 起诉状原文链接:https://www.cftc.gov/sites/default/files/idc/groups/public/@ lrenforcementactions/documents/legalpleading/enfigorcomplnt101915.pdf。

从世界范围内看，幌骗行为的监管主要有两种模式：一种模式是将幌骗行为纳入市场操纵行为的范畴，通过市场操纵行为的监管框架来监管幌骗行为。美国证券法采用这一模式，《1934 年证券交易法》第 9(a)(2)节和第 10(b)节是处理幌骗行为的主要法源。① 另一种模式是在市场操纵行为之外另设“市场扰乱行为”的法律概念，并在“市场扰乱行为”概念下通过专门条款来规制幌骗行为。美国期货法属于这一模式，《商品交易法》第 4c(a)(5)节“扰乱市场行为”中明确禁止幌骗行为。② 英国法采用前一种模式，通过将幌骗行为纳入市场操纵行为的规制框架进行监管。

（二）英国幌骗行为监管动态

早在 2009 年 8 月，英国金融服务局(Financial Services Authority，FSA)③即在其业务通信文件《市场观察》(Market Watch)对幌骗行为的行为模式进行分析，认为该类行为可能造成证券期货市场上供求方面的错误或误导性印象，构成《2000 年金融服务与市场法》(Financial Services and Markets Act of 2000，FSMA)第 118(5)节或第 118(8)节规定的市场操纵行为。④ 2013 年 8 月，英国金融行为局(Financial Conduct Authority，FCA)再次在《市场观察》上对 Coscia 案的交易策略及其违法性进行分析，并着重表达了监管机构在治理幌骗等高频交易滥用行为的决心。⑤ 2018 年 2 月 FCA 发布报告《金融市场上的算法交易合规问题》(Algorithmic Trading Compliance in Wholesale Markets)，亦再次强调算法交易可能导致幌骗等市场滥用行为，并提示相关市场机构构筑好合规防线。⑥

截至目前，英国监管机构共处置幌骗案件 3 起（见表 1）。上述案例呈现如下特征：第一，在处罚依据方面，由于 3 起案件中违法行为发生时间与处置时间均在 2016 年之前，其处罚依据均是(2016 年修订之前的)《2000 年金融服务与市场法》。其中 Micheal Coscia 案与 Swift 案通过行政处罚程序进行处置，当时的《2000 年金融服务与市场法》第 123 节仅规定了罚款与公开谴责两类处罚措施，执法手段较为单一。而 Da Vinci 案通过民事诉讼程序解决，除罚款这外，还适用了行为禁令，执法手段更丰富。第二，在具体的操作手法上，除 Micheal Coscia 案行为人直接向交易所订单簿下单外，其余两起案件中行为人均是通过交易与交易所上市产品相关联的衍生品(CFDs 或 Swaps)来间接影响交易

① 谢贵春：《证券市场如何规制幌骗交易——以美国为例》，载黄红元、卢文道主编：《证券法苑》(第 21 卷)，法律出版社 2017 年版，第 191 ~ 207 页。

② 张孟霞、尹小为：《美国“幌骗”案例的监管处罚与司法审判实践》，载《证券市场导报》2017 年第 5 期。

③ 在 2013 年之前，英国金融市场上的主要监管者是 FSA，《2012 年金融服务法》将 FSA 拆分为 FCA 与 PRA，并于 2013 年 1 月 1 日生效。此后，FSA 金融市场行为监管方面的职责由 FCA 承继，PRA 主要负责宏观审慎监管，称为“双峰模式”。

④ FSA，Manipulation of the order book- “layering and spoofing”，Market Watch，Issue No. 33 (August，2009)，available at http://www.fsa.gov.uk/pubs/newsletters/mw_newsletter33.pdf.

⑤ FCA，Abusive high frequency trading(HFT) strategies in commodities markets，Market Watch，Issue No. 44 (August，2013)，available at https://www.fca.org.uk/publication/newsletters/market-watch-44.pdf.

⑥ FCA，Algorithmic Trading Compliance in Wholesale Markets(February 2018)，available at https://www.fca.org.uk/publication/multi-firm-reviews/algorithmic-trading-compliance-wholesale-markets.pdf.

所订单簿。

表1　英国证券期货市场重要幌骗案例处罚情况

违法行为	行为时段	处置时间	处置程序	处罚依据	处罚结果
Micheal Coscia 使用高频交易手段在 ICE 欧洲期货交易所的原油、油气等合约上发出大量无意执行的幌骗订单,获利近28万美元	2011年9月至10月	2013年7月	行政处罚程序	FSMA 第118节、第123节	罚款约59.8万英镑
Swift Trade 公司在与 LSE 会员交易 swaps 或 CFDs 时频繁报撤单,进而利用会员在 LSA 市场上的后续对冲操作影响多只股票的行情	2007年1月至2008年1月	2014年1月	行政处罚程序	FSMA 第118节、第123节	罚款800万英镑
Da Vinci Invest 公司为交易者 Banye、Brad、Pornye 及该三名交易者控制的 Mineworld 公司提供在 LSE 及 BATS 等交易设施上通过买卖 CFDs 实施幌骗的条件,并参与利润分成	2010年8月至10月;2011年2月至7月	2015年8月	民事诉讼程序	FSMA 第381节、第129节	对五名被告处以行为禁令与罚款,其中,对 Da Vinci 公司罚款146万英镑,对 Mineworld 公司罚款500万英镑,对 Banye 和 Pornye 各罚款41万英镑,对 Brad 罚款29万英镑

二、英国幌骗行为监管的法律渊源与构成要件

(一)法律渊源之演变

英国法将幌骗行为作为操纵市场行为的一种特定类型对待,根据内容,我们可以将英国法上针对操纵行为的监管规则分为“行为界定”与“法律后果”两个方面。“行为界定”方面主要包括对幌骗行为的主观、客观、适用范围等要素的界定等内容,“法律后果”方面主要包括幌骗行为的法律责任与执法程序。2000年以来英国法对操纵市场行为的规制可分为两个阶段,以2016年7月3日之前,无论是在“行为界定”还是在“法律后果”方面,均以国内立法为主,但相关国内立法受到欧盟指令的影响;之后,在“行为界定”方面适用欧盟条例,在“法律后果”方面适用国内法,欧盟条例和国内立法共同发挥作用。

1. 国内立法为主、欧盟指令为辅阶段(2016 年 7 月 3 日之前)

英国金融市场传统上以自律监管为主，直到《2000 年金融服务与市场法》立法时才确立 FSA 对金融市场上操纵行为的行政监管权。① 英国《2000 年金融服务与市场法》② 从"行为界定"与"法律后果"两个方面对市场操纵行为进行规制，这一监管框架适用于幌骗行为。在"行为界定"方面，适用于幌骗行为的法条是《2000 年金融服务与市场法》第 118(5)节，③该节禁止"通过造成或可能造成某一个或多个金融工具或相关金融工具的供给、需求或价格方面的虚假或误导性的印象的行为"。④ 虽未直接包含"spoofing"或"layering"一词，但足以涵盖幌骗行为。此外，第 118(1)(a)(i) -(ii)节明确了第 118(5)节适用的标的范围是获准或已经发出请求在指定市场(prescribed market)上交易的合格金融工具(qualifying investments)。⑤ 在"法律后果"方面，《2000 年金融服务与市场法》第 123 节和第 384 节分别规定了 FSA 对操纵市场行为进行罚款或公开谴责，或者要求行为人退赔(restitution required by authority)的权力；第 126 ~ 127 节和第 385 ~ 386 节规定了 FSA 行使上述权力的程序，并明确行为人可将 FSA 的决定诉到裁判所(Tribunal)。《2000 年金融服务与市场法》第 129 节规定法院有权根据 FSA 的申请对行为人处以罚款，第 381 节和第 383 节分别规定了法院在处置市场操纵行为中的适用强制令(injunctions)与退赔令(restitution orders)的权力。虽然在 2016 年 7 月之前，英国主要通过国内法处理市场操纵行为，但无论是在"行为界定"方面，还是在"法律后果"方面，英国国内立法均受到了《市场滥用指令》(Market Abuse Directive, MAD, 2003/6/EC)等欧盟立法的影响。⑥

除法律层面的规定，监管细则方面亦有规定。《金融行为监管局手册》(FCA Handbook)是 FCA 发布的监管细则的合集，其中"市场行为守则"(Code of Market Conduct, COMC)部分第 1. 6. 2E 段⑦的规定涵盖了幌骗行为，而"执法指引"

---

① 此前，英国主要自律监管来规制市场操纵行为，虽然缺少对市场操纵行为的行政监管，但《1986 年金融服务法》第 47 条规定了市场操纵行为的刑事责任。

② 《2000 年金融服务与市场法》最初于 2000 年 6 月由英国议会通过，后来进行了多次修订，重要的修订包括 2005 年、2012 年、2016 年的修订。

③ 在市场操纵行为的"行为界定"方面，2005 年 FSA 根据欧盟《市场滥用指令》的要求对《2000 年金融服务与市场法》进行了修订，由于 2005 年版本影响最广，实践中一般以其作为讨论蓝本。

④ FSMA § 118(5)(2005).

⑤ FSMA § 118(1)(a)(2005). 其中，关于"指定市场"和"合格金融工具"的定义可见于《2001 年指定市场与合格金融工具命令》(Prescribed Markets and Qualifying Investments Order 2001)以及 FSA Handbook 中的相关规定。

⑥ 根据《欧盟运作条约》(the Treaty on the Functioning of the European Union)的规定，指令(directive)与条例(regulation)是欧盟法的主要表现形式，但在效力方面上有区别：前者在欧盟成员国内不具有直接效力，需要成员国通过立法程序转化为国内法后方可适用；后者在欧盟成员国内具有直接的法律效力，无须成员国转化为国内法即可适用。

⑦ COMC, Paragraph 1. 6. 2.

(Enforcement Guide, EG)和"决定程序与罚款手册"(Decision Procedure and Penalties Manual, DEPP)部分则规定了适用于幌骗行为的相应处置规则。

2. 欧盟条例与国内立法并重阶段(2016年7月3日至今)

2016年7月3日欧盟《市场滥用条例》[Market Abuse Regulation, MAR, (EU) No. 596/2014]生效,其第12节替代了英国《2000年金融服务与市场法》中关于操纵市场行为"行为界定"方面的规定。为落实条例的要求,英国通过法定文件(Statutory Instruments, SI)的形式[①]对《2000年金融服务与市场法》进行修订,亦于2016年7月3日生效。由于条例(Regulation)在欧盟成员国具有直接适用的法律效力,形成了欧盟条例与国内立法并重的幌骗监管新格局。在"行为界定"方面,2016年修订时删除了《2000年金融服务与市场法》第118节,以《市场滥用条例》第12(2)(c)节[②]取代了《2000年金融服务与市场法》第118(5)节。尽管该条款未明确使用"spoofing"一词,但在实质上包含了对幌骗行为的规制。在"法律后果"方面,《2000年金融服务与市场法》增加了第123A节、第123B节、第123C节,引入了禁止市场操纵行为人(系自然人的情况下)参与交易或担任管理职务的临时性或永久性禁令、在不超过12个月的期间内暂停行为人从事受规制活动或对其从事受规定活动施加限制等新型行政制裁措施,并通过对第129节进行修订而赋予法院应FCA的申请而对市场操纵行为施加上述新型行政制裁措施的权力。在实施细则层面,FCA删除原《市场行为守则》第1.6.2E段,直接适用《市场滥用条例》第12(2)(c)节,并对《执法指引》和《决定程序与罚款手册》进行了相应修订。[③] 总体而言,上述修订更新了对市场操纵行为的界定,强化了FCA及法院对幌骗行为人的处罚权,完善了相应的执法程序,形成了"行为界定"的方面主要由欧盟条例完成,而"法律后果"通过国内立法追究的新格局。

表2 2016年7月3日前后英国幌骗行为规制条文对比

内容项目	条文序号(修订前)	条文序号(修订后)	修订要点
幌骗行为界定	FSMA 第118(5)节	MAR 第12(2)(c)节	完善对此类市场操纵行为的描述
适用标的范围	FSMA 第118(1)(a)(i)—(ii)节	MAR 第2(1)—(2)节	扩张到场外交易金融产品及其关联产品,以及相关的现货市场

① See the Financial Services and Markets Act of 2000(market abuse)Regulations 2016(SI 2016/680).

② Market Abuse Regulation § 12(2)(c).

③ FCA, Implementation of the Market Abuse Regulation, PS16/13(April 2016), available at https://www.fca.org.uk/publication/Policy/ps16-13.pdf; FCA, Changes to the Decision Procedure and Penalties Manual and the Enforcement Guide for the Implementation of the Market Abuse Regulation, PS16/18(June 2016), available at https://www.fca.org.uk/publication/policy/ps16-18.pdf.

续表

内容项目	条文序号(修订前)	条文序号(修订后)	修订要点
监管机构适用行政制裁措施的种类	FSMA 第 123 节	FSMA 第 123 节、第 123A 节、第 123B 节、第 123C 节	删除第 123(2)节的免责条款,增加了禁止行为人(自然人)担任投资公司管理职务或购买处置相关金融资产、暂停或限制行为人从事从规制活动等措施
监管机构适用行政制裁程序	FSMA 第 126 节、第 127 节	FSMA 第 126 节、第 127 节、第 127A 节	完善发布禁止令与执业限制的程序事项,新增加与 PRA 的协调
监管机构的退赔要求与适用程序	FSMA 第 384 ~ 386 节	FSMA 第 384 ~ 386 节	修订部分文字表述
监管机构的内部程序与法律文书	FSMA 第 387 ~ 396 节	FSMA 第 387 ~ 396 节	修订部分文字表述
裁判所审理程序与上诉	FSMA 第 132 ~ 137 节	FSMA 第 132 ~ 137 节	修订部分文字表述
法院的行政制裁权	FSMA 第 129 节	FSMA 第 129 节	增加了法院根据 FCA 的申请对行为人处以第 123A 节、第 123B 节行政制裁的规定
法院的禁止令、退赔令	FSMA 第 381 节、第 383 节	FSMA 第 381 节、第 383 节	删除第 383(3)节的免责条款,完善部分文字表述

(二)构成要件之分解

1. 主观方面无须证明行为人的主观意图

与美国期货法上的传统观点不同,英国证券期货市场上操纵市场行为行政责任的认定一直采用客观标准。[①] 在英国《2000 年金融服务与市场法》第 118(5)节中,对幌骗行为的认定并不要求证明行为人的主观意图,仅客观行为本身即可认定市场操纵行为的存在。[②] 英国法院也认为,“这一标准是完全客观的,不需要考虑行为人的特定心理状态”(the test is wholly objective;it does not require any particular state of mind on the part of the

① 但在刑事案件中,无论是依照《2000 年金融服务与市场法》第 397(3)节,还是依照《金融服务法》第 90 节追究操纵市场行为的刑事责任,都要求证明行为人的主观意图。

② Edward J. Swan, John Virgo, *Market Abuse Regulation*, 2nd ed., Oxford University Press, 2010; David Yeres, Robert Houck, Benjamin Berringer, etc., “Spoofing: The First Criminal Conviction Comes in the U. S.—Perspectives from the U. S. and U. K.”, *Futures & Derivatives Law Report*, Vol. 36 No. 1(2016), pp. 244 – 245.

person whose behaviour is under consideration)。① 这在Da Vinci案中表现得尤为明显,高等法院法官在Da Vinci案中明确阐述:Da Vinci公司从事交易行为时甚至并无误导市场或从事市场滥用的主观故意,其对其交易者所采取的破坏性交易策略并不知情,但由于交易者是以Da Vinci公司的名义从事交易,且英国在幌骗行为的认定上是结果导向的,故认定其从事幌骗交易。② 而在《市场滥用条例》的背景下,第12(2)(c)节禁止"通过算法交易、高频交易等电子交易方式发出、撤回或修改订单,造成或很可能造成对金融工具的供求、价格方面的虚假或误导性信号的行为",这一条款适用于幌骗行为的监管。虽然《2000年金融服务与市场法》与《市场滥用条例》的相关条款均未包括对行为人主观意图方面的要求,但行为人的主观意图往往可以从行为中推断出来。③

此外,在2016年修订前的英国《2000年金融服务与市场法》中,虽然幌骗行为的构成要件是客观的,但《2000年金融服务与市场法》第123(2)节、第383(3)节规定了FSA在对违法行为人追究法律责任的免责事由:"合理确信"(reasonable belief)抗辩,即行为人有合理理由相信其行为不构成市场滥用或已采用合理预防措施并已尽应有谨慎以避免参与市场滥用的,可以免除法律责任。但在2016年修订中删除第123(2)节、第124(3)节、第383(3)节,上述免责事由不再存续,将幌骗行为监管的客观化进一步向前推进。

2. 客观方面无须证明人为价格的存在

虽然幌骗行为的实施往往伴随着对金融工具交易价格的影响或交易相对方利益受损的结果,但在法律层面上,英国对幌骗行为的认定并不需要证明人为价格(artificial price)的存在或其他投资者利益受损的结果。这一情况与美国传统司法上期货市场操纵行为认定中要求人为价格要件有显著区别,而人为价格并不容易证明,往往成为制约美国操纵市场行为认定的障碍。④ 正因如此,即便在成立多年之后CFTC查处的操纵市场案件依然屈指可数。相对而言,英国在操纵市场(幌骗)行为认定的客观要件上更为宽松。无论是在《2000年金融服务与市场法》中,还是在《市场滥用条例》下,均不要求证明人为价格的存在或损害后果的出现,只要行为存在对市场上相关金融工具的价格或供求产生误导性的影响的相当概率,即可认定该行为构成市场操纵(幌骗)行为。具体而言,在《2000年金融服务与市场法》时代,只要行为可能对供求、价格造成错误或误导虚假印象(false or misleading impression)即可;在《市场滥用条例》中,只需证明行为可能造成对市场上的供求、价格产生虚假或误导性的信号(false or misleading signal),也不需要证明对交易价格的

---

① Winterflood Securities Limited v. FSA [2010] EWCA Civ 423, at [25].

② FCA v. Da Vinci Invest Limited and others [2015] EWHC 2401(Ch) at [196].

③ Niamh Moloney, *EU Securities and Financial Market Regulation*, 3rd ed., Oxford University Press, 2014, p. 742.

④ 传统美国期货司法中操纵市场行为认定遵循四要件标准,即操纵能力(ability)、操纵意图(intent)、人为价格(artificial price)、因果关系(causation),缺少任一要件即不构成市场操纵,参见Frey v. CFTC, 931 F. 2d 1171, 1175(7th Cir., 1991).

现实影响。

3. 幌骗监管针对的交易标的范围广泛

在修订之前的英国《2000 年金融服务与市场法》中,包括幌骗在内的各类市场操纵行为适用的标的是"获准或已经发出请求在指定市场上交易的合格投资",①后来扩张到"与合格投资相关的投资",即其价格或价格取决于合格投资的价格或价值的其他投资。② 以 Swift 案为例,其是一家加拿大注册公司,并不是 LSE 的会员,通过与 LSE 会员之间的 CFDs③ 或 Swaps 交易进行,这些订单被会员在 LSE 市场上作即时和自动化的对冲处理,进而传导到 LSE 交易所的订单簿。被告为 CFDs 不属于第 118(5)节的规制标的为由提出抗辩,但 FSA 认为 CFDs 和 Swaps 虽不属于"受认可投资工具",但这些衍生品交易与 LSE 上市的个股之间存在直接联动关系,且 Swift 公司进行这些衍生品交易的目的是影响 LSE 市场上个股的价格,故应将这些行为纳入监管。

在英国《市场滥用条例》下,根据第 2(1)节的规定,操纵市场行为监管的适用对象为"在受监管市场(RM)、多边交易设施(MTF)、有组织交易设施(OTF)上交易的金融工具,或虽未在受监管市场、多边交易设施、有组织交易设施上交易但其价格或价值取决于或对指令市场、多边交易设施、有组织交易设施上交易的金融工具有影响的其他金融工具",且明确规定"其他金融工具"包括但不限于 CFDs 或 Swaps。此外,《市场滥用条例》第 2(2)节还将操纵行为的规制范围扩展到现货合约、与现货合约的价格相关联的各类金融工具、金融基准等。可见,《市场滥用条例》在《2000 年金融服务与市场法》的基础上,在金融工具的适用范围方面大幅扩张,不仅包括指令市场、多边交易设施、有组织交易设施上交易的金融工具,其他金融工具亦可能因为其交易行为可能对指令市场、多边交易设施、有组织交易设施上交易的金融工具的价格、价值产生影响而被纳入监管范围,甚至还包括现货合约及其相关金融工具、金融基准(benchmark)等,能够对幌骗行为进行更严密的规制。

三、英国法上幌骗行为的法律责任与执法程序

幌骗行为监管规则"法律后果"方面主要包括法律责任与执法程序。相较于英国幌骗行为监管规则的"行为界定"方面于 2016 年《2000 年金融服务与市场法》修订中从国内法切换到欧盟条例,"法律后果"方面仍适用《2000 年金融服务与市场法》,基本法律框架未变,仅在具体制度安排上有所调整。

(一)法律责任

幌骗作为操纵市场行为的一种具体类型,幌骗行为人需要承担相应民事责任、行政

---

① FSMA § 118(1)(a)(2005).

② FSMA § 130(A).

③ CFDs 全称为"contract for difference"(差价合约),是 20 世纪 90 年代兴起的一种金融衍生交易形式,由卖方向买方支付合同约定的基础资产(通常是股票)当前价格与合同约定时间价格之间的差额,交易者无须现实持有及交割基础资产,目前这种交易在英国、新加坡、澳大利亚等国较为流行。

责任与刑事责任等。[①] 其中,行政责任主要包括以下形式:

1. 罚款(financial penalty)

罚款是英国金融市场上的重要执法手段,有法院决定和监管机构决定两种程序,分别规定在英国《2000年金融服务与市场法》第123节和第129节。该两个条文均未规定罚款数额的上下限,授权监管机构或法院在个案中根据实际情况决定。为使罚款行为更为规范化,FSA依照《2000年金融服务与市场法》第124节的授权发布了《决定程序与罚款手册》(Decision Procedure and Penalties Manual,DEPP),其第6.5节规定行政罚款数额确定的原则与步骤。其中,罚款数额的确定原则包括违法行为人不得从违法行为中获利("吐出"原则)、违法行为人应为其不当行为付出代价(惩罚原则)、罚款数额足以威慑违法行为人不再实施同类或类似行为(威慑原则)。[②] 此外,DEPP还规定了确定罚款数额的五步骤方法:第一步,去除行为人从违法行为中获取的利益;第二步,根据违法行为的严重性确定一个罚款数额;第三步,考虑加重或减轻情节对第三步的数额进行调整;第四步,根据实际情况调高前三步中确定的金额以体现威慑作用;第五步,若案件进行了和解,则根据和解情况对前四步中确定的金额进行调减,但最终处罚金额不得低于行为人从违法行为中获取的利益。[③] 上述原则与步骤仅适用于监管机构确定罚款金额的过程中,对法院在司法程序确定中罚款金额不具有拘束力。[④]

2. 公开谴责(public statement of censure)

公开谴责是一类声誉罚(reputational punishment),规定在英国《2000年金融服务与市场法》第123(3)节,作为罚款的替代性手段存在。监管机构在决定是采用罚款还是采用公开谴责手段时,主要考虑公开谴责是否对行为人产生足够的威慑力,行为人是否从不当行为中获得利益或避免损失,行为的严重性程度,行为人是否主动向监管机构坦白其行为,行为人在监管机构调查中是否积极配合并赔偿受害者,行为人以往是否存在类

---

① 限于研究范围,本文主要讨论幌骗行为的行政责任。但幌骗行为还可能构成民事侵权与刑事犯罪,并承担相应的民事责任与刑事责任。在民事责任方面,《2000年金融服务与市场法》仅第150节规定了民事赔偿责任,但该节的适用范围在主体方面局限于被告为"获授权人"的情况,在客观方面局限于公开发行或上市证券相关的虚假陈述行为,在以幌骗为代表的市场操纵行为中适用受限。实践中,以幌骗行为为代表市场操纵行为受害者常通过金融申诉专员(Financial Ombudsman)制度获得救济。参见 Barry Rider, Kern Alexander, and etc. *Market Abuse and Insider Dealing*, 2nd ed., Tottel Publishing, 2009, p. 230; Emilios Avgouleas, *The Mechanics and Regulation of Market Abuse: A Legal and Economic Analysis*, Oxford University Press, 2005, pp. 391–394, 430–445。在刑事责任方面,幌骗行为的刑事责任原来规定在《2000年金融服务与市场法》第397节,2012年改革后为《2012年金融服务法》第90节和第92节。在构成要件方面,主观方面要求其具有故意心态,客观方面要求行为已完成或已着手实施且已造成相关误导性后果。幌骗行为的法定刑是不超过7年的监禁,并可单处或并处罚金。在程序方面,该类刑事诉讼既可以由FCA根据《2000年金融服务与市场法》第401节、第402节提起,也可以由总检察长提起。

② DEPP 6.5.2.

③ DEPP 6.5.3.

④ Tariq Carrimjee v. FCA[2015] UKUT 0079(TCC) paragraph 95 above.

似行为等情况。若从上述情况分析,行为人主观恶意较大或行为较为严重,则监管机构倾向于对其进行罚款。[①]

3. 其他行政制裁(administrative sanctions)

2016 年英国修订《2000 年金融服务与市场法》时,立法者在罚款和公开谴责之外新增了其他行政制裁措施,丰富了行政制裁制度体系。其中,《2000 年金融服务与市场法》第 123A 节明确了 FCA 发布禁止市场滥用行为人(系自然人的情况下)担任投资公司管理职务或购买或者处置相关金融资产的临时性或永久性禁令(temporary or permanent prohibit individuals from managing or dealing);第 123B 节规定了 FCA 可在不超过 12 个月的时段内暂停违法行为人从事"受监管活动"[②]的许可或对其从事"受监管活动"施加某些限制(suspend permission or impose limitationsto carry on regulated activities);该法第 129 节规定了法院可依监管机构申请而采取上述行政制裁措施。

4. 行为禁令(injunctions)

英国《2000 年金融服务与市场法》第 381 节规定了法院依监管机构的申请对行为人发布行为禁令权力。行为禁令可分为三类,制止行为人从事特定行为的禁令(a restraining order)、要求行为人对特定行为采取补救措施的禁令(a remedial order)、制止行为人或相关人处置财产的禁令(an order restraining the disposal of assets)。违反禁令的,可能被认为藐视法庭,并可能被判处监禁、罚金或扣押财产。法院在决定是否发出行为禁令时,主要考虑因素包括行为禁令是否是处置行为人行为的最有效方式、行为人的性质与严重程度、行为造成或可能造成的损失、可能受到损害的投资者数量及其可能受损的程度、行为可能给金融市场体系造成的影响等。[③]

5. 退赔令(restitutions)

法院和监管机构发布退赔令的权力分别规定在英国《2000 年金融服务与市场法》第 383 节和第 384 节,法院或监管机构可通过退赔令要求行为人将指定的利益支付给受损者,退赔金额由法院或监管机构根据行为人所获利益或他人所受损失的程度确定。退赔的构成要件为:(1)行为人实施了市场滥用行为或者其要求或者鼓励他人实施市场滥用行为;(2)该人因市场滥用行为而获得了利益或者使一个或多名他人遭受损失或其他不利影响。FCA 可以申请法院发布退赔令,在特定情况下也可以自行做出要求行为人进行退赔的要求,其区别在于监管机构直接做出退赔要求的对象仅包括"获授权人"(authorized person),[④]而法院发布退赔令的对象无此限制。

---

① DEPP 6.4.

② "受监管活动"是指与投资活动相关的经过金融监管机构批准方可开展的各类金融经营行为,参见 Financial Services and Markets Act of 2000(Regulated Activities)Order 2001。

③ EG 10.3.

④ "获授权人"是指根据金融监管机构的授权取得从事受监管活动资格,可以开展相应种类金融经营行为的主体。参见 FSMA § 31(2)。

(二)执法程序

针对幌骗行为的执法,英国有行政程序与司法程序两条路径。在行政程序中,FCA依据内部程序自主做出处罚决定;而在司法程序中,FCA仅作为诉讼的一方向法院提起执法诉讼,由法院做出处罚决定。从近年的执法实践看,英国越发重视行政程序的作用。

1. 行政程序(regulatory route)

行政程序是指由FCA依自身的判断对行为人的幌骗行为进行制裁的程序。行政程序中的决策主体是FCA内设的监管决策委员会(the Regulatory Decision Committee, RDC),该委员会由具有相关背景的执业者与非执业者构成,独立于其他内设机构,直接对FCA委员会负责。① RDC处置案件分为主要分为提示通知(warning notice)、决定通知(decision notice)、最终通知(final notice)三个阶段。② 行为人对于决定通知不服的,可以在接到通知后28天内或其他规定的期间内提请高等裁判所[the Upper Tribunal(Tax and Chancery Chamber)]③裁决。高等裁判所的审查不局限于法律争议,其通过听证会的方式对案例相关的事实和法律问题进行全面审查。当事人对高等裁判所的裁决不服的,

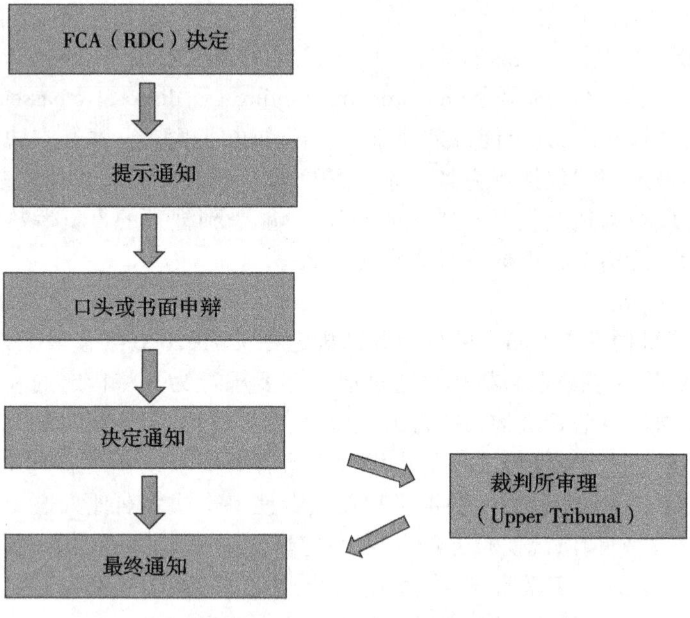

图1 FCA行政处罚程序流程

① 关于监管决策委员会的组成、权限范围、议事规则等,详见https://www.fca.org.uk/about/committees/regulatory-decisions-committee-rdc。

② FSMA § 387-396.

③ 原为根据《2000年金融服务与市场法》第132节成立金融服务与市场裁判所(Financial Services and Markets Tribunal),后来在2010年的英国司法体系改革中废除,相关职责转入高等裁判所。

可以在征得裁判所或上诉法院同意的条件下向上诉法院(the Court of Appeal)提起上诉,但上诉法院仅对其中的法律争议部分进行审理。①

2. 司法程序(court route)

除行政处罚程序外,FCA 还可以通过提起民事诉讼来追究行为人的法律责任。根据英国《2000 年金融服务与市场法》的规定,民事诉讼的具体程序是:FCA 就行为人的幌骗行为向高等法院(the High Court)提出诉讼,高等法院依法定程序审理。若高等法院确信 FCA 起诉理由成立,则会签发相应的司法命令,若不成立,则驳回 FCA 的起诉。② 对于高等法院的决定,当事人可在征得高等法院或上诉法院的许可后向上诉法院提起上诉。

司法程序与行政程序中能够追究的责任形式不尽相同,其详细对照情况见表 3。

表 3 英国幌骗行为执法程序与责任形式对照

项目	司法程序	行政程序
罚款	√	√
公开谴责	×	√
其他行政制裁	√	√
行为禁令	√	×
退赔令	√	√

注:√ 表示该责任形式可以在此程序中适用; × 表示该责任形式不可在此程序中适用。

四、英国幌骗行为监管经验对我国的启示

幌骗行为是近年来随着高频交易兴起而迅猛发展的一类交易策略,这类行为是交易者对其技术优势的滥用,严重损害金融市场的有序与公平运行,因而受到多数国家或地区的普遍禁止。不同国家和地区可能采用不同的立法模式,与美国《商品交易法》通过专门条款禁止幌骗行为的模式不同,英国将幌骗行为纳入市场操纵行为的范畴来规制。在幌骗行为的认定中,英国法坚持客观化的立场,不要求证明行为人主观意图、人为价格等要素,并通过罚款、公开谴责、其他行政制裁、行为禁令、退赔令等形式进行监管。此外,在日常监管中,英国注意运用可疑交易与指令报告制度(Suspicious Transaction and Order Reporting)、③吹哨人制度(Whistleblowing)④等发现幌骗行为。可见,英国建立了较为完善的幌骗行为规制体系,且取得不错的实践效果。

---

① FSMA § 137.

② FSMA § 381,383,129,et al.

③ 可疑交易和指令报告制度是指各类交易场所和公司在业务活动中发现可能构成内幕交易、操纵行为等市场滥用行为的交易行为或交易指令,应及时向 FCA 报告的制度安排,详见 https://www.fca.org.uk/markets/market-abuse/suspicious-transaction-order-reports。

④ 吹哨人制度是指金融从业人员就虚假陈述、内幕交易、操纵行为等市场滥用行为向 FCA 举报,FCA 对举报人给予保护并对被举报行为进行查处的制度安排,详见 https://www.fca.org.uk/firms/whistleblowing。

对比我国,“幌骗”一词尚未作为法定概念纳入我国证券期货立法,证券期货监管实践中与之相近的词语是“虚假申报”。[①] 与英国模式类似,虚假申报在我国亦作为操纵市场行为的一种类型存在,主要以我国《证券法》第77条第1款第4项、《期货交易管理条例》第70条第1款第5项的“兜底条款”作为惩处依据。除国家立法层面的规制外,各证券、期货交易所亦将虚假申报行为列为异常交易行为,并通过警示、约谈、公开谴责、甚至限制交易、取消会员资格等措施进行监管。实践中,证监会已查处多起证券市场虚假申报操纵案件,并以我国《证券法》第77条第1款第4项为依据作出处罚,[②]但期货市场上目前尚未查处虚假申报类操纵案件。在现行立法下,幌骗行为监管存在“兜底条款”正当性易受质疑、“不以成交为目的”认定困难、“频繁报撤单”的标准过于僵化等问题,尤其是未能充分回应高频交易背景下幌骗行为的监管需求。针对我国幌骗行为监管中的难题,笔者认为可从以下方面进行制度完善:

(一)用“明确规定”取代“兜底条款”,夯实幌骗行为监管的法律根基

我国在监管实践中将幌骗行为归类为虚假申报,进而纳入市场操纵行为的监管框架,这一模式与英国类似。虚假申报是一个比幌骗外延更宽的词汇,通过虚假申报行为来规制幌骗行为并无不妥,实践中也已经积累不少经验。美国《商品交易法》上将幌骗交易专门立法有其特定的背景,我国无须模仿。另外,坚持我国现行的模式,有利于保持法律体系的稳定性与法律适用的简约性,不但立法方面无须大动干戈,而且执法、司法、守法方面的成本均更低。需要做出改变的是,在我国《证券法》与《期货交易管理条例》(或未来的期货法)中对虚假申报进行明确列举,用“明确规定”替代“兜底条款”,为幌骗行为的法律规制提供更为坚实的法律基础。[③]

(二)完善幌骗行为监管细则,合理规定其构成要件与认定标准

证监会2007年《证券市场操纵行为认定指引(试行)》与最高人民检察院、公安部2010年《关于公安机关管辖的刑事案件立案追诉标准的规定(二)》分别规定了证券市场虚假申报行政违法行为的认定标准和证券期货市场虚假申报行为刑事犯罪的认定标准。

---

① 关于虚假申报,《证券法》《期货交易管理条例》《刑法》等基础性法律法规均无专门规定,仅2007年《证券市场操纵行为认定指引(试行)》等证监会内部规范性文件以及2010年最高人民检察院、公安部《关于公安机关管辖的刑事案件立案追诉标准的规定(二)》等司法解释有所涉及。但我国法上的虚假申报与幌骗又有差异,虚假申报并非一定伴随着反向成交的行为,且虚假申报可分为集合竞价期货、盘中及收盘时的虚假申报;而典型的幌骗行为包括反向成交行为,且主要在盘中交易阶段实施。相较而言,虚假申报比幌骗的外延更广。

② 目前已公布的处罚案例主要有周某某案(证监罚字〔2007〕35号)、张某某案(行政处罚决定书〔2009〕15号)、卢某某案(行政处罚决定书〔2009〕37号)、莫某某案(行政处罚决定书〔2009〕43号)、陈某某案(行政处罚决定书〔2011〕10号)、王某某案(行政处罚决定书〔2013〕40号)、苏某某案(行政处罚决定书〔2014〕12号)等。

③ 2015年4月提交全国人大常委会审议的《证券法(修订草案)》在第94条第4项禁止通过“不以成交为目的的频繁申报和撤销申报来影响或者意图影响证券交易价格或者证券交易量”的方式操纵市场,这一规定在未来《证券法》修订及期货法制定中应予坚持。

但《证券市场操纵行为认定指引(试行)》和《关于公安机关管辖的刑事案件立案追诉标准的规定(二)》均未把握住幌骗的本质特征,尤其是未对程序化交易背景下幌骗行为的监管需求给予合理回应。① 合理的路径是无论是行政还是刑事认定标准,都应采用定性与定量相结合的方法,在虚假申报的认定中都要考虑三个方面的因素,即“不以成交为目的”“频繁报撤单”“影响或试图影响交易量或交易价格”。在定性方面强调行为人“不以成交为目的”的主观意图及“影响交易价格或交易量”的客观后果,并在定量方面提出“频繁报撤单”认定的合理量化指标,增强幌骗行为监管规则的可操作性。“不以成交为目的”要件能够排除交易者错误操作或交易程序出现差错的情形,“影响或试图影响交易价格或交易量”要件能够将情节显著轻微的情况排除在外,“频繁报撤单”量化指标的设定要结合程序化交易背景下撤单率偏高的现实情况科学设定,力求做到不枉不纵。虽然与英国法下的构成要件相比,我国的构成要件更为繁杂,但只有对上述三个要件采取合理的认定或证明方法,坚持通过行为人的交易行为及其他客观情况来推定其主观意图及行为后果,并不会导致幌骗行为认定中的困难,反而会使幌骗行为监管在法律逻辑上更为顺畅。此外,在量化指标设定中应区分行政处罚标准与刑事追诉标准。刑事制裁具有严厉性,应秉持谦抑性原则,幌骗行为刑事认定标准应比行政处罚更为严格,除非十分必要,否则无须动用刑法。

(三)强化交易所自律监管,筑好防控幌骗行为的第一道防线

证券、期货交易所是证券、期货交易的组织者,也是防控幌骗行为的第一道防线。交易所对幌骗行为的监管主要通过实控账户管理、程序化交易报备、异常交易行为处置等方式实施。幌骗交易行为往往通过高频交易实施,而备案机制是监管程序化交易的重要手段。证监会于2015年10月公开征求意见的《证券期货市场程序化交易管理办法(征求意见稿)》规定了程序化交易备案机制,但还未正式出台。各证券、期货交易所虽已建立相应的备案机制,但还应该对其标准进一步完善,制订更为科学、准确、有效的监管标准,建立集中统一的备案管理制度。从证券期货市场操纵行为的查处实践看,行为人往往使用多个账户联合进行操作以逃避监控与查处。如果单独就其中的一个或部分账户进行分析,往往难以发现及认定操纵行为。② 因此,证券、期货市场建立实际控制账户报

① 《证券操纵认定指引》虽然强调了在证券市场虚假申报行为的认定中要以“不以成交为目的”作为认定要件,但其第39条规定“行为人在同一交易日内,在同一证券的有效竞价范围内,按照同一买卖方向,连续、交替进行3次以上的申报行为和撤销申报”即构成“频繁申报和撤销申报”的标准过于严格,不适应程序化交易背景下算法会自动生成的大量撤单指令的实际。《关于公安机关管辖的刑事案件立案追诉标准的规定(二)》虽然规定了“撤回申报量占当日该种证券总申报量或者该种期货合约总申报量的50%”这一相对更为合理的标准,但却未强调“不以成交为目的”的主观要求,同样可能会对大量的程序化交易者产生“误伤”。关于程序化交易对虚假申报行为认定的挑战,另参见夏中宝:《算法交易对虚假申报操纵法律认定逻辑的新挑战》,载《证券市场导报》2017年第10期。

② 程红星:《期货市场操纵行为的认定及民事责任研究》,载崔亚东主编:《新金融与司法研究》,法律出版社2017年版,第124~149页。

备机制殊为必要,除单个交易所内的实际控制账户报备外,还应当推动不同交易所之间的信息共享机制,有效整合证券期货市场信息资源,提高证券期货市场违法违规行为的研判效率。交易所是证券、期货交易活动的组织者,交易所对异常交易行为的认定与处置是证券期货市场违法犯罪行为监管的前哨,交易所应完善虚假申报型异常交易行为的认定规则以适应监管幌骗行为的需求,适应程序化交易化背景下证券期货市场交易行为的特征,并提高异常交易行为监管措施的丰富性与有效性,给交易所一线监管装上更为锋利的"牙齿"。

(四)充分运用监管科技,打赢幌骗行为监管的"技术军备竞赛"

近年来,金融科技蓬勃发展,在提升金融市场效率、促进金融业创新发展的同时,也催生出了一些违法违规行为,如高频交易的兴起为幌骗行为的实施提供了便利条件。但魔高一尺,道高一丈,监管中也应"以快制快",无论是在行政监管还是在自律监管中,均应倚重科技手段。为提升监管效能,监管机构应积极研究大数据、人工智能等前沿技术在监管工作中的最新发展,积极探索大数据、云计算、机器学习等在客户画像、关联账户识别、程序化交易识别、异常交易预警等方面的实际运用,不断提高科技监管水平,打赢幌骗行为监管的"技术军备竞赛"。①

---

① 鲍晓晔:《幌骗的"罪"与"罚"——美国行政监管与司法实践的借鉴》,载《证券市场导报》2017年第10期。

关于推进我国期货立法的思考与建议①

高苗苗*

摘要：制定期货法，给予期货市场适当的法律地位，有助于促进期货市场更好地服务实体经济发展，维护国家经济战略全局。本文回顾了我国期货领域的立法现状，并从立法宗旨和调整范围、期货交易所定位与自律管理、期货品种上市、期货基本交易制度、中央对手方、场外衍生品交易结算、期货市场对外开放和跨境监管、期货市场违法违规行为认定及民事责任等八个方面梳理了期货法的立法问题和境外经验，旨在为我国期货法的制定提供一定的借鉴。

关键词：期货法　期货市场　立法建议

我国期货市场法律地位较低，期货法仍待推出，这成为市场满足实体经济多元化风险管理需要的重要制约。据估计，我国现有商品期货品种领域中相关现货企业参与套期保值的数量不足5%，金融机构参与风险对冲的资产规模比例也低于5%。在经济全球化过程中，风险管理已不仅是企业锁定利润的微观目标，更是保障民族核心利益和经济安全的国家战略。因此，需要期货法予以统筹协调。

一、我国期货领域立法现状

目前，我国期货市场形成了以行政法规《期货交易管理条例》为核心，以部门规章、规范性文件、司法解释和自律规则为支架的规则体系（见表1）。

表1　我国期货市场法规体系

行政法规	《期货交易管理条例》
部门规章及规范性文件	《期货交易所管理办法》《期货公司管理办法》《期货从业人员管理办法》《期货公司董事、监事和高级管理人员任职资格管理办法》《期货公司金融期货结算业务试行办法》《期货公司风险监管指标管理试行办法》《期货公司分类监管规定》《关于建立金融期货投资者适当性制度的规定》《期货市场客户开户管理规定》等

① 本文仅代表作者个人学术观点，与所任职单位无关。

* 中证金融研究院副研究员。

续表

行政法规	《期货交易管理条例》
司法解释	最高人民法院《关于审理期货纠纷案件若干问题的规定》、最高人民法院《关于审理期货纠纷案件若干问题的规定(二)》
自律规则	期货交易所规则体系、中国期货业协会自律规则

然而,由于期货市场涉及面广,基础资产监管部门众多,因此协调工作层次高、难度大。我国现行《期货交易管理条例》对期货市场基础法律关系、民事权利义务和法律责任方面的规范相对欠缺,且与我国《合同法》《破产法》《担保法》等现行民商事法律之间存在冲突,制约了市场发展,难以满足实体经济多元化风险管理的需要。

2013年全国人大财经委正式启动期货法的立法工作,目前全国人大财经委已审议通过期货法草案,立法工作进入下一环节。加快期货法制定,尽快给予期货市场适当的法律地位,有助于促进期货市场更好地服务实体经济发展,维护国家经济战略全局。

二、我国期货领域立法问题

(一)期货法立法宗旨和调整范围的问题

一是我国现行《期货交易管理条例》的宗旨为"规范期货交易行为,加强对期货交易的监督管理,维护期货市场秩序,防范风险,保护期货交易各方的合法权益和社会公共利益,促进期货市场积极稳妥发展",没有体现发挥期货市场的风险管理、服务实体经济发展以及防范期货市场系统性风险的功能。

二是我国现行《期货交易管理条例》主要规范场内期货合约,没有将场外期货及衍生品纳入调整范围。但由于场外衍生品市场规模庞大、透明度低,目前监管主体尚不明确、规则标准各异,如果缺乏统筹协调,可能会造成品种泛滥、系统性风险无法预测和控制等问题。

(二)期货交易所定位与自律管理的问题

一是公司制期货交易所的定位与我国《公司法》关于股份有限公司的规定相矛盾。因为我国现行《期货交易管理条例》明确规定,期货交易所无论是会员制还是公司制都不以营利为目的,这与《公司法》的规定相冲突。

二是期货交易所自律监管范围与行政监管范围有所重合,且在自律监管与行政监管重合时,法律并未明确如何处理二者关系。在实践中,模糊的监管界限极易造成监管重复或者监管真空。

三是法律对交易所作为自律监管主体的法律保障不足。交易所并非公权力的享有者——行政主体,因此,交易所由于行使自律监管权引发的司法纠纷,性质上应为民事诉讼,而非行政诉讼。目前,相关法律法规和司法解释未规定任何前置程序,使我国期货市场自律监管救济程序又只能集中于行政诉讼。

(三)期货品种上市问题

一是实质上的联合审批制可能使部分具有重要战略意义的大宗商品品种上市陷入

“瓶颈”。我国现行的期货品种上市采用审批制，且实质上为联合审批制，即《期货交易管理条例》赋予证监会审批上市期货品种的权力，但同时规定应当征求国务院有关部委的意见，因此涉及的任何一个部委的意见对品种能否上市都很重要。由于各部门利益存在分歧，部分对国民经济具有重大战略意义、市场条件具备的品种上市进程缓慢，无法满足产业发展的现实需求。

二是期货品种上市审批周期不明确。由于对期货新品种的审批周期没有明确的规定，因此对于新品种能否获批以及何时可能获批没有明确的预期，期货新品种的上市周期很可能因为人为不确定因素而推迟延长。

（四）期货基本交易制度的问题

一是对套期保值制度和持仓限额制度的统筹不足。目前，我国法规对套期保值的概念没有明确的定义，且没有系统性的阐释其与持仓限额的关系。实践中，对于企业从事套期保值业务要求过于烦琐和严苛，各家交易所对套保头寸的额度批准规则不统一，套期保值的企业享受的优惠条件较少，这些都抑制了企业参与套期保值的意愿，不利于企业进行风险管理。

二是对保证金的概念、认定形式以及存管制度的规定不清。目前，对于保证金概念和权属缺乏高位阶的法律规定，与其他民事法律的相关概念和内涵存在潜在冲突；且保证金形式较为单一，未明确抵押品冲抵保证金的形式及配套实施流程；保证金存管制度和特殊司法保护缺乏系统法律规定。

三是对各监管主体就异常行情采取的风控措施授权不够清楚，规定不够细致。目前，对于期货交易所在连续单边市行情下采取的强制减仓措施的合法性有待进一步明确，且虽然关于强行平仓制度的规范已初步形成，但在有关权利义务划分以及交易细节方面，还存在界定不清、规定不细的问题。

（五）中央对手方的问题

我国现行法规没有明确“中央对手方”的概念以及期货交易所在中央对手方制度下的法律地位。虽然实践中我国期货交易所已经履行了中央对手方的职能，但由于法律没有“中央对手方”的概念，使期货交易所和会员之间的关系不明确，由此导致期货交易所和会员权利义务的不明确。同时，由于我国民法基础理论中缺乏合同更新制度，这种缺失使得期货交易所在期货交易合同生成之后介入双方买卖之间缺乏相应的法律依据。

（六）场外衍生品交易结算的问题

一是对于场外市场的基础性制度安排目前没有明确法律依据，导致场外交易信用风险过高、资本消耗过大。我国现行的《合同法》《破产法》《物权法》等相关法律与场外衍生品市场基础性制度（单一主协议制度、瑕疵资产及交叉违约制度和终止净额结算制度）出现了一定程度的不兼容。

二是没有将期货交易场所之外的衍生品交易结算机构纳入法律规制范围之内。目前，我国一些地区自行批准设立了大宗商品中远期交易的交易场所和结算机构。这些机构游离于法律规制之外，如不将其纳入法律规制范围，不仅使既存的法律关系处于效力未定的状态,影响了市场预期和稳定,同时,易引发场外衍生品交易的区域性、系统性风险。

三是我国参与国际场外衍生品交易的金融机构普遍签署了ISDA协议,由于目前我国国内法对场外衍生品基础性法律制度支持的不足,我国金融机构在与境外金融机构签订ISDA协议时,一般都指定境外司法管辖,而不选择境内司法管辖。

(七)期货市场对外开放和跨境监管的问题

一是我国现行的《期货交易管理条例》缺乏期货市场对外开放的制度安排,需要在期货法中得到回应。同时,市场开放带来的参与主体安全保障、市场互联互通等问题也需要在期货法框架内明确安排。目前,国内首个国际化期货品种——原油期货——的各项制度已趋于完善,同时期货经营机构双向开放也稳步推进,不少境内金融机构和实体企业通过外盘来参与境外的场内、场外衍生品市场交易,因此需要尽快明确期货市场对外开放的制度安排。

二是需要细化跨境管辖和协作的规则。由于一些境外法案(以美国《多德—弗兰克法案》为例)要求既监管机构也监管交易,所以我国在境外的期货经营机构虽然自身不受法案监管,但是其境外交易对手方以及交易本身要受到法案的约束,境外期货经营机构的衍生品交易会受到境外法案的影响。

(八)期货市场违法违规行为认定及民事责任的问题

一是我国现行认定标准无法为监管执法过程中对期货交易违法违规行为的认定(包括变相期货交易)提供一个准确的标准。① 监管执法和司法实践丰富和发展了立法上的认定标准,但其缺陷仍然十分明显:(1)标准化的定义及认定标准含糊不清;(2)作为目的测试的一个重要要件,对冲平仓与实物交收认定标准没有阐释清楚,缺乏明确区分的认定标准;(3)缺少针对集中化交易方式的法律定义;(4)没有明确的认定交易所或其他交易场所的判断标准,对于如何区分合法交易所或交易场所交易期货交易、合法柜台衍生交易与非法变相期货交易,缺乏明确的判断标准;(5)期货、证券、远期、场内与场外市场立法和监管的碎片化随着金融市场的发展越发凸显。

二是在内幕交易方面,对期货市场特殊性的认识有待深化。由于期货市场与证券市场的交易模式存在较大差别,因此,如将对证券市场内幕信息的监管模式照搬到期货市场上来,存在一定偏差。

三是对期货市场的政策信息敏感性特征的认识较不充分。由于宏观调控措施、财政政策、行业政策、经济数据等敏感信息均会对期货市场产生重要影响,这类信息可能是期货市场内幕信息的主要来源,而我国统计数据仍然存在生产链条太长、程序不够规范、数据保密与发布机制不够明晰等问题,因此需要提升认识和重视程度。

---

① 现行期货交易认定标准依据以下几个特征:(1)标准化合约(交易客体);(2)中央清算;(3)实行保证金和当日无负债交易机制;(4)交易场所为依照规定设立的期货交易所、国务院批准的或者国务院期货监督管理机构批准的其他期货交易场所。

四是部分对投资者权益危害较大的期货市场操纵、内幕交易等行为，没有对应的民事责任。目前，我国有关期货市场交易者民事赔偿制度的主要规定是最高人民法院《关于审理期货纠纷案件若干问题的规定》，其对于侵权责任承担方面，只规定了故意提供虚假信息误导客户、期货公司擅自以客户的名义进行交易、期货公司挪用客户保证金或者违反有关规定划转客户保证金等行为的侵权责任，没有规定操纵市场、内幕交易等期货市场最典型的违法违规行为的侵权责任。此外，该规定对于期货市场违法违规行为民事责任的认定、损失计算、举证责任、责任承担、因果关系也未作相关规定。

三、境外期货领域立法经验

（一）期货领域立法宗旨和调整范围

美国早期的期货立法主要是为了防范市场操纵和欺诈。美国《商品交易法》的立法宗旨包括：保护国家公共利益；防范价格操纵或任何扰乱市场诚信的行为，避免系统性风险；保护所有市场参与者免受欺诈或其他不良销售行为或滥用客户资产行为的影响；促进负责任的创新和交易所之间、其他市场之间和市场参与者之间的公平竞争。2008 年金融危机后，《多德—弗兰克法案》的立法宗旨又增加了通过改善金融体系的问责制与透明度促进金融稳定，解决“太大而不能倒”的问题，保护美国纳税人，防止滥用金融服务业务以保护消费者。

美国早期的期货法以列举方式规范其调整范围，此后反复修订的期货法不断增加调整商品的范围。目前，美国《商品交易法》将法定列举的实际商品扩大到包括货物、商品（洋葱除外）、服务和权利以及利益（电影票房收入除外），从而把商品项目定为包括任何商品的期货合约交易（除了洋葱和电影票房收入）。《多德—弗兰克法案》还将场外衍生品市场纳入监管范围，大多数场外衍生品必须在交易所内通过第三方结算进行交易，且将包括信用衍生品在内的场外金融衍生品分成互换类产品、以证券为基础的互换类产品及融合前述两类产品特质的混合类互换产品 3 类，并明确了 3 类产品各自的监管机构，信用衍生品中的信用违约互换及总收益互换被归类于互换类产品。互换类产品由美国商品期货交易委员会（Commodity Futures Trading Commission，CFTC）负责监管，以证券为基础的互换类产品由美国证券交易委员会（Securities and Exchange Commission，SEC）监管，混合类互换产品则由上述两会共同监管，从而使这一领域之前存在的监管空白问题也因此得到解决。

（二）期货交易所定位与自律管理

从交易所的发展趋势来看，自 20 世纪 90 年代开始，世界各大交易所为了加快其自身发展，增强其在市场竞争中的地位，竞相实现从会员制向公司制的转型。据统计，全球加入世界交易所联合会（World Federation of Exchanges，WFE）的 64 家交易所中，已有超过 70% 实行了公司化改制，并且有超过一半实现了交易所上市。

美国的期货市场自律监管远早于政府行政监管，相关立法对交易所自律监管更为侧重，主要体现为：一是通过立法强调自律监管的重要性，并要求交易所建立利益冲突解决机制；二是《商品交易法》对 CFTC、美国期货业协会（National Futures Association，NFA）

与交易所各自的监管范围有明确的划分;三是美国期货市场建立了一整套监管系统内部救济程序。无论是在期货领域还是证券领域,法院在判例中均逐渐确立了原告向法院请求救济之前必须用尽可资利用的行政救济机制的原则("行政救济用尽原则")。①

德国期货交易所的自律监管具有以下特征:一是从交易所组织架构上保证自律监管权行使的独立性。交易监察部负责自律监管,该部门虽然设在交易所内,但工作独立于交易所管理机构(管理委员会),直接向理事会负责并接受州政府的直接领导。二是州政府对交易所自律监管进行监督。《期货交易所法》明确了德国交易所的监管机构是交易所所在地的州政府。三是交易所规则中设置了排除涉诉的途径。《欧洲期货交易所规则》规定,对于在 EUREX 发生的任何有关期权期货交易的争议,以及市场参与者与 EUREX 之间发生的争议,如果主要当事人之间有明确的、可被联合仲裁庭认可的仲裁协议,就可排除司法管辖,无论该仲裁协议是当事人在事前或事后签订的仲裁条款或仲裁协议。

(三)期货品种上市制度

在美国,期货品种的上市可以选择向 CFTC 申请审批,也可以选择交易所进行"自我许可"。无论是"自我许可"还是 CFTC 审批,美国期货品种的上市审批权都归属于 CFTC,"自我许可"是 CFTC 将品种上市审批权授权给交易所。在实际操作中,"自我许可"制度的审批效率(新产品最短仅需 1 天即可实现挂牌交易)平均高于 CFTC 的直接审批效率(一般需要 45 天,但最长不超过 90 天)。

在德国,期货产品上市的审核权被授予交易所,由于交易所是依据公法组建的非营利性机构,相当于政府的一个部门,因此在某种程度上这是一种类政府职能式的注册制,其批准行为在法律上属于行政行为。

(四)期货基本交易制度

美国国会和 CFTC 通过立法制定了一个较为完善的投机持仓限仓体系。该体系主要由投机持仓限额、同一客户(或实际控制人)持仓合并规则以及套期保值持仓豁免三部分组成。美国《商品交易法》规定了持仓限额制度的制定主体、原则、程序、豁免及实际控制关系账户合并持仓等制度,并授权 CFTC 就各项制度出台法规或细则。美国期货市场对套期保值交易的管理贯穿于从客户入市到客户交易至交割的各个环节,根据品种的不同,由 CFTC 和各交易所一起构建了比较全面的监控体系。部分市场,如欧洲的英国和德国等市场并不设定持仓限额,因此也不存在明确的套期保值管理要求。

美国期货交易的保证金是随时调整的,保证金水平与市场风险程度密切相关,大部分期货交易所采用 SPAN 系统来评估市场的风险程度,由此计算出相应的保证金水平。期货交易所的任务是准确评估市场风险,及时调整保证金水平,经纪公司的任务则是确保保证金及时到位。

---

① 法院要求原告在提起诉讼之前必须用尽市场监管体系内部可资利用的救济途径,否则法院不予受理。行政救济程序用尽后,对行政机关最终决定不服的,当事人有权就该行政机关的最终决定向上诉法院提起诉讼。

境外各国家或地区均要求保证金设立单独账户,不与其他财产混合,不受破产影响,并均对保证金等结算财产优先用于相关交易结算有具体制度安排,以保证期货履约并突出安全要求。美国 NFA 对保证金专用账户实行动态监控,要求期货经纪商(Futures Commission Merchant,FCM)资产在任何时候都要大于负债,并对其资金进行动态监控。英国采取统一清算模式下的保证金安全管理。伦敦清算公司(London Clearing House,LCH)统一收取的保证金可以是现金、现金相关的抵押物或银行提供的担保。LCH 不能用结存保证金购买任何形式的债券或进行其他形式的投资。

美国期货市场发生异常情况时,主要由 CFTC 发出指令让交易所采取紧急措施,还有部分是由交易所根据自身规则采取紧急措施。美国《商品交易法》第 12a(9)节:如果 CFTC 认为对于维护或恢复任何期货合约的有序交易或流动性而言有必要,则在 CFTC 有理由相信发生紧急情况时,CFTC 有权指令该注册实体采取相应行动,包括但不限于设定任何期货合约的临时紧急保证金水平、确定在 CFTC 行动生效日之前善意获得的市场头寸的限制等。芝加哥商业交易所(Chicago Mercantile Exchange,CME)规则中也规定商业行为委员会(Business Conduct Committee)有权宣布交易所进入异常情况并决定采取何种紧急措施。交易所实施紧急措施的种类包括:终止交易、只许平仓、限仓和平仓、要求履约困难的客户平仓、限制价格波动幅度、修改价格限制或交易时段、修改交割条件、决定平仓价格、要求追加保证金等。上述行动需要商业行为委员会投票多数通过,并依照法规及时告知交易所及 CFTC。

(五)中央对手方制度

中央对手方是结算机构防范结算风险的重要举措,目前国际上各主要期货市场无一例外采用了这一制度。美国关于"衍生品清算组织"的定义虽未规定其中央对手方地位,但通过反向排除方法(基于双边且无中央对手方的机构不能被认定为衍生品清算组织),明确了只有中央对手方才能成为衍生品清算组织,并明确强调期货结算机构成为中央对手方的法律基础是债务更新。我国台湾地区相关规定也未对"中央对手方"给出定义,而仅从期货结算机构所从事业务的角度给出了"期货结算机构"的定义,强调结算机构的"担保履约"职能。我国无"期货结算机构"的定义。

美国场外衍生品的中央清算由 CFTC、SEC、美联储监管。由于清算所处于衍生品交易网的中央,并和其他系统重要性金融机构密切相关,大型清算所出现危机时,政府或央行会出手救助。

(六)场外衍生品交易结算制度

场外衍生品制度中的单一主协议制度和预期违约制度主要体现在英美法系国家的合同法中,大陆法系对单一主协议制度和预期违约制度下的合同中止权缺乏相应规定。交叉违约制度主要是基于当事方的约定,各国合同法并不禁止。

终止净额结算制度是场外衍生品交易中最核心的风险控制制度安排,在境外有如下几种法律认可方式:一是在《破产法》等一系列基础的法律中认可终止净额结算制度。如美国在破产相关法律(《破产法》《联邦存款保险法》等)中专门规定了针对终止净额结算的豁免条款,以维护终止净额结算方式的法律有效性。二是在专门的立法中对终止净额清算制度予以认可,如日本通过制定专门法律来规定终止净额清算制度。

美国《多德—弗兰克法案》明确确立了场外衍生品的强制清算制度。《商品交易法》中也明确规定了结算机构设立的审批原则和标准。①

(七)期货市场对外开放和跨境监管制度

美国期货市场自建立之初就具有完全开放的特点,外国投资者可以自由参与市场,但同时也规定了相应的许可制度和监管规范条款。目前,美国期货市场的会员来自世界各地,期货交易所的注册会员约4000家,其中外国会员占25%以上。同时,美国的各家期货交易所都与其他国家的交易所建立了合作关系。美国《联邦规章汇编》对于境外期货交易进行了明确的界定,且从反向列举的角度,列举了期货交易不得从事的涉外交易行为。美国《商品交易法》授权CFTC颁布有关境内单位或个人参与境外交易的规则;颁布了关于美国人参与境外交易的规定;颁布了期货监管的国际合作规定;颁布了美国期货市场合格的市场参与主体,要求市场参与者加入期货协会,或作为交易所、结算机构、可转换的衍生交易执行机构会员。

德国立法上采取"大证券"概念,没有专门调整期货范畴的期货交易法,期货交易及期货交易所的监管主要适用《证券交易法》和《交易所法》。在《证券交易法》、《交易所法》和《欧洲期货交易所规则》中,均设定了大量有关期货市场对外开放方面的许可规定。如德国《证券交易法》规定:国外有组织的市场或经营者想要授予在德国注册的交易参与者利用电子交易系统进入市场,需要得到监管局的书面认可。随着欧洲一体化进程的推进,2008年德国联邦金融监管局与英国金融服务局达成了共同监督计划。

(八)期货市场违法违规行为认定及民事责任的制度

美国《商品交易法》规定,未经许可不得从事标准化合约交易。即任何人未经本法案或CFTC有关规定的许可不得从事保证金账户、保证金合约、杠杆操作账户、杠杆操作合约或者实质上是标准化合约交易的各种标准化合约交易。

美国期货市场所关注的违法行为主要包括市场操纵(market manipulation)、内幕交易(insider trading)和欺诈(fraud)这三类。

关于市场操纵,1922年《谷物期货法》是第一部对期货市场的操纵现象进行约束的监管立法,此后在1936年《商品交易法》和1974年《商品期货交易委员会法》中不断完善。2010年《多德—弗兰克法案》对市场操纵、虚假信息陈述等内容作了进一步的细化和完善,采用更加容易认定的"企图操纵价格"的罪名处理市场操纵行为,扩大了CFTC

---

① 具体内容概括为:(1)合规;(2)财务资源;(3)参与者和产品的适当性;(4)风险管理(风险敞口计量、违约损失敞口、保证金要求、模型和参数要求);(5)结算程序——流程;(6)资金处理(保障客户资金和资产安全);(7)违约处理和程序;(8)规则执行(监控和争议解决机制);(9)系统保障;(10)信息报告;(11)记录保存;(12)信息公开;(13)信息共享;(14)反垄断;(15)治理的适合性标准;(16)利益冲突;(17)管理机构的组成;(18)法律风险。

禁止市场操纵和欺诈行为的范围，明确禁止基于欺诈的操纵和滥用特权信息获取不当利益等行为。

关于内幕交易，美国是第一个立法禁止内幕交易的国家（1974 年的《期货管理委员会法》），2010 年《多德—弗兰克法案》对期货市场内幕交易做了进一步的规定，其核心是“艾迪墨菲规则”（Eddie Murphy Rule），禁止基于政府机构的非公开信息进行的内幕交易行为。美国行政管理和预算办公室《统计政策第 3 号令》也明确指出，“鉴于宏观经济数据的商业价值显著，会影响期货和金融市场的运行，宏观经济数据的发布必须按照事先确定和公开发布的时间表及时发布”。

关于期货欺诈行为。一般认为，刑法上的欺诈，须达到一定程度或危害性才能构成犯罪。而在期货交易欺诈中，一些（一般认为情节较轻的）专业性欺诈行为也被认定为犯罪。这种认定的方式必须有特别法的诠释及从专业角度确定的范围。立法之所以从严认定期货欺诈罪，其目的在于保护客户和期货市场的秩序及交易安全。美国 1982 年《期货交易所法》规定，期货欺诈行为的行为人有犯罪的故意；行为是在证券、期货业作出；此种欺诈是专业性的；行为人将负有严格举证责任。这是针对特殊行为的禁止，即并不是在乎某种行为的作用，其焦点放在行为人的行为上，而不是放在行为人的行为后果上。

此外，美国《商品交易法》明确规定了受害投资者的诉权，要求任何人对因其违法行为所造成的实际损失以及造成他人的实际损失负责赔偿。① 在对注册实体交易厅内由于执行指令时的违规行为提起的诉讼中，上述人员应对其违规行为造成的实际近因损失进行赔偿，如果该违规行为是故意时，还需要向客户支付惩罚性损害赔偿额等。《金融改革法案》增加了关于衡平法上的救济（equitable remedies）规定，即任何人违反了《商品交易法》的有关规定，商品期货交易委员会可向法院起诉，法院可判处行为人承担衡平法上的救济责任，包括向受害人赔偿因其违法行为所造成的近因损失，以及上缴违法所得。

四、期货领域立法建议

（一）期货法立法宗旨和调整范围的建议

一是期货法的立法宗旨可在现行《期货交易管理条例》宗旨的基础上，更多地体现促进期货市场服务实体经济发展以及重视防范期货市场的系统性风险，维护国家金融安全的功能。

二是建议在期货法中明确划分相关金融产品或服务的管辖权，将场外衍生品纳入调整范围，明确场外衍生品市场在多层次资本市场体系中的层次。以美国为例，1978 年修订的《商品交易法》，划分了 CFTC 与财政部、联邦储备系统、SEC 在期权产品上的监管权。1982 年修订的《商品交易法》明确了 CFTC 与 SEC 关于证券衍生品的管辖权。2000 年《商品期货现代化法》明确 CFTC 对互换产品的管辖权，并排除了 SEC 的监管。2010 年《多德—弗兰克法案》划分 CFTC 与 SEC 关于场外衍生品的管辖权。同时，建议对实

① 《商品交易法》第 6 章 c 规定，CFTC 可以在根据本条提起的任何诉讼中，请求法院在当事人提供适当的理由和证据的情况下，对诉讼中被认定违法的行为人处以 10 万美元或者违法所得 3 倍的罚款。

践中场外衍生品市场的发展情况进行归纳总结,系统性梳理场外衍生品市场的发展逻辑、监管原则,对场外衍生品市场的概念与监管原则作进一步界定。

(二)期货交易所定位与自律管理的立法建议

一是进一步明确期货交易所的定位。明确其在多层次资本市场中所具有的地位和功能,明晰证券交易所和期货交易所的统一定位。

二是赋予期货交易所业务规则法律效力。明确期货交易所的业务规则范围,如包括会员制期货交易所的章程,期货交易所的交易规则、交易细则、实施细则、管理办法、业务指引和通知等。明确规定期货交易所依据章程、业务规则进行自律管理,期货交易所会员及其他市场参与者参与期货交易所组织的期货交易及其相关活动,应当遵守期货交易所的业务规则。

三是建立期货交易所民事责任豁免制度。民事责任豁免制度的理论根源是交易所在履行自律监管的过程中履行的是公共职责,应当视为准政府机构。对期货交易所善意履行自律管理职责的无过错行为以及非因自身过错的技术故障而导致的他人损失实行民事责任豁免。

四是建立期货交易所诉讼前置程序。确立"内部救济用尽原则",对交易所涉诉案件设置前置程序,即会员及其他参与者对期货交易所纪律处分不服的,可以向期货交易所申请复核,复核期间不停止决定的执行,未申请复核或者相关事项正处于复核期间当事人提起诉讼的,人民法院不予受理。

(三)期货品种上市的立法建议

考虑到期货市场未来的发展空间,建议我国期货法可以预留国务院期货监督管理机构对期货品种上市核准权的授权空间。

一是考虑到部分大宗商品对整个国民经济牵一发而动全身的作用,对这些少数品种依然延续期货监督管理机构的核准制度,并征求国务院有关部委的意见。

二是对于其他多数品种可由期货监督管理机构直接核准,无须征求国务院有关部门的意见,或授权交易所自行核准。

三是明确核准内容,如品种及其主要交易、结算、交割制度。

四是明确对于期货品种上市的核准时间,自收到品种上市、中止、取消或恢复申请之日起规定时间内做出核准或不予核准的决定。

(四)期货基本交易制度的立法建议

一是明确套期保值与限仓制度的关系。明确持仓限额制度设定的基本原则,明确套期保值的定义,确定套期保值不受持仓限额的限制并明确套期保值可享有的其他特定优惠。明确国务院期货监督管理机构在持仓限额制度中的权力与责任,授权国务院期货监督管理机构制定期货市场统一的持仓限额法规及配套规则,同时可预留兜底条款,授权国务院期货监督管理机构加以补充完善。

二是明确保证金的概念,明确抵押品充抵保证金的基本原则和结算处理流程。考虑到未来抵押品市场的发展,可在法律中对抵押品给出较为宽泛的定义和种类要求。明确保证金的权属,期货交易所向会员收取的保证金属于会员所有,期货公司向客户收取的保证金属于客户所有。明确保证金的收取和使用制度,确立现有保证金的特殊保护制度,对保证金进行有效风险隔离。

三是明确异常情况下国务院期货监督管理机构以及市场一线监管主体可以采取的风控措施。授权期货交易所在连续单边市情况下采取包括强制减仓措施在内的各种风险管理措施,同时明确期货公司和客户之间的责任义务分配程序,加强配套风险控制制度建设。

(五)中央对手方的立法建议

一是明确中央对手方的定义。如可以借鉴 CPSS 和 IOSCO 的定义:中央对手方是指在一个或多个金融市场的合约交易中,介入交易对手方之间,充当所有买方的卖方和所有卖方的买方,并保证合约履行的机构。

二是明确期货结算机构作为期货交易的结算中央对手方,明确中央对手方对会员或结算会员的权利义务。从多边净额清算、合约更替、担保交收和财务保障这几个核心职能来规定作为中央对手方的衍生品结算组织的责任和义务。明确出现重大结算风险无法履行集中履约保障职责时,期货结算机构有权申请流动性支持。

(六)场外衍生品交易结算的立法建议

一是对场外衍生品交易的基础性制度安排进行"一揽子"确认。确认在其他衍生品交易中采用"单一协议"的效力。明确瑕疵资产和交叉违约制度。对终止净额结算制度进行安排,赋予场外衍生品交易当事人在对方破产时提前解除合同,并进行净额结算的权利。

二是将期货交易场所之外的衍生品交易结算机构纳入法律规制范围之内。明确场外衍生品交易结算机构的审批原则和标准。

(七)期货市场对外开放和跨境监管的立法建议

一是明确期货市场"请进来"和"走出去"的监管部门,并授权相关监管部门制定具体管理规定,设定准入许可,规定参与主体的条件和资质。同时,扩展跨境监管事项,给跨境交易包括其他衍生品交易监管预留空间。

二是健全期货跨境监管协作立法体系。从具体制度层面对法律的域外适用和跨境监管进行更为完善的安排,对反欺诈等事项研究制定专门法规。

三是增加双边备忘录合作方式条款,建立全方位监管合作机制。充分利用 IOSCO 的桥梁和纽带作用,加强与成员机构或附属会员之间的沟通和合作。在期货法中对双边合作方式作出原则性规定,并针对信息共享程序、许可使用信息的方式、保密要求等问题,制定具有可操作性的规则。

(八)期货市场违法违规行为认定及民事责任的立法建议

一是明晰期货交易、远期交易、证券交易、场内交易与场外交易的认定标准。如区分是否是期货交易,可在目前基础上采取功能与形式相结合的认定标准。可借鉴国外普遍采用的目的测试标准,包括判断当事人是否具有交付或接受交付能力、是否具有实际需要对冲的风险、合约约定是否具有交付或接受交付的意图。同时,建立健全非法交易场所清理整顿的协调机制。

二是考虑到期货市场特有的囤积居奇、逼仓、操纵交割结算价等操纵行为,建议区分期货市场操纵与证券市场操纵,对期货操纵违规行为进行更有针对性的法律评价。

三是将对期货交易价格具有重大影响的宏观政策信息、事件类信息和特定情形下的客户交易信息界定为内幕信息,同时明确内幕交易主体为基本内幕人和其他主体。基本内幕人包括政府工作人员、期货自律管理组织工作人员、期货经纪商和事件类信息的制造者,其他主体包括经由基本内幕人知悉内幕信息的交易者以及非法获取、意外获知和被动获知期货交易内幕信息的人员。完善敏感性政府信息的保密与公开披露制度。

四是完善期货市场违法违规行为的相关法律责任。对交易行为类的期货违法违规行为的民事责任进行规定。明确规定市场操纵、内幕交易、编造传播有关期货交易虚假信息给交易者造成损失的行为人应当依法承担赔偿责任。同时,以司法解释的方式对各类具体侵权行为的民事责任构成要件和举证责任作出具体解释。适时更新我国《刑法》中的相关表述,以更准确地对期货违法行为施以刑罚。

论　　文

网络支付清算若干法律问题研究

——以银行卡组织权益保障为视角

廖　凡*

摘要：按照《非银行支付机构风险专项整治工作实施方案》及其后相关文件和通知的要求，目前，我国银行卡支付清算市场基本形成"银联管线下，网联管线上"的局面。尽管切断第三方支付机构与银行间的直连模式在我国当前语境下有其必要性与合理性，但"断直连"与"入网联"之间并无必然的逻辑联系。从整体意义和机制意义上理解，银行卡组织对其品牌银行卡以及与银行卡相对应的卡号、银行账号及其使用、利用拥有合法权益。以行政指令方式强制要求支付机构受理的所有涉及银行账户的网络支付业务全部通过网联平台处理，有损此种合法权益，且存在潜在的反不正当竞争和反垄断问题。"大一统"的网联模式，不仅面临技术能力和储备问题、业务和权限范围问题以及与现有法律该规则的协调问题，而且关涉我国银行卡清算市场的有序开放和公平竞争问题。有必要慎重反思当前政策，不再将网联统一处理网络支付业务视为理所当然，而是对国内外银行卡组织在其中享有的合法权益给予应有考虑，并以此为基础协调其与网联之间的业务分工。

关键词：网络支付清算　第三方支付机构　银行卡组织　银联　网联

一、我国银行卡支付清算市场的发展与现状

(一)银行卡支付清算市场的基本格局

当前，我国支付产业已经形成银行业金融机构、特许清算组织(卡组织)和非银行支付机构等多种市场主体并存的基本格局。其中，银行业金融机构是主要的支付产业主体，构成现代支付服务市场的主体力量；特许清算组织为市场参与者提供支付清算服务，实现系统间的互联互通；非银行支付机构则为社会提供小额、快捷、便民的小微支付服务，作为支付服务市场的有效补充。

中国银联股份有限公司(以下简称银联)是我国最早成立(2002 年)的银行卡清算机构，在相当长一段时间内，也是我国处理跨行支付清算业务的唯一机构和平台。在 2012

* 中国社会科学院国际法研究所研究员。

年“中国—某些影响电子支付服务的措施案”(以下简称“电子支付服务案”)中,世界贸易组织(World Trade Organization,WTO)专家组裁定中国应对其他WTO成员开放电子支付服务市场,并对“电子支付服务”给予相当宽泛的界定。为配合上述裁决,2015年国务院颁布《关于实施银行卡清算机构准入管理的决定》(国发〔2015〕22号,以下简称“22号文”),对银行卡清算业务的准入管理作出了具体规定。这意味着我国在法律上已经允许外资进入银行卡支付清算市场,给予其国民待遇。

在国内层面,随着网络支付的兴起,非银行机构开始在支付领域崭露头角。2010年中国人民银行发布《非金融机构支付服务管理办法》,允许非金融机构在收付款人之间作为中介机构提供网络支付、预付卡发行与受理、银行卡收单等部分或全部货币资金转移服务,并要去提供支付服务的非金融机构依据该办法规定取得《支付业务许可证》,成为支付机构。与此同时,该办法明确规定,除经特别许可外,支付机构不得办理银行业金融机构之间的货币资金转移。

但在实践中,第三方支付机构①早已涉足跨行支付清算。以支付宝典型清算模式为例:除建立自己的虚拟账户体系,银行卡向支付宝充值后,支付宝账户之间的资金清算在其体系内封闭流转外;支付宝还在各银行开立中间账户,通过各中间账户与支付宝业务存户(清算户)之间的资金划拨,从而将实质上的跨行清算转换为形式上的同行清算。这在很大程度上,规避了上述“不得办理银行业金融机构之间的货币资金转移”的禁令。对于此种新兴业态,监管层在一段时间内采取了不置可否的态度。

(二)WTO“电子服务支付案”及其潜在影响

根据“电子支付服务案”的裁决结果,我国应对电子支付服务做出市场准入和国民待遇承诺。专家组裁定,涉案的“电子支付服务”包括五个要素,分别为:(1)为支付卡交易的顺利进行控制风险并提供帮助的数据处理基础设备、网络、规则及程序;(2)协调并处理对某一交易的接受或拒绝;(3)将交易信息在交易参与机构之间传送;(4)计算、确定和报告相关机构在所有授权的交易中的净头寸;(5)为参与机构之间资金的转移提供协助、管理或参与该种转移。专家组进一步澄清,服务提供者并不需要独立提供包含上述全部五个要素的系统性服务,才能成为“电子支付服务提供者”;仅提供其中某一部分服务,也被视为在提供“电子支付服务”。

在“电子支付服务案”中,专家组认定涉案服务是为所有种类的支付卡交易提供的电子支付服务,并认为“支付卡”包括“银行卡、信用卡、赊账卡、借记卡、支票卡、ATM卡、预付卡及其他类似卡种,或支付、划汇产品,接入设备,以及与该种卡、产品或设备相对应的唯一账号”。易言之,涉案服务中的“支付卡”并不限于有形的卡,还包括与支付、汇划产品相关联的账号。因此,为网络虚拟支付账户提供的电子支付服务,与为有形的银行卡提供的电子支付服务一样,都属于“电子支付服务案”裁决所涵盖的“为支付卡交易提供

① 为行文方便起见,本文中“非银行支付机构”“第三方支付机构”“支付机构”的含义相同,均指非银行支付机构。

的电子支付服务”。循此逻辑，无论是为基于银行卡进行的网络支付提供清算服务，还是为基于虚拟支付账户进行的其他类型网络支付提供清算服务，均构成“为支付卡交易”提供清算服务，均属于我国承诺对外国服务提供者开放市场并给予国民待遇的范畴。

尽管维萨、万事达等国际银行卡组织巨头尚未正式进军我国银行卡支付清算市场，但以“电子支付服务案”裁决为依据，可以想见其终将强势介入中国市场，有关方面在设计出台相关政策和制度时，必须将此考虑在内。

（三）第三方移动支付的勃兴

迅猛发展的网络支付，特别是以支付宝和财付通为代表的第三方移动支付，已然成为当今中国的一张名片。据统计，2016 年非银行支付机构共处理移动支付业务 970.51 亿笔，金额 51.01 万亿元。非银行支付机构互联网支付和移动支付业务金额占网络支付总业务的比重分别为 51.6% 和 48.4%，较之于 2015 年的 53% 和 47%，移动支付业务的比重持续提升；加之 2016 年第三方移动支付的笔数远超互联网支付业务，表明移动支付业务超越互联网支付业务的格局正在逐步形成。①不仅如此，第三方移动支付市场的规模还在持续增长之中。根据易观发布的《中国第三方支付移动支付市场季度监测报告 2017 年第 2 季度》，仅 2017 年上半年，我国第三方移动支付市场规模即已高达近 40 万亿元。与此同步的，则是市场份额的高度集中。2017 年第二季度，支付宝和财付通在第三方移动支付市场中的份额分别为 53.70% 和 39.12%，合计达 92.82%，占据绝对主导地位。②

尽管支付宝、财付通等第三方支付机构不像银行卡组织一样拥有自身的卡品牌，但其通过与各大银行的账户系统直连，并凭借强大的数据处理能力，得以异常快捷地在商户与消费者之间、银行与银行之间实现资金划转，事实上成为网络支付清算市场的新霸主。特别是在银行业金融机构和银联由于安全顾虑和监管要求等原因而未及早推出扫码支付的情况下，第三方支付机构利用其所处的相对宽松的监管环境，通过二维码扫码支付，迅速拓展了支付市场、培育了消费习惯、占据了先发优势。尽管银联也于 2017 年 5 月联手多家银行推出了云闪付二维码支付服务，但短期内难以撼动支付宝和财付通的压倒性优势地位。

（四）网联平台的强势崛起

在整治互联网金融风险的大背景下，2016 年 4 月 13 日中国人民银行等 14 部门联合发布《非银行支付机构风险专项整治工作实施方案》（银发〔2016〕112 号，以下简称“112 号文”），要求逐步取缔支付机构与银行直接连接处理业务的模式，支付机构开展跨行支付业务，必须通过中国人民银行跨行清算系统或者具有合法资质的清算机构进行；并鼓励清算机构按照市场化原则共同建设网络支付清算平台，支付机构与银行多头连接开展

① 参见中国支付清算协会编著：《中国支付清算行业运行报告（2017）》，中国金融出版社 2017 年版，第 116～117 页。

② 参见易观网：https://www.analysys.cn/article/analysis/detail/1000959，最后访问日期：2018 年 8 月 9 日。

的业务应全部迁移到平台处理。“112号文”所推动建立的网络支付清算平台于2017年3月31日开始试运行。4个月后,包括中国人民银行清算总中心、支付宝、财付通等在内的45家机构和公司共同签署《网联清算有限公司设立协议书》,网联清算有限公司(以下简称网联)作为平台的运营机构正式成立。2017年8月4日中国人民银行支付结算司发出《关于将非银行支付机构网络支付业务由直连模式迁移至网联平台处理的通知》(银支付〔2017〕209号,以下简称“209号通知”),要求自2018年6月30日起,非银行支付机构受理的涉及银行账户的网络支付业务全部通过网联平台处理。若此要求顺利实施,国内银行卡支付清算市场将基本形成“银联管线下,网联管线上”的局面。

2017年12月13日中国人民银行下发《关于规范支付创新业务的通知》(银发〔2017〕281号,以下简称“281号文”),要求各银行、支付机构之间不得相互开放和转接支付业务系统接口,开展支付业务涉及跨行清算业务时,必须通过中国人民银行跨行清算系统或者具备合法资质的清算机构处理;自“281号文”印发之日起,各银行、支付机构不得新增不同法人机构间直连处理跨行清算的支付产品或者服务,存量业务应当按照中国人民银行有关规定尽快迁移到合法的清算机构处理。2017年12月25日中国人民银行又下发《关于印发〈条码支付业务规范(试行)〉的通知》(银发〔2017〕296号,以下简称“296号文”),要求银行、支付机构开展条码支付业务涉及跨行交易时,应当通过中国人民银行跨行清算系统或者具备合法资质的清算机构处理;自“296号文”发布之日起,不得新增不同法人机构间直连处理条码支付业务,存量直连处理条码支付业务应按照中国人民银行有关规定加快迁移到合法清算机构处理。

2018年3月20日网联向其成员单位发出《关于非银行支付机构网络支付清算平台渠道接入工作相关事宜的函》(网联函〔2018〕042号),重申“209号通知”要求,督促各支付机构在2018年6月30日之前将其受理的涉及银行账户的网络支付业务全部通过网联平台处理,排他性地接入网联进行清算。

二、银行卡组织在支付清算中的功能定位与权利基础:以银联为例

(一)银联的定位与功能

我国银行卡产业发端于20世纪80年代。起初,银行间各自为政,银行卡网络之间相互独立,互不兼容,持卡人只能在其所在账户银行的POS机或ATM上进行使用银行卡。后来随着政府推行“金卡工程”,中国人民银行与各商业银行建立了分布于全国18个城市的非营利性机构——银行卡信息交换中心和一个全国总中心,在全国主要大中城市实现了各大商业银行的银行卡跨行信息交换,银行卡网络之间的联网通用得以发展。2002年,银联根据中国人民银行批复文件《中国人民银行关于银联股份有限公司开业的批复》(银复〔2002〕64号)正式成立,承接了之前的“金卡工程”,并将原来的分布于各城市的银行卡信息交换中心,整合为银联的各个分公司。银联由此成为中国境内唯一的人民币银行卡交易清算组织。可见,与国际银行卡组织由市场力量自发形成不同,银联的成立具有较为明显的行政规划色彩。且如下所述,银联的业务范围除了建设和运营银行卡跨行交易清算的网络系统外,实际上又执行了部分行政管理职能,因此与政府和监管

机构有着紧密且复杂的关系。除一般性和基础性经营事务外，银联还兼具部分行业管理和协调职能。事实上，由于采取会员制结构，其会员在同一行业内提供相同或相似的服务，并在发卡业务或收单业务中存在不同程度的竞争，因此银联甚至具有行业协会的某些特征。

银联的跨行清算方式可以概括为“四方模式”，参与主体包括银联、发卡银行、商户和收单机构。在四方模式下，持卡人在商户处使用发卡银行发行的银行卡进行消费，资金直接从发卡银行转入收单机构，不经过银联，资金流和支付信息流分离。银联专门承担清算职能以及与之相关的标准制定、市场秩序维护等职责；发卡银行负责发卡和支付；收单机构则负责特约商户的开拓管理、授权请求、账单结算等。

与此相对，支付宝等第三方支付机构所采取的则是所谓“三方模式”，即第三方支付机构同时与各银行及商户的系统直接对接，持卡人（银行账户所有人）在商户处发生消费时，资金以支付机构为中转中枢，在相关银行账户之间实现转移。具体操作方式又分为两种：一是消费者直接以其银行账户余额支付，此种方式下支付机构主要承担收单和清算职能；二是消费者事先从其银行账户向支付机构的虚拟账户充值，再通过虚拟账户进行日常消费的支付。概言之，第三方支付机构“集成”了四方模式下卡组织和收单机构的功能，在虚拟账户方式下，还兼具发卡银行的部分功能。

在四方模式下，银联主要发挥四个方面的功能作用，即提供通道、许可品牌、确立标准、解决争议。首先，为成员机构提供清算通道。发卡银行和收单机构通过银联的跨行清算系统进行转接清算，银联作为特许参与者加入中国人民银行大小额支付清算系统，完成资金划拨，实现成员机构清算账户之间的双向资金划拨。其次，许可使用银联品牌。无论是“银联”字样、银联标识还是62BIN号，均为银联品牌的有机组成部分。银联在为成员机构提供跨行清算通道的同时，也许可其使用银联品牌，并分享该品牌所附带的商誉、渠道和影响力。再次，统一确立相关标准。支付清算是一个专业性极强、风险度极高的领域，对于相关技术标准和业务规范有极高要求。银联明确要求成员机构在银联卡业务中执行银联统一的业务规范、技术标准、风险管理规则、市场规则以及适时发布的相关规定。换言之，银联卡不仅代表着银联的特许授权，还表明相关银行卡及其交易须遵循银联制定的统一的交易规则和清算标准。最后，解决跨行清算争议。银联在董事会下专设争议处理委员会，由银联成员机构、银联以及部分社会机构的银行卡业务、技术和法律等专家组成，负责解决银联成员机构之间银联卡跨行交易争议，并制定有专门的《银联卡争议处理实施细则》。

上述四项功能中，除第一项外，其余三项都是第三方支付机构及其“三方模式”所不具备或基本不具备的。

（二）银联的权利基础

1. 62BIN号所代表的权益

目前，国内银行发行的银行卡主要是银联卡，即BIN号（以62开头的银行卡号前6位）由银联分配或管理、卡面带有“银联”标识的支付卡。BIN是国际标准化组织

(International Organization for Standardization,ISO)分配的用于区别行业和发卡行身份的标准化银行识别码,根据卡组织与ISO之间的BIN申请使用协议,银联向ISO申请获得BIN号段,对申请获得的BIN号拥有再分配权和管理权,根据自身业务规则对成员机构进行BIN号使用管理。

《银联卡业务运作规章》第三卷"卡片BIN号及标识规则"中规定:"银联BIN号资源及其注册、分配、使用管理等权限属于中国银联所有。发卡机构对BIN号的使用不影响中国银联对BIN号资源所拥有的权利,包括但不限于所有权、撤销权和回收权……中国银联成员机构发行银联卡时,必须使用向中国银联申请的银联BIN号。经中国银联批准分配的银联BIN号只能用于发行银联卡卡片。申请机构所发行的银联卡必须支持在境内和/或境外的跨行交易,并通过中国银联完成交易信息的转接,与中国银联另有协议约定除外。"

根据上述银联现有业务规则,银联BIN号资源及其注册、分配、使用管理等权限属于银联所有,发卡机构对BIN号的使用不影响中国银联对BIN号资源所拥有的权利,包括但不限于所有权、撤销权和回收权等。同时,规则要求机构使用银联BIN号发行的银联卡应通过中国银联完成跨行业务交易信息的转接,确立了银联对于使用银联BIN号相关交易的基本转接权益。

2."银联卡交易"的定义及相关规则

2014年银联业务管理委员会审议通过了增补"银联卡"定义及相关规则,明确了银联卡是BIN号由银联分配或管理或卡面带有"银联"标识的支付卡以及与支付卡相对应的支付账号。2016年为进一步规范银联卡交易,银联业务管理委员会审议通过了增补"银联卡交易"定义及相关规则,明确了银联卡交易是指直接或间接通过银联卡卡号等相关信息,基于银联卡进行业务(权限)开通、信息验证、货币支付与资金转移等业务处理的(行为)过程,并要求发卡机构与其他机构合作开展银联卡业务时,应在相关合作协议中明确银联卡交易相关定义及双方相应的权利和义务。①这两项规则的增补本质上属于对互联网支付和移动支付等"无(实体)卡交易"的应激反应,但在客观上进一步明确了银

① 《银联卡业务运作规章》第二卷"业务规则"规定:"发卡机构与其他机构合作开展的业务如涉及银联卡交易相关范畴,应在相关合作协议中明确银联卡交易相关定义及双方相应的权利和义务。银联卡交易是指直接或间接通过银联卡卡号等相关信息,基于银联卡进行业务(权限)开通、信息验证、货币支付与资金转移等业务处理的(行为)过程,包括但不限于:A.直接通过卡号等银联卡相关信息完成的交易,例如银联卡刷卡交易、银联卡插卡交易、银联卡挥卡交易、移动设备(如智能手机、智能手环等)挥卡交易、银联卡无卡交易等;B.间接通过卡号等银联卡相关信息完成的交易,例如账户绑定、实名验证、快捷支付、扫码支付等。"

联卡交易的相关权益范围,为主张和维护银联权益提供了更为周延的规则依据。①

概言之,从法律关系的角度看,"银联"标识、银联卡以及与银联卡相对应的卡号/银行账号同样也是有机统一的,无论是线下支付还是线上支付,无论是互联网支付还是移动支付,无论是POS机刷卡还是二维码扫码,无论是否实际出现实体卡片,这些在经济目的和技术手段上表现不同的支付行为与形式,其法律性质与效果并无实质区别,均涉及对银联卡账户体系的使用/利用。此即银联的权利基础之所在。

三、银行卡组织权益的法律保障:民商法与竞争法的视角

(一)"银联卡"的经济本质与法律定性

1. 从整体意义上理解"银联卡"

尽管银联卡以"卡"为中心词,但绝不能机械化地将之仅仅理解为实体卡片,并以此狭隘地理解为基础分析和判定卡组织的相关权益。实际上,银联卡区别于非银联支付卡——如国际银行卡组织发行的信用卡——的核心特征,在于其以某种有形或者无形的方式,体现了其与银联之间的专属联系。无论是有形意义上的"银联"标示,还是无形意义上的由银联分配或管理的BIN号,都是"银联卡"的不可分割的组成部分,都伴随着和反映出作为卡组织的银联和作为卡品牌的银联卡的某种权利。如果狭隘地仅仅将之理解为实体卡片,从而认为只有POS机刷卡才算使用"银联卡",无(实体)卡交易只要不走银联通道就不涉及银联权益,无疑不符合现实情形和时代趋势。

从整体意义上理解"银联卡",还包括在市场环境意义上看待银联卡,即由银联卡的发行、使用/利用形成的交易市场和清算市场环境,可简称为"用卡环境"。首先,用卡环境不是市场运行的自然结果,而是人为建构的结果。银联卡的用卡环境显然是在银联主导下,基于系统的规则和发行使用者的业务活动建构的。其次,银联卡的用卡环境具有市场价值,银联卡也只有在用卡环境中才有其本身的经济功能。脱离了用卡环境,银联卡就只能是物权法意义上的物品(如收藏品)。只有在用卡环境中,银联卡才是银行法意义上的清算凭证和广义证券法上的资格证券。最后,银联卡的用卡环境应以卡的市场视域为界限,即只要在市场运行中以出示银联卡为必要条件,就是在使用/利用银联卡,该交易活动就在支付结算意义上应纳入银联卡构建的用卡环境。因此,银联卡的用卡环境并不以银联是否提供清算通道为必要,而应以银联卡是否出示和使用/利用为必要。

2. 从机制意义上理解"银联卡"

从机制意义上理解,银联卡所负载的并不是单纯的"银联"标识或者银联所"垄断"的62BIN号段,更是一整套统一的标准、规则、程序以及由此建构的支付清算机制。

① 当然,作为一个会员组织和股份公司,即便兼具某种意义上的行业协会色彩和行业管理职能,银联的业务规章、规则本身也仅能在限定范围与程度上约束其会员/股东,而不具有法律法规的普遍适用性或者说"对世性",即不能直接据以对其他市场主体如第三方支付机构主张权利。或者说,银联对其会员/股东以外的第三人主张权利的依据,不在于银联的业务规章、规则本身,而在于基于这些业务规章、规则建构的法律关系及其包含的权益。

一是在用卡环境中统一市场规则,提高了市场运行效率。如上所述,为保障银行卡跨行交易安全、顺利、高效进行,维护持卡人和商户的合法权益,银联明确要求成员机构在银联卡业务中执行银联统一的业务规范、技术标准、风险管理规则、市场规则以及适时发布的相关规定。换言之,银联卡的存在与使用/利用,意味着便捷、规范的交易秩序,会大大提高市场运行效率。

二是在用卡环境中建构安全机制,增强了市场信用程度。银联通过制订规则和订立协议建构用卡环境,这不仅意味着银联需要持续投入资源制定、修改和完善相关标准和规则,还意味着银联需要对发卡行、收单机构和特约商户是否具备相关资质和条件、是否遵守相关标准和规则等,进行审核和监督;更意味着银联事实上在以自身的商誉为获许发行和使用银联卡的相关机构进行信用背书。可见,银联通过银联卡建构的用卡环境具有较高的信用安全程度,可以促进市场交易的实现。

(二)银联对银联卡所享有的法律权利

1. 银联对银联卡衍生利益享有份额性权益

由银联卡的发行/持有和使用/利用而构成了用卡环境、信用网络和运行机制,这对于市场经济运行的效率与效益具有建构性和倍增性效用,而每个使用/利用银联卡的市场主体均因此获得某种形式和程度的利益。以银联卡建构的用卡环境是在银联规划、建构、维持和管理下存在并运行的,银联为此持续投入了资源,因此,银联对于发行/持有和使用/利用银联卡而产生的利益,拥有当然的可计算的份额权益。

同时,银联作为一个以转接清算作为核心功能的机构,清算通道/网络是银联的核心营利模式,也是银联持续投入资源建立、维护和推广"银联"品牌并许可发卡行使用的初衷之所在。唯其如此,银联才在业务规则中要求发卡行必须通过银联网络完成跨行交易信息的转接,除非与银联另有约定。这应属符合银联基本业务模式的合理要求,也与"22号文"中关于"银行卡清算机构开展银行卡清算业务,应当使用其自有的或者出资人所有的银行卡清算品牌"的规定相吻合。

2. 银联对银联卡的发行/持有和使用/利用享有合同权益

如上所述,银联业务规则对于银联卡和银联卡交易作出了明确界定,并对银联与成员机构之间的权利义务作出了相应安排。这些规则作为组织内部规则或者一定意义上的行业规则,本身就对成员机构具有一定约束力。而银联通过在与成员机构或其他相关主体签订的合同中纳入或援引相关规则,进一步将之转化为合同权利义务,使银联主张相关权益,如要求发卡行必须通过银联网络完成银联卡交易的跨行清算,有了合同法上的依据。

在"四方模式"构成的用卡环境中,由于所有的银联卡网络加入者均以协议为依据,该协议无论表现为不特定主体间的行业规则形式还是表现为特定主体间的合同形式,都可以认定为成本效益计算后的谈判结果。因此,可以认为"四方模式"下对银联卡衍生利益的分配是周延的,是所有相关主体彼此认可的。

3. 银联对银联卡享有特定财产权益

在此有必要重申一点，即有形的银联卡片和无形的银联卡号/支付账号，以及据此建构的用卡环境和运行机制，都是作为一个整体的"银联卡"不可分割的组成部分，都负载有银联投入的相关资源以及由此而来的专属权利。因此，只要以任何方式直接或间接地对"银联卡"的任何组成部分进行使用或利用。以上文述及的支付宝典型清算模式为例。在虚拟账户模式下，用户通过其银行账户（银联支付账号）向支付宝虚拟账户充值，通过支付宝账户完成相关交易，支付宝账户之间的资金清算在其体系内封闭流转。在此情形下，应当理解为主动使用"银联卡"的是用户，支付宝并未主动使用或利用"银联卡"。但是，即使在这种情形下，也应看作支付宝对银联卡的默示利用。因为如果没有银联卡介入其充值过程中，该项充值将不能顺利完成甚至不能完成。在这种情形中，虽然是用户主动地做选择充值方式的意思表示，但支付宝设定被动接受此种充值方式的默示模式，意味着这种程序化的意思表示出于支付宝的意愿。或者从另一个角度，在某种程度上也可以将支付宝虚拟账户理解为有实无名的"银行卡清算品牌"，拥有独立地位和相应权益。但若支付宝持续性应用此种支付模式，则应按照"22号文"及《银行卡清算机构管理办法》（中国人民银行、银监会令〔2016〕第2号），依法取得银行卡清算业务许可证，以便名副其实。

但在更为常见的快捷支付模式下，用户是直接将其银行账户（银联支付账户）与支付宝账号绑定，在交易过程中略去了从银行账户向支付宝账户充值这一环节，而是由支付宝直接在不同银行账户之间完成跨行交易和资金清算。此种情形无疑有别于虚拟账户模式，应当理解为支付宝对于"银联卡"的主动使用或利用，从而需要获得银联许可并支付相应对价。尽管实际操作中支付宝在各银行开立中间账户，通过各中间账户与支付宝业务存户（清算户）之间的资金划拨，将跨行清算"包装"为同行清算（"本代本"交易），但其法律关系实质并未改变。因为从逻辑上说，既然不同银行间的清算已属"跨行"，则银行与作为非银行支付机构的支付宝之间的清算，理当更属"跨行"，否则未免有脱离经济与法律实质的形式主义和机械主义之嫌。

（三）潜在的反不正当竞争法律问题

从反不正当竞争法的视角看，非银行支付机构和网联在不开发、拥有和维护自有银行卡清算品牌的情况下，径直处理涉银联卡的网络交易，有不当攫取他人商业机会和"搭便车"之嫌。

1. 不当攫取他人商业机会

从反不正当竞争法的视角，在更为一般的层面上，需要解决的问题是，其他支付清算机构（如第三方支付机构、网联）擅自处理涉银联卡的跨行支付清算，是否构成不当攫取他人商业机会，从而构成反不正当竞争法所禁止的不正当竞争行为。这里实际存在三个相互联系的问题，即涉银联卡的跨行交易通过银联网络清算，是否属于银联可以合理期待的"商业机会"；其他机构擅自处理此类交易，是否属于构成不当攫取他人商业机会；以及能否依据我国《反不正当竞争法》对此种行为加以规制。

(1)是否存在"商业机会"

何为商业机会,我国《反不正当竞争法》中并无明确规定。一般认为,是指经营者可以据以获取经济利益的信息、资源、潜在交易或经营模式。循此理解,涉及银联卡的跨行交易通过银联网络清算,应属银联可以合理期待的商业机会。

首先,作为专门的银行卡清算机构,清算通道/网络是银联的核心营利模式,也是银联耗费资源建立、维护和推广"银联"品牌并许可发卡行使用的初衷之所在。银联之所以耗费资源制订统一的业务规范、技术标准、风控规则和市场规则,并监督和审查成员机构严格执行,也正是为了确保跨行支付清算的有序、高效和安全,保证银联合理获取通道费(网络服务费)收入。换言之,通道业务是银联卡商业模式的存在基础和核心特征,舍此则银联模式无以为继。尽管目前争议所涉的只是非银行支付机构涉银联卡的网络清算业务,不涉及线下刷卡业务和银行自身的跨行清算业务,但以第三方网络支付特别是移动支付发展态势之迅猛,其在不远的将来成为主流支付清算模式并非不可想象。在此情形下,银联卡通道业务的重要性不言而喻,其作为核心商业机会而受到银联的合理期待也不言而喻。

其次,"22号文"明确规定,在中国境内从事银行卡清算业务,应当向中国人民银行提出申请,经中国人民银行征求中银监会同意后予以批准,依法取得银行卡清算业务许可证,成为专门从事银行卡清算业务的机构,即银行卡清算机构;未依法取得银行卡清算业务许可证的,不得从事银行卡清算业务;银行卡清算机构开展银行卡清算业务,应当使用其自有的或者出资人所有的银行卡清算品牌。作为迄今为止我国唯一一家拥有自有银行卡清算品牌的银行卡清算机构,银联有充分的理由期待涉银联卡的跨行支付清算均需通过银联网络进行。

综上,在银行卡跨行交易清算实行审批准入制的市场环境中,银联作为我国唯一拥有自有银行卡清算品牌的银行卡清算机构,对于涉银联卡的跨行交易需通过银联网络清算,当属银联可以合理期待的商业机会。

(2)是否构成"不当攫取"

如上所述,银联的通道业务与其自有的银行卡清算品牌即银联卡相联系,为维护和拓展这一品牌,银联需要持续投入大量资源。而非银行支付机构无须投入资源构建自有的银行卡账户体系,只需搭建支付清算通道并将其与用户的银联卡账户绑定即可。如此一来,非银行支付机构自然就能以更为优惠的价格为商户和银行提供通道服务,在与银联的竞争中获得价格优势,从而攫取本应属于银联的商业机会。而且毋庸讳言,就网联的操作模式而言,只要其尚未建立自有的银行卡清算品牌,其从事涉银联卡网络支付清算业务,就同样存在这一问题。

综上,其他支付清算机构擅自处理涉银联卡的跨行清算业务,属于无对价挤占银联的营业资源,构成对银联商业机会的不当攫取。

(3)《反不正当竞争法》是否及如何规制

我国《反不正当竞争法》并无明文规定保护商业机会或者禁止攫取商业机会的行为。

2017 年 11 月 4 日修订后的新法第 7 条规定："经营者不得采用财物或者其他手段贿赂下列单位或者个人，以谋取交易机会或者竞争优势：(1)交易相对方的工作人员；(2)受交易相对方委托办理相关事务的单位或者个人；(3)利用职权或者影响力影响交易的单位或者个人。"该条虽然存在与"商业机会"类似的"交易机会"这一表述，但本质上是关于商业贿赂的规定，与此处所讨论的不当攫取商业机会的场景并不相同。

尽管如此，近年来关于反不正当竞争法的"一般条款说"的影响日益增加。所谓"一般条款说"，是指除我国《反不正当竞争法》第二章明确列举的仿冒、商业贿赂、虚假广告、侵犯商业秘密、不当有奖销售、损害商誉等不正当竞争行为外，还可以依据该法第 2 条的原则性规定，认定其他特定行为构成不正当竞争行为并予以规制。

具言之，我国《反不正当竞争法》第 2 条第 1 款规定："经营者在市场交易中，应当遵循自愿、平等、公平、诚信的原则，遵守法律和商业道德。"其第 2 款进一步规定："本法所称的不正当竞争行为，是指经营者在生产经营活动中，违反本法规定，扰乱市场竞争秩序，损害其他经营者或者消费者的合法权益的行为。"①由于《反不正当竞争法》明确列举的不正当竞争行为已完全不能涵盖现实中的新情况、新问题，因此，司法实践中已经大量出现适用第 2 条这个"一般条款"来裁判案件、规制不正当竞争行为的案例。

由于现行立法并未明确我国《反不正当竞争法》第 2 条的一般条款地位，从而也未设计一般条款的适用条件和适用程序，因此在司法实践中，有赖于最高人民法院对于一般条款的解释。2009 年最高人民法院在"山东省食品进出口公司、山东山孚集团有限公司、山东山孚日水有限公司与马达庆、青岛圣克达诚贸易有限公司不正当竞争纠纷案"[(2009)民申字第 1065 号]中，对于一般条款的适用作出了解释，认为适用我国《反不正当竞争法》第 2 条应具备以下条件：(1)法律对该种竞争行为未作出特别规定；(2)其他经营者的合法权益确因该种竞争行为而受到实际损害；(3)该种竞争行为因确属违反诚实信用原则和公认的商业道德而具有不正当性或者说可责性。

就商业机会而言，最高人民法院在 2014 年"杭州近湖物业管理有限公司与杭州广汇企业管理咨询有限公司不正当竞争纠纷案"[(2014)民申字第 1461 号]中，认定作为地面停车位管理者的广汇公司超出大厦规划范围内的 16 个地面停车位，在消防通道、登高平台、绿地等位置设置和增加车位，并通过在车辆行驶到大厦入口前方缓冲带位置、在车主还未进行自主选择时就预先拦车收费并引导其在地面停车等行为，"攫取了广汇公司就其合法拥有的 150 个地下车库车位所能够合理期待的商业机会，损害了广汇公司的经营利益和竞争优势，近湖公司的行为构成了反不正当竞争法所规制的不正当竞争"。换言之，最高人民法院已经明确，商业机会属于我国《反不正当竞争法》的保护范围，攫取他人所能合理期待之商业机会的行为构成不正当竞争。在赔偿数额的计算上，本案二审法

① 在 2017 年修订前，此两款的表述为："经营者在市场交易中，应当遵循自愿、平等、公平、诚实信用的原则，遵守公认的商业道德。本法所称的不正当竞争，是指经营者违反本法规定，损害其他经营者的合法权益，扰乱社会经济秩序的行为。"具体表述略有差异，但不影响本文的分析。

院援引我国《反不正当竞争法》(修订前)第20条第1款,优先考虑广汇公司依据其收费标准、侵权行为持续时间等证据举证证明的实际损失,确定了赔偿数额;最高人民法院对此予以支持。

综上可知,无论是基于法理分析,还是根据司法实践的最新经验,其他支付清算机构不当攫取银联商业机会的行为,构成我国《反不正当竞争法》所规制的不正当竞争。

2.“搭便车”

在反不正当竞争法的语境下,“搭便车”主要是指我国《反不正当竞争法》第6条和第8条所规制的行为,其实质借助他人的市场信誉和产品信誉,通过“搭便车”制造市场误认混淆,以争取市场交易机会,属于典型的不正当竞争行为。随着市场经济实践的发展,特别是互联网产业的迅猛发展,各种新形态的“搭便车”行为层出不穷,同时司法实践中也日益接受“一般条款说”,因此对于未被我国《反不正当竞争法》第6条和第8条所涵盖的“搭便车”行为,法院也往往根据一般条款来判定是否构成不正当竞争。

“搭便车”行为的实质在于以不正当手段利用他人资源,获取竞争优势,争取交易机会。从司法实践看,法院所认定的此种行为的不正当性主要体现在以下几个方面:第一,违反了商业道德和诚实信用的基本原则,损害了正常的市场竞争秩序。第二,通过上述行为攀附他人商业标识(商标、商号)等合法民事权益或者在市场上已经获得的商誉,搭他人的便车,导致他人在该相关市场的影响力和竞争力降低,改变双方的市场评价和交易成本。第三,此种不正当竞争行为往往伴随着攫取他人客户,导致他人的交易地位和交易机会不当减损,经济效益受损。第四,上述行为可能会使消费者对双方关系产生错误认识,误认为两者之间具有赞助、许可关系,从而大大增加混淆商品来源的现实可能性,改变(包括可能改变)消费者在遴选商品或服务时的判断和自由选择。①

循此逻辑,非银行支付机构未经银联许可并支付相应对价即擅自处理涉银联卡跨行交易,应属以不正当手段利用银联的信用资源,获取竞争优势,争取交易机会,构成“搭便车”行为,在司法实践中有可能依据我国《反不正当竞争法》第2条而受到规制。

(四)潜在的反垄断法律问题

1.银行卡清算市场:从封闭到开放

如前所述,与国际银行卡组织由市场力量自发形成不同,在我国银联的成立具有较为明显的行政规划色彩。在2002年成立并承接此前的“金卡工程”后,银联成为中国境内唯一的人民币银行卡清算机构。由于此后监管机构未再批准设立任何其他银行卡清算机构,因此银联在事实上独占了我国银行卡清算市场,此种独占地位并非市场行为而是政府规制的结果。换言之,银联的成立及其市场地位的形成,是我国政府主导型经济体制改革模式实践运行的自然结果,因为在当时的金融体制和市场环境下,并无其他主体进入相关市场的可能。即便是这种因为政府规制而形成的事实性独占地位,近年来随

① 程艳、胡长涓:《司法审判中对“搭便车”不正当竞争行为的认定分析》,载《网络法律评论》2013年第2期。

着我国市场经济的发展和对外开放的扩大,也已不再具有制度上的保障和经营政策上的坚持。

如上所述,银联的市场优势此前业已受到第三方支付机构的强力冲击。《非金融机构支付服务管理办法》将第三方支付平台定位为在收付款人之间作为中介机构提供网络支付、预付卡的发行和受理、银行卡收单和其他支付服务的非金融机构(该办法第2条)。从官方的定位来看,第三方支付机构提供的主要服务是"货币资金转移服务",其实质就是一种"支付服务"。但是随着互联网技术和移动科技的不断发展和普及,一些主攻线上支付业务的第三方支付机构逐渐向清算领域渗透,呈现复制银联经营模式的"银联化"特征,与银联形成横向的竞争关系,事实上打破了银联在银行卡清算市场上的独占地位。

关于第三方支付机构如何涉足清算领域,前文已有较多分析,在此不作赘述。在此仅从国际比较的视角强调一点,即国外第三方支付机构的业务一般仅停留在支付环节,且其提供的服务是建立在银行和信用卡组织已有的金融基础设施之上,即其运营模式是建立在与银行卡组织合作的基础上。例如,PayPal 通过维萨的收单机构,以商户身份接入维萨的支付系统,实现维萨卡在 PayPal 系统内的支付。在美国,超过70%的网络支付是通过国际银行卡组织进行转接的,维萨和万事达还针对信用卡种类、商户类型、商户规模以及交易处理模式的不同,对信用卡网络支付采取不同的定价方式。①在德国、瑞士等欧洲国家,也并不存在中国意义上的所谓第三方支付,其网上支付也主要是通过维萨和万事达等国际卡组织的网络进行支付。②而如前所述,与国外第三方支付机构在处理银行卡交易方面依然遵循传统银行卡模式不同,支付宝等第三方支付机构与商业银行通过相关协议直接联通,自行建立网络,从而绕过了银联的转接清算系统,在一定程度、一定范围内取代了传统银行卡组织。这种实质上的清算行为不仅打乱了银行卡清算市场的固有秩序,其游离于中国人民银行清算系统之外的操作方式更是使监管机构对每笔清算资金的确切流向失去监督和掌控。唯其如此,中国人民银行才于2015年出台《非银行支付机构网络支付业务管理办法》,强力遏制第三方支付机构"银联化",令其回归"支付"本原。

2. 网联模式:开倒车?

在监管者看来,第三方机构"直连"模式绕开了中国人民银行的清算系统,使无论是交易账户所在的银行还是央行均无法掌握具体交易信息和资金准确流向,从而给中国人民银行的反洗钱、金融监管、货币政策调节、金融数据分析等相关职能工作造成障碍。唯其如此,"112号文"才要求逐步取缔支付机构与银行直接连接处理业务的模式,"支付机构开展跨行支付业务必须通过人民银行跨行清算系统或者具有合法资质的清算机构进行"。也唯其如此,"209号通知"才要求自2018年6月30日起,"非银行支付机构受理的涉及银行账户的网络支付业务全部通过网联平台处理",试图在非银行机构网络支付

① 郑爽:《国际银行卡刷卡手续费定价机制对我国的启示》,载《中国信用卡》2015年第7期。

② 周政华:《银联PK第三方支付背后》,载《中国新闻周刊》2013年第36期。

方面构建大一统的“网联模式”。

诚然,从便利央行统一监管、防范化解互联网金融风险的角度,“断直连”有其必要性与合理性,但问题在于,“断直连”与“入网联”之间并无必然的逻辑联系。前者只要求支付机构断开直连,跨行支付无论是通过中国人民银行跨行清算系统,还是通过具有合法资质的清算机构进行均符合要求。换言之,这是一个开放性的规定。后者则要求相关业务全部迁移到网联平台处理,这又是一个封闭性的规定,并使前者的要求失去了意义。再者,不仅发布时间早于“209号通知”的“112号文”没有将“断直连”与“入网联”画等号,发布时间晚于“209号通知”“281号文”和“296号文”也都只要求直连业务迁移到“合法的清算机构”处理,而并未指定必须由网联处理。就字面而言,“合法的清算机构”无疑既包括网联,也包括银联,甚至还包括将来获准进入中国银行卡清算市场的国际银行卡组织。

进言之,监管机构在一份监管文件中指定某一类型的市场业务由某一个特定机构办理,是否妥当?答案恐怕是否定的。就网络支付清算而言,监管者有权基于安全、稳健、审慎等监管考虑因素,设定必要的准入门槛条件,只有符合相应条件的机构才能从事网络支付清算业务。但这种设定应当是开放性而非封闭性、描述性而非指定性的,不能直接将一类业务或者说一类市场直接划归一个特定机构独占,从而失去市场经济、公平竞争的题中应有之义。我国《反垄断法》第32条明确规定:“行政机关和法律、法规授权的具有管理公共事务职能的组织不得滥用行政权力,限定或者变相限定单位或者个人经营、购买、使用其指定的经营者提供的商品。”将支付机构的全部涉银行账户网络支付业务指定由网联办理,不仅限制了支付机构的自由选择权,而且将现有(银联)和潜在(符合准入条件并有意申请清算许可的其他机构)的其他清算机构直接排除在外,具有明显的限制竞争效果,从而涉嫌行政垄断。事实上,从此前银联对支付宝等第三方支付机构的诉求来看,也并非完全反对其处理涉银联卡的跨行清算业务,而是主张其必须就此获得银联的许可并支付必要费用。或者说,银联的诉求并非是要维持垄断,而是要防止不正当竞争。“209号通知”的做法,实质上是以行政指令代替市场选择,逆银行卡清算市场开放的潮流而动,并与简政放权以“使市场在资源配置中起决定性作用和更好发挥政府作用”的改革趋势相悖。

最后,大一统的网联模式与“电子支付服务案”专家组裁决是否相符,也值得深思。“22号文”将“银行卡清算业务”界定为,“通过制定银行卡清算标准和规则,运营银行卡清算业务系统,授权发行和受理本银行卡清算机构品牌的银行卡,并为发卡机构和收单机构提供其品牌银行卡的机构间交易处理服务,协助完成资金结算的活动”。这一定义显然是为银联、维萨、万事达等银行卡组织量身定做的,而网联(包括此前的第三方直连模式)因为并不“授权发行和受理本银行卡清算机构品牌的银行卡”,似乎不在此定义范围内。但从“电子支付服务案”专家组裁决看,“电子支付服务”的含义要更为宽泛,是指为所有种类的支付卡交易提供的电子支付服务,而“支付卡”则又包括“银行卡、信用卡、赊账卡、借记卡、支票卡、ATM卡、预付卡及其他类似卡种,或支付、划汇产品,接入设备,以及与该种卡、产品或设备相对应的唯一账号”。换言之,专家组所理解的“支付卡”,不仅包括有形的银行卡,还包括与银行卡相对应的银行账号。就此而言,即便目前网联的业务模式因为不涉及“本银行卡清算机构品牌的银行卡”而不被归入“22 号文”所指的“银行卡清算业务”,也很可能因为涉及处理与既有银行卡相对应的银行账号(账户)而属于上述“电子支付服务”的范畴。国外竞争者是否可能以此为据,对试图实现网络支付业务“大一统”的网联模式提出质疑?这种顾虑恐怕并非杞人忧天。

四、对“大一统”网联模式的反思(代结论)

几乎是在网联函〔2018〕042 号发出的同时,银联的新一代无卡业务转接清算平台经过近半年的运营检验,也正式向各类成员机构全面开展大规模的各类业务承载服务。而对于同广大消费者关系密切的条码支付业务,银联则于 4 月 1 日发布《关于中国银联与财付通开展微信支付条码支付业务合作的公告》,宣布银联与财付通“正式开展微信支付条码支付业务合作”,并高调表示“在做好微信支付条码支付业务转接清算服务的同时,中国银联也做好了为其它机构提供转接清算服务的准备”。经历了从银联一家独大到支付机构与银联分庭抗礼,支付清算江湖眼下似乎正在进入银联与网联双峰对决的新时代。在一定程度上,可以说银联与财付通的微信支付条码支付业务合作是打了“112 号文”的“擦边球”,因为“112 号文”和“209 号通知”所明确针对的是“网络支付业务”,而条码支付业务则可以说是介乎于网上业务与线下业务之间。在整治互联网金融风险、规范第三方支付业务的大背景下,网联的诞生多少带有应急色彩,很多问题并未来得及深思熟虑细致筹谋。然而凡事预则立,不预则废,为确保支付清算市场公平有序、保障相关当事方正当权益,以及应对中国支付清算市场对外开放的大趋势,有几方面的问题必须加以慎重思考。

一是网联的技术能力和储备问题。我国目前的网络支付和移动支付已然是海量,特别是在“双十一”、春节等标志性时点,交易量和交易额将是天文数字。此外,网联的系统架构是采用分布式,中国人民银行也有意通过网联建设,打造金融行业从集中式向分布式转型的试验田。我国大型第三方支付机构的支付系统经过 10 余年实践才逐渐趋于稳定成熟,在第三方支付机构涉及银行账户的网络支付业务全部交由网联转接清算后,网联的现有技术能力和储备能否应对如此巨大的压力和挑战,恐怕要打个问号。而从长远看,如果因此影响用户体验和信任,对于蓬勃发展的中国网络支付市场将会是一个不小的打击。

二是网联的业务和权限范围问题。如果将金融机构和支付机构比喻为运动员,监管部门比喻为裁判员,那么网联的核心定位应当是运动场,即作为国家级金融基础设施,为金融机构和支付机构提供转接清算服务以实现互联互通目标,并落实监管部门的风险监控要求。但网联的期望似乎不止于此。按照其官网上的说明,网联平台不仅“处理非银行支付机构发起的涉及银行账户的网络支付业务……提供公共、安全、高效、经济的交易信息转接和资金清算服务”,还要“组织制定并推行平台系统及网络支付市场相关的统一标准规范,协调和仲裁业务纠纷,并将提供风险防控等专业化的配套及延展服务”。换言之,网联不仅要做运动场,还要分担裁判员的角色。此外,需要特别关注的一点是,目前网联和商业银行开展条码支付业务是由银行端而非第三方支付机构发起业务,这与网联建设初衷似乎稍有偏差。

网联的这一定位,无疑是在模仿银联。但在笔者看来,二者不宜简单比照。首先,银联的业务是以银联卡为核心,而银联卡涉及一整套技术规范和操作标准,需要银联加以管理和协调;网联并无自有品牌的银行卡,不存在这一需求。其次,银联于2002年成立时,国内的跨行转接清算尚处于起步阶段,没有太多经验可循,客观上需要银联牵头拟定相关规范和标准。而目前已支付宝和财付通为代表的第三方支付机构在网络支付清算方面的技术已经相当成熟,由相关参与主体协议安排、市场决定即可,似乎并无必要另起炉灶大动干戈。基于此,网联应当明确核心定位,履行好服务职责,无须承担过多管理职能,以免对市场运行造成不必要的干扰。

三是网联模式与现有法律规则特别是国务院银行卡清算机构准入规定的衔接与协调问题。根据“22号文”,“运营银行卡清算业务系统……并为发卡机构和收单机构提供其品牌银行卡的机构间交易处理服务,协助完成资金结算”属于银行卡清算业务,而“未依法取得银行卡清算业务许可证的,不得从事银行卡清算业务”。因此,如果网联直接处理收单机构和发卡机构直接关于特定品牌银行卡的机构间交易处理服务,应属银行卡清算业务,需要获得银行卡清算业务许可证。但网联的定位中并不包含自有银行卡品牌,也不受某一银行卡组织的授权处理特定的银行卡品牌交易。这样一来,网联如何在“22号文”设定的监管框架下,符合申请条件、取得清算牌照、从事清算业务,如何获得处理其他品牌的银行卡的权利基础,是亟待解决的问题。不仅如此,“22号文”的发布意味着我国在法律上已经允许外资进入银行卡支付清算市场并给予其国民待遇,维萨、万事达等国际卡组织进军中国只是时间问题。银联和网联同属中国人民银行一脉,固然可以由中国人民银行通过行政命令的方式定分止争,但日后网联是否也不经许可直接处理涉及国际信用卡的网络交易?若是,将可能面临来自国际卡组织基于上述类似逻辑的强力质疑;若否,则将在一定程度上使国际卡组织享有“超国民待遇”,而导致作为民族品牌的银联在相关市场的竞争中陷入劣势。

鉴于此,有关方面似乎应当慎重反思当前政策,不再将网联统一处理网络支付业务视为理所当然,而是对国内、国外银行卡组织在其中享有的合法权益给予应有的考虑,并以此为基础协调其与网联之间的业务分工,以保障和促进支付清算市场的有序开放和公平竞争。

我国私募基金托管制度设计思路初探

杨　光*

摘要：完善的私募基金托管制度能够安全保管私募基金投资者资产，同时约束私募基金管理人行为，在私募基金投资者保护机制中居于核心地位。设计我国私募基金托管制度，首先需要符合我国私募基金（托管）市场的特点，对私募基金托管制度与相似制度进行辨析，明确私募基金受托人的法律地位是投资者的受托人。公募基金与私募基金的托管制度应当体现差异化。在私募基金托管模式方面，除了私募证券投资基金，其他类型私募基金不用强制托管；在私募基金托管人类型方面，应当维持以商业银行和证券公司为主的现状。

关键词：私募基金托管　受托人　差异化制度　托管模式　托管人类型

根据中国证券投资基金业协会（以下简称基金业协会）的最新统计数据（截至2018年7月），我国私募基金总规模约为12.79万亿元，如此大体量的规模凸显出托管制度的重要性。遗憾的是，我国目前尚无专门针对私募基金托管制度的规范性文件，使其处于监管真空中，这不利于私募基金市场的平稳健康发展，也不利于资金供给方与资金需求方的有效对接。本文拟在分析现实国情基础上，结合境外经验为设计我国私募基金托管制度提出初步建议。

一、我国私募基金（托管）市场的特点

设计我国私募基金托管制度首先需要符合我国私募基金市场的特点，这是制度设计的起点和基础。同时，还要重点考虑私募基金托管市场现有特点，以着力在保护私募基金投资者与遵循市场规律、降低托管成本之间寻求平衡，避免新规范性文件的颁布对行业造成较大冲击：

（一）我国私募基金市场的特点

第一，从私募基金规模角度看，我国私募基金市场具有总体规模大、个体规模小的特点。截至2018年7月，共备案登记私募基金管理人24,093家，其中私募基金规模大于100亿元、50亿~100亿元、20亿~50亿元、10亿~20亿元、5亿~10亿元、1亿~5亿元、0.5亿~1亿元以及0亿~0.5亿元的私募基金管理人家数分别为233家、264家、646

* 中证金融研究院助理研究员。

家、833家、1113家、4256家、2264家以及14,484家,在有管理规模的私募基金管理人家数(21,252家)中占比分别为1.09%、1.24%、3.04%、3.92%、5.24%、20.03%、10.65%以及54.79%。由此可知,虽然我国私募基金总体规模已经超过公募基金总体规模(12.64万亿元),但考虑到公募基金管理人仅116家,占已登记私募基金管理人家数的0.5%,因此私募基金能够实现上述规模主要凭借数量优势。此外,私募基金个体规模依然偏小,超过10亿元的私募基金管理人家数不超过10%。正是由于小规模私募基金占比较高,因此挪用客户资产、管理人"卷款跑路"、通过私募基金进行非法集资现象频发,基金业协会已公布21批共354家私募基金管理人失联名单。这一特点对私募基金托管制度如何更好地安全保管投资者资产提出了新要求。

第二,从投资者结构角度看,我国私募基金市场中的投资者具有"散户化"的特点。按照投资者数量统计,私募基金市场中个人投资者占比超过95%,机构投资者占比不足5%;按照投资者的投资份额数量统计,个人投资者投资份额占比约为55%,机构投资者投资份额占比超过45%,但如果去除母子基金、联接基金中重复计算的投资份额,机构投资者投资份额占比应当远少于45%。因此,与我国A股市场一样,我国私募基金市场中的投资者也呈现明显的"散户化"特点,可能造成以下风险:一是不理性预期引发风险事件,即由于销售过程不规范,导致个人投资者在购买私募基金投资份额后怀有不理性的高收益回报预期,一旦实际预期与之不符,将容易造成投资者较大心理落差,进而引发风险事件;二是市场波动承受能力较弱,即个人投资者的风险承受能力相对较弱,对于股票二级市场的剧烈波动反应较大;三是对于特殊行情反应不理性,即在发生极端波动的股票市场行情时,个人投资者容易产生不理性反应,并进一步引发"羊群效应"。

(二)我国私募基金托管市场的特点

第一,从托管制度内容角度看,我国私募基金与公募基金并无实质性区别。目前,我国私募基金托管制度适用的规范性文件主要包括《证券投资基金法》《证券投资基金托管业务管理办法》以及《非银行金融机构开展证券投资基金托管业务暂行规定》。《证券投资基金法》以公募基金为主设计托管制度,对于私募基金托管制度仅有该法第88条一个特殊规定,而后两个部门规章则在不区分公募基金和私募基金的基础上统一设计证券投资基金托管制度。基金业协会虽然正在制定针对私募基金托管业务的管理办法,但尚未颁布,因此目前私募基金托管制度与公募基金相比并无实质性区别,内容大致相同,主要包括:资产保管,即通过分离账户保证私募基金资产安全;账户开立,即为私募基金开立独立的托管账户等账户;清算交收,即针对私募基金场外投资进行清算交收;估值核算,即复核私募基金的资产净值和份额净值;投资监督,即根据法律、法规的规定以及合同的约定监督私募基金管理人的投资运作;信息披露复核,即完成托管人相关的私募基金信息披露事宜等。

第二,从托管模式角度看,我国私募基金采取非强制托管模式,进行早期投资的私募基金选择不托管的比例较高。根据我国《证券投资基金法》第88条的规定,私募基金并非需要强制托管,原因在于"非公开募集基金的投资者都是具有较高的风险识别能力和风险承担能力、能够在证券监督管理机构适度监管的条件下实现自我保护的合格投资者”。[①] 目前，在基金业协会备案的84,165只私募基金产品中，有63,100只选择托管，占比为74.97%，有21,065只选择不托管，占比为25.03%，具体情况如表1所示：

表1　私募基金托管情况

<table>
<tr><td rowspan="2">私募基金产品类型</td><td rowspan="2">产品数量(只)</td><td>选择托管(只)</td><td rowspan="2" colspan="2">在本类型中占比(%)</td></tr>
<tr><td>不选择托管(只)</td></tr>
<tr><td rowspan="2">证券投资基金产品</td><td rowspan="2">42,008</td><td>35,609</td><td rowspan="2">100</td><td>84.77</td></tr>
<tr><td>6399</td><td>15.23</td></tr>
<tr><td rowspan="2">股权投资基金产品</td><td rowspan="2">27,075</td><td>16,262</td><td rowspan="2">100</td><td>60.06</td></tr>
<tr><td>10,813</td><td>39.94</td></tr>
<tr><td rowspan="2">创业投资基金产品</td><td rowspan="2">5413</td><td>3063</td><td rowspan="2">100</td><td>56.59</td></tr>
<tr><td>2350</td><td>43.41</td></tr>
<tr><td rowspan="2">其他私募基金产品</td><td rowspan="2">9669</td><td>8166</td><td rowspan="2">100</td><td>84.46</td></tr>
<tr><td>1503</td><td>15.54</td></tr>
</table>

该数据可以体现出，主要进行早期投资的股权投资基金产品和创业投资基金产品中选择不托管的比例相对较高，约为40%。

第三，从托管人类型角度看，证券公司已经在我国私募基金托管市场中占据优势地位。目前，我国私募基金托管人共43家，其中商业银行27家（招商银行托管数量目前位居第一）、证券公司14家（招商证券托管数量目前位居第一），另外还包括中国证券登记结算有限公司和中国证券金融股份有限公司。但后两者仅托管了35只私募基金产品，市场占有率显著低于商业银行和证券公司。整体来看，证券公司在私募基金托管市场中的占比从原有的50%左右上升到目前的接近80%，相对商业银行已占据绝对优势地位。大多数私募基金之所以选择证券公司作为托管人，原因在于：一是证券公司可以提供证券经纪、融资融券、衍生品交易等更加综合化的金融服务；二是私募基金个体规模与公募基金相比相对较小，个性化需求更多，而证券公司的服务方式与商业银行相比更加灵活；三是单个私募基金托管创造的收益低于公募基金，对商业银行缺乏吸引力；四是证券公司与商业银行相比，具有差异化竞争优势，不同证券公司提供的托管服务同质化程度相对较低。

二、私募基金托管制度与相似制度辨析

私募基金托管制度是指根据法律、法规的规定以及合同约定，由托管人接受投资者委托，对私募基金资产进行安全保管并监督私募基金管理人投资运作的制度，目的在于

① 何永坚主编：《中华人民共和国证券投资基金法解读》，中国法制出版社2013年版，第241页。

降低私募基金管理人与投资者之间存在的代理成本以及潜在的"监守自盗"风险。但由于我国私募基金监管主要由基金业协会负责,相关规范性文件多以自律规则、政策动态、通知、解答等形式颁布,层级较低、受众范围有限,从而间接造成对私募基金相关制度认识不清、认识不深的问题。对于私募基金托管制度而言,应当与证券登记结算中的托管以及私募基金募集监督制度加以区分。

(一)私募基金托管制度与证券登记结算中的托管

证券登记结算中的托管包含两层含义:第一层含义是在我国分级结算背景下,"托管"是指投资者将其证券委托给证券公司保管,"存管"是指证券公司将自有证券以及其管理的投资者的证券集中存放在中央证券登记结算机构保管;第二层含义是从中央证券登记结算机构功能着眼,"托管"是指其利用技术系统为投资者提供证券保管、账户维护、交易交收、金额赎回、参与公司行为、证券借贷、协作预扣税等标准化、流程化服务的过程。

无论哪种含义,均与私募基金托管制度存在差异。与第一层含义相比,私募基金托管不仅需要保管证券、开立账户,还需要保管资金、进行信息披露、对基金财务会计报告出具意见、复核审查基金净值和价格、召集基金份额持有人大会以及约束基金管理人行为,范围显然更加广泛。与第二层含义相比,私募基金托管与中央证券登记结算机构的托管处于不同阶段。根据《中国证券登记结算有限责任公司特殊机构及产品证券账户业务指南》的规定,私募基金在基金业协会备案后,可由基金管理人、基金托管人或者仅由基金托管人(如果备案证明上注明基金托管人)申请开立证券账户,账户"名称"应为"基金管理人全称+私募基金名称"。由此可见,私募基金托管是中央证券登记结算机构托管的前提,实现中央证券登记结算机构的托管需要私募基金托管人的申请,而中央证券登记结算机构托管后提供的信息是保证私募基金托管人更好履行托管职责的重要渠道。

(二)私募基金托管制度与私募基金募集监督制度

私募基金募集监督制度是《私募投资基金募集行为管理办法》中规定的新制度,目的在于解决私募基金募集过程中存在的规避投资者适当性要求、非法售卖"飞单"以及"募管"权责不清等问题,是指在私募基金募集阶段,监督机构根据法律、法规以及其与募集机构之间的账户监督协议对私募基金募集结算资金专用账户资金安全、资金划转进行监督,并由监督机构对资金安全划转承担连带责任的制度。

该制度与私募基金托管制度虽然均属于外包服务,但存在以下差异:一是前者仅适用于私募基金募集阶段,而后者适用于私募基金整个募集、投资、管理以及退出阶段,是私募基金的基础性制度安排。二是前者具有强制性,而后者不具有强制性。三是前者仅对私募基金募集资金的安全划转承担连带责任,而后者需要对私募基金管理人未履行或者未全面履行受托人义务承担连带责任。四是监督机构包括中国证券登记结算有限责任公司,取得基金销售业务资格的商业银行、证券公司以及基金业协会规定的其他机构,但必须是基金业协会的会员;而托管机构是指商业银行或者其他金融机构担任,不一定是基金业协会的会员。因此,二者范围存在交叉,但不完全相同。五是取得基金销售业务资格的商业银行、证券公司等金融机构,可以在同一私募基金募集过程中同时担任募集机构与监督机构，而私募基金的管理人和托管人不能是同一家金融机构。

三、私募基金托管人的法律地位：投资者的受托人

对于私募基金托管人的法律地位，我国《证券投资基金法》第3条第2款规定，基金托管人与基金管理人是投资者的共同受托人，但《证券投资基金托管业务管理办法》第16条又规定，由私募基金管理人与私募基金托管人订立基金托管协议，由此产生私募基金托管人究竟是投资者的受托人还是私募基金管理人的受托人的争议。

美国《1940年投资公司法》以及欧盟《另类投资基金管理人指令》以"嵌套的双层信托结构"设计私募基金投资者、私募基金管理人与私募基金托管人之间的法律关系。第一个信托法律关系是自益信托，其中委托人和受益人是投资者，受托人是私募基金管理人；第二个信托法律关系是他益信托，其中委托人是私募基金管理人，受托人是私募基金托管人，受益人是投资者。私募基金管理人在这两个嵌套的信托法律关系中具有受托人和委托人的双重身份，形成"投资者（委托人）→私募基金管理人（受托人/委托人）→私募基金托管人（受托人）"的链条，私募基金托管人的受托人义务原本处于"第二层面"，看似应当向私募基金管理人履行受托人义务。但在普通法系中，信托是投资者分割并让渡其对财产的所有权而成立的，[①]并且信托法起源早于合同法，在确定受托人义务的履行对象时并不注重合同相对性原理的限制。根据普通法系"目的导向"的思维方式，只要是基于投资者分割所有权而对被分割财产具有管理义务的人都可以成为投资者的受托人，对投资者负有"信义义务"，无论是否存在合同关系。因此，美国、欧盟规定私募基金托管人直接向投资者履行受托人义务更符合信托本质，同时也避免了在私募基金托管人未履行或者未全面履行受托人义务时，需先向私募基金管理人赔偿，再由私募基金管理人向投资者返还所得赔偿的低效程序。

日本《金融商品交易法》则以"平行的双层信托结构"设计私募基金投资者、私募基金管理人与私募基金托管人之间的法律关系。第一个信托法律关系是自益信托，其中委托人和受益人是投资者，受托人是私募基金管理人；第二个信托法律关系也是自益信托，其中委托人和受益人是投资者，受托人是私募基金托管人。私募基金管理人与私募基金托管人之前通过委托合同确定彼此之间的权利义务，一般来说，私募基金管理人保留对基金资产投资和运用的指示权，而基金资产的名义所有权人是私募基金托管人。[②] 由此可知，日本私募基金法律关系的设计严格遵循了合同相对性原理，私募基金托管人向投资者履行受托人义务是基于信托合同的规定，但私募基金管理人与私募基金托管人之间并非共同受托人，不具有一致行动的法理基础。对于此种设计思路，也存在不少批评意见，如认为私募基金管理人并非财产所有人，如何能通过委托合同委托私募基金托管人保管该财产？私募基金托管人在日本处于相对消极的地位，与信托法律关系中受托人积

① 方嘉麟：《信托法之理论与实务》，中国政法大学出版社2004年版，第7页。

② 陈洁：《日本〈金融商品交易法〉中的集合投资计划》，载《法学》2012年第10期。

极管理与处分财产的要求并不相符。①

我国规定基金托管人与基金管理人共同作为投资者的受托人,是"单层信托结构",信托法律关系是自益信托,其中委托人和受益人是投资者,受托人是私募基金管理人和私募基金托管人,这与美国、欧盟、日本的设计思路均有所不同,本质上增加了基金管理人与基金受托人的负担。主要目的在于通过二者之间的博弈和相互监督实现制衡机制,更好地保护投资者合法权益,这比较符合我国私募基金市场以散户为主的特点,但应当着力避免二者之间"沆瀣一气"。需要说明的是,虽然美国、欧盟、日本对私募基金法律关系的设计思路存在差异,但无一例外均认为私募基金托管人是投资者的受托人,应当对投资者履行受托人义务,这一认识是十分正确的。私募基金是投资者进行资产配置的一种方式,私募基金管理人是实现资产配置目的的主要手段(实践中往往被称为"投资导管"),而私募基金托管人则是保证实现此目的的外部监督机制,二者都需要以满足投资者需求为最终目的,因此向投资者履行受托人义务自属当然。至于私募基金管理人与私募基金托管人之间具有的信托、委托关系,则是为了实现私募基金产品的统一集中托管、降低管理成本。原因在于,如果每一个投资者都可以自行指定一个私募基金托管人,则难免出现一个私募基金产品有多个私募基金托管人的情形,徒增私募基金管理人的沟通、协调成本,也不利于监管机构对总体市场情况的统计和分析,不如由私募基金管理人统一指定一个私募基金托管人更为经济合理。在我国实践中,私募基金合同由投资者、管理人、托管人共同签订,但基金托管合同由管理人与托管人签订,②为了明确私募基金托管人是投资者的受托人这一法律地位,建议在今后的基金销售时将基金托管合同作为基金合同的附件之一,也由投资者、管理人、托管人共同签订。

四、构建差异化的私募、公募基金托管制度

由于在投资者适当性、管理规模方面存在差异,公募基金与私募基金的托管制度应当体现各自特点,我国将二者混为一谈实为无奈之举,这也是基金业协会加快制定针对私募基金托管业务管理办法的根本原因。从境外经验看,美国首先规定公募基金的托管制度,然后通过豁免或者特殊规定的方式体现其与私募基金托管制度的差异;欧盟则在《另类投资基金管理人指令》与《可转让证券集合投资计划(四)》(Undertakings for Collective Investment in Transferable Securities,UCITS IV)中分别规定了私募基金和公募基金的托管制度,随后《可转让证券集合投资计划(五)》又对公募基金的托管制度进行了大幅调整和修改。除是否强制托管外,私募基金与公募基金的托管制度主要存在以下异同:

在相同点方面:第一,公募基金和私募基金都应当以书面合同的形式指定一个托管人,书面合同中应当保证托管人信息获得渠道畅通。第二,公募基金和私募基金的基金

---

① 胡伟:《论证券投资基金中基金管理人与基金托管人之间的法律关系》,载《云南大学学报》(法学版)2009年第5期。

② 刘乃进:《私募股权基金:筹备、运营与管理》,法律出版社2015年版,第85页。

管理人都不得作为基金托管人。第三,都要求公募基金和私募基金的基金托管人履行义务时正直诚信、专业独立、公平合理,不得从事可能产生利益冲突的行为。第四,对于托管人职责,均要求托管人应当执行基金管理人指示,保证基金份额的发行、销售、回购、赎回、取消以及估值依法合规,保证销售基金份额所得对价在合理时间内汇入基金账户,托管人应当监督基金的现金流,保证对基金的支付款项及时记账、入账,开立账户可以以基金名义、基金管理人名义或者基金托管人名义。第五,对于基金资产的保管,均要求如果是金融工具,对于无体物应当通过簿记形式记录在托管人开立的账户中,对于有体物应当进行物理交付;对于其他资产,应当通过相应信息或者材料确认基金获得该资产所有权并予以记录。第六,对于托管人授权第三人承担义务方面,均规定托管人对基金资产的保管义务可以授权第三人承担,但应当满足以下条件:该授权不是为了规避监管;具有客观原因;托管人对第三人的选择和指定建立在充分谨慎的调查、评估基础上,并将定期、持续地进行充分谨慎的调查、评估。第三人应当满足以下条件:具有充分、适当的组织架构和专业人员以保证能够按照基金资产的性质和特点进行保管;符合审慎监管要求(如最低资本要求);定期进行外部审计以确认对金融工具的占有;保证基金资产不与其他资产混淆,独立开户;保证在第三人破产时,基金资产不属于破产财产。

在不同点方面:第一,对于托管人类型,公募基金托管人包括央行、信贷机构以及符合条件的其他法人,不包括主经纪商(prime broker),而私募基金托管人包括信贷机构、投资公司和其他机构,不包括央行。同时,公募基金托管人在基础设备标准、托管程序和政策、审计和内控机制、组织架构和行政安排、管理层和高级人员任职要求和行为要求方面严于私募基金托管人。第二,对于公募基金托管人规定了特殊的基金资产使用规则,即除下列情形外,托管人不得使用其托管的基金资产,包括转让、销售、质押或者出借等:为了执行针对基金账户的指令;执行管理人的指令;有利于基金或者基金份额持有人;有高质量、高流动性的担保物,此时担保物应当转移所有权,其市值应当等于被使用的基金资产加上溢价。对于私募基金托管人则仅规定需要获得私募基金管理人的同意,第三人使用时还应当事先通知私募基金托管人。第三,在责任体系方面,对于公募基金托管人故意或者过失导致基金资产受到损失的,基金以及基金份额持有人有权向基金托管人请求赔偿,基金托管人应当立刻返还数量或者价值相同的金融工具,但如果该损失是由于超越合理控制、即使采取合理措施也无法避免的外部事件导致的,则基金托管人不承担责任。托管人对基金资产的保管义务授权第三人承担的,不影响其承担赔偿责任。该赔偿责任不得通过合同免除或者限制,免除或者限制该赔偿责任的合同无效。基金份额持有人可以直接或者通过基金管理人间接向基金托管人请求赔偿,但不得因此类请求权导致基金份额持有人获得双重赔偿或者在不同份额持有人之间造成不平等赔偿。私募基金托管人责任体系大体与之相同,但规定了授权第三人承担义务时的责任免除应当符合以下条件:私募基金托管人授权第三人承担义务符合相关要求;私募基金托管人和第三人之间通过书面合同形式明确投资者、私募基金管理人可以向第三方请求赔偿;私募基金托管人与私募基金之间,或者私募基金托管人与私募基金管理人之间通过书面形式合同明确免除私募基金托管人的责任,并需要陈述客观理由。

五、私募基金托管模式

私募基金托管模式有强制托管与非强制托管两种类型。有观点认为,我国目前的非强制托管模式容易使私募基金管理人基于信息不对称产生利益冲突,因此应当以强制托管为原则,豁免托管为例外。[①] 本文认为,私募基金是否应当强制托管不能一概而论,需要结合市场实践进行判断。

美国《1940年投资公司法》规定了三类投资公司,即面值证书公司(face - amount certificate company)、单位投资信托(unit investment trust)以及管理公司(management company)。第17(f)条规定管理公司应当将其证券或者其他投资进行托管,而托管人在征得管理公司同意后,可以将全部或者部分证券托管在中央证券登记托管机构。第26(a)条规定了单位投资信托的托管要求,第28(c)条规定了面值证书公司的托管要求。根据上述规定,管理公司、单位投资信托的托管是强制的,而面值证书公司的托管由SEC基于保护公共利益或者投资者利益的目的颁布规则、条例或者命令予以规定,实践中是非强制的。[②] 但第3(c)条在界定投资公司时规定,如果投资公司的股东少于100人并且不打算公开发行证券,则可以豁免托管要求。

美国《1940年投资顾问法》第223条规定投资顾问应当采取合理手段安全保管投资者资产,并请会计师进行核查。但该法第203条又规定该要求不适用于符合以下要求的私募基金的投资顾问:该私募基金的投资者均为投资顾问主要办事机构所在州的居民,并且投资顾问没有针对在全国证券交易所上市或者已被允许上市的证券提供建议、分析或者报告。

欧盟则在规定强制托管的同时允许例外。《另类投资基金管理人指令》第21条第1段规定每一个另类投资基金管理人都应当以书面合同的形式指定一个托管人。但该指令第2条规定该指令不适用于以下实体:持股公司,职业退休金,超国家组织以及国际组织,央行,为社会安全和养老体系而管理另类投资基金的国家、地区、地方政府,员工持股计划以及与员工储蓄计划,为资产证券化而设立的特殊目的实体。该指令第3条又规定以下另类投资基金管理人豁免适用该指令:一是该另类投资基金管理人管理的另类投资基金的投资者也是另类投资基金管理人,或者另类投资基金管理人的母公司、子公司或者处于另类投资基金管理人母公司控制下的其他子公司;二是该另类投资基金管理人管理的另类投资基金资产不超过1亿欧元(无论是否使用杠杆)或者不超过5亿欧元(不使用杠杆并且自基金进行投资之日起5年内不能行使赎回权)。

可以看出,美国规定公募基金应当强制托管(但面值证书公司除外),对于私募基金则豁免强制托管的要求,欧盟也规定并非所有的私募基金都应当强制托管。仅以私募基

---

① 梁清华:《论我国私募基金托管人制度的重构》,载《暨南学报》(哲学社会科学版)2014年第9期。

② Cox, Hillman, Langevoort, *Securities Regulation: Cases and Materials*, 8th ed., Wolters Kluwer, 2017, p. 1105.

金管理人可能产生利益冲突作为强制托管的理由并不全面,因为即便采取强制托管,私募基金管理人与投资者之间、私募基金管理人与私募基金托管人之间仍然会存在利益冲突,利益冲突的有效解决方式应当是清晰界定各方权利义务关系、明确“信义义务”边界、隔离业务风险,与托管模式并无太大关系。私募基金托管的目的是安全保管私募基金投资者资产,同时约束私募基金管理人行为,但对于不同类型私募基金而言,实现这一目的并非都需要托管。天使投资在我国多为个人投资,本质上是民间金融的一种表现形式,由投资者直接和投资标的对接,不需要管理人、托管人的介入;创业投资基金、私募股权投资基金多为长期投资,一般投资标的上市前后的投资期多为“5 + 2”或者“4 + 3”,该类私募基金投资者人数较少,但每个投资者都具有资金实力雄厚、知识储备丰富、行业预期敏感的特点,并且多在私募基金管理人担任要职,由于该类基金资产投资标的锁定时间长、投资者博弈能力强,也不需要强制托管,但为了预防发生群体性事件,可以借鉴欧盟经验规定管理规模达到一定数额以上的创业投资基金、私募股权基金需要强制托管;我国私募证券投资基金主要是在证券二级市场进行交易获利,由于我国证券二级市场做空机制不发达,因此与境外的对冲基金存在较大差异,①该类私募基金投资者人数相对较多,并且基金资产变动较快,需要强制托管;政府引导基金主要是政府财政资金,其募集、管理、使用、退出都有严格限制,并且接受日常审计,是否需要强制托管可以根据不同基金的特点和项目要求而定。总之,本文认为,除私募证券投资基金外,其他类型的私募基金都不用强制托管。

六、私募基金托管人类型

我国目前私募基金托管人类型主要是商业银行、证券公司,另外还包括中国证券登记结算有限公司和中国证券金融股份有限公司这两个特殊机构,其中证券公司在我国私募基金托管市场中占据优势地位。根据本文了解的情况,目前市场上对于私募基金托管人类型存在两种观点:第一种观点认为,私募基金托管人类型应当仅限于商业银行,但商业银行应当降低托管门槛和托管成本,同时结合私募基金特点设计相应的托管系统;第二种观点认为,私募基金托管人类型应当更加多元化,在现有基础上,引入符合条件的信托公司、期货公司、基金公司(但此时基金公司不应当是该私募基金的管理人)等金融机构,促进市场竞争。

美国《1940 年投资公司法》规定管理公司的托管人包括三类:一是银行,其中银行的总资产、盈余、未分配利润等财务标准不得低于 50 万美元,但是如果银行每年根据监管机构的要求披露报告,则其总资产、利润、未分配利润等财务标准可以根据最近一期报告中的要求计算;二是全国证券交易所的会员,主要包括经纪商和交易商,但通过自营账户进行交易的除外;三是 SEC 规定的其他公司、合伙、社团、股份制企业、信托、基金、多人组织(无论是否具有法人资格)等。单位投资信托、面值证书公司的托管人则只包括上述第

① [美]戴维·斯托厄尔:《投资银行、对冲基金和私募股权投资》,黄嵩、赵鹏译,机械工业出版社 2015 年版,第 168 页。

一类银行。因此,美国在区分不同类型投资公司基础上分别规定托管人类型,管理公司的托管人类型最为多元。

欧盟《另类投资基金管理人指令》第21条第3段规定了托管人的积极资格,主要包括以下三类:一是信贷机构;二是投资公司,此时投资公司应当符合资本充足要求(包括针对运营风险设计的资本充足要求),同时从事为投资者保管和管理金融工具的辅助业务;三是其他机构,此时这些机构应当符合审慎监管以及持续监管的要求,并符合《可转让证券集合投资计划》的托管要求。第4段规定了消极资格,即私募基金管理人不得作为私募基金托管人;作为私募基金对手方的主经纪商原则上也不得作为私募基金托管人,但根据行业实践,如果该主经纪商能够从功能和部门设置方面将托管业务与主经纪商业务予以隔离,同时能够识别、管理、监督并且向投资者披露潜在利益冲突,则可以作为私募基金托管人。①

本文认为,根据现阶段我国金融机构的发展现状,维持以商业银行和证券公司为主的私募基金托管人类型较为合理。原因在于:一是美国、欧盟虽然规定了不少类型的私募基金托管人,但从实践中看仍然以商业银行和证券公司位置,其他类型的金融机构作为私募基金托管人并不常见。二是美国、欧盟规定作为私募基金托管人,应当满足审慎监管要求,我国目前除了商业银行、证券公司外,其他金融机构的审慎监管理念尚未完全建立,目前更多的关注点仍然在市场准入时的资金要求和组织架构设计,对于事中的审慎监管尚需要一段时间继续完善。三是私募基金托管需要有能够用于保管的基础设备或者业务部门,我国商业银行一直承担着社会资金的保管工作,证券公司在近几年私募基金托管业务的竞争中也积累了丰富经验;但信托公司和基金公司之前更多作为商业银行资金的"通道",在托管方面着力不多,况且目前资产管理行业面临较大调整,不适宜引进新业务;保险公司和期货公司在我国一直专营传统的保险和期货业务,与私募基金联系并不密切。因此,根据我国现实情况,不宜放开私募基金托管人类型,维持现状更为合理。

七、结语

私募基金作为连接民间金融和传统金融的纽带,有助于将潜在项目转化成商业成果,②在我国经济生活中发挥着日益重要的作用。现有研究较为关注私募基金管理人,对私募基金法律关系中的另一个受托人——私募基金托管人——关注不多,但其重要性是不言而喻的。这从一个侧面反映出我国金融法研究集中于"前台"交易规则,忽视"后端"资产保管安全、账户体系设计的现实。目前,我国私募基金市场发展速度较快,但质量良莠不齐,也存在是否"大干快上"的质疑,与境外成熟市场的稳定性相比存在不小差距。鉴于此,本文不是简单介绍境外经验,而是立足于分析我国国情的基础上,批判性

---

① Niamh Moloney, *EU Securities and Financial Markets Regulation*, 3rd ed., Oxford University Press, 2014, p. 300.

② [法]西瑞尔·德马里亚:《私募股权圣经》,黄嵩、郑磊译,机械工业出版社2016年版,第22页。

吸收境外合理做法,对我国私募基金托管制度设计思路提出初步建议。需要强调的是,本文的研究仅是一个开始,私募基金托管制度尚有很多亟待解决的问题,如信息沟通方式、托管人职责和义务履行标准等。如果本文能够为后续研究提供些许思路或者启示,则甚幸。

股东会决议的效力认定:法理、前提与框架

韩春雨*

摘要:无论是我国《公司法》第22条认可的二分法,还是我国《民法总则》第134条确定的法律行为属性,都未曾认识到决议兼具内容合法与程序合法的二维性,未认识到无决议,则无效力,效力内外有别。股东会决议是公司意思形成的过程,其效力判定应以决议成立为前提,只有具备决议成立事实方可进行是否有效的价值判断。成立涉及程序问题,只要股东会决议具备会议外观、具有会议能力、经会议作出决议且符合多数决原则,即可认定决议成立;反之,任何条件的缺失都必然导致决议不成立,继而事实判断止于此。效力判断依循"决议内容是否合法——决议程序是否适当"的判定逻辑。若决议内容因侵害股东权益、侵害公司利益、作出不当社团罚等情况违反强制性法律规定,则决议无效;若决议内容违反章程规定,则决议可撤销。若决议内容合法合章,则判断决议流程是否存在瑕疵。召集程序常见瑕疵为表见召集、期间瑕疵、内容瑕疵、对象瑕疵,表决程序常见瑕疵为主持人瑕疵、表决权瑕疵、逾权表决、表决权数计算错误。但是,程序瑕疵并不必然导致决议可撤销,可适用裁量驳回制度例外维持或通过追认补正决议瑕疵,使决议生效。

关键词:意思形成　决议行为　股东会　程序

一、引言

19世纪放任主义安放在"契约自由"的个体绝对自决把个体从家庭和集团束缚的罗网中分离出来,彰显了个体在私法关系中地位的崛起,梅因宣称"进步社会的运动,到此为止";20世纪团体私法贯彻在"社团自治"的民主决策把个体拉回团体和组织之中,削减了个体自决的绝对性,宣告了团体在私法关系中的全面勃兴,进步的社会运动向反方向前行。正所谓"我们生活在组织之中,通常也死于组织之内。而介于生死之间的生活空间,也由组织填满",①时至今日,个体在社会中的地位更多地受到团体的支配,"从身

* 中国人民大学法学院硕士研究生。

① [美]理查德·H. 霍尔:《组织、结构、过程及结果》,张友星等译,上海财经大学出版社2003年版,第4页。

分到契约运动"[1]的个体绝对自决已经被部分颠覆:个体意思表示自由与效果意思不自由成为团体法之常态。

相较于个体私法的意思表示自由,团体私法更多强调团体意思形成的程序性,个体的能动性受到程序规范的严格限制。正如拉伦茨所言:"决议并不调整参与制定决议的人们之间的关系,而旨在构筑他们共同的权利领域或者他们所代表的法人的权利领域"。[2] 然而,法学理论虽已注意到个人私法和团体私法为私法领域个性鲜明的两个面向,但并未纠正"法律行为"统辖私法命脉的事实,仍固守决议行为隶属于法律行为之"成规",续写民法公因式之神话。申言之,无视决议的独立性和特殊性。

滥觞于德国民法的法律行为理论依据行为成立所需要的意思表示数量,将法律行为分为单方法律行为、合同(双方或多方法律行为)和决议,[3]我国民法沿用之。[4] 这一三分的做法让某些民法学者看到了希望,欲借由并行列举这一路径在法律行为内为决议分封一块属地,进而巧借民法典编纂之机将决议之法律行为属性入典,正式纳入法律行为的调整序列。我国《民法总则》的通过为此种观点敲响了胜利的晨钟,决议法律行为属性"入典"已成事实,但立法的态度并不是终结决议行为属性争议的暮鼓,正确界定决议行为属性,"因地适宜"适用效力判断规则才是结束争议之根本。故而,理论上迫切需要对决议的法律属性予以定性和证成,并进一步回应两个问题:第一,决议不成立是否具有单独立法之必要?第二,决议效力判定规则应当如何展开,程序正义与法的安定性又应当如何取舍,内部决议效力是否影响外部合同关系?对此,本文选取股东会[5]决议为研究视角,对决议效力展开分析。

二、股东会决议效力认定的法理基础

(一)法律行为与意思形成之争

在近代民法中,只有像细胞一样分别存在的单个自然人,没有多数细胞聚合而成的组织器官,[6]民法侧重于规范自然人,是一种典型的原子式个人主义思维。[7] 但是,决议必须"开会",开会必须有一套规则和程序,而私法向来没有程序的概念和理念。[8] 如此,不同私法框架下,有关股东会决议属性的争议不断。[9]

---

① [英]亨利·萨姆奈·梅因:《古代法》,高敏、瞿慧虹译,中国社会科学出版社2009年版,第130页。

② [德]卡尔·拉伦茨:《德国民法通论》(下册),王晓晔、邵建东等译,谢怀栻校,法律出版社2003年版,第433页。

③ [德]迪特尔·梅迪库斯:《德国民法总论》,邵建东译,法律出版社2000年版,第165页。

④ 朱庆育:《民法总论》,北京大学出版社2013年版,第136~138页。

⑤ 为了便于叙述,本文所称"股东会"包括股份有限公司"股东大会"以及有限责任公司"股东会"。

⑥ 方流芳:《近代民法的个人权利本位思想及其文化背景》,载《法学家》1988年第5期。

⑦ 王雷:《我国民法典编纂中的团体法思维》,载《当代法学》2015年第4期。

⑧ 陈醇:《商法理论重述》,法律出版社2010年版,第129页。

⑨ 法律行为说认为,决议行为隶属于法律行为,股东会决议的作成为公司之意思表示;意思形成说则认为,决议行为仅属于意思形成阶段,并未完成意思表示,股东会决议过程仅是公司意思的形成过程。

自个体私法观之,公司是股东的集合,股东会决议是个体股东意思表示经多数决的化合拟制为公司意思的结果,其效力受到个体股东意思表示的影响。法律行为说①以个体股东意思表示为出发点,聚焦个体股东意思表示在决议效力中的作用,认为个体股东意思表示合致为公司意思,集中体现为两种观点:第一,共同行为说,或认为决议是方向相同的两个以上意思表示合致成立的共同行为,②或认为决议是社员平行意思表示趋于一致而成立的共同行为,③或认为决议是两个以上共同的意思表示一致而成立的共同法律行为;④第二,特殊的多方法律行为说,该学说认为决议是特殊的多方法律行为,因为个体股东作为表意主体,依据程序正义,投出赞成、反对或弃权的一票,形成或合致或对立的意思表示样态,而投票结果可约束未表示赞成者。⑤

自团体私法观之,公司的非自然人属性决定了公司意思形成的特殊性——需借助权力机关股东会形成,系一种法律程序。⑥ 具体而言,决议的成立包括主体意思和正当程序两部分,前者是个体股东受约束的根本原因,后者是个体股东意思转化为公司意思的必要条件。故而,决议只有在满足内容合法、程序合法之双重要件时始发生适法效力。意思形成说认为,股东会决议的过程就是公司意思形成的过程,⑦是意思冲突下依据多数决原则确定符合表决权比例之多数派意思具有优先性,形成公司意思之制度,⑧属公司的单方行为,区别于法律行为。⑨

综上,两者的分歧在于股东会决议是否有别于法律行为,若有,其区别是否能够支持

---

① 及于具体分类,又存在不同观点。第一种认为,决议行为乃是多方法律行为项下,与共同行为并列的一项独立的法律行为(王利明主编:《民法》,中国人民大学出版社2010年版,第103~104页)。第二种认为,决议行为属于共同行为。共同行为可分为合同行为与合成行为,合同行为仍然采用合意原则,而合成行为则采取多数决原则,对于未参加决议投票者,甚至对持有反对意思表示者,也有效力。社团决议属于合成行为,而非合同行为(史尚宽:《民法总论》,中国政法大学出版社2000年版,第311页)。第三种认为,决议并非属于现有的法律行为,而是单独的决议行为(柯芳枝:《公司法论》,台北,三民书局股份有限公司2002年版,第239页)。

② [日]我妻荣:《新订民法总则》,于敏译,中国法制出版社2008年版,第229页;[日]山本敬三:《民法讲义Ⅰ总则》,解亘译,北京大学出版社2012年版,第71页;[日]近江幸治:《民法讲义Ⅰ民法总则》,渠涛等译,北京大学出版社2015年版,第151页。

③ 王泽鉴:《民法总则》,北京大学出版社2009年版,第209页;林诚二:《民法总则》(上册),法律出版社2005年版,第218页;刘德宽:《民法总则》,中国政法大学出版社2006年版,第166页。

④ 王利明:《民法总则研究》,中国人民大学出版社2012年版,第530页;韩长印:《共同法律行为理论的初步建构——以公司设立为分析对象》,载《中国法学》2009年第3期;许中缘:《论意思表示瑕疵的共同法律行为——以社团决议撤销为研究视角》,载《中国法学》2013年第6期。

⑤ 龙卫球:《民法总论》,中国法制出版社2001年版,第436页;朱庆育:《民法总论》,北京大学出版社2013年版,第133页;李永军:《民法总论》,法律出版社2009年版,第108页。

⑥ 柯芳枝:《公司法论》(上),台北,三民书局股份有限公司2002年版,第250页

⑦ 意思形成说代表观点,参见陈醇:《意思形成与意思表示的区别——决议的独立性初探》载《比较法研究》2008年第6期;徐银波:《决议行为效力规则之构造》,载《法学研究》2015年第4期。

⑧ 陈醇:《意思形成与意思表示的区别——决议的独立性初探》,载《比较法研究》2008年第6期。

⑨ 徐银波:《决议行为效力规则之构建》,载《法学研究》2015年第4期。

股东会决议从法律行为中独立出来。而这一区别就体现在,与自然人意思形成纯属生理过程而言,公司意思形成需借助程序规定进行法律拟制,故而,只有在充分认识股东会决议运行样态的基础上,才能还原法律规范背后内涵的法律原理,进而准确认定股东会决议的性质,选择适宜的效力规范。毕竟,法学理论与法律规范必须重视其所要调整的事实和生活领域内的效力关系,而不是改变它们。①

(二)股东会决议的运行样态

股东会决议以股东会议为载体,具体体现为召集程序、表决程序和送达程序。第一,董事会作出召开股东会的决议形成会议通知并送达全体股东,该会议通知包括股东会会议召开的时间、地点和议案;第二,股东收到会议通知后,作出是否参会、如何参会及是否增加议案的表示,通常表现为亲自参会或者委托授权他人参会;第三,股东根据会议通知载明的时间、地点参加会议,并在会议主持人主持下针对通知载明议题内容进行讨论,并可要求懂事对议题不明之处进行解答;第四,股东作出“赞成”“反对”“弃权”的意思表示,由董事会对表决结果进行统计,作成或肯定或否定的股东会决议;②第五,形成会议记录、存档,并送达董事会、公司股东及潜在投资者。

从股东会决议运行样态来看,决议关涉多方主体,股东会会议由董事会召集,董事长主持,个体股东作出意思表示,公司领受决议结果,董事会、股东或公司受决议约束,是各个主体相互作用的合力,而不仅仅是多数股东意思表示的合致;决议内容具有局限性,股东仅针对会议通知涉及的议案进行讨论、作出决议,非经全体股东一致不可临时增加议案,而不能针对任何事项作出表决;决议环节相互独立却又相互衔接,股东会决议的作成以个体股东投票为前提,但个体股东的投票行为并不当然产生相应的效果意思,只有经过票数统计,一分为三,符合法(章)定比例的多数派意思才能拟制为公司意思,而不仅仅是股东表决即可。

值得留意的是,未为票数统计之前,股东的投票行为是相互独立的,相互之间并不存在意思联络,可能全体一致,也可能相互冲突;只有在票数统计时,多数派股东意思表示才偶然结合,吸收少数派股东的意思表示,在符合法(章)定比例时拟制为公司的意思。股东意思表示是公司意思形成的因素,但并不直接形成公司意思,而是要借助于多数决原则,意即股东会决议是个体股东意思表示自由与效果意思不自由的结合,不能简单等同于多数票达成合致的投票行为。法律行为说过于强调多数派股东的意思自由,完全忽视了少数派股东的意思表示。

(三)股东会决议的意思形成属性

决议是意思形成的制度,以内容合法和正当程序原则为基本原则,③强调依循会议程序的调整,个体股东意思经由多数决原则化合为公司意思,具有典型的二维性。法律行

① [德]伯恩·魏德士:《法理学》,丁晓春、吴越译,法律出版社2013年版,第377页。

② 陈醇:《意思形成与意思表示的区别——决议的独立性初探》,载《比较法研究》2008年第6期。

③ 陈醇:《商法理论重述》,法律出版社2010年版,第131~147页。

为以“意思表示”单轴线展开,探求表意者的内心真意,并无程序的概念和理论。与其说传统法律行为理论冷落了决议,不如说根本就不能适用于决议。梅迪库斯认为,应当将决议从合同中分离出来,陈醇主张更进一步,将决议从法律行为中独立出来,以彰显其中会议程序等问题。① 笔者认为,股东会决议是股东会依据法定程序形成公司意思的过程,具有意思形成属性,不同于法律行为,不能适用法律行为的效力规范。

1.团体法视角

个人主义的盛行和民商合一的立法模式,不仅塑造了民法普通法的神圣地位,确立了法律行为理论的万能性,而且减损了商法特别法之程序、效率的独特价值,削弱了商行为理论独立的可能性。但是,相较于意思自治,商法更关注交易效率,相较于探求内心真意,商法更注重商行为的特定法律效果。质言之,意思表示这一私法自治的灵魂在商法中的地位有所下降。祁克将自治性规范纳入法的渊源之中,强调限于团体内部法律关系的自治性规范也是一种社会法。② 邓峰教授在解构法人拟制论与法人实在论殊途同归的本质的同时,明确社团意志的独立性是实体和财产、股东导向和利益相关者导向这一公司理论争议的终结。③ 叶林教授从历史角度肯定了商行为是独立于法律行为之外的法律现象,并尝试用商行为理论解释团体私法与个人私法之间的差异,明确了商法调整的优先性。④ 不难看出,在团体法理论发展的同时,商行为理论逐渐取代了意思表示的统治地位,确立了效率为王的价值取向,肯定了法定调整方式的优先效力,从而改变了意思自治的单一观察路径。股东会决议作为商行为的典型代表,呈现着独特的团体法特征。

第一,股东会决议作为公司之意思,是个体股东的意思表示经多数决原则化合而来的“法律意思”或“拟制意思”,并不是简单的多数派股东的意思合致。公司的意思形成不同自然人的意思形成,以股东会会议为意思形成的场所,以个体股东意思表示为构成要素,以多数决原则为“化学试剂”,以符合表决权比例的多数派股东之意思表示吸收少数派之意思为效果意思,源于个体股东的意思表示但又不同于个体股东意思的直接表达。

在股东投票环节,个体股东的独立意思在没有转化为公司的意思之前,不仅不会产生当然的法律效果,而且个体股东之间也无须存在意思联络、无须达成合意、无须商定采取一致行动,只需根据会议程序作出相互独立的格式化意思表示,或赞同、反对、弃权,无所谓意思合致的存在;在票数统计环节,会议将个体股东的意思表示进行归类,多数派股东的意思表示才偶然结合,少数派股东的意思表示被偶然结合的多数派股东意思表示之效果意思吸收,从而形成公司意思。故而,股东会决议以个体股东意思表

① 陈醇:《意思形成与意思表示的区别——决议的独立性初探》,载《比较法研究》2008年第6期。

② 祁克观点,见于基尔克的《德意志团体法论》,但无中文译本,何勤华教授在其论文《近代德国私法学家祁克述评》(载《法商研究》1995年第6期)中评析了基尔克的学术观点。

③ 邓峰:《作为社团的法人——重构公司理论的一个框架》,载《中外法学》2004年第6期。

④ 叶林:《商行为的性质》,载《清华法学》2008年第12期。

示为构成要素,但不是股东个体意思的直接表达,从而排除了个体意思表示绝对自由的适用空间。

第二,股东会决议不拘泥于"个体股东内心真意的探求",甚至不特别关心交易目的的真实性,而是采取法定主义的调整方式,更关注表决比例是否达到多数决原则的要求。无论股东的主观意图或者意思表示为何,只能在"反对""弃权""赞成"之间投出格式化的一票,除此之外的其他意思表示均不能成为决议的内容;只要决议符合法律或章程规定的程序,表决权比例达到法(章)定的要求,多数派股东之意思将自动转化为公司意思,少数派股东的意见不仅不足以推翻基于多数派股东意思而形成的会议决议,而且要接受决议的约束。

2. 意思机关视角

民法上的法律行为理论以自然人的心理过程为基础,是生物人内心活动的真实演绎,而具有独立意志的团体并没有生物人的机体,无法产生这样的心理过程,其意思和行为由位于公司组织上一定地位者来决定并实践。① 乌尔比安将团体中多数人的行为认定为全体的行为,②梅迪库斯进一步指出社团之意思形成借助于成员大会以决议的方式作出。③ 具体到公司法领域,股东会成为公司当仁不让的意思形成机关。首先,在人员组成上,股东会是"公司所有者"组成的机构,是公司权力的最终来源,具有地位的最高性;其次,在公司的管理运行上,股东会可选任或解聘其他机关的组成人员,股东会的决议对全部其他机关具有约束力,具有效力层级的最高性;最后,从公司的设立目的上,股东以公司为融资工具追求利益最大化,股东会是公司利益的最终归属,具有目的的最终性。

作为社团的意思形成机关,股东会的决议④涉及三个层次的主体:作为团体整体的公司、作为团体内部机关的股东会和作为团体成员的股东。⑤ 对于公司而言,股东会决议是公司意思形成的过程,即依循会议程序,股东意思表示经多数决原则调整形成公司意思,决议是多数派股东意思偶然结合并吸收少数派意思的结果,并不是简单的多数派意思合致。对于股东会而言,股东会决议是公司这一科层组织内部最高权力机关对公司内部其他机关作出的内部指令,其他机关应当据此执行。且其效力限于公司内部,如欲发生外部效力,需借助于公司合同行为。对于股东而言,股东会决议是股东通过参与股东会行使表决权,维护股东权益的体现,其个人的意思表示已经过股东会会议程序转化为公司意思,纵使公司意思与个人意思不一致,也应当接表决结果的约束。

---

① [韩]李哲松:《韩国公司法》,吴日焕译,中国政法大学出版社 2000 年版,第 335 页。

② 江平、米健:《罗马法基础》,中国政法大学出版社 1991 年版,第 68 页。

③ "社团内部的意思形成通常由成员大会负责,成员大会通常以决议的形式做出决定。"参见[德]迪特尔·梅迪库斯:《德国民法总论》,邵建东译,法律出版社 2013 年版,第 841 页。

④ 股东会决议:通常表现为股东会记录和股东会决议过程,前者指的是股东会的结果,后者侧重于决议行程过程,此处的股东会决议指后者。

⑤ 李志刚:《公司股东大会决议问题研究——团体法的视角》,中国法制出版社 2012 年版,第 14 页。

3. 程序正义视角

决议产生约束力之伦理基础及统帅决议行为制度构造之核心乃社团自治。[①] 法律行为之所以产生约束力源于意思自治,法律相信完全行为能力人是对自己利益的最佳判断者,故授予其行为的自由,并要求其为自己的选择承担责任。股东会决议的约束力同样源于意思自治,只不过是公司的意思自治,而非参与表决者的意思自治。法律相信公司是对自己利益的最佳判断者,但多数决原则的采用致使决议作成的表决者与决议效果的承担者并不一致,人们有理由怀疑多数人的决定并不一定正确,如在50.1%赞成而49.9%反对时,难言孰对孰错。而此时决议之所以仍具有约束力,源于程序正义,[②]源于少数人也有机会在将来用更好的论据来赢得多数,从而修改已作出的决定。[③] 因此,程序正义是决议约束力的保证,[④]而程序正义突出表现为以程序性和民主性为主要特点的会议制度。

(1)股东会决议的程序性

股东会决议之程序性突出表现为"召集—表决—送达"的会议制度在。召集程序观之,董事会是股东会会议之首要召集人,负责会议召集、会议主持和会议票数统计等职责;表决程序观之,股东是股东会决议之表决人,在相互之间并不存在意思联络的情况下,独立向公司作出同意、反对、弃权的格式化意思表示;公司是股东会决议之表意人,根据多数决原则受领表决结果,形成公司意思。会议结果观之,多数派股东之意思表示吸收少数派股东之意思表示,少数派股东的反对意见不仅不足以推翻多数派股东意思而形成的会议决议,而且需接受会议决议的约束。

严格的程序设定弥补了股东自由与不自由之间的不公平,消弭了资本代表的表决权权重差异化引发的结果不公正。首先,严格的会议程序提供一种特殊的自由讨论、沟通的场合和方式,排除股东因社会影响力和身份差异带来的影响,修正到会股东的偏见,防止多数派对少数派的控制,防止独断或简单的股东意思叠加。其次,作为法学家技巧和交易的经济本质的体现,符合程序即被推定为内容正确,规范化会议程序为股东带来了稳定预期,降低了重复谈判成本,保证了到会股东在"议"和"决"两个环节的议事民主和表决民主。再次,正当程序是决议正当性的来源,在公正的程序之中,股东的主张或异议可以得到充分表达,相互竞争的价值和利益得到综合的衡量,其结果是不满被过程吸收了,一种相较而言最完善的解释和判断被最终采纳。[⑤] 最后,正当化的程序赋予股东会决

① 徐银波:《决议行为效力规则之构造》,载《法学研究》2015年第4期。

② [美]约翰·罗尔斯:《正义论》,何怀宏等译,中国社会科学出版社1988年版,第87页。

③ [德]哈贝马斯:《在事实与规范之间——关于法律和民主法治国的商谈理论》,童世骏译,三联书店2003年版,第218页。

④ 陈醇:《论单方法律行为、合同和决议之间的区别——以意思互动为视角》,载《环球法律评论》2010年第1期;王雷:《论民法中的决议行为——从农民集体决议、业主管理规约到公司决议》,载《中外法学》2015年第1期;石纪虎:《关于股东大会决议效力的探讨》,载《政治与法律》2009年第5期;戴建庭、白明刚:《单方法律行为、合同、决议的瑕疵分析和责任比较》,载《东方法学》2012年第4期。

⑤ 季卫东:《程序比较论》,载《比较法研究》1993年第1期。

议权威,对持反对意见的少数派产生约束力。除全体一致外,多数决是意思冲突规则,冲突时程序予以调和,降低全体一致导致的成本,排除个别人的意思自治(独断或专治),强迫少数人的意思服从多数人的意思。

(2)股东会决议的民主性

决议是集体意思形成的制度,众人之事,众人讨论、众人决定,多数人的统治就是民主,民主应当是决议制度最基本的原则。[①] 但股东会决议之民主与政治之民主具有明显的差别。政治民主以人数为核心,是一人一票,同票同权,体现为人数多数决;而股东会决议的民主以资本为核心,“基于风险与权力相一致原则,以资本为依据,按照股东持有股份数量的多少行使表决权”,[②]虽同股同权,但同人异权,体现为资本多数决。

股东会决议的民主分为议事的民主和表决的民主,议事的民主为议事过程的民主,表决的民主强调表决结果的民主,并且表决的民主以议事的民主为前提。具体到股东会会议中,议事过程的民主首先要求通知的民主,即每个股东获得的会议通知的内容和时间具有同一性,以保证“议”前信息基础的一致性;其次要求每个股东拥有相同的发言机会,无论是少数派股东还是多数派股东,都应享有平等的表达自己的意思和劝说游说别人的机会;最后要求辩论的有序性和协商的程序性,以保证股东意思的充分交流且避免“议而不决”。表决的民主要求表决权分配的民主、多数决原则和对少数派股东的适当救济,决议是公司参与的股东的行为,表决中多数派股东的意思偶然结合为公司的意思,少数派股东的意思没有产生效果却要受决议结果的约束,因此为了防止多数人的暴政和表决被恶意操纵,需要对少数派股东进行适当救济,如累积投票制度、表决权信托制度、股东投票协议和请求决议撤销的瑕疵救济。

(四)决议效力判定适用法律行为效力判定的局限

1. 表意主体无法涵盖表决主体

股东会决议是公司意思形成的制度,是公司的单方行为,多方法律行为说混淆了作出决议的主体和参与表决的主体。股东会决议行为包含股东投票和意思形成两个阶段,前者是意思表示,后者是意思形成。投票环节,参与表决的是全体或多数股东多人;意思形成环节,受领表决结果的是公司1人,表决人和表意人并非一致。法律行为强调内心真意,其效力判定围绕“意思表示”展开,无论是单方法律行为还是多方法律行为,表意人与表决人一致,探求真意不仅可能,而且必要。而在股东会决议行为中,表意人为公司,公司的真意就是格式化表决权数的统计结果,除统计方式错误外,不存在真意认定瑕疵;表决人为个体股东,但个体股东的意思瑕疵并不当然成为决议的瑕疵,探究个体股东的真意并不等于探究公司真意。

2. 真意的探求无法兼顾程序规制

股东会决议具有典型的二维性,程序和内容的瑕疵均会对决议效力产生影响,法律

---

① 陈醇:《意思形成与意思表示的区别——决议的独立性初探》,载《比较法研究》2008年第6期。

② 李志刚:《公司股东大会决议问题研究——团体法的视角》,中国法制出版社2012年版,第128页。

行为以“意思表示”为轴线,无程序瑕疵的效力认定,适用存在困难。我国《公司法》第22条依据瑕疵形式划分决议效力,分为内容违法和程序违法两个方面;我国《民法总则》第六章第三节依据意思表示瑕疵程度划分法律行为效力,两者差别明显。有学者提出法律行为并非完全不涉程序,合同成立有关要约—承诺的规定便是对程序的规定,尤其是在拍卖场合。即便如此,但两者之中程序价值的重要性并不相同,决议中程序与内容不分伯仲,而法律行为中程序仅是冰山一角。

3. 少数派股东效果意思认定困难

股东会决议遵循多数决原则,少数派股东意思表示受到严格的限制,形成意思表示自由与效果意思不自由的冲突;而在法律行为场合下,当事人合意即可变更法律行为之内容,意思表示和效果意思充分自由,故而适用法律行为效力判定少数派股东存在困难。在股东会决议中,一旦达到法定的表决权比例决议即作成,少数派的不赞同被多数派的意思吸收。从一定意义上说,股东会决议是多数派股东的效果意思,而少数派股东的意思表示并未发生相应的效果意思,意思表示的整个过程是不完整的,无法适用法律行为的效力判定。也是基于此,江平教授认为股东会个体股东表意行为是意思通知而不是意思表示。

4. 决议效果无法一概而论

股东会决议作成后仅具有形式上的拘束力,不会在参与表决的股东之间创设新的权利义务关系,未送达前也不会在公司内部创设权利义务关系,未通过合同行为表示于外更不会对第三人产生影响,如欲产生实质的拘束力还需对内送达或对外意思执行机关为一定行为法律行为;产生实质约束力后,考虑到商法效率为王的特点,会引发关涉交易相对人、债权人、股东、公司自身复杂的多重法律关系,牵一发而动全身。最高人民法院《关于适用〈中华人民共和国公司法〉若干问题的规定(四)》(以下简称《公司法司法解释四》)第6条因袭法律行为效力判定理论,肯定对保护善意相对人进行保护的定位,但如何认定善意存在,恶意相对人如何处理都存在争议,故从效力判定后的影响效果来看,适用法律行为效力判定存在困难。

综上,股东会决议之意思形成属性决定了效力判定的二维性,不仅不能照搬法律行为的效力判定规则,反而应当基于其本质属性确立自己的效力判定规则,以避免削足适履,进而成为东施效颦的尴尬。

三、股东会决议效力判定的前提条件

(一)决议不成立独立的必要性

1. 成立是效力认定的前提

通常而言,须先有股东会决议的成立,始得进一步探究股东会决议是否有效或得撤销之事由。决议成立是决议效力判定的前提,意欲对股东会决议的效力进行分析,依据多数决原则形成公司意思是首要,如果“根本无股东会或其决议之存在,即无检讨股东会决议有无瑕疵之必要”。[①] 决议不成立是事实判断问题,仅需查明公司是否召开股东会并形成多数决,而决议效力属价值判断问题,系查明多数决决议是否满足生效要件后的效力问题,两者区别明显,不可同一而论。

虽然,我国公司法仅明文规定决议可撤销[②]和决议无效[③]两种类型,[④]但从系统解释出发,我国《公司法》第22条暗含了以决议成立为前提的默示规定,从而反向肯定了决议不成立的合理性;我国《民法总则》第134条第2款[⑤]关于决议成立事项的规定为公司决议不成立之诉的确立提供了上位法依据;《公司法司法解释四》第1条[⑥]肯定了决议不成立的可诉性,将决议不成立独立为决议瑕疵的类型。

2. 不成立不同于可撤销

股东会决议不成立与可撤销均源于程序瑕疵,但瑕疵程度明显不同,前者瑕疵严重,以至于无法认定决议存在;后者瑕疵程度并不足以否定决议的存在。且两者相互排斥,一旦决议不成立,则不存在决议可撤销。由于公司法缺乏对决议不成立的明文规定,法院在司法实践中常将决议不成立误判为可撤销,或认为“股东在未参会的情况下通过伪造签名作出股东会决议,应认定股东会召集程序违法,股东可在法定期间内行使撤销权”,[⑦]或认为“未经依法召开股东会,实际控股股东单方形成的会议决议实质上并不存在,股东可在知道或应当知道权利被侵犯的规定时间内行使撤销权”,[⑧]或认为“若章程将董事更换规定为股东会决议事项,未召开股东会则作出更换董事的决议违反了公司章程,股东可申请撤销”。[⑨]

决议不成立,是根本否定决议存在,不存在补正可能,任何人均可主张,属形成权之诉;决议可撤销适用除斥期间的规定,撤销权人可通过追认补正决议瑕疵,如伪造签名作

① 柯芳枝:《公司法论》(上),台北,三民书局股份有限公司2002年版,第272页。

② 所谓决议可撤销是指股东会决议的召集程序、表决方式违反法令或章程,决议内容违反章程时,股东自决议作出之日起60日内,可诉请法院撤销其决议。

③ 所谓决议无效,则是指股东会的决议内容违反法令的无效。至于股东会决议之内容违反法令,不仅包括违反股东平等原则、股东有限责任、股份转让自由原则或侵害股东固有权,而且包括决议违反强行法或公序良俗。

④ 《公司法》第22条规定:公司股东会或者股东大会、董事会的决议内容违反法律、行政法规的无效。股东会或者股东大会、董事会的会议召集程序、表决方式违反法律、行政法规或者公司章程,或者决议内容违反公司章程的,股东可以自决议做出之日起60日内,请求人民法院撤销。

⑤ 《民法总则》第134条第2款规定:法人、非法人组织依照法律或者章程规定议事方式和表决程序做出决议的,该决议成立。

⑥ 《公司法司法解释四》第1条规定:公司股东、董事、监事等请求确认股东会或者股东大会、董事会决议无效或者不成立的,人民法院应当依法予以受理。

⑦ (2013)二中民终字第05629号,谷某诉北京康弘娱乐有限责任公司确认公司决议效力案;(2009)二中民终字第17173号,北京燕阳豪情酒吧有限公司与于某某股东会决议撤销纠纷上诉案。

⑧ (2015)琼民二终字第19号,宝恒投资有限公司与三亚保力房地产投资开发有限公司公司决议撤销纠纷案。

⑨ (2014)鄂洪山民商初字第00546号,林某某诉武汉康恒房地产开发有限公司公司决议撤销纠纷案。

出决议,在被伪造签名股东明知伪造事实却未作出反对表示的情况下,其默认的事实行为可视为事后追认,决议成立且有效。[①] 将决议不成立误判为可撤销,不仅认可了不成立决议在撤销前的有效性,为不召开会议虚构决议或未达法定表决权比例之决议提供了产生约束力的可能,而且给不成立的决议一个扶正的机会,只要经过无人行使撤销权的60日除斥期间,即可生效。如此,股东可自行伪造股东会决议,将其锁于抽屉中,经过60日即确定有效,有悖正义。

3.不成立不同于无效

股东会决议不成立与决议无效,均自始无拘束力,法律后果看似相同,司法实践亦有将决议不成立认定为无效的判决,[②]然则两者差别明显。首先,两者的法律含义不同。决议无效是指决议内容违反法律,不能形成有效的公司意思,无法对股东、其他公司机关产生约束力,为法律明令禁止。决议不成立是指形成决议的法律程序未齐备,不符合法律或者章程的规定。前者为内容瑕疵,后者为程序瑕疵。质言之,程序瑕疵无法进入内容违法的调整范围,两者源头即泾渭分明。其次,两者蕴含的法律价值不同。决议无效取决于公权力对已经成立决议的态度和评价,反映了公权力对私权的干预,存在引发行政或刑事责任的可能。决议不成立仅是民事责任的问题,是私权自由的体现,并无其他法律责任的产生。

(二)股东会决议的成立要件

最高人民法院《关于适用〈中华人民共和国公司法〉若干问题的规定(四)(征求意见稿)》第4条和第5条,尝试借助于“决议不存在”和“未形成有效决议”对决议不成立进行界定,具体包括未召开股东会、未对决议进行表决和到会股东不达法定数、决议比例未达法(章)定数、被伪造签名股东不予追认、决议内容超越权限等情形。但是,学界对此批评不断,不仅认为其突破了民事法律行为效力瑕疵的现有类型,创设了新的法律概念,而且两种类型形异实同,并无区分对待的必要。因此,《公司法司法解释四》将其统合为“决议不成立”制度进行统一规定,简化为“未召开股东会、未对决议事项进行表决、到会股东或表决权未达法定数、决议比例未达法定或章定比例”。

股东会决议的成立是指依据法律或章程的规定,表决权主体经召集权人召集出席会议,并对会议内容议事表决形成公司意思的过程,[③]具体要件[④]包括:一是召开股东会,不

① (2009)淮中民一终字第15号,崔某某与淮安市禾力机械制造有限公司等确认公司决议无效纠纷上诉案。

② (2009)大民初字第5142号,北京鼎域特种电缆有限责任公司与张某股东会决议效力确认纠纷上诉案;(2009)朝民初字第12508号,王某某诉北京毕派克兴业物业管理有限责任公司股东会决议效力纠纷案。

③ 王雷:《公司决议行为瑕疵制度的解释与完善——兼评公司法司法解释四(征求意见稿)第4~9条规定》,载《清华法学》2016年第5期。

④ “决议的成立须满足以下四项要件:决议机关确有举行会议,有法定人数出席会议,会议曾作出表决,表决达多数决要求。”参见徐银波:《决议行为效力规则之构造》,载《法学研究》2015年第4期。“一是有股东会会议外观存在,二是股东会会议做出决议,三是决议满足多数决的要求。”参见李建伟:《公司决议效力瑕疵制度及其救济体系在构建——以股东大会决议可撤销为中心》,载王保树主编:《商事法论文集》(2008年第2卷),法律出版社2009年版,第53~94页。

仅要求召集人享有召集权，而且要求召集程序符合法律或章程的规定，股东会决议是公司意思形成的过程，未召开股东会即无法形成公司意思，故未经召开股东会而"作出"的决议不成立。[①] 二是股东会具有决议能力。决议能力是指到会股东人数和表决权符合法律或章程规定，会议召开的前提是到会股东符合法律要求，如到会股东人数不符合最低要求或表决权存在瑕疵将导致会议无法召开，自不能形成股东会决议，因此控股股东滥用控制权形成的一人决议无效。[②] 三是决议须经股东会会议作出，未经会议表决，会后虚构的决议不成立。[③] 四是表决权比例满足多数决要求。决议机关虽曾召开会议并进行表决，但赞成或反对的人数或所持表决权比例未达法定要求，通过伪造成员签名而作出的决议不成立。[④] 但若被伪造签名的成员以其事实行为表明接受决议内容，视为追认表决，在实际表决者和追认者所持表决权比例合计达法定要求时，可认定决议成立。[⑤]

值得探讨的是，股东会决议的成立为何需要满足召集人享有召集权。各国判例多认为，无召集权者召集会议作成的决议不成立，韩国判例认为"无召集权限者召集之股东会不存在，[⑥]虽然有董事会的召集决议，但由非代表董事或章程上的非召集权人召集之决议不存在，[⑦]即便少数股东或监事请求召开之股东会，同样需要有召集权者召集"；[⑧]日本判例也认为"董事未经董事会决议而召集股东会所作决议不成立"。[⑨]

在我国立法没有明文规定决议不成立前，司法实践通常将无召集权者召集的会议作成的决议认定召集程序违法，进而由利害关系人适用我国《公司法》第22条第2款于除斥期间内申请法院予以撤销。各国公司法多规定董事会作为股东会召集的法定主体，承担一般性的召集义务。公司法将召集权赋予董事会，内含着股东会决议的行程是董事会主持下个体股东参与表决形成公司意思的过程，故而，股东会决议关涉董事会、股东、公司三方主体。召集人无召集权，形式上表现为召集程序瑕疵，但实质上主体瑕疵问题，主体尚欠缺成立要件，作成之决议自无所附存，[⑩]无成立余地，无所谓撤销与否问题。[⑪]

---

① 张某某诉江苏万华工贸发展有限公司、万某、吴某某、毛某某股东权纠纷案，载《中华人民共和国最高人民法院公报》2007年第9期。

② (2008)闵民二(商)初字第2770号，董某诉上海A有限公司决议撤销纠纷案。

③ (2017)皖08民终2324号，姚某某等诉江凤霞等公司决议纠纷案。

④ (2017)辽02民终6951号，滕某等诉大连鸿烨文化发展有限公司股东出资纠纷案。

⑤ (2017)皖01民终5971号，于某与合肥拉斐尔智能科技有限公司等公司决议效力确认纠纷上诉案。

⑥ 大法院1962.12.27判决，参见李哲松：《韩国公司法》，吴日焕译，中国政法大学出版社2000年版，第423页。

⑦ 大法院1993.9.10判决，参见李哲松：《韩国公司法》，吴日焕译，中国政法大学出版社2000年版，第414页。

⑧ 大法院1975.7.8判决，参见李哲松：《韩国公司法》，吴日焕译，中国政法大学出版社2000年版，第414页。

⑨ [日]江头宪治朗：《株式会社法》，有斐阁2008年版，第346页。

⑩ 何耀琛：《论股东有限公司股东会、董事会决议之瑕疵及其效力》，载《东吴大学法律学报》2003年第2期。

⑪ 洪秀芬：《未经合法召集二全体股东出席之股东会决议效力》，载《约旦法学教室》2007年第1期。

控股股东滥用控制权召开一人会议作出的决议是否成立。回答这个问题,需要首先对会议进行解释,即一人会议是否为会议。英国普通公司法认为有效的股东会会议必须由一名以上的人员出席,如果仅有一个持有其他股东授权的人出席,或者只有一个股东出席,那么根本就没有会议。① 我国司法判决也认为,"实际股东虚构会议及其决议的,即使该股东实际享有公司绝大多数的股份及相应的表决权,其个人决策亦不能代替股东会决议的效力"。②

首先,股东会决议的实质是股东通过会议程序进行集体决策,通过行使股东权利形成多数决变更自身与公司的民事法律关系,或改变公司经营情状的过程,股东参与会议并作出意思表示是股东会决议成立的必备要件。其次,会议不仅有"会",也要有"议",一人股东召开的股东会,侵犯了其他股东的会议参与权,剥夺了其他股东讨论并发表建议的权利,是对会议实质性的否定。故而,控股股东利用控制公司的便利召开一人会议进行一人决策的过程并不等同于召开股东会会议,也不意味着控股股东一人之符合多数决要件的决策就是股东会决议。

(三)股东会决议生效的前提

1.股东会决议以送达为生效前提

会议决议的形成,仅说明股东会"已经形成"公司意思,并不说明公司"已经做出"意思表示。③ 股东会决议的作成类似于自然人意思在头脑中形成,如欲触发效果意思,还需对外进行表示,即送达程序,具体分为内部的送达和外部的代表行为。即决议作成,产生的是形式拘束力——无论是投赞成票的股东还是投反对票、弃权票的股东都要受到表决结果的约束,不再具有重新进行意思表示的权力,却不当然产生实质拘束力——严格履行决议的拘束,只有在决议送达董事会、公司股东及潜在投资者或通过执行公司意思的其他公司机关代表公司为一定行为后,才发生意思表示的法律效果。

对外而言,股东会作为意思形成机关形成的决议并不直接对第三人产生影响,而必须经过有关机关,如法定代表人为合同行为、董事会执行行为等,方能产生法律效力。对内而言,股东会决议生效的前提是送达程序。股东会决议送达是指会议召集人将决议内容送达公司、董事、监事、董事会、监事会,让受送达人知晓公司业已形成会议决议的事实及决议内容,送达程序不仅是保护股东知情权的需要,也是科层组织贯彻运营管理的需要。"只有将会议决议送达股东,会议决议的效力才及于公司股东",④这是因为股东会由股东构成,但多数情况下到会股东并不等于全部股东,未参会股东同样需要接受决议的约束,为保护股东知情权,送达程序很必要。此外,公司法虽然规定董事、监事可出席

① 葛伟军:《英国公司法要义》,法制出版社2014年版,第194~195页。

② 张某某诉江苏万华工贸发展有限公司、万某、吴某某、毛某某股东权纠纷案,载《中华人民共和国最高人民法院公报》2007年第9期。

③ 叶林:《股东会会议决议形成制度》,载《法学杂志》2011年第10期。

④ 同上。

股东会,但并不代表全体董事、监事都知晓决议的内容,送达是执行决议的前提。

值得注意的是,若股东会决议内容关涉公司内部事务执行,此种情况下是否需要送达程序。以股东会决议免除董事职务为例,是否免除职务之决议未送达所涉董事,该董事就可继续以董事身份履职。显然,公司实务并非如此,而是在决议作出之时,该董事就已不具备董事身份,不能继续履行董事职责;若该董事继续以董事身份履职,其代表行为即属于表见代理。故而有学者认为,如作成之股东会决议不涉及外部事务或外部关系,作成即生效,决议送达所涉之人不是决议生效的问题,而是决议落实的问题。笔者并不赞同此种观点,表见代理的适用在很大程度上反而认可了送达生效这一前提,在公司未送达或公示前,第三人完全可依据不知情的善意让公司承担表见代理行为的后果,而送达之后,产生公示公信效力,第三人无可举证其善意,不可要求公司承担责任。

2. 股东会决议效力内外差别

股东会决议送达后其效力范围如何,我国公司法并未明确。① 笔者认为,股东会决议送达后的效力范围应区分公司内部与外部,对于公司内部而言,决议效力泛化,对公司职能机关及其组成人员、股东、自身均具有约束力;对于公司外部第三人而言,效力限缩,仅在交易相对人恶意时成为认定交易无效的风险点。

(1)公司内部效力泛化

作为公司权力机关之决议,股东会决议对决议执行机关及其组成人员具有约束力。从法律解释论的角度出发,公司内部是由股东会、董事会、监事会组成的自上而下的科层组织,股东会是最高权力机关,除职工监事外,董事及董事会、监事及监事会由其选取并组成产生,具体负责决议股东会决议的执行和监督,故而,股东会决议作为最高权力机关之命令,具有最高的效力层级,对董事会、监事会及其组成人员具有法律约束力。同时,根据公司内部层级框架,高级管理人员由董事会任免,而董事会由股东会选举组成,股东会决议对董事会之约束力传递至其决定的高级管理人员。

我国《公司法》第 113 条规定,董事违反股东会决议导致公司严重损失时应当承担责任。在一定程度上,违反决议即代表并未执行,亦可反面论证股东会决议对董事之约束力。论及监事会,石纪虎教授根据监事的产生方式——股东会选举或职工选举——认为股东会决议无法约束职工选举之监事,继而无法对监事会产生约束力,其实不然。其一,监事为监事会成员,需接受股东会的领导;其二,职工监事在作为职工时,与公司为劳动合同关系,接受民法的调整,作为监事时,为监督执行人员,接受公司法的调整,与公司是令行禁止之关系。如此,董事或监事的赔偿责任如何确定呢?就董事而言,周友苏教授认为“应依据决议行为中过错的大小确定承担责任的多少”,②但延伸至不执行决议场合,难以确定过错程度的大小,笔者主张每个董事责任份额相同。

---

① 我国《公司法》第 11 条只明确规定了公司章程对公司、股东、董事、监事、高级管理人员具有约束力,没有规定一般的股东大会决议的约束力问题。

② 周友苏:《新公司法论》,法律出版社 2006 年版,第 519 页。

作为公司之意思形成,与自然人意思自治相同,公司当然受股东会决议的约束。有学者指出:"在与公司组织体有关的民事关系中,公司本身通常不是当事人",[①]进而认为股东会决议对公司本身具有约束力是伪命题。[②] 实则,此种观点忽视了公司作为非自然人意思形成的特殊性,忽略了股东会决议被拟制为公司意思的法定性。股东会决议对公司的约束集中体现股东会职权范围所涉之增资、减资、分立,以及解散和清算等内容。我国《公司法》第37条、第46条规定股东会之职权,增资、减资等属于股东会法定职权;我国《公司法》第74条规定股东会章程相关内容的修改可使公司存续,而章程的修改需借助股东会决议进行;第180条规定股东会决议是公司的解散事由。我国《民法总则》亦有此规定,如该总则第69条将权力机关决议规定为法人解散事由,该总则第72条将权力机关的决议规定为法人清算后剩余财产的分配方式。

作为公司这一社团之成员,股东需接受社团之管理,接受股东会决议的约束。股东会决议是否能约束股东?否定者认为,股东与公司在人格和财产方面相互独立,公司法明确规定股东对公司之义务仅限于出资,故而股东会决议无法约束股东。肯定者认为,股东会决议对股东约束力的来源,产生于换取股东固有权而让渡的个人权利——形成社团对社员的管理权力,表现在公司实务中,如股东会可通过修改公司章程,限制特定股东或股份的表决权,作出决议分配股息、红利使股东获利。反面论之,如否定股东会决议对股东之约束力,也就否定了股东参与股东会对公司重大事项进行决策的意义。

但需要留心的是,股东会决议对股东的约束力是有限制的约束力。我国《公司法》第3条明确规定,股东以其出资为限对公司承担有限责任,股东财产独立于公司财产,除出资之外股东对公司而言只有权利。在股东履行了出资义务之后,对公司只享有权利,除非股东其同意接受新的义务,否则并不能基于股东会决议对股东增设新的义务。股东会决议对于股东的效力更多地表现为股东如何行使权利和防止股东权利滥用等效力约束,而非为一定行为的积极约束。若股东会决议要求股东增资,除非该决议经股东本人签字认可,否则该决议就不能股东产生约束力。

(2)公司外部效力限缩

决议行为导向社团内部的意思形成,只调整社团内部法律关系,不调整团体或法人与第三人之间的关系,要调整这种关系,必须以全体成员的名义或以法人本身的名义,同第三人订立法律行为。[③] 股东会决议无法约束公司外部第三人,原因在于:其一,股东会作为公司内部机关,其职能限于对公司内部事项作出决议,一般情况下会不涉及与交易第三人建立权利义务关系;其二,股东会决议作出仅为公司意思形成,并未对外表示,无法在公司与第三人设定法律关系,更无法对第三人设定义务、产生约束力。但在法定代表人依据股东会决议与第三人交易的场合,存在例外。

---

① 邓辉:《公司法中的国家强制》,中国政法大学出版社2004年版,第16页。

② 石纪虎:《关于股东大会决议的探讨》,载《政治与法律》2009年第5期。

③ [德]卡尔·拉伦茨:《德国民法通论》(下册),法律出版社2003年版,第432~433页。

在科创公司股东会决议效力及增资纠纷案[①]中,召开股东会的通知提前 11 日发出,股东会决议增资扩股部分超越通知所载议题,且在股东明确不放弃优先认缴权的前提下多数决通过该决议并进行了工商变更,会后依据会议决议,科创公司对外签订了合作协议。一审法院认为,“股东会决议的效力不取决于股东会议通知的时间及内容,而决定于股东认可并是否达到公司法的要求”,据此认定决议有效,后续签订的合同亦有效。二审法院认为,“公司原股东优先认缴新增出资的权利是原股东个体的法定权利,不能以股东会多数决的方式予以剥夺”,依据我国《民法通则》第 58 条第 1 款第 5 项[②]判定股东会决议因违反法律无效,继而依据我国《民法通则》第 61 条[③]判定其后的合同行为无效;再审法院认为“增资扩股部分因侵犯优先认缴权而无效,但并不影响增资决议的效力,且与第三人签订的协议应按照合同法一般规定进行效力判定”,判决决议无效,但对外合同因第三人善意故有效。

原则上,公司内部行为与外部行为所形成的法律关系判然有别,违反公司内部规范的行为,并不必然导致与该内部行为有牵连的外部行为必然无效。[④] 对于纯粹的公司内部纠纷,应尊重公司意思自治,依循章程或公司决议之规定;对于纯粹的外部纠纷,应尊重合同法关于交易规则的调整。但不可避免的是,在公司内部行为成为外部合同之构成要件时,一旦公司外部合同行为依据的内部决议被撤销,那么依据该决议所进行的投资、担保以及其他交易行为也需重新进行效力判断。故而,在因公司内部决议而引发公司与外部善意第三人交易纠纷的场合,我国《公司法司法解释四》第 6 条、《民法总则》第 85 条规定,应遵循商事外观主义,以适用表见代理、公司登记为认定原则,保护善意第三人信赖利益。简言之,公司的内部意思瑕疵不影响外部表示的效力,但在必须经公司决议的对外合同交易行为场合,决议瑕疵就成为交易的风险点,如若此时交易第三人不存在善意,则公司决议实际也就发挥了对外效力。

从合同的角度,在法律规定对法定代表人之代表权限进行限制的场合,这些限制基于法律规定介入了交易合同的效力认定,成为合同的成立要素。依据我国《民法总则》第 61 条[⑤]及《合同法》第 49 条、[⑥]第 50 条[⑦]关于“代理人之代理权存在限制的越权行为不得对

① (2010)民提字第 48 号绵阳市红日实业有限公司、蒋某诉绵阳高新区科创实业有限公司股东会决议效力及公司增资纠纷案。

② 我国《民法通则》第 58 条第 1 款第 5 项规定:违反法律或者社会公共利益的民事行为无效。

③ 我国《民法通则》第 61 条规定:民事行为被确认为无效或者被撤销后,当事人因该行为取得的财产,应当返还给受损失的一方。

④ 罗培新:《公司担保法律规则的价值冲突与司法考量》,载《中外法学》2012 年第 6 期。

⑤ 我国《民法总则》第 61 条规定:依照法律或者法人章程的规定,代表法人从事民事活动的负责人,为法人的法定代表人。法定代表人以法人名义从事的民事活动,其法律后果由法人承受。法人章程或者法人权力机构对法定代表人代表权的限制,不得对抗善意相对人。

⑥ 我国《合同法》第 49 条规定:行为人没有代理权、超越代理权或者代理权终止后以被代理人名义订立合同,相对人有理由相信行为人有代理权的,该代理行为有效。

⑦ 我国《合同法》第 50 条规定:法人或者其他组织的法定代表人、负责人超越权限订立的合同,除相对人知道或者应当知道其超越权限的以外,该代表行为有效。

抗善意第三人"的规定,代理权存在法定限制的越权代理行为,在交易相对人为善意的情况下交易行为有效。而此时对善意的审查,即要求交易相对人具有法定的注意义务,审查代理人代理权限是否真实存在;反之,则不构成善意。公司法规定了某些交易事项必须经过股东会决议,股东会决议成为对法定代表人代表权限的法定限制,在交易对象为善意第三人时,股东会决议不影响外部合同效力;在交易对象为恶意时,股东会决议效力影响外部合同效力。

以我国《公司法》第16条为例,公司对外提供担保需经股东会决议,股东会决议即在对外担保场合下公司法对法定代表人代表权限的法定限制。基于此,股东会决议成为公司对外担保之担保合同成立的要件。即担保合同此时的成立要件扩充至包含股东会决议这一形式要件,股东会决议的效力内容为何并不影响担保合同的成立;但在认定对外担保合同的效力时,需综合考虑股东会决议的效力和第三人的情况,依据交易相关的合同法规则判定。在交易第三人为善意的情况下,股东会决议的效力并不影响交易的效力,因为此时的善意表现为第三人对决议效力的审查;在交易第三人为恶意的情况下,股东会决议的效力影响对外部合同效力的认定。

四、股东会决议效力认定的分析框架

(一)股东会决议效力的类型划分

1."二分法"之检视

"二分法"以德国和我国台湾地区为典型,是指将决议瑕疵区分为内容瑕疵和程序瑕疵,若决议内容违法(章)则决议无效,若决议程序违法(章)则决议可撤销。以我国台湾地区"公司法"为例,第189条决议可撤销事由为召集程序或决议程序违"法"(章),第190条决议无效事由为决议内容违"法"(章)。与我国台湾地区依据决议瑕疵形式分类不同,德国《股份公司法》则依据决议瑕疵严重程度予以区别,"以严重瑕疵导致决议无效为例外,以非严重瑕疵导致决议可撤销为一般情形"。[①] 该法第241条中列举的决议无效的原因除决议内容违反法律或章程无效外,尚包括会议召集程序违法、会议记录未公证、决议内容违反债权人保护、公共利益或传统习惯以及诉讼程序引发的无效等情况;该法第243条列举的决议可撤销的原因包括内容和程序违反法律或章程两种。观之德国公司决议司法实践,由于决议可撤销的可能性大于决议无效,且在撤销之诉中同样可以主张无效等原因,提起决议撤销之诉为一般情形,甚至引发了"决议撤销之诉滥用的现状","职业反对者"[②]将提起决议瑕疵诉讼演变为有利可图的买卖。

"二分法"依循以决议瑕疵形式为划分标准的逻辑,将决议瑕疵分为无效和可撤销,与股东会决议违法类型的可辨识度相符合。股东会决议内容违法、违章,决议本身即可判明,主张无效不会影响交易安全和社会秩序;而决议程序违法、违章,决议本身并非完

---

① 丁勇:《德国公司决议瑕疵诉讼滥用问题研究及启示》,载《比较法研究》2013年第4期。

② 职业反对者:持股较少却打着维护决议合法性以及所有受损股东利益的旗号行掠夺和勒索公司之实的股东,也称为"强盗式股东"。

全可以发现,故给予撤销期限,一来等瑕疵自现,二来维护交易安全。[①] 但是,“二分法”犯了本末倒置的错误,无论决议的撤销或无效,均以决议成立为前提,若无股东会决议之存在,即无检讨瑕疵之必要。

2. “三分法”之必要

所谓“三分法”,是指将法律行为的原理导入决议瑕疵的效力划分,将决议的成立和生效区分为两个不同的问题,决议不成立单独立法。具体而言,会议无决议能力或欠缺构成要件,决议不成立;决议内容违反法律或章程,则决议无效;股东会召集程序、决议方式违反法律或章程,决议可撤销。“三分法”将决议不成立单独立法,反面认可了决议成立是决议效力判定这一前提,克服了“二分法”的局限,也摆脱了“二分法”形式主义的泥淖。[②]

最早开始挑战“二分法”权威地位的是日本,在最高法院作出决议不成立判决后,理论界一致认为若股东会欠缺成立要件,则决议不成立。继而,1981 年日本《商法典》增设决议不存在之诉,日本《公司法》第 830 条第 1 款设相同原则。随后,1984 年韩国《商法典》作出相应调整,第 280 条明确规定决议不存在之诉。[③] 与日本、韩国“决议不成立法定”不同,德国并为修改成为法,而是借助于通说和判例对决议不成立的地位予以认可,明确了股东会决议成立的条件。[④]

“四分法”比“三分法”走得更远,“四分法”认为依据法律行为的效力类型,决议瑕疵的类型除了不成立、无效、可撤销之外,还有一种不生效。笔者并不这样认为,首先,股东会决议仅涉及公司内部管理,与第三人无法发生法律关系,除非决议行为约定特别生效要件,否则在决议作出并经送达后决议即发生法律效力,不存在类似合同的法定未生效和效力待定的情况。其次,股东会决议成为公司外部法律关系成立条件的场合,股东会决议的无效或可撤销也并不当然影响外部法律关系的效力。综上,公司决议行为瑕疵的“三分法”符合比较法和司法发展的趋势,为可取分类。故而,我国《公司法》第 22 条将决议瑕疵的类型划分为无效和可撤销两种,《公司法司法解释四》将决议不成立吸纳之,形成三分之势。

3. 股东会决议效力的多层次判断

与法律行为效力判定围绕“意思表示”单轴线展开不同,股东会决议的效力判定围绕主体意思与正当程序展开,主体意思瑕疵和正当程序瑕疵构成了股东会决议效力瑕疵的全部类型。依循内容瑕疵和程序瑕疵二分的逻辑,同时考虑二者瑕疵严重程度,可形成如下股东会决议效力认定的分析框架(见图 1):若决议内容、决议程序存在显著轻微瑕疵,则决议效力不受影响;若决议程序瑕疵较轻或内容违反章程规定,则决议可撤销;若

---

① 柯芳枝:《公司法论》,中国政法大学出版社 2004 年版,第 225 页。

② 钱玉林:《股东大会决议瑕疵的救济》,载《现代法学》2005 年第 3 期。

③ [韩]李哲松:《韩国公司法》,吴日焕译,中国政法大学出版社 2000 年版,第 423 页。

④ 通说认为,股东会决议只要包括股东会决议确有举行,该会议曾作成决议,所作成之决议(一般)经主席确认而定案,该决议始为成立。参见刘渝生:《公司法制之再造——与德国公司法之比较研究》,台北,新学林出版股份有限公司 2005 年版,第 256 页。

决议内容违反法律规定,瑕疵严重,则决议无效;若决议程序瑕疵严重致使无法承认决议于法律上成立,则决议不成立。

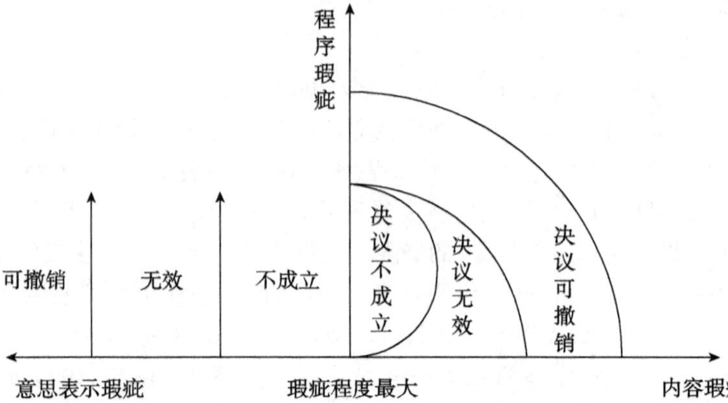

图1 法律行为与决议行为效力判定模式

股东会决议行为的效力判定是个复杂的问题。无决议,则无效力,股东会决议效力的判定以决议成立为前提,只有在完成股东会决议成立之事实判定的基础上,方可进入价值判断。决议成立的判断主要涉及程序问题,相对简单而概括,只要股东会决议具备会议外观、会议能力、经会议作出决议且符合多数决原则,即可认定决议成立,反之,任何条件的缺失都必然导致决议不成立,继而事实判断止于此。事实判断完成后,进入对其效力的判断。考虑到瑕疵程度的严重性和决议内容的可事先预知性,股东会决议的效力判定依循决议内容是否合法——决议程序是否适当的判定逻辑。在决议内容因侵害股东权益、侵害公司利益、作出不当社团罚等情况违反强制性法律规定时,决议无效;在决议内容违反章程规定时,决议可撤销。若决议合法、合章,则进入决议程序是否适当的考量,依循股东会会议之流程,对会议各阶段的程序瑕疵进行认定。召集程序常见瑕疵为表见召集、期间瑕疵、内容瑕疵、对象瑕疵,表决程序常见瑕疵为主持人瑕疵、表决权瑕疵、逾权表决、表决权数计算错误。但是,程序瑕疵并不必然导致决议可撤销,若瑕疵特别轻微且未对决议造成实质性影响则可适用裁量驳回制度例外对决议效力进行维持;若瑕疵并非轻微瑕疵,但全体股东一致同意或作出追认决议,则亦可补正决议瑕疵,使决议生效。

(二)股东会决议不成立:严重程序瑕疵

所谓决议不成立,是指自决议的成立过程观之,显然违反法令,在法律上不能认为有股东会召开或有决议成立的情形而言。① "股东会之决议乃公司之意思决定,然不似自然人之意思决定,仅系一种心理之过程而已,其本身即系一种法律程序。从而,其决议需

① 王志诚:《时光一去永不回?——股东会决议不成立与公司登记之撤销》,载《台湾法学杂志》2010年第148期。

基于适法之程序而形成时,始能发生公司意思决定之效力。”①

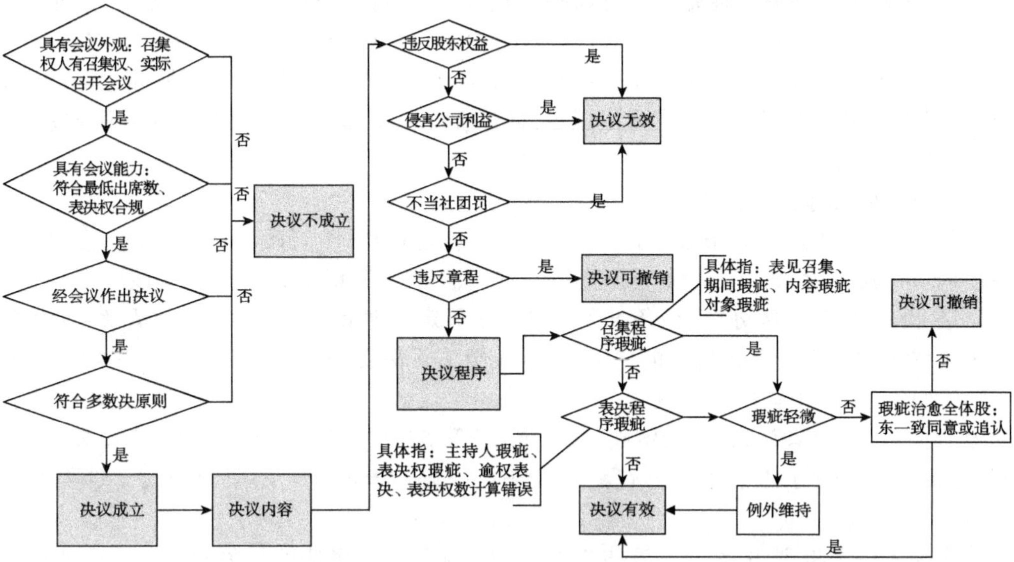

图 2 股东会决议效力的层次判断

依据我国《公司法》第 22 条第 2 款及《公司法司法解释四》第 5 条的规定,决议不成立的事由为程序瑕疵,区别于决议可撤销之程序瑕疵,不成立之程序瑕疵足够严重,严重到以至法律从根本上否定了决议存在的可能性;同时,可撤销之瑕疵存在治愈的可能,但不成立之瑕疵不可治愈,因为决议在法律上根本不存在。依据《公司法司法解释四》第 5 条决议不成立之事由具体包括:未召开股东会、会议无决议能力、决议未经会议作出、决议不满足多数决要求。据此,以下决议无效:

第一,未召开股东会作出之决议不成立,如实际召开股东会而虚构会议、决议记录之“决议”不成立。② 首先,股东会会议是公司意思形成的场所,无会议,则无决议;其次,会议以召集为起点,在召集权人绝对无召集权场合,会议组成赖以存在的基础丧失,其所出的决议无效。

第二,会议无决议能力,形成之决议不成立。缺乏会议能力是指到会人数不符合最低出席数或到会股东表决权不符合规定,如控股股东未通知其他股东一人作出之决议不成立。

① 柯芳枝:《公司法论(上)》,台北,三民书局股份有限公司 2002 年版,第 250 页。

② (2017)皖 08 民终 2324 号,姚某某等诉江凤霞等公司决议纠纷案;(2017)京 0105 民初 68049 号,何某某诉北京数雨文化传播有限公司公司决议效力确认纠纷案;(2017)赣 0825 民初 1307 号,高某某等诉江西赣禽皇食品有限公司公司决议纠纷案;(2016)苏 0505 民初 6008 号,郭某诉包某某等公司决议效力确认纠纷案;(2017)渝 05 民终 5075 号,重庆市江津酿造调味品有限责任公司等与王某某股权转让纠纷上诉案;(2017)渝 05 民终 5075 号,倪某等诉上海珍厨坊餐饮管理有限公司公司决议纠纷案。

第三,未经会议作出之决议不成立,[①]此种情况下作出之股东会决议,是指股东会实际存在,决议内容亦属于通知所载之议题,但会议并未进行表决或形成决议,而是通过伪造会议记录的方式虚构决议,或者会议表决之内容与决议记载之内容不一致等情形。

第四,未达表决权比例之股东会决议不成立。此种情况是指虽召开股东会,作出表决,但表决权比例不符合法律或章程规定,通过虚构股东签名方式作出的决议不成立。[②]

(三)股东会决议无效:内容违法

1.决议内容违法之概念界定

我国《公司法》第22条第1款规定,决议内容违反法律、行政法规的无效。简言之,决议内容违法者无效。但决议内容意指为何?法律种类意指为何?是应该“一竿子打死”,还是应该“有所区分”?该条未予以进一步界定。尤其是在《公司法司法解释四》删除了决议无效行为类型化构建的情形下,不仅给了司法实践不当扩大了决议无效事由的可能,而且混淆了公司决议不成立与无效、公司决议效力瑕疵与个体股东意思表示瑕疵的效力,[③]故而,笔者认为,应借鉴我国《合同法》第52条第5项之规定,对我国《公司法》第22条第1款进行目的性限缩解释,将股东会决议内容所违之法限定为效力性强制性规范。

作为民法之特别法,在公司法未有规定的情况下适用民法的相关规定。我国公司法缺乏对决议无效所违之法的进一步规定,可借鉴我国《民法总则》第153条关于无效法律行为[④]之规定及最高人民法院《关于适用〈中华人民共和国合同法〉若干问题的解释(二)》第14条合同无效只规定,将决议无效所违之法限定为效力性强制性规范。司法实践也持相同观点,“这里的法律、行政法规规定仅指效力性、强制性规定,而对于违反法律及行政法规的一般性、规范性规定及有违反公司章程内容的决议,不应当然地被认定为无效”。[⑤] 法律之所以否定行为的效力,源于其损害公共利益,决议无效亦是如此。效力性强制规范多关涉股东平等原则、股东有限责任、股份转让自由原则或侵害股东固有权,严重损害公共利益或股东利益。若认定决议内容违反强制性规范之决议有效,无异于鼓励侵害股东权益、损害公共利益之行为。

---

① (2017)皖0291民初3032号,苏州颐华生物医药技术股份有限公司诉芜湖博英药业科技股份有限公司公司登记纠纷案。

② (2017)辽02民终6951号,滕某等诉大连鸿烨文化发展有限公司股东出资纠纷案;(2017)苏0924民初5385号,李某某等诉盐城市华都置业有限公司公司决议纠纷案;(2017)京0112民初4579号,许某某等诉北京森贝德科技发展有限公司公司决议撤销纠纷案。

③ 王雷:《公司决议行为瑕疵制度的解释与完善——兼评公司法司法解释四(征求意见稿)第4~9条规定》,载《清华法学》2016年第5期。

④ 法律行为:《民法总则》将决议行为认定为法律行为,故而此处关于法律行为的规定适用于决议行为。

⑤ (2012)怀民初字第00184号,(2013)二中民初字第05629号,谷成满诉北京康弘娱乐有限责任公司公司决议效力确认纠纷案。参见周晓莉:《瑕疵股东会决议并非当然无效——北京二中院判决谷成满诉康弘公司公司决议效力确认纠纷案》,载《人民法院报》2014年8月7日。

2. 决议无效类型

从法律解释论角度，罗培新教授以“应当”“不得”“必须”作为强制性规定言之凿凿的话语符号，据以考察我国《公司法》，强制性规定多达134条，主要集中于公司设立登记、控股股东和高管人员的责任承担、公司人格滥用之避免、公司社会责任之承担、公司工会的组织建设等方面。[①] 王雷副教授采用举要的方式对我国《公司法》之强制性规范进行了简单的列举，将公司法中已有救济方式的强制性规范排除在决议无效事由之外。

从法律实证主义角度，以“公司决议纠纷”为案由，以我国《公司法》第22条第1款内容为关键词全文检索，北大法宝显示共有裁判文书969份，选取公报案例、经典案例、最高人民法院及高级人民法院案例共47件为研究对象，判决决议无效者共15件，具体情况如下：侵害股东优先认缴权无效2件、伪造股东签名对外转让股份无效5件、免除法定登记义务无效1件、处分未参会股东权利无效2件、无正当理由处罚股东无效1件、不当解除股东资格无效1件、侵害公司利益无效1件、决议不成立误作无效2件。检索中国裁判文书网2016年、2017年各中级人民法院作出的关于“公司决议效力确认纠纷”的140起案件中，只有17起案件法院作出决议无效判决，其中侵害股东优先认缴权无效1件，伪造股东签名对外转让股份无效5件，侵害公司利益无效4件、不当解除股东资格2件、董事会决议超越职权无效3件，决议不成立误作无效2件。综上，司法实践中的公司决议无效之诉更多侧重于经由公司治理实现对股东或公司实体权益的保护，对经由公司内部权力划分实现更好的公司治理关注较少。

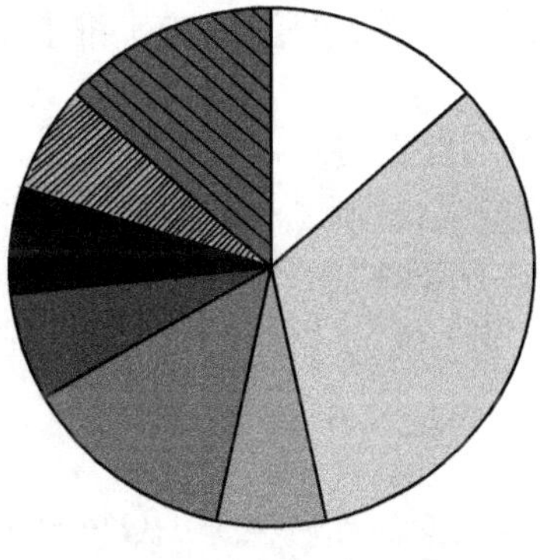

图3 北大法宝公报、经典、最高人民法院及高级人民法院判决无效案例统计

① 罗培新：《公司法强制性与任意性边界值厘定——一个法理分析框架》，载《中国法学》2007年第4期。

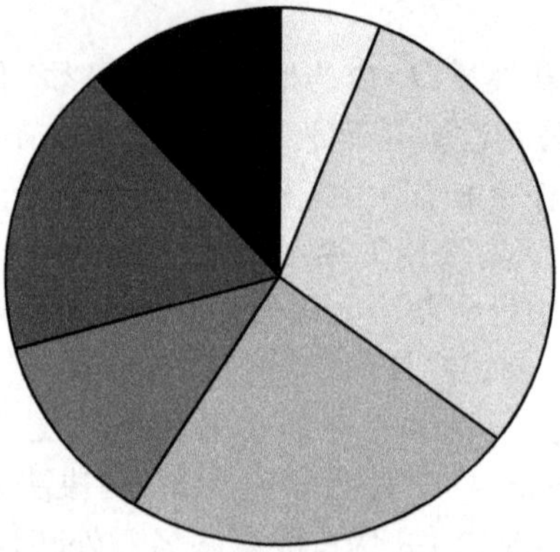

图4　中国裁判文书网各中级人民法院2016~2017年判决无效案例统计

(1)侵害股东固有权益

资产收益权、参与重大决策权和选择管理者权是股东之固有权利,作为社团之公司应当保护成员合法权益,不得作出损害成员利益的决议,否则决议无效。以伪造股东签名之方式,对外其转让股份、放弃优先购买权、优先认缴权,是司法实践中常见的侵害股东固有权益的情形。对此,法裁判或以之为未被追认之无权处分判定无效,[①]或以之为无权代理判定无效,[②]或依据我国《民法总则》第146条认定股东意思表示不真实判定无效,[③]将伪造股东签名之行为认定为无权处分,继而类推适用我国《合同法》第51条规定是现有的裁判思路。

也有判例认为,在被伪造签名股东表决权不影响多数决原则实现的场合决议有效。[④]团体法侧重团体多数决意思的形成,限制了个体股东表决权意思自由,更强调多数决对应的表决权人的利益合作共生,不会因为个别表决权人意思表示瑕疵影响团体决议的安定性。故而,侵害股东固有权,仅在被伪造股东表决权影响多数决原则情况下方导致决议无效。

---

① (2016)鲁10民终2420号,解某、吕某公司决议效力确认纠纷案;(2017)晋01民终4032号,太原鑫金港科技有限公司、刘某与胡某某、王某等公司决议效力确认纠纷案;(2017)鄂09民终860号,晏某某与胡某某、湖北宏业房地产开发有限公司公司决议效力确认纠纷案;(2016)新2801民初4805号,王某某与新疆中亚华能电气有限责任公司、张某某等公司决议效力确认纠纷案;(2012)二中民终字17626号,李某某诉北京慈铭生物医药技术有限公司公司决议效力确认纠纷案;(2010)一中民申字第17779号,北京鼎诚会计师事务所有限责任公司与马某股东会决议纠纷再审案。

② (2016)新民申1083号,侯某某等诉刘某某公司决议效力确认纠纷案。

③ (2014)川民提字第304号,蔡某与四川省江源新村贸易有限公司等决议效力确认纠纷申请案。

④ 被伪造签名的股东,不视为作出过意思表示,但若该股东是否在公司决议上签名,不影响该股东会决议的法律效力,同时也不影响其他股东多数决的意思表示和表决结果,则不会导致该次股东会决议归于无效或者不成立。(2016)沪01民终12149号,朱某诉上海远融照明科技有限公司公司决议效力确认纠纷案。

此种观点忽视了公司意思形成的特殊性。首先，在决议场合，个体股东意思表示合意并不能当然形成股东会决议，尚需接受多数决原则的调整，其结果并不是股东意思的简单相加。其次，会议，有"会"亦有"议"，需要区分伪造签名行为发生的具体阶段，若表决阶段伪造股东签名，则伪造行为侵犯的是股东表决的权力，可适用前述规则；若通知阶段被伪造签名股东即未参加，伪造行为侵犯的是股东"议"的权力，此时则不能简单以被伪造表决权是否影响多数决原则进行认定。

孙中山批评中国人不会开会，"议"能缺乏，"所谓集会，则乌合而已"。如其所言，我国公司法实践确实缺少对会议"议"环节的重视，往往开会宣读议案后直接表决即告结束，并不能实现充分的讨论。实际上，若充分利用"议"的环节，股东就可以对会议所涉问题发表意见，进而说服其他人的不赞成行为，发言效果达到"四两拨千斤"①的可能。以招商银行百亿可转债案为例，在绝大多数股东支持发行不超过107.7亿元可转债的议案的情况下，持股26%的基金公司和小股东据理力争，不仅参会，而且会上提出新的方案，虽然最终以85%的赞成票通过原议案，但在实践操作中，管理层降低了发债规模，肯定了基金联盟的努力。可见，讨论、商谈、辩论对股东会决议能够产生重要作用。股东会决议是一个设计共同体利益的行为，需要借助于共同人的决议，但全体一致实属困难，故而罗伯特将军将议事规则引入，借助程序增强决议合法性。但习惯于接受一言堂或逆来顺受或"不行走人"的中国式股东来说，更应重视"议"的重要性。

于股东权益保护和法的安定性之间衡量，虽"议"具有重要价值，但"乾坤扭转"实属概率性事件，多数情况下根据"议"之瑕疵程度兼顾会议召开之成本，牺牲个体公正求得决议的安定性被认为是适当的价值选择。但不可完全牺牲股东权益，毕竟未参与"议"不同于简单的服从多数决原则，是对股东知情权、参与权的损害。故而，笔者建议表决前应重视会议之"议"环节，增强股东表达自己观点的机会；同时，后续建立股东权益救济程序，如何补救，尚待讨论。

(2)侵害公司利益

侵害公司利益决议多表现为：决议内容违反我国《公司法》第20条或者第21条通过给关联交易方支付高额费用的方式掏空公司；②或者在未经全体股东同意的情况下，通过股东会多数决决定将公司资产分给部分股东；③或者股东会决议违反规定处置企业转制前遗留的应付工资、福利费用及支付不合理经济补偿款，造成国有资产损失；④或者决议

---

① 公司机关的所有成员都有权与其他成员协商，并就所有问题发表意见，因为如果缺席的董事出席会议，他们可能说服多数人的不明智的行为，从而产生一个不同的结果。参见 Stone v：American Lacquer Solvents Co：Supreme Court of Pennsylvania 345 A；2d 174(1975)。

② (2015)冀民三终字第2号，河北太行机械工业有限公司等诉 Expertcost 有限公司(Expertcost Limited)等决议纠纷案。

③ (2016)京01民终6676号，北京恒通冠辉投资有限公司上诉杜某某等公司决议效力确认纠纷一案。

④ (2017)粤01民终3093号，广州市交通委员会与广州市一汽巴士有限公司、广州市宏佳伟业发展有限公司公司决议效力确认纠纷案。

以公司应收款项作为股东对外支付股权转让款的资金;[①]或者股东会超出法律和公司章程规定职权范围作出决议免除股东对公司所负担的债务。[②]

股东会决议侵害股东公司利益,从行为主体来看,不同于我国《公司法》第149条董事、监事、高级管理人员执行职务损害公司利益之行为;从侵害方式来看,不同于我国《公司法》第21条股东滥用股东权利侵害公司权益之行为;从交易形式来看,不同于我国《公司法》第21条控股股东、实际控制人、董监高利用关联关系损害公司利益之行为,因而,现有公司人格否定制度或我国《公司法》第151条股东代表诉讼制度无法全面涵盖。公司独立于股东、董监高,公司利益是公司存在的根本,"皮之不存,毛将焉附"。

(3)作出不当社团罚

公司决议作出"社团罚"时同样应该参照行政程序法定原则,遵循法定程序,否则决议无效;[③]有限公司的公司章程在赋予股东会对股东处以罚款职权的同时,应明确规定罚款的标准和幅度,股东会在没有明确标准和幅度的情况下处罚股东,属法定依据不足,相应决议无效。[④] 有限责任公司的股东未履行出资义务或者抽逃全部出资。[⑤] 社团罚决议仅在涉及社团内部管理的事项上遵循正当程序规则作出,且不能违反法律、行政法规的效力性强制性规定,社团罚的手段还须遵循比例原则以有助于达到社团内部管理目的为必要限度。如果社团罚决议对股东处罚数额过高,存在类推适用我国《合同法》第114条进行酌减的可能。

值得注意的是,是否与董事会决议一样,股东会决议也会存在逾权决议?股东会"形骸化"和公司经营的专业化是董事入主公司之标志,也是股东会职权范围限缩之缘由。以昭和25年为界,日本公司法一改股东会"万能机关"之地位,将其职权限缩为章程规定之事项,并禁止章程授权其转授,为股东会划定了严格的职权范围,虽未明确规定股东会逾权决议无效,但亦属"司马昭之心"。德国资合公司法认为,"《股份法》中有关职权的规定涉及股份有限公司的结构,是为了维护社会公共利益",[⑥]因而如果股东会决议超过了其权限,如就公司的业务作出了决议,则相关的决议无效。

我国《公司法》虽明确规定了股东会职权,但并未对逾权之股东会决议的效力作出规

---

① (2016)沪02民终10333号,邓某某与上海众翊建筑工程有限公司、王某某等公司决议效力确认纠纷案。

② (2011)二中民终字第17061号,王某某与朱某公司决议效力确认纠纷。

③ 宋某某与山东龙兴化工机械集团有限公司股权确认纠纷上诉案,载吴庆宝主编:《权威点评最高法院公司法指导案例》,中国法制出版社2010年版,第286~293页。

④ 南京安盛财务顾问有限公司诉祝某股东会决议罚款纠纷案,《最高人民法院公报》2012年第10期。

⑤ (2017)甘11民终601号,定西金帆现代物流有限公司、张某某、肖某某、陈某某、汪某某、崔某某、丁某某、高某某与王某某公司决议效力确认纠纷案;(2016)赣01民终2454号,江西青鸟环宇消防设备销售有限责任公司、周某某公司决议效力确认纠纷案。

⑥ [德]托马斯·艾莱尔、吕迪格·法伊尔:《德国资合公司法》,高旭东等译,法律出版社2005年版,第266页。

定;司法实践中,逾权决议之主体多为董事会,并未见股东会决议逾权之判决。笔者认为,股东会决议不存在逾权之说。从所有权角度来看,股东的出资是公司财产的来源,股东按份享有公司所有权,股东会作为所有者的会议,其决议是所有者行使所有权的行为。从团体法角度来看,公司为科层组织,股东会是公司的最高权力机关,董事会的权力来自于股东会的授权,相对于股东会以外的职能机关,董事会的职权是独占的,但相较于股东会,是非独占的。

(四)股东会决议可撤销:程序违法、内容违章

关于决议可撤销事由,各国公司法规定共通之处在于召集程序或决议方式违法或违章,差异之处在于内容违章之决议效力的认定。日本、韩国与我国公司法将内容违反章程认定为可撤销事由,德国依据瑕疵程度将非严重的程序违法与内容违法均列为撤销事由,而我国台湾地区“公司法”第191条则明确将决议内容违反章程列入无效之列。关于决议内容违章之效力认定,基于公司章程之自治规范属性,第三人知晓章程内容的可能性相对较低,将内容违章认定为无效无异于强加第三人法定注意义务审查章程之合法性,过于严苛。在此意义上,将决议内容违反章程认定为可撤销事由更为合适。

1. 程序瑕疵

(1)召集程序瑕疵

召集程序为会议之起点,是指“为召开会议所为之必要程序”,始于召集股东会的决议作出,终于主持人宣布会议开始,包括召集决议的作出和发出召集通知两个阶段。此阶段产生之程序瑕疵属于召集程序瑕疵,据此,对召集程序瑕疵进行具体分析。

召集权瑕疵。根据我国《公司法》第40条、第101条,董事会是股东会的法定召集主体,唯有在董事会不能履行或不履行召集职责时,监事会、适格股东始得召集。这表明,股东会的召集以董事会的决议为前提,在董事会未作出决议的情况下,任何单个董事、监事、股东无召集权,此种情况下召集股东会,即构成召集权瑕疵,具体又分为表见召集和绝对无召集权。表见召集的常见情形是董事长未经股东会决议径行召集股东会。首先,董事长作为董事会决议的执行人,享有根据董事会的决议实施召集手续的权力;其次,股东通常为非董事会成员,难以知晓董事会决议,难以知晓其无召集权的事实。故而,股东有理由信赖董事长为有权召集,基于外观主义和对信赖利益的保护,宜认定决议可撤销。因为此时真正的问题在于认定决议的效力和追究董事长,而不是否定决议成立。此外,董事长依据瑕疵董事会召集股东会亦属于此种情况。在绝对无召集权场合,召集人为董事之外的人,无法产生信赖外观,而被认定为决议不成立。

召集通知瑕疵。召集通知是一个信息发出、传达和接收的过程,其瑕疵类型具体分为方式瑕疵、期间瑕疵、内容瑕疵及对象瑕疵。关于通知发出的方式,公司法未明确规定,但章程可具体规定,原则上应采用通知、公告等书面方式,也可以采用其他方式,只要保证会议事项到达股东即可。通知方式瑕疵是指通知的具体形式不符合法律或章程规定,而不是未发出通知,前者是决议可撤销,后者是决议不成立。公司法对通知期间的规定属强制性规定,意在保证股东充分了解会议内容并理性作出下一步安排,是股东行使

管理权的保障,因此,董事会应按法律期间进行通知,违反者决议可撤销。通知内容具体包括会议召开时间、地点、方式及议题等具体内容,以便于股东充分了解会议,如若通知内容不明,将影响股东在股东会上权利行使。有学者认为,我国《公司法》第43条第1款的但书规定,给予了章程自行规定通知对象的权力,其实不然,关于通知对象的规定为强制性规定,章程不能超越之,只能在法定之下对通知的方式、时间作进一步规定。故而,通知的对象为全体股东,对象瑕疵是指由于过失未通知全部股东,而存在遗漏的情形,不包括恶意不通知部分股东的情形,后者属于决议不成立事项。

(2)表决方式瑕疵

股东会组成瑕疵。表决方式是指股东在股东会会议上为作成决议而行使表决权的程序和形式,表决方式瑕疵具体表现为会议组成瑕疵、逾权决议、表决权数计算错误等情形。股东会由到会股东和会议主持人组成,主持人不适格和股东无表决权均导致股东会组成瑕疵。股东会主持人一般承担确认到会股东、主持会议、维护秩序等职责,其职责的履行与其身份密切相关;公司法规定一般情况下股东会由董事长主持,例外情况下由副董事长或推选的董事主持。在主持人不适格的情况下,其正常履职的能力降低,可能影响决议的公正性,故而主持人不适格之决议可撤销。个体股东意思表示作为公司意思形成的来源,股东有无表决权直接影响决议效力,因此,参加表决者享有表决权是进行表决的前提。在一般情况下,公司法奉行"一股一权"规则,每个普通股只享有一个表决权,但在例外情况下,法律或章程可对股份表决权及其行使进行限制,如公司自有股份、交叉持股之股份、关联股东所持股份等,若违背此规定,则决议可撤销。

决议事项瑕疵。决议事项瑕疵意指逾权决议,即股东会决议事项超过召集通知载明之议题。与合同当事人合意则可随时修改缔约条件不同,股东只针对列入会议议案的提案作出意思表示,不对未列入会议议案的事项作出意思表示,意思表示的内容局限于会议通知中列明的事项,对于不在通知范围内的事项,一则无讨论必要,二则即使股东质询,召集人亦可拒绝答复。超过召集通知议案作出之决议,自不成立。

表决权计算错误。弃权票的计算是表决权计算中相当棘手的问题,其归属直接决定了多数决之分母。若将弃权票归入反对票中,多数决的分母即为出席票数,表决权之比为赞成票比出席票数;如果将弃权票归为单独一类,多数决之分母即为反对票,表决权之比为赞成票比反对票。弃权票是一种不明确的意思表示,以2/3多数决为例,正面视之,意味着赞成票超过2/3即可,只需计算赞成票,而将弃权票归入反对票之列,产生了反对票的效果;反面视之,意味着反对票少于1/3即可,只需计算反对票,从而将弃权票归入赞成票之列,具有赞成票的效果。正因为弃权事实上包含了或赞成或反对的含义,①所以需要进一步的界定,一定意义上弃权票意可认定为默示的表态,依据我国《民法总则》第

① "当我们对表决权数正面理解时,隐含了弃权为反对票的含义;在对表决权数作反面解释时,则隐含了弃权为赞成票的含义。"参见崔东豪、王丽维:《论股份公司董事会决议中弃权票的性质认定》,载《公司法评论》2007年第2期。

140 条[①]关于默示效力的认定，只有在法律明确规定的情况下沉默才意味着赞同，公司法并未规定弃权票具有赞成的意思，股东之间并不存在交易习惯，因此，在章程也无规定的情况下，弃权票之实质为反对票。

2. 内容瑕疵

公司章程即公司宪章，有实质意义和形式意义两种，[②]是由设立中的公司机关发起人制定的公司自治规章，构成了公司的"宪法"，[③]与公司法有机结合，成为规范公司组织和活动的重要保障。[④] 章程作为一个相对独立的东西（thing），是公司的控制者的权力来源，如果不承认这种带有上下指挥、集中命令性的权力，公司就不能被完整和正确的解释。[⑤] 同时，章程又是一种低于法律秩序的次级秩序，[⑥]是在国家法律规范下公司自治的体现。因而，公司章程能够为公司当事人主张权益提供依据，也为国家权力的适当介入找到了切入点。

公司章程的自治规范属性和低于法律的效力级别是内容违章之决议认定为可撤销的根本原因，把认定决议是否撤销的权力分配给撤销权人，而不是由法律直接给予否定评价，更能体现私法自治的价值追求。然而，有学者以我国《公司法》第 34 条、第 44 条为例，[⑦]认为在公司法留白给予"全体股东约定"或"章程另行规定"的场合，虽然身着任意性规定的外衣，但该"全体股东约定"或"章程另行约定"属于采取全体一致同意的共同行为，未经全体股东一致同意的股东会决议不能越俎代庖。据此，内容违反该类章程规定之决议应属无效。笔者并不赞同此种观点，理由如下：

公司章程之记载事项分为绝对必要记载事项、[⑧]相对必要记载事项。[⑨] 和任意记载事项[⑩]三种情况均是在符合强行性法律规定的前提下的意思自治，决议内容违反章程规定并不代表违反强行法。认为"全体一致同意"即可将章定内容之法律效力上升到与法

---

① 我国《民法总则》第 140 条规定：行为人可以明示或默示作出意思表示，沉默只有在有法律规定、当事人约定或者符合当事人之间的交易习惯时，才可以视为意思表示。

② 实质意义章程：公司组织与行为基本规则；形式意义章程：记载上述规则的基本文件。

③ 此观点明确公司团体属性之基础上，对章程与合同进行严格区分，借用政治理论讨论章程的自治规范属性。参见邓峰：《普通公司法》，中国人民大学出版社 2009 年版，第 117 页。

④ 此观点强调公司章程的自治规范性质，公司自治为公司法下的自治，强调公司自治之边界。参见赵旭东：《公司法学》，高等教育出版社 2006 年版，第 170 ~ 189 页。

⑤ 邓峰：《作为社团的法人：重构公司理论的一个框架》，载《中外法学》2004 年第 6 期。

⑥ 温世扬、廖焕国：《公司章程与意思自治》，王宝树主编：《商事法论集》（第 6 卷），法律出版社 2002 年版，第 8 页。

⑦ 王雷：《公司决议行为无效事由的实证分析》，载《中国民商法第二届新锐学者论坛暨中国商法冬季论坛（海南）——公司决议效力之诉专题研讨会论文集》，2017 年 12 月。

⑧ 绝对必要记载事项，是指法律规定公司章程必须记载并且不允许当事人有选择余地的内容。

⑨ 相对必要记载事项，是指章程必须记载但当事人可以根据法律提供的选择空间自主决定记载的内容。

⑩ 任意记载事项，是指法律规定没有规定必须记载，但章程制定人认为有必要记载的内容，以不违反强行法为前提。

律等同的地位,将任意性规定上升到强制性规定的层面,而径行直接否定违章决议的效力,不仅是无视公司意思自治的体现,也是跳过决议效力直接评价章程效力的逾越。

3. 程序瑕疵决议效力之例外维持

基于撤销诉讼的形成权属性,其设计本意是,“立法者假使法律行为发生可撤销效力的原因并不必然使法律行为损害被动一方的利益,所以由法律赋予被动一方以撤销权,由其自己决定是否需要撤销决议”。① 股东会决议牵涉众多的法律关系,即便我国《公司法司法解释四》第6条明确“决议被确认为无效或撤销并不影响与善意相对人之民事法律关系”,但善意证明的难度和可撤销被滥用的可能性都将置交易行为于不稳定的环境之中,与商事交易的效率原则相违背。故而,对于股东会决议瑕疵效力的认定,应在综合考量公司整体意思形成与法律结构安定性的特殊关系,对程序瑕疵之程度进行区分,如程序瑕疵严重影响股东权益,则决议可撤销;如程序瑕疵轻微,则决议例外有效。

为避免公司会议制度功亏一篑,降低公司负担和社会整体成本,消弭严格程序主义的弊端,笔者建议对程序瑕疵进行限缩性解释,排除程序瑕疵“显著轻微”之情形,当且仅当程序瑕疵足以对决议产生实质影响或影响股东表决权的情况下决议方可撤销,而在程序瑕疵“显著轻微”,且并实质影响决议时可例外维持。关于例外维持程序瑕疵决议效力各国基本达成了共识。日本公司法二进一出,②于1981年确立了裁量权驳回制度;韩国商法典亦将裁量驳回制度规定在第379条,承认程序轻微瑕疵之决议效力的例外维持;我国《公司法司法解释四》第4条也承认了“裁量权驳回制度”的合理性。

裁量驳回制度是个案公证的体现,但若一概允许违法决议有效,难免引发鼓励程序违法之风险,降低法律之指引、预防的功能性。故而,我国《公司法司法解释四》规定了严格的构成要件:第一,召集程序、表决方式违法或违章,决议内容违章不在此列;第二,程序瑕疵轻微,如股东会实际通知时间与法定或章定相差1天;第三,程序瑕疵未对决议产生实质影响,包括是否影响决议通过,是否影响股东表决权。同时,在进行个案判断时,需将是否影响决议通过和是否影响股东表决权结合起来进行综合判断,如在董事会故意不通知少数股东参会的情况下,虽不会影响决议通过,但影响了股东表决权行使,亦不属于可例外维持之情况。

4. 可撤销决议的补正

相比法律对决议不成立和决议无效的绝对否定态度,决议可撤销存在瑕疵治愈的可能,补救的方式包括全体股东一致同意和股东追认的两种。全体股东一致同意之治愈对象仅限于召集程序瑕疵之决议。在召集程序存在瑕疵,全体股东未对程序瑕疵提出异议场合,其出席和同意行为是对此时召开之股东会的认可,可补正召集程序之瑕疵。“股东会存在召集程序的瑕疵,全员出席大会本身已经充分说明了股东作为所有者参与公司经

① 金文芳:《股东会召集程序瑕疵并不必然导致决议被撤销》,载《人民司法》2008年第12期。

② 二进一出:1938年基于衡平目的新设第251条授权法院斟酌决议内容、公司现状及其他一切情事,例外裁量驳回;1950年为强化股东地位,立法删之,但司法沿用;1981年恢复该制度,设第831条第2款。

营活动的积极性,从而应当直接肯定大会有效”。[①] 日本判例甚至认为“即便缺少召集程序,但只要公司全体股东出席了股东大会,则决议有效。”[②]股东追认的救济方式是民法法律行为的类推适用,依据法律行为理论,在瑕疵法律行为尚未生效时,行为人可以通过追认的方式使法律行为发生效力。决议行为作出后并未当然发生法律效力,如在此阶段作出新的股东会决议追认之前的瑕疵决议,则可补正瑕疵决议之瑕疵。

“追认”制度起源于德国,其目的在于除去瑕疵,消弭决议不稳定状态,安定法律关系。最初“追认”被认为是作出一项新决议废弃之前的瑕疵决议,并不能消灭瑕疵决议之瑕疵。直到1956年,联邦德国最高法院作出一个判决,因袭民法追认制度,“有瑕疵的股东大会决议,在重新作出一项无瑕疵的决议时,对前决议诉请无效或撤销权利保护的必要性已经丧失”,[③]肯定了追认在公司法中的地位。笔者认为,可撤销决议为程序瑕疵,如果股东会重新作出予以追认,可补正瑕疵,故而,决议追认存在适用追认制度的空间。需注意的是,追认的适用仅适用于程序瑕疵之决议,内容违法和决议不成立不存在追认的可能。

五、结语

股东会决议是公司意思自治的充分体现,秉承公司可自由决定其意思的原则,在公司成立最初,无论是成文法还是判例法,对于股东会决议效力的可审判性都持否定态度,多数决原则成为法院不得干预公司内部事务的“中国墙”。然而,随着公司实务的发展,公司的资本集聚能力逐渐展现,利用股东会决议侵害股东、公司利益之乱象频现,控股股东滥用多数决原则侵害小股东利益近乎成为公司决议公认之弊病。于是,借助于对股东会效力的裁判,法院揭开了多数决原则神圣的封印。但是,出于对公司机关分化和独立人格的尊重,法院对股东大会决议的效力认定带有行政法诉讼的特质。[④] 审查内容限于决议程序和决议内容的合法性,不审查合理性;判决结果限于不成立、无效和可撤销,不替代股东会的功能变更决议;诉讼程序不适用和解,尽量减少控股股东把持公司意思和解之可能。

除非有充分并且正当的理由,否则法律制度的完善应当尊重既有的立法安排。股东会决议的成立要件是主体意思与正当程序,以意思形成说为依托,建立在现有法律规范基础上的股东会决议的效力判定路径是通过裁量驳回、决议不成立制度、限制无效股东会决议范围等方式完善股东会决议效力瑕疵体系,达至依据瑕疵程度不同区分股东会决议效力的目的;通过对内容违法的限缩解释、内容违章的展开论述及程序瑕疵的翔实列举形成完成的股东会决议效力判定框架。

---

① [日]末永敏和:《日本现代公司法》,金洪玉译,人民法院出版社2000年版。

② [日]近藤光男:《最新日本公司法》,梁爽译,法律出版社2016年版,第181页;日本最高法院昭和60年(1985年)12月20日判决,民事第39卷第8号,第1869页。

③ 钱玉林:《股东大会决议瑕疵的救济》,载《现代法学》2005年第3期。

④ 同上。

决议行为不同于民事法律行为,是遵循会议程序基础上,股东意思经多数决原则化合为公司意思的过程,只有在程序合法、内容合法的双重条件下作出的决议方才有效。股东会决议的效力判断既涉及团体私法和个人私法,需要适用不同部门法规定;又内涵于会议程序之中,具有严格的程序性特点,是一个复杂的过程。对其瑕疵效力判断,首先要判断决议是否成立,然后采取定位瑕疵出现阶段,锁定对应规范的遵循循序渐进的判断方法,于程序正义与法的安定性之间寻求平衡。

但是,股东会决议效力的判断并不是"非黑即白,非此即彼"的判断题,而是在程序正义与法的安定性之间需求平衡的价值选择,尤其是在会议程序重要性被普遍低估的情况下,程序瑕疵对决议的影响始终得不到重视,牺牲程序正义维护法的安定性在很多情况下是"众望所归"的。从股东会决议效力判定的过程来看,决议行为具有"内容+程序"的典型二维性,与单纯以"意思表示"为轴心的法律行为明显不同,但习惯了轴线思维的我们,无法树立决议行为的立体构架,不仅强行将决议行为纳入法律行为的箩筐,而且突破决议效力的内部性。此举,不仅肢解了民法的体系性,而且打破了公司法之立体性格局,是民法强行解释一切,公司法被阉割之举,实不可取。民商合一的背景也要正视公司法之特点,承认股东会决议之意思形成属性,将其效力限定在公司内部,不要试图将"民法"的手伸进公司这一外部人无法探明的"黑箱",企图分析公司之真意。若此,定会发现,不止徒劳,而且无功,甚至害大。

股东会决议效力规范所呈现出来的种种特殊性使其难以适用法律行为的一般理论,我国《民法总则》之规定亦对决议的特殊性予以了承认,但这不意味着股东会决议可以或应当与民法理论相隔绝。股东会决议作为公司的意思,必须纳入意思的理论与规范体系之中。然而,作为客观可见的主观要件,其应如何与善意、过错等一般主观要件相衔接?在公司这种拟制的主体中,善意又应当以什么作为判断标准?而对上述问题妥当的回应,无疑是一项复杂而艰巨的任务,需要更多同仁在今后继续展开研究。

论公司决议瑕疵的对外效力

——我国《民法总则》第85条与《公司法司法解释四》第6条的展开

虞婷婷[*]

摘要:决议瑕疵的对外效力在司法实践中存在四种不同的样态,我国《民法总则》和最高人民法院《关于适用〈中华人民共和国公司法〉若干问题的规定(四)》基本确立了公司对外法律关系保护善意相对人的规则,但决议不成立与善意相对人保护之立法合理性不足,相对人善意判定之立法抽象性有余。从应然的角度出发,决议不成立也需要保护善意相对人,绝对溯及力理论与表见规则有并用空间。相对人善意的判定需要考察其是否负有审查义务及审查的程度。法官须综合考量主体类型、行为类型和瑕疵类型三个因素,并根据各因素所占的比重确定审查义务的有无。就审查的程度而言,相对人须对决议的形式合法性进行审查,即审查决议的呈现形式是否存在显而易见的瑕疵。

关键词:决议瑕疵 善意相对人 审查义务

公司决议即公司股东会或者股东大会、董事会的决议,决议本身并不直接具有对外效力,但其作为公司代表机关对外实施法律行为效力归属的依据,在决议被判决确认无效、不成立或被撤销时,依据该决议所进行的投资、担保及其他法律行为效力的判断就摆在我们面前,此时就有必要讨论决议瑕疵对公司与相对人之间法律关系的影响,即决议瑕疵的对外效力。[①] 而学界目前关注较多的是决议瑕疵的类型化,对决议瑕疵的对外效力鲜有专门论述。决议本身的效力被否定后公司对外合同的效力在既有的司法实践中呈现四种样态,即不置可否、绝对有效、绝对无效以及根据相对人是否善意予以认定。在最后一种样态中,法院判定相对人是否"善意"的标准也不统一,审查义务的有无及程度有待进一步明确。我国《民法总则》和最高人民法院《关于适用〈中华人民共和国公司法〉若干问题的规定(四)》(以下简称《公司法司法解释四》)的相关条款虽澄清了部分争

---

* 武汉大学法学院硕士研究生。

① 需要注意的是,本文中决议瑕疵后对外合同的效力是指对外合同是否在特定的当事人(公司与相对人)之间有效,是否由公司继续履行合同义务或者承担违约责任。

议,但“合理性不足”“抽象性有余”的立法也很难为司法实践提供指引。鉴于此,笔者首先梳理司法实践中存在的四种样态,再就最新立法的相关规范进行解读,并就立法之缺憾归纳出如下争议点:其一,决议不成立是否也需要保护善意相对人?其二,相对人的善意如何判定?本文旨在厘清以上争议,从而完善我国《民法总则》和《公司法司法解释四》的司法适用。

一、司法实践的困惑

决议瑕疵的裁判结果是否波及与决议相关的外部关系,对外合同在决议效力被判决否定后是否有效,在司法实践中呈现出四种不同的样态,即不置可否、绝对有效、绝对无效以及根据相对人是否善意认定效力。

(一)不置可否

在以“确认公司决议效力”为案由的纠纷中,法院对以决议为基础的涉外合同效力一般不加评判、不置可否。如在重庆永福实业有限公司与李某某公司决议效力确认纠纷案中,李某某在起诉确认股东会决议无效的同时请求确认历次股权转让协议无效,法院认为股权转让之诉与股东会决议效力确认之诉分属两个不同的法律关系,主要受合同法调整。故在本案中对股权转让协议的效力不作评判,相关当事人可另循途径解决。[①] 法院在对决议效力作出判决时能否一并确认对外合同的效力,在相关规范中经历了“主动干预”到“不告不理”再到“告而不理”的转变,[②]上述案件就是“告而不理”的典型。笔者认为,决议的效力与对外合同的效力并不存在直接因果关系,法院主动干预有违司法的被动性原则,但决议瑕疵的法律后果一般又关乎诸多法律关系的稳定性,如果当事人明确提出诉求,则法院应当予以确认,从而使法律关系尽早处于稳定状态,并减少当事人的诉累,因此可遵循“不告不理”原则。

(二)绝对有效与绝对无效

在公司对外担保以及股权转让等纠纷中,部分法院在处理对外合同效力时呈现出“绝对有效”和“绝对无效”两种极端的走向。有的法院认为决议的内容没有对外宣示,所以决议瑕疵不应当波及外部法律关系。以江苏北辰国际会展有限公司与骆某某借款

---

① 参见重庆市永川区人民法院(2015)永法民初字第01379号民事判决书。同样地,在陈某与北京斯坎龙商贸有限责任公司公司决议效力确认纠纷案中,法院也持相同意见,“通过对涉案决议的内容的审查,所涉外部效力的指向为经贸中心法定代表人的任免,以及《承包协议》的履行问题。针对《承包协议》的真实性的认定以及是否应予继续履行,争议各方应当另行主张”。参见北京市西城区人民法院(2015)西民(商)初字第14491号民事裁定书。

② 早在2007年,最高人民法院发布的《关于适用〈公司法〉若干问题的规定(二)(征求意见稿)》第8条就规定,法院应当确定(决议瑕疵)判决对因履行该决议发生的其他法律关系是否具有溯及力。将其作为法院“主动干预”的事项,但在正式文本中这一条被整体性删除。2016年12月5日原则通过的《公司法司法解释四》第9条第2款又规定,“当事人因股东会或者股东大会、董事会决议设立的其他法律关系发生争议时,可以请求与决议无效或者撤销之诉案件合并审理,也可以另行提起诉讼”,将决议瑕疵的对外效力作为法院“不告不理”的事项,《公司法司法解释四》正式文本第6条则又删除了这一规定,这客观上为法院的“告而不理”提供了“借口”。

合同纠纷案为例，骆某某作为北辰公司的法定代表人，在未召开股东会的情况下出具股东会决议为其借款提供担保。法院认为，股东会决议是公司内部权力机构的会议记录文件，如股东会召集程序违法，公司股东可依法行使撤销权，但并不因此否认对外担保的效力。① 但也有法院主张决议瑕疵的判决会导致其自始无效，在此基础上的外部法律行为也当然无效。在焦某某与陕西华鼎建设有限公司及豆某某、韩某股权转让合同效力纠纷案中，法院指出，潘某某与豆某某之间的股权转让为获取其他股东同意而召开的股东会，其会议决议的召集、表决及决议内容和股东签名，均为该公司虚构形成的，因此上述股权转让协议无效。②

上述两个案例在决议瑕疵的表现形式上基本相同，均属于没有召开股东会、虚构决议（决议不成立）的情形，但前一个判决的天平完全倾向于交易安全之维护，进而主张决议瑕疵并不影响对外合同的效力。后一个判决则更加注重股东团体利益之保护，并认为虚构的决议会使对外法律行为无效。

（三）考察相对人是否善意

绝对有效和绝对无效的裁判思维往往偏重一方利益，会导致利益失衡的局面，在司法实践中并不常见，大部分法院在认定决议瑕疵的对外效力时都注意到了股东利益与交易安全之间的平衡，往往根据相对人是否善意来认定对外合同的效力，但如何判定相对人属于“善意”却各有千秋，在司法实践中存在“相对人负有审查义务”与“相对人不负审查义务”两种相对立的裁判态度。

1. 相对人负有审查义务

有的法院认为，相对人的善意应该包含无过失，即须尽到一定的审查义务，但审查的程度却没有统一的标准。在君度酒店有限公司与陈某某、朱某某股权转让合同效力纠纷案中，相对人审查的程度表现为要求对方提供相应的股东会决议。该案一审、二审法院均认为，君度公司的法定代表人盛某未经其股东会决议，将君澜公司（君度公司的全资子公司）的股权转让给陈某某、朱某某。而受让人明知盛某是为了偿还其个人债务，却未要求盛兵提供君度公司同意转让股份的股东会决议，不属于善意相对人，上述股权转让协议无效。③ 但在南京邦信科技小额贷款有限公司与湖州雄鹰新型建材科技有限公司、吴某某等民间借贷纠纷案中，相对人审查的程度则更进一步，不仅需要对方提供股东会决议，还需要对决议形式合法性进行审查。该案一审法院认为，邦信公司与雄鹰公司之间

① 参见上海市第二中级人民法院（2014）沪二中民四（商）终字第376号民事判决书。

② 参见西安市莲湖区人民法院（2017）陕0104民初3044号民事判决书。

③ 参见浙江省金华市中级人民法院（2016）浙07民终6108号民事判决书。同样地，在吴某某与泰州市天利投资发展有限公司、周某某等民间借贷纠纷案中，最高人民法院再审认为，《公司法》第16条第2款明确规定，公司为公司股东或者实际控制人提供担保的，必须经股东会或者股东大会决议。法律规定具有公示作用，吴某某应当知晓天利公司为戴某某的债务提供担保须经天利公司股东会决议，而其并未要求戴某某出具天利公司的股东会决议，吴某某显然负有过错，因而其不能被认定为善意第三人，担保合同对天利公司不产生拘束力。参见最高人民法院（2014）民申字第1876号民事裁定书。

的《最高额保证合同》系当事人之间的真实意思表示,合法有效。但二审法院却指出,邦信公司作为专门从事信贷经营业务的专业机构,其虽要求雄鹰公司提供同意为吴某某担保的股东会决议,但该决议仅有被担保股东一人签名,违反了我国《公司法》第16条的法定限制,未尽到对股东会决议形式上的审查义务,不构成善意。吴某某越权签订的保证合同对雄鹰公司不发生法律效力。①

2. 相对人不负审查义务

也有不少法院主张相对人的善意是推定的,且其不负有审查义务。在重庆市渝中区汇通小额贷款股份有限公司与重庆甘家桥生态农业开发有限公司借款合同纠纷案中,案情与上述邦信科技公司案基本相同,股东会决议也仅有被担保股东一人签名,但本案中两级法院刚好与邦信科技公司案形成完全对立的态度。② 该案二审法院所谓的"内部控制不得约束相对人"间接地表明相对人不负审查义务,而最高人民法院在绵阳市红日实业有限公司、蒋某诉绵阳高新区科创实业有限公司股东会决议效力及公司增资纠纷案中则直接明确相对人没有审查义务,其指出,"虽然科创公司2003年12月16日作出的股东会决议部分无效,导致科创公司达成入股协议的意思存在瑕疵,但作为合同相对方的陈木高并无审查科创公司意思形成过程的义务,科创公司对外达成协议应受其表示行为的制约"。③

根据相对人是否善意来判定对外合同的效力确实可以兼顾到股东(公司)及交易相对人的利益,但从上述案例可以看出,不同法院对"善意"有着不同的见解,有的法院认为相对人负有审查义务,有的法院却认为公司内部控制不约束外部相对人,其不负审查义务。即便承认相对人的审查义务,在审查的程度上也没有统一的标准,有的法院认为相对人应当"要求对方提供决议",即审查"决议之有无",有的法院则主张相对人应当就"决议的形式合法性"进行审查,此种司法实践之"困惑"尚需在立法或司法解释中对相对人的"善意"作出更加细化的规定。

二、法律规范的检视

司法实践中存在的4种样态在一定程度上表达了决议瑕疵对外效力的"司法困惑",

---

① 参见江苏省南京市中级人民法院(2016)苏01民终10215号民事判决书。

② 参见重庆市高级人民法院(2016)渝民终395号民事判决书,一审法院认为,汇通公司明知决定提供担保的《股东会决议》仅有胡某一人签名,不符合《公司法》第16条的规定,明显损害其他股东利益。故甘家桥公司与汇通公司签订的《贷款保证合同》无效。但二审法院却指出,《公司法》第16条第2款的实质应当是公司的内部控制程序,不能以此约束交易相对人,该条文宜理解为管理性强制性规范,对违反该规范提供的担保行为,原则上不宜认定为无效。

③ 参见最高人民法院(2010)民提字第48号民事判决书,载《最高人民法院公报》2011年第3期。类似的见解还可参见东平沪农商村镇银行股份有限公司与山东香溢食品有限公司、马某某等金融借款合同纠纷案,法院认为股东会决议上除马某某之外股东的签名是否为本人所签,原告不存在审查义务。即使该决议书上除马某某之外的股东不是本人签名,系香溢公司的内部问题,不得约束第三人,担保仍然合法有效。参见山东省泰安市中级人民法院(2016)鲁09民终1764号民事判决书。

我国《民法总则》和《公司法司法解释四》都对决议瑕疵的对外效力予以了关注，对于上述“同案不同判”现象有一定缓解作用，但仍然存在诸多未决问题，并且还可能引发进一步的争议。

（一）立法之现状

我国《民法总则》第 85 条规定，决议被撤销后“营利法人依据该决议与善意相对人形成的民事法律关系不受影响”。就《民法总则》的明文规定而言，我们只能确定决议被撤销后不会影响公司与善意相对人之间的法律关系。决议无效或决议不成立的瑕疵类型并无法直接透过我国《民法总则》第 85 条规定的解释，而得出营利法人依据该决议与相对人形成的民事法律关系是否应受影响的解释结论。[①] 通过对《民法总则》全文的考察可知，该总则第 134 条将决议行为定性为法律行为，第 85 条在规范体系上就成为民事法律行为可撤销制度的一种特别规定，[②]在总则没有对决议行为无效和不成立的法律后果进行特别规定的前提下，应当适用法律行为的一般规定，即第 155 条规定的“自始没有法律约束力”。

公司决议作为公司自治与公司对外交易的重要基础，在商事立法中也有重要地位。我国《公司法》第 22 条确立了公司决议瑕疵的“二分法”，2017 年 9 月 1 日起施行的《公司法司法解释四》则在此基础上补充了决议不成立之诉，将学界一直以来倡导的“三分法”正式确立下来。《公司法司法解释四》第 6 条规定：“股东会或者股东大会、董事会决议被人民法院判决确认无效或者撤销的，公司依据该决议与善意相对人形成的民事法律关系不受影响”。《公司法司法解释四》虽将决议不成立作为独立的瑕疵类型，但在决议瑕疵的对外效力上仅仅规定决议无效和被撤销不得对抗善意相对人，没有明确决议不成立的对外效力，从反面解释，则意味着决议被法院确认不成立的，公司与相对人（无论善意还是非善意）形成的法律关系会受到影响。

（二）立法之缺憾

不可否认的是，我国《民法总则》和《公司法司法解释四》的相关规定在处理公司决议瑕疵纠纷上具有一定的指导意义，如《公司法司法解释四》确立的“三分法”对瑕疵类型作了更为全面的规定，在处理决议瑕疵的对外效力时也关注了交易安全与股东利益的平衡，在立法中正式确立了在特定瑕疵类型中对善意相对人的保护制度，因此司法实践中绝对有效和绝对无效之裁判思维应当得到适当修正，但既有的立法仍然存在诸多缺憾。

首先是立法的合理性不足。《公司法司法解释四》虽然明文规定了决议不成立这种瑕疵类型却没有提及其法律后果，通过对《公司法司法解释四》第 6 条进行反面解释，并考察我国《公司法》第 22 条第 4 款之规定，一旦决议效力被法院否定，公司应当向工商登

① 王志诚：《公司法人未经合法决议所为法律行为的效力———我国台湾地区司法实务的实践经验及启发》，载《北方法学》2017 年第 4 期。

② 朱广新：《论法人与非法人组织制度中的善意相对人保护》，载《法治研究》2017 年第 3 期。

记机关变更登记。例如,基于股东会决议通过的股权对外转让行为,在公司决议被确认不成立后需通过变更登记回复原状。据此似可断定,决议不成立得对抗善意相对人,有疑问的是,将决议不成立的对外效力与其他瑕疵类型不作统一规定有无足够充分且正当的理由?决议不成立是否需要保护善意相对人?

其次是立法的抽象性有余。我国《民法总则》与《公司法司法解释四》都直接或间接地表明决议被确认无效或撤销后,公司依据该决议与善意相对人之间的法律关系受到保护,相对人的善意应当作何解释?善意是否包含无过失?如果相对人负有审查义务,那么审查的程度为何?就此而言,我国《民法总则》和《公司法司法解释四》仅用"善意"二字予以概括,呈现出过于抽象化的立法倾向,使相关规则的司法适用过多仰赖于法官的自由裁量,而法官的思维认知的偏差往往又会导致法律面临着不确定的风险。

因此,要正确适用我国《民法总则》和《公司法司法解释四》来解决公司决议瑕疵的对外效力就必须厘清这两个关键问题:其一,决议不成立是否需要保护善意相对人?其二,相对人的善意如何判定?但值得注意的是,法律不宜被频繁地修改以维持其稳定性,以上两个缺憾也并未对决议瑕疵对外效力的基础理论构成根本性的冲击,因此完全可以通过制定司法解释的方式予以补足和细化。

三、决议不成立与善意相对人之保护

决议不成立,根据台湾地区学者柯芳枝的观点,系指自决议的成立过程观之,显然违反法令,在法律上不能认为有股东会或其决议成立之情形而言。① 决议不成立的判决是否波及以之为基础的对外法律行为,学界存在三种不同的观点:观点一主张"绝对溯及力",依此观点,在决议被判决确认不成立而自始不发生法律约束力后,据此实施的一系列民事行为也随之绝对无效,即使善意相对人也不能主张其效力。② 观点二坚持"限制溯及力",强调内外有别,对于内部人而言,应当使此类判决具有溯及力;对于外部人而言,则应将此类判决的溯及力切断,但应限于善意相对人。③ 观点三则遵循"绝对溯及力+表见规则",公司决议被确认无效、不成立或被撤销后,判决对于任何人均具有溯及力,但可类推适用表见代表和表见代理的法则保护善意相对人。④ 笔者赞同第三种观点,理由如下:

首先,单一的绝对溯及力理论不利于交易安全之维护。根据《公司法司法解释四》第

---

① 柯芳枝:《公司法论》,中国政法大学出版社2004年版,第232页。

② [韩]李哲松:《韩国公司法》,吴日焕译,中国政法大学出版社2000年版,第349页。钱玉林也指出,公司与第三人的行为如属股东大会决议的事项,未经股东大会作出决议的,该行为对公司不能发生效力。参见钱玉林:《股东大会决议瑕疵研究》,法律出版社2005年版,第106页。

③ 施天涛:《公司法论》,法律出版社2014年版,第390页。类似主张还可参见钱玉林:《股东大会决议瑕疵研究》,法律出版社2005年版,第304页;最高人民法院民事审判第二庭编:《公司案件审判指导》,法律出版社2014年版,第380页。

④ 李建伟:《公司决议效力瑕疵类型及其救济体系再构建——以股东大会决议可撤销为中心》,载《商事法论集》2008年第2期。

5 条,决议不成立的类型主要包括未召开会议、未进行表决以及出席数或表决权数不符合规定。就召开会议和未进行表决而言,在实践中也不排除这种可能——不知情的相对人在审查伪造的决议或签名后也不一定能发现瑕疵。而出席数和表决权数瑕疵在定性上本就存在"决议无效"与"决议可撤销"之争。以出席数瑕疵为例,有的观点认为出席人数不足法定或章程所定股份数所作的决议,属方法违法,可诉请撤销。① 也有观点认为其属于决议不成立,公司法或者公司章程所规定的出席股东大会法定数的要求,是股东大会的成立要件,如果未达法定数,决议是不能成立的。②《公司法司法解释四》将之纳入决议不成立的范畴,在诉讼程序上更有利于原告。但此种瑕疵的显著性较低,相对人发现的可能性更小,在确认决议不成立之后,若一概判定对外合同也属无效实在有害交易安全。

其次,限制溯及力理论以内外有别原理为基础,看似考虑周全但在理论上却存在致命的缺陷,同一份判决,对于不同的人具有迥异的溯及力,有违判决溯及力的基本法理,如果判决的溯及力受到限制,那么决议不成立之诉也就失去其基本意义。不成立的决议应当是自始、当然、绝对地没有法律约束力,对于任何人都是一样的,因此不必区分内部外部而一律具有溯及力。

最后,在绝对溯及力的基础上引入表见规则具有可行性。公司内部决议与相对人联结的纽带是公司代表人(代理人)的代表行为(代理行为),关键在于决议不成立后代表行为或代理行为对公司是否有效,此时需要借鉴民法上的表见代表和职务代理制度。我国《民法总则》第 61 条和第 170 条就确立了法人章程或权力机构对代表权(代理权)的限制不得对抗善意相对人的规则,法定代表人或者职务代理人未经公司决议擅自以公司名义从事法律行为,属决议不成立,但亦有表见规则的适用空间。各国立法例亦有类似规定,日本一方面在立法中规定判决对任何人都具有溯及力,另一方面类推适用代表权限制不得对抗第三人制度以及表见代理制度来保护善意第三人的利益。③《韩国商法典》1995 年修正时删除了限制溯及力的规定,司法实践中则通过援引限制不真实登记的对抗力以及表见代理等法理来保护善意第三人的利益。④《德国股份法》也表明,如果有关决议在对外关系方面已经发生了作用,必要时应该根据法律表象规则给予第三者相应的救济。⑤

综上所述,判决具有绝对溯及力并不能从理论上证成决议不成立一定会影响公司与相对人之间的法律关系,决议无效的法律后果一方面要适用我国《民法总则》第 155 条的

---

① 杨敏华:《比较两岸公司法——股份有限公司股东大会决议之研究》,载《法令月刊》2002 年第 7 期。

② 钱玉林:《股东大会决议瑕疵研究》,法律出版社 2005 年版,第 189 页。

③ [日]末永敏和:《日本现代公司法》,金洪玉译,人民法院出版社 2000 年版,第 129 ~ 130 页。

④ [韩]李哲松:《韩国公司法》,吴日焕译,中国政法大学出版社 2000 年版,第 429 ~ 430 页。

⑤ [德]托马斯·莱赛尔、吕迪格·法伊尔:《德国资合公司法》,高旭军等译,法律出版社 2005 年版,第 280 页。

"自始没有法律约束力",另一方面又要适用《公司法司法解释四》第6条的"不影响公司与善意相对人之间的法律关系",其意旨就在于此。《公司法司法解释四》规定了决议不成立的瑕疵类型却没有明晰其法律后果,可能会给司法实践造成不必要的误导,因此有必要在今后的司法解释中明确绝对溯及力理论与表见规则的适用,保护善意相对人的合理信赖。

四、相对人善意之判定

我国《民法总则》与《公司法司法解释四》都直接或间接地表明决议被确认无效或撤销后,公司与善意相对人之间的法律关系不受影响,通过上文的分析可知决议不成立也需要保护善意相对人。但由于法律条文对"善意"的规定过于抽象,使法官在审理时对于相对人有无审查义务及审查义务的程度也理解各异,而学界也并未形成统一的认识,有必要予以厘清。

(一)审查义务之有无:相对人仅于特定情形负审查义务

1. 学理见解

行为人明知其行为的基础存在瑕疵——真实信息与外在的表现形态不一致——仍然以外在表现形态为依据进行法律行为以追求特殊利益,这样的心态并不符合法律所设定的规则要求,也不符合社会一般诚信观念,因此无法得到法律的保护。[①] 但如果客观情形已经向相对人发出了足够的警戒,以致相对人能够合理地发现但其未发现,此时相对人就存在应知而未知的过失,相对人是否仍属善意?"善意"是否包含"无过失",即相对人在与公司进行交易时是否应当对相关决议履行审查义务(民法上的注意义务),存在以下两种迥异的观点。

主张相对人对决议不负审查义务的学者认为相对人的"善意"仅指"不明知",不包括"不应知"。无论公司内心意思是否形成,还是相关董事会或股东会决议事后被撤销或认定无效,相对人不负有审查公司内部意思形成的义务,除非相对人明知代表行为应经而未经决议,[②]或者相对人与公司内部人员恶意串通,以损害公司利益为目的而缔约。[③] 使相对人不负有审查义务的法理意旨在于,"企求相对人对此予以调查,会严重阻滞交易,损害交易安全"。[④] 与此相反,也有观点指出,相对人的善意建立在对决议履行一定审查义务的基础之上,"如果营利法人依据该具有瑕疵的决议,已经与相对人形成了民事法律关系,只有在相对人为善意的情况下,即相对人对法人的决议瑕疵不知情且无过失,该民事法律关系的效力不受影响,如果法人的相对人对决议瑕疵知道或者应当知道……

---

① 吴国喆:《权利表象及其私法处置规则——以善意取得和表见代理制度为中心考察》,商务印书馆2007年版,第141页。

② 钱玉林:《公司法实施问题研究》,法律出版社2014年版,第81页;孙英:《公司章程效力研究》,法律出版社2013年版,第300页。

③ 杨立新主编:《中华人民共和国民法总则要义与案例解读》,中国法制出版社2017年版,第315页。

④ 朱广新:《法定代表人的越权代表行为》,载《中外法学》2012年第3期。

法人的出资人可以请求撤销”。[①] 根据此种观点，相对人的“善意”不仅意味着“不明知”，还包括“不应知”，“不应知”就蕴含了审查义务的要求。

通过比较分析可以发现，第一种观点倾向于交易安全之保护，但此种思路往往仅从民法角度考虑合同的性质，忽视了商事合同的特殊性，也就忽视了公司、股东等利益相关体的多元利益需求的保护，会使市场主体的滥权和机会主义心理更加严重。但与此相对的第二种观点——不加区分地让交易相对人对每一项交易背后的决议进行审查，也有悖于商事交易的外观性与迅捷性。

2. 确定相对人有无审查义务的考量因素

通过上文分析可以明确，一律使相对人负审查义务或不负审查义务均存在难以克服的缺陷，鉴于此，本文主张根据交易具体情形判断相对人是否负有审查义务，具体来说应当考虑主体类型、行为类型以及瑕疵类型三种因素，并合理确定各因素在认定相对人有无审查义务时的比重。

首先，主体即交易主体，包括公司与相对人。公司类型的确定依据在于公司的开放程度，准此而言可分为有限责任公司、股份有限公司以及上市公司，开放性较强的公众公司尤其是上市公司更注重团体利益的保护，其信息公开也相对完善，相对人与之交易时一般负有审查义务。而对于封闭性较强的有限责任公司，由于信息不透明，应以交易安全为主要考虑，原则上不应苛求相对人负审查义务；就相对人而言，普通的商事主体与专业的金融机构（以公司对外担保为例）在商业判断能力上存在较大差异，正如有学者所言，“要求审查公司章程和股东会决议或董事会决议是金融机构放贷的内部程序和规定，专业性的金融机构未尽到审查义务，其过失程度较普通商事主体更为严重”。[②]

其次，行为即公司的对外法律行为，划分行为类型的标准在于该行为是否改变公司基础结构或影响公司基本存续和发展，如属于公司重大资产变动等重大事项时，相对人应负审查义务。这类似于英美法上的非常规交易（extraordinary transaction）原则，当交易显示出非常规性时，交易相对人就有对经营董事的权限调查的义务，否则即为恶意，公司可以主张不受此交易的拘束。[③]

再次，瑕疵即《公司法司法解释四》确定的三种类型，决议无效是决议内容对法律、行政法规的违反，而决议不成立一般也属于法律所禁止的重大程序瑕疵，如果法律就相关涉外行为的决议作了明确规定，任何人均不得以其不知公开的法律规则为由主张抗辩，以公司对外担保为例，倘若债权人没有要求公司出具决议并进行审查就不属于善意。但

① 沈德咏主编：《〈中华人民共和国民法总则〉条文理解与适用》（上册），人民法院出版社2017年版，第609页。

② 谷昔伟：《法定代表人越权担保之裁判规则——基于同案异判的实证化分析》，载《研究生法学》2017年第1期。

③ Robert R. Pennington, *Company Law*, Butterworths, 2001, p. 147. 转引自张舫：《法定代表人越权签约对公司的拘束力——对〈公司法〉相关条文的分析》，载《法学论坛》2011年第3期。

相对于决议无效、不成立的严重性,决议被撤销的瑕疵是相对轻微的,而且在撤销之前均是有效的,法律对决议的撤销还规定了严格的除斥期间、轻微瑕疵的裁量驳回制度以及瑕疵补正制度,相对人对决议有效以及合同履行的信赖也应当得到保护,除非能证明其存在损害公司利益的恶意,否则不能否定合同的效力,因此在决议被撤销的瑕疵类型中,相对人一般不负有审查义务。也就是说,如果判决确认决议无效或不成立,相对人在交易时又没有尽到审查义务,可以倾向于认定其存在过失,如果判决决议被撤销,即便相对人没有履行审查义务,也不能当然认为合同无效。

最后,主体类型和行为类型构成了公司对外合同的实质内容,在公司对外法律行为中占据主导作用,且这两个因素能够为相对人的一般认知水平所识别,相对人通常可以凭借其知识经验判断公司的类型以及交易是否足够重大,因此在判定相对人是否负有审查义务时应当优先考虑以上两个因素,并赋予其较大的参考比重。而瑕疵类型的判定往往需要对相关法律有足够深入的认知,根据瑕疵类型决定审查义务的有无也是法院的事后判断,且三种瑕疵的具体构成在理论上还留有诸多探讨的空间,因此笔者建议将瑕疵类型作为补充性的认定因素。由于社会科学本身具有模糊性、不确定性及本文研究水平的局限,相关因素及其比重的确定无法同自然科学一般精确,但至少能为法院提供一种可资参考的思路,这种思路可以通过制定司法解释的方式为法院的裁判提供指导。

(二)审查程度之认定:审查决议的形式合法性

相对人在特定情形之下负有审查义务,那么其审查的程度究竟如何呢?学界和司法实务的共识是形式审查,但如何认定形式审查却没有形成统一的见解。通过本文第一部分的论述可知,司法实践中有"仅要求提供决议"与"审查决议形式合法性"两种不同的裁判思维,而学界也存在"审查决议之有无"与"审查决议之内容"两种不同的观点。有的学者认为,相对人对决议的形式审查义务,这种审查在于对决议有无的审查,而不论决议是否存在瑕疵。① 也有学者认为形式审查不是不审查,审查的对象不仅包括决议内容的合法性、决议条款的逻辑性与真实性、决议的表决情况,还包括股东或董事签名的真实性等方面。②

笔者认为,相对人应当对决议的形式合法性尽到审查义务,但不要求对决议是否存在瑕疵进行审查。相对人仅要求公司代表人或代理人提供决议并不能说明其尽到了形式审查义务,在相对人根本不去查看决议的情形下,走这样的形式有什么意义呢?更有甚者,这会激励当事人造假决议,对交易安全的损害更为严重。相对人需要对决议的形式合法性进行审查,但不要求其识别决议瑕疵,这也是形式审查与实质审查的界分,我国公司法司法实践中并不要求相对人负实质审查的义务,其对相关公司决议的审查只是形式审查,对决议上签名的真伪、会议程序是否合法,内容是否真实等实质内容无须审查。所谓的形式合法性审查是指在决议在表现形式上存在显而易见的瑕疵,意即客观情形已

① 韩龙:《公司董事会决议效力研究》,法律出版社2016年版,第222~223页。

② 刘俊海:《新公司法的制度创新:立法争点与解释难点》,法律出版社2006年版,第107页。

经为行为人提供了足够的警示,只要相对人稍加注意就能发现而竟未能发现,这表明相对人存在重大过失,此时就不能再对其提供保护,否则会导致利益失衡。比如,公司为其股东或实际控制人担保,但却是以董事会决议作出或者仅有被担保股东签名,至于虽有其他股东签名但签名存在伪造情形则不属于相对人审查义务的范围。准此而言,上文提到的南京邦信科技小额贷款有限公司与湖州雄鹰新型建材科技有限公司、吴某某等民间借贷纠纷案和东平沪农商村镇银行股份有限公司与山东香溢食品有限公司、马某某等金融借款合同纠纷案中法院的审理意见就值得借鉴。

五、结语

决议瑕疵的裁判结果是否波及与决议相关的外部关系在司法实践中呈现出四种不同的样态,我国《民法总则》和《公司法司法解释四》虽基本确立了公司对外法律关系需要保护善意相对人的规则,但决议不成立与善意相对人保护之立法合理性不足,相对人善意判定之立法抽象性有余。通过本文的分析可以得出如下结论并可以通过制定司法解释的方式予以完善:其一,决议不成立也需要保护善意相对人。绝对溯及力理论与表见规则在决议不成立时存在并用空间,即便因程序存在严重瑕疵而使决议根本不成立,仍然有必要保护善意相对人的合理信赖。其二,相对人善意的判定首先要明晰其是否负有审查义务,接下来再确定审查的程度。就前者而言,法官需要结合案件的具体情形予以判断,具体来说应当综合考量“主体类型”“行为类型”以及“瑕疵类型”三个因素,并根据各因素所占的比重相对客观地确定相对人是否负有审查义务;就审查的程度而言,相对人的形式审查义务表现为不仅需要对方提供公司决议,还需要对决议的形式合法性进行审查,即审查决议的呈现形式是否存在显而易见的瑕疵,但对决议上签名的真伪、会议程序是否合法,内容是否真实等实质内容无须审查。

论证券发行中的“特定对象”

——以美国法为借鉴

张异冉*

摘要:特定对象是证券非公开发行制度中的重要概念,其是指具有风险识别能力、风险承受能力的投资者。在美国法上,特定对象源自反对随机挑选发行对象、发行对象不需要证券法注册制度保护等命题;在规则与实践的互动中,逐步发展出了投资者成熟性、获准投资者等概念。特定对象是证券非公开发行制度构建的基础,是在交易的过程中对发行对象的筛选,类似但不同于市场准入制度和投资者适当性义务。特定对象有财力、经验和特殊关系三种认定标准,有机构(类)投资者、法人或其他组织等四种类型划分。

关键词:特定对象 证券非公开发行 投资者自我保护

特定对象是证券法上的重要概念,是证券非公开发行特殊制度环境下的产物。在美国《1933年证券法》的立法进程中,美国国会意识到在特定情形下证券法提供的保护是不必要的。① 国会报告指出:“证券法谨慎地从某些没有实际注册需要或公众利益过于遥远的证券交易中豁免其适用”。② 因此,国会在证券法草案的基础上增加了豁免——“不涉及公开发行的交易”。③ 不同于以他律监管的介入督促发行人全面、准确地披露重要信息从而保护普通投资者的公开发行,证券非公开发行要求参与证券非公开发行交易的投资者具备一定的资质,能够通过自身能力鉴别证券的优劣,以此实现投资者的自我保护。如果向那些不需要获得与普通投资者同等保护的投资者发行证券,发行人就不必要承受较重的监管负担,证券发行的效率亦可因此得到提升。我国《证券法》第10条规定了特定对象概念,并将其作为界定证券非公开发行的主要依据之一。④ 但是,我国《证

* 法学博士,中国社会科学院法学研究所博士后研究人员。

① SEC, Report on the Review of the Definition of “Accredited Investor”, December. 18, 2015, p. 10, available at: https://www.sec.gov/files/review-definition-of-accredited-investor-12-18-2015.pdf.

② H. R. Rep. No. 85, 73d Cong., 1st Sess. 5.

③ H. R. Rep. No. 85, 73d Cong., 1st Sess. 1.

④ 我国《证券法》第10条第2款规定向不特定对象发行证券的为公开发行,从反面解释,非公开发行必须向特定对象发行。

券法》没有对特定对象进行定义,监管机构的规范性文件对特定对象的规定也不完善。[①]理论是先导,从学理上深化关于特定对象的认识对健全和完善相关规定具有重要的现实意义。本文试图以美国立法为参照,借鉴有益的经验,以促进我国的立法和实践。

一、美国法上特定对象的源流

(一)从反对随机挑选到需要测试

在非公开发行制度产生发展初期,美国证券交易委员会(Securities and Exchange Commission,SEC)和联邦法院系统就在关于反对随机挑选投资者的问题上达成了高度共识。随着美国《1933 年证券法》的颁布,SEC 根据美国《1934 年证券交易法》的授权发布了针对证券非公开发行的 1935 年行政解释,其中,SEC 首席律师约翰·J. 伯恩斯(First General Counsel John J. Burns)指出:决定构成一次非公开发行的必然包括发行所处的环境,应当考量四个重要的因素,[②]如果受要约人数量少、对发行人的认知较深入或受要约人是被筛选出来的,[③]那么这样的发行就应认定为证券非公开发行。伯恩斯的观点并非孤例,在《1933 年证券法》的立法讨论中,有观点认为证券非公开发行的豁免是允许发行人向特定人进行特定的或个别的销售。[④] 尽管伯恩斯在 1935 年解释中最终将界定非公开发行的标准简化为发行对象的人数:向不超过大约 25 人发出要约不涉及公开发行,但挑选特定发行对象进而获得注册豁免(构成证券非公开发行)的案例也并不鲜见,1935 ~ 1951 年,SEC 至少向 22 宗超过 100 名受要约人以上的证券非公开发行交易发出了不行动函(no - action letter),上述发行案有 Dollar Steamship Lines 向 250 名债权人发出要约、Nassau Country Club 向 457 名会员或前会员发出要约,[⑤]最具说服力的是通用汽车公司于 1942 年向 400 个机构发出了未注册债券的要约。[⑥] 在执业过程中,很少有证券律师会考虑发行涉及的银行、保险公司或类似金融机构的数量问题。[⑦]

SEC 反对随机挑选发行对象的立场固然值得赞赏,但其却未说明何为随机性挑选,何为可接受的非随机筛选。标准的不明确容易导致实践中产生争议。在 1953 年的 SEC

---

① 例如,关于特定对象的含义,规范性文件的规定并不统一,呈现出条块分割的现象:依据《上市公司证券发行管理办法》第 37 条,《创业板上市公司证券发行管理暂行办法》第 15 条,《上市公司非公开发行股票实施细则》第 22 条、第 23 条和第 26 条,若发行人董事会确定发行对象的,特定对象指发行人任意指定的投资者,若发行人董事会未事先确定发行对象的,特定对象指前 20 名股东、机构投资者等投资者中报价更优者。

② 包括:(1)受要约人的数量、受要约人彼此的关系、受要约人与发行人的关系;(2)发行单位的数量;(3)发行的规模;(4)发行方式。也有学者将第一个因素拆分为三个因素,将伯恩斯提出的这四个“主要因素”称为“六要素测试”。

③ 其中,按照特定标准挑选出来的受要约人是极其重要的因素。

④ H. R. Rep. No. 85,73d Cong. ,1st Sess. 16.

⑤ Memorandum from Francis M. Divilio to Gerald J. O' Leary, Assistant Director, SEC Division of Corporation Finance(Mar. 30,1951).

⑥ Memorandum from Allen MacDuffie to the Chairman of the SEC(Nov. 27,1942).

⑦ Victor & Bedrick,“Private Offering:Hazards for the Unwary”,45 *Va. L. Rev.* 869,872(1959).

v. Ralston Purina Co. 案中,[①]联邦最高法院支持了SEC关于非公开发行不得随机挑选发行对象的立场。具有划时代意义的是,美国联邦最高法院改进了SEC 1935年解释中的四项因素,提出了著名的"需要测试"(needs test)。

在该案中,Ralston Purina公司认为其发行应当享受注册豁免的待遇,因为若是向所有员工发出要约才会构成公开发行,而其发行的要约只限于向所谓的"关键雇员"发出。SEC表示,无论情况如何特殊,向大量投资者要约的交易不能适用《1933年证券法》第4(a)(2)条的豁免。[②] 原审法院认为,由于Ralston Purina公司的发行针对的是公司内部雇员,没有随机挑选受要约人,并且发行的范围局限在特定的某些雇员之中,故该次发行应属证券非公开发行,SEC的诉讼请求不应得到支持。

联邦最高法院不赞同以单一的人数标准作为界定证券非公开发行的依据。联邦最高法院认为,若要区分"公开"和"私下",有必要检验建立这种区分的依据,考虑区分所要达到的目的。"豁免证券法的注册要求"是问题的关键所在,解释非公开发行豁免的最自然的方式(natural way)是诉诸立法目的。界分公开发行与非公开发行的关键点在于投资者是否需要证券法注册制度的保护,因为证券法创设注册条款的目的在于通过促进完全披露对投资决策而言十分必要的信息来保护投资者。既然豁免交易是指没有必要适用注册制度的交易,那么适用非公开发行豁免的关键点在于特定类别的人是否需要证券法保护。如果某次发行针对的是那些不需要通过证券法规定的注册制度来获得保护的主体,该次交易就是所谓的"不涉及公开发行的交易"。Ralston Purina案确立了一个"终极命题"——投资者是否需要证券法注册制度的保护。如果受要约人不需要证券法注册制度的保护,该次发行就构成证券非公开发行。要评价某次发行是否能够通过需要测试依赖于密切相关的两个因素:一是发行被限制在一个特定的群体之中,而非面向普通公众;[③]二是受要约人能够获取与注册文件提供的相同的信息。

(二)从投资者成熟性到获准投资者

在Ralston Purina案提出的需要测试中,投资者的"成熟性"(sophistication)是重要的考量因素。"成熟性"即投资者本身具有的一定资质。衡量投资者是否具有成熟性应当权衡相关因素,需要测试中的投资者成熟性是指投资者有能力理解和评估其通过信息披露或信息提供渠道获得的有关信息。不过,有律师提出,考察投资者成熟性的标准应为投资者完全基于他个人的财力能够承担风险,即便其不了解财务问题,也没有合适的顾问。[④] 从Ralston案之后的联邦巡回法院判例来看,各联邦巡回法院对"成熟性"的理解

---

① 346 U. S. 119,125(1953).

② 1947～1951年,分别有243名、20名、414名、411名、165名购买者或申请者(1951年)。没有记录记载要约向多少人发出,预计1951年向500人发出了要约。1947～1952年,该公司在未经注册的情况下向员工销售了近200万美元的股票。

③ 如向资深律师发行证券。

④ Section 4(2) and Statutory Law A Position Paper of the Federal Regulation of Securities Committee, Section of Corporation, Banking and Business Law of the ABA, 31 *Bus. Law.* 483(1975), p. 491.

也有些许差异。[①] 由此观之,“成熟性”的含义呈现出多维度,既可指投资经验的丰富程度和专业技能的熟练程度,又可指财富的充足程度(financial sophistication)。不仅如此,即便在同一维度下,“成熟性”又存在多个侧面。例如,假设上市公司总裁被认定为“成熟的”,而其可能对主营业务经验丰富而对公司证券事务不够熟悉。因此,尽管“成熟性”以简明的概念涵盖了复杂的含义,但全面、准确描述“成熟性”是困难的。

当一个概念存在模糊性之时,使其更加清晰是规则制定者必然的选择。在146规则中,SEC试图在减少不确定性和提供更客观标准的同时,防止向没有能力获得和评估发行人信息从而保护自己的人非公开发行证券。[②] 在后来的D条例中,“获准投资者”(accredited investor)概念成为规则的核心部分。[③] 获准投资者概念旨在界定成熟度高并有能力承受投资损失的风险或有能力保护自己从而让证券法注册制度的适用显得不必要的个人或实体。[④] D条例列举了若干类型的获准投资者:最近两年的收入超过20万美元或与配偶的共同收入超过30万美元的自然人,个人或与配偶共同的资产净值超过100万美元的自然人(除开主要住所的价值),超过500万美元资产的特定类型实体(如信托、企业、合伙),金融机构或投资公司,发行人的董事、高管(executive officer)或普通合伙人(general partner)等。D条例的逻辑是,只要投资者具备有关的知识储备或拥有足够的财富就不需要注册制度的保护。D条例的创新表现在设置了易于操作的客观标准,典型的例子就是创造出了能够利用经济实力这样的量化指标来衡量的获准投资者概念。[⑤]

(三)美国的经验与启示

美国的证券非公开发行从一开始就将制度适用的重点落脚于特定的发行对象之上。而特定对象就是以一定的标准筛选出来的,不同于普通投资公众的证券非公开发行的发行对象。为了实现证券法有关条款的规范意旨,SEC最早的解释就要求发行人不得随机挑选发行对象。美国联邦最高法院在Ralston Purina案中提出的“需要测试”被广泛引用和实践,从案件本身推广开来,为非公开发行豁免条款提供了一种权威性的解释,也为发行人筛选发行对象提供了一个明确的方向。后来,SEC相继推出146规则和D条例,从经济实力、专业技能、与发行人的关系等角度规定了筛选发行对象的标准。

在制度演化的进程中,特定对象显现出了风险识别能力、风险承受能力两个基本特征。风险识别能力是指投资者获取信息,特别是对投资而言关键的信息,进而做出投资决策的能力。在SEC的1935年解释中,投资者与发行人的关系被列为衡量标准之一,若

---

① 例如,有的注重投资者的商业经验,有的注重财力……正如ABA1975年立场文件(见上注)中指出的那样,“成熟性”是最复杂的一个考察因素。

② SEC Securities Act Release No. 33 – 5487(Apr. 23,1974).

③ SEC,Report on the Review of the Definition of “Accredited Investor”,December. 18,2015,p. 10,available at:https://www.sec.gov/files/review-definition-of-accredited-investor-12-18-2015.pdf.

④ SEC Securities Act Release No. 33 – 6683(Jan. 16,1987).

⑤ Joerg W. Knipprath,“Regulation D:Rationalizing The Exemptions Under The 1933 Securities Act”,7 *Glendale L. Rev.* 97 1987,118.

投资者与发行人具有亲近的关系,其能够获取关键信息。而在 Ralston 案之后的一系列判决中,联邦法院要求投资者与发行人具有特殊关系,以使投资者能够准确掌握发行信息。① 后来的 Doran 案判例降低了这种要求,②而 D 条例以发行人应投资者要求提供信息来作为替代,③但是,若专业知识水平不足,投资者就无法知晓什么信息是关键的。在获取关键信息的基础上,投资者才能够依靠专业知识和技能趋利避害、规避风险、做出合理投资决策。另外,风险承受能力指投资者以其资产可接受投资损失的程度,具有风险承受能力的投资者即使因投资失败而遭受较大的损失,投资者的生活也不会因此受到重大的影响,通常以投资者资产的丰厚程度作为衡量标准。在联邦法院判例中,投资者的经济实力是需要测试的重要考量因素。146 规则和 D 条例则更直接地使用财富标准来认定投资者。

我国时任全国人大常委会法工委经济法室主任黄建初指出,特定对象指机构投资者等具有较强的风险识别和承受能力的人。④ 中国证监会发行监管部也持相同的观点:发行对象要有判断和承担风险的能力,发行对象不需要获得和普通公众投资者同等的保护。⑤ 上述观点无疑把握了正确的大方向。当前,已有规范性文件作出相应规定。我国《全国中小企业股份转让系统投资者适当性管理细则》第 2 条要求投资者了解投资风险,评估风险识别能力和风险控制能力,审慎决定参与有关业务。⑥ 我国《区域性股权市场监督管理试行办法》第 13 条规定合格投资者应当具有较强的风险识别和承受能力。值得追问的是,特定对象的风险识别能力、风险承受能力是否须同时具备?除了机构投资者等少数主体以外,许多投资者可能呈现出风险承受能力和风险识别能力不挂钩的情况,拥有大量财富就一定能够识别投资风险、识破市场骗局吗?投资经验或专业知识丰富的投资者所拥有的财富就一定能承受投资损失吗?答案见仁见智。或许,只有要求特定对象兼具风险识别能力和风险承受能力才是终极的理想状态。但是,如果严格从形式上要求投资者兼具风险识别能力和风险承受能力⑦势必缩小特定对象的范围,压缩证券

① William M. Lively v. Fritz Hirschfeld and Wun Drop Company, 440 F. 2d 631 (10th Cir., 1971); Hill York Corporation v. American International Franchises, Inc. 448 F. 2d 680 (5th Cir., 1971); SEC v. Continental Tobacco Company of South Carolina, Inc. 463 F. 2d 137 (5th Cir., 1971); Shirley Woolf and Robert Milberg v. S. D. Cohn & Co. 521 F. 2d 225 (5th Cir., 1975).

② Doran v. Petroleum Mgmt. Corp., 545 F. 2d 893 (5th Cir., 1977).

③ 17CFR 230. 502(b)(2).

④ 郭雳:《特定对象发行:制度构建与疑义相析》,载《华东政法学院学报》2006 年第 1 期。

⑤ 中国证监会发行监管部:《透视两法修订焦点问题 完善证券发行监管制度 推动中国资本市场发展》,载《证券时报》2005 年 11 月 24 日。

⑥ 《全国中小企业股份转让系统投资者适当性管理细则》第 6 条规定符合参与挂牌公司股票公开转让条件的投资者可参与挂牌公司定向发行。

⑦ "形式上"是指两种能力量化为具体的指标,要求投资者必须满足代表两种能力的指标。例如,从业多年的专业技术人士对应风险识别能力,拥有大额个人资产对应风险承受能力,规定特定对象只能是拥有大额个人资产并且从业多年的专业技术人士。

非公开发行制度的适用空间。当然,如何平衡上述两者的关系还有赖于具体认定标准的设置。①

设置量化的、具有可操作性的认定标准也是重要的议题。在美国证券非公开发行制度的发展过程中,SEC 意识到使规则具有可操作性的重要性,因为援引豁免注册规则的发行人要承担较重的证明豁免有效的责任。SEC 在规则的制定过程中始终致力于使用量化、客观的指标来认定投资者参与非公开发行交易的资格。在美国证券非公开发行的法律依据之中,客观性和可操作性更强的 D 条例 506 规则"生命力"更强。按照 D 表格(Form D)的统计口径,2014 年援引 D 条例 506 规则发行超过 2.1 万次,占 D 条例发行的 97%,远超直接依据《1933 年证券法》第 4(a)(2)条进行发行的次数。② 其中,标准明确的获准投资者定义功不可没。虽然成熟投资者同样可以引用,但因其标准模糊、可操作性不强,大大削弱了对发行人的吸引力。

二、特定对象的定位

(一)特定对象是证券非公开发行制度建构的基础

证券作为特殊商品,在品质识别上存在特殊性。证券的好坏不可能通过观察、检验、对比等直观方式获得评判,要衡量股票的价值,必须对股票背后代表的公司资产状况、公司盈利前景等情况进行综合评估和判断。③ 证券市场是一个信息市场,信息左右着资本的流动,证券信息的质量决定着市场引导资本流动、决定资源配置的效率和效果。④ 如果发行人滥用信息优势地位甚至欺诈发行,投资者的权益将受到极大的损害。维护证券发行市场的公平、公正,保护投资者权益,不能完全寄希望于发行人依法合规主动披露信息,也不能依赖事后救济的方式。证券公开发行监管体制受"完全披露哲学"的影响,主张如果信息不对称的状况得到了缓解,证券发行活动就会更加有序和高效。此时,独立于投融资双方的主体(监管机构)介入证券发行,对信息披露进行监管,能够起到防范欺诈、保护投资者的作用。

公众利益过于遥远且监管机构没有介入审查的必要决定了证券非公开发行的投资者必须是区别于普通"投资公众"的主体,投资者能够获取对于投资决策而言必要的信息并有能力审查所获信息。早期,美国联邦法院系统十分看重投资者获取必要信息的可能性,甚至主张投资者必须事实上获取了必要信息,⑤对获取信息的重视程度要高于对投资

---

① 这一问题还将在特定对象的认定标准部分进行进一步的讨论。

② See Scott Bauguess, Rachita Gullapalli, and Vladimir Ivanov, Capital Raising in the U. S.: An Analysis of the Market for Unregistered Securities Offerings, 2009 - 2014, pp. 6 - 15, available at: https://www. sec. gov/dera/staff - papers/white - papers/unregistered - offering10 - 2015. pdf.

③ 黄炜:《股票发行注册制的改革理念、责任配置与制度构建——黄炜主席助理在"2015 陆家嘴论坛"上的讲话》,载中国证监会网:http://www. csrc. gov. cn/pub/newsite/zjhxwfb/xwdd/201506/t20150626_279771. html,最后访问日期:2018 年 4 月 28 日。

④ 同上。

⑤ See SEC v. Continental Tobacco Company of South Carolina, Inc., 463 F. 2d 137 (5th Cir., 1971).

者投资经验的重视程度。后来,SEC的502规则赋予所有投资者向发行人索要信息的权利,这使投资者获取必要信息有了明确的规则保障。另外,投资者的经验也是豁免的重要基础。联邦第五巡回法院曾提出SEC会对发行人的注册声明进行审查,如果投资者没有审查发行人信息的现实可能,发行就不能构成非公开发行。① 这种立场虽然推高了证成非公开发行的难度,但揭示了非常关键的一点:要豁免注册,必须存在能够"替代"SEC"审查"注册文件这一职能的主体。在证券非公开发行之中,取代SEC审查功能的是符合资格的投资者,具有投资风险识别能力的投资者知晓哪些信息是关键信息、知晓应当搜索和获取关键信息,有能力判断投资风险并作出合理的投资决策。

证券公开发行必须向监管机构申请注册或核准是一般原则,证券非公开发行则是例外。相对于公开发行,非公开发行的交易具有个别性、双向性的特征,民事契约色彩较强,意思自治的空间较大,②这决定了监管机构不宜过多介入其中。否则,证券非公开发行将失去便捷、经济的优势。无论发行类型为何,阻止欺诈蔓延、保护投资者、防范金融风险都是不可忽视的。证券非公开发行创制的特定对象概念转变了法律的规制重点,从法律强制发行人向监管机构提交发行文件转换为法律强制发行人筛选合适的发行对象。特定对象区别出了普通投资者和具有风险识别能力、承受能力的投资者。在此基础上,向特定对象发行意味着以有能力保护自己的投资者的私人审查取代了监管机构对证券的审查,这既是减轻监管负担、提升交易效率的前提,也是证券非公开发行个别性、双向性特征成立的必要条件。

(二)特定对象是对发行对象的筛选

证券法反对非公开发行证券的发行人"随机挑选"发行对象意味着发行人必须通过一定的行为和程序筛选出区别于普通"投资公众"的投资者,因此,要让"向特定对象发行"从纸面跃入实践,落实筛选投资者的要求,发行人应负担核实投资者资格的义务。

在美国法上,依据D条例506规则(c)段进行非公开发行的,发行人必须在若干原则的指导下核实投资者是否为获准投资者。发行人要把握的原则包括:客观判断特定因素、每个认购人和交易的背景,考虑认购人的性质(nature of the purchaser)及其自称的获准投资者类型,发行人拥有的关于认购人的信息的类型和数量,发行的特性(如认购人接受劝诱加入发行的方式),发行条款等因素。此外,SEC还提出了一套可操作性更强的核实方法,即利用收入测试(income test)、净值测试(net worth test)、第三方确认(third party confirmation)、先前/当前投资者确认(prior/existing investor confirmation)等方法中任意一种来核实投资者是否为获准投资者。其中,收入和净值是获准投资者的认定标准,收入测试和净值测试是由发行人采取的核实措施。第三方确认指发行人在发行前的3个月内获得中介机构、投资顾问、律师或会计师等自然人或实体的书面确认函,上述主体出

① See Shirley Woolf and Robert Milberg v. S. D. Cohn & Co. ,521 F. 2d 225(5th Cir. ,1975).

② 参见张保红:《论证券非公开发行制度的重构——以投资者规制为中心》,载《政治与法律》2015年第4期。

具确认函的前提是采取合理步骤核实认购人属于获准投资者。①

我国《非上市公众公司监督管理办法》第40条明确要求发行人对发行对象的身份进行确认,有充分理由相信发行对象属于特定对象。但是,实践中用什么方法确认却没有规定。全国中小企业股份转让系统挂牌转让的非上市公众公司在"定向发行"②之时,要依据我国《全国中小企业股份转让系统投资者适当性管理细则》规定的指标核实投资者资格。可见,我国关于发行人核实投资者资格的规定存在的问题有:一是规定不全面,只有非上市公众公司发行人被施加了核实特定对象资格的义务,且只有全国中小企业股份转让系统挂牌转让的非上市公众公司才具有核实投资者资格的明确依据;二是核实的方法比较单一,只允许发行人确认发行对象的资格。对此,我国应统一规定非公开发行证券的发行人要履行核实投资者资格的义务,明确使用特定对象的认定标准为依据核实投资者资格。同时,允许中介机构协助发行人核实投资者资格或由中介机构确认投资者资格。

(三)特定对象不属于投资者准入

准入即市场准入,是经济学领域的常用概念,指政府出于公共利益的考虑,为了维护市场的有效性而制定的对进入特定市场进行限制的规则和制度。法学领域的市场准入是指国家规制市场主体和交易对象进入市场的有关法律规范的总称。③ 市场准入通常表现为一国或地区政府对特定市场开放程度的把握,其目的是维护市场机制的良性运转、维护公共利益,可细化为企业准入、贸易准入、行业准入、资本准入等。④ 有学者认为,虽然扩大市场准入概念的适用范围有偏移其原始意义之嫌,但由于市场准入有助于衡平各方权益,放在证券发行对象的语境下不影响其制度功能。⑤ 特定对象与投资者的市场准入具有一定的相似性,即特定对象和市场准入均为有关主体设定了一定的条件或资格,表现为在事前准许或排除特定主体进行特定交易或进入特定市场。

即便如此,也不宜将特定对象归入市场准入的范畴,因为特定对象与市场准入存在不小的差异。第一,目的不同。特定对象衍生自"不需要证券法注册程序保护"的预设,是立法者在公共利益过于遥远的领域所作出的特别安排。筛选具有自我保护能力的投资者是减轻证券发行监管负担的前提,其目的是减轻发行时的监管负担并提升发行效率。利用特定对象设置条件只是手段,并非为了限制而限制。相比之下,市场准入即意

---

① SEC Securities Act Release No. 33 – 9415 (July. 10, 2013).

② 定向发行的法律性质存在疑义。依据《非上市公众公司监督管理办法》第五章的有关规定,部分定向发行可豁免核准,似可归为证券非公开发行;但定向发行没有提出发行方式的要求,又违反了我国《证券法》第10条证券非公开发行不得采用公开发行方式的规定。限于文章立意,此处仅讨论向特定对象发行之时核实投资者资格的问题,不涉及定向发行的法律性质。

③ 刘丹、侯茜:《中国市场准入制度的现状及完善》,载《商业研究》2005年第12期。

④ 例如,世贸规则框架下的缔约方对其他方货物、服务等进入市场的程度;党的十八届三中全会决定所要求的建立负面清单制度、实行统一的市场准入制度,保证各类市场主体可依法平等进入清单之外的领域等。

⑤ 陈冰:《证券私募发行准入制度研究》,武汉大学2005年博士学位论文,第15~16页。

味着限制,政府的准入政策是宽松抑或严格,只关乎限制得少一些还是多一些。第二,运行逻辑不同。对于市场主体来说,市场准入表现为政府对主体资格进行的审核、确认等,与行政许可直接相关。至于新型的负面清单管理模式,其理论基础是法不禁止皆自由以及限定政府、余外市场,表现为法律文件设置禁止事项,在禁止事项之外的不设许可或审批,而非规定条件、设置门槛。相较而言,特定对象表现为发行人根据法定的条件筛选投资者,政府不直接进行干预。第三,法律关系不同。由于准入通常体现为政府行为,市场准入的法律关系双方是政府和市场主体。特定对象是由发行人筛选符合资格的投资者,法律关系双方体现为发行人与投资者。第四,责任承担形式不同。市场准入规则与行政法责任相关联;如果未向特定对象发行将导致证券非公开发行不成立,发行人不仅要承担行政法上的责任,①还可能承担私法上的责任。②

(四)特定对象不同于投资者适当性

投资者适当性是中介机构在销售金融产品或提供金融服务时对投资者负担的义务。金融市场日趋专业化和复杂化,中介机构与投资者的能力对比失衡,如果任由中介机构进行肆意销售,投资者可能面临与其能力不匹配的风险或购买不符合其个体需求的产品或服务。在此情况下,投资者适当性制度应运而生。投资者适当性是指"中介机构提供的产品或服务与客户的财务状况、投资目标、风险承受能力、财务需求、知识和经验的符合程度"。③ 适当性义务指中介机构向零售客户推荐购买特定的金融工具时要判断投资者是否适当。④ 2016年12月12日中国证监会公布《证券期货投资者适当性管理办法》,将原有有关适当性管理的规定加以系统归纳,围绕了解客户、了解产品、为适当客户匹配适当产品的主线,规定了中介机构的适当性义务。

尽管特定对象与投资者适当性都与投资者资质有关,但特定对象与投资者适当性并不相同。特定对象是从证券非公开发行的本质出发,按照从普通的"投资公众"之中筛选出合适的投资者的逻辑设置了条件和资格,着眼于发行人与投资者、证券发行效率与发行市场秩序这两对关系的平衡。在投资者适当性义务的约束下,中介机构不仅须了解投资者情况,还须对投资者进行分类,并与金融产品或服务进行匹配、向不同类型的投资者提供相应的对待。投资者适当性义务解决的是中介机构与投资者之间的地位不对等问题。

实践中,投资者适当性义务可以作为特定对象的补充。证券法反对"随机挑选"就是要求有关主体通过一定的行为和程序筛选出区别于普通"投资公众"的特定对象。要让向特定对象发行从纸面跃入实践,发行人负有筛选投资者、核实投资者资格的义务。在美国法上,依据D条例506规则(c)段非公开发行证券的,发行人必须核实投资者是否为

① 如我国《证券法》第188条。

② 从美国法上看,投资者可向发行人发起诉讼,要求解除有关合同,并追诉发行人欺诈的法律责任。

③ See Customer Suitability in the Retail Sale of Financial Products and Services, Basel Committee on Banking Supervision, April 2008, p. 4.

④ Ibid.

获准投资者。这项工作除了由发行人自己进行以外,还可以采用第三方确认(third party confirmation)的方式:发行人在发行前的3个月内获得经中介机构等主体已采取合理步骤核实认购人资质的书面确认函。[①] 中介机构在对客户进行了解的同时,如果了解到投资者具有相应资质,即可向投资者推荐有关项目,撮合证券非公开发行交易。如此,既对接了中介机构的投资者适当性义务,又提升了证券发行效率。

三、特定对象的认定

(一)特定对象的认定标准

特定对象的认定标准包括财力标准、经验标准和特殊关系标准。首先,财力标准是指投资者拥有一定的财富,代表投资者风险承受能力,其衡量指标包括:总资产、净资产、收入、金融资产等。其次,经验标准指投资者在投资方面具有一定的经验、技能。投资者要达到何种程度的成熟性才能理解所披露的信息和判断投资风险从而保护自己是很难把握的。为了避免判断标准的主观化,规范性文件只需要从一般意义出发设置有关投资者经验的认定标准、做到认定标准的量化即可。最后,投资者因特殊关系形成的优势地位(privileged position)而享有获取信息的便利性从而能够更好地判断投资风险。

1. 关系紧密的财力标准与经验标准

美国SEC侧重以财力标准来认定投资者的资格。依据D条例,获准投资者以财力标准为主导的认定可参与非公开发行的投资者,向获准投资者进行非公开发行不受发行人数的限制,而参与非公开发行的成熟投资者不得超过35人。不过,财力标准和经验标准是泾渭分明的吗?

SEC在执法实践中表达了对投资者虽财力丰厚但经验不足的担忧。在美国D条例501规则对获准投资者的定义中,单独使用收入(income)或净值(net worth)作为认定获准投资者的标准,而经验标准用作界定非获准投资者的所谓成熟投资者。从表面上看,单独使用财力标准来界定获准投资者没有什么问题,但如果与一般性劝诱禁令联系起来,似乎问题不那么简单。依据506规则(b)段进行非公开发行,在一般性劝诱禁令之下,如果发行人与预期投资者没有建立起“既存的实质联系”(pre - existing substantive relationship),即使向符合财力标准的获准投资者要约和销售证券也是不符合非公开发行的要件的。既存的实质关系可以让发行人知晓预期投资者的财务状况和经验的成熟度,[②]防止经验不充足的投资者参与非公开发行。[③] 如此,与获准投资者的定义存在冲突:在获准投资者的定

① SEC Securities Act Release No. 33 - 9415(July. 10,2013).

② 向 Mineral Lands Research & Marketing Corp.,出具的解释函(SEC Interpretive Letter, available Dec. 4, 1985)表明,若要不构成一般性劝诱,发行人与受要约人之间的关系非常重要,这种关系要使发行人(或其代表人)能够意识到受要约人的资金状况或成熟度。

③ U. S. General Accounting Office, Report to the Chairman, Committee on Small Business, U. S. Senate: Small Business Efforts to Facilitate Equity Capital Formation (Sept 2000), p. 30, available at: https://www.gao.gov/assets/240/230896.pdf.

义中,单一的财力标准可用作筛选投资者。或许是担心获准投资者富有但经验不够成熟,SEC才在一般性劝诱禁令之中额外提出了关于投资者经验的要求。

美国参议院报告指出,创制包括获准投资者在内的"合格认购人"(qualified purchaser)概念的基础是公共利益、投资者保护和投资者经验的成熟度。① 北美证券监管者联合会(North American Securities Administrators Association,NASAA)指出,获准投资者概念与其他同类概念一样,试图以收入、净值或其他"货币门槛"(monetary threshold)来衡量投资者经验的成熟度。② 由此观之,规则制定者将经验标准寓于财力标准之中。而问题的复杂之处恰恰在于此。NASAA认为,获准投资者定义存在疏失,因为财力和投资者经验的成熟度是无关的。③ 某些研究也佐证了这一点,例如,高净值或高收入的投资者与低净值或低收入的投资者做出不理性投资行为的频率相同。④ 同时也有研究表明,财力丰厚的投资者更成熟和理性。例如,更高净值或更高收入的投资者可以基于过去的投资经验或教育水平、社会交往等外在因素做出更理性的投资决策;⑤财力丰厚的投资者更易于获取必要的信息和技术,更频繁地聘用专业的投资顾问。⑥

笔者认为,财力标准实际上是隐含着经验因素的混合型标准。即便不是所有财力丰厚的投资者都具有丰厚的投资经验,但就普遍意义而言,财力丰厚代表着投资者的经验更加充足,况且这部分投资者可能聘请投资顾问来辅助进行投资决策。如果否认这一点并转而要求投资者兼具丰厚的财力和成熟的经验将面临不少难题。NASAA认为考察投资者经验的最佳方法是对潜在投资者进行逐个审查,测试他们关于金融和投资的知识和经验,但NASAA也认识到该程序费时费力,不大可能被证券业界所接受。⑦ NASAA转而提出大幅提高"货币门槛"以确保的投资者经验的成熟度并能够承受投资风险。⑧ 但是,这将在很大程度上缩小获准投资者群体的范围。最终,NASAA的意见没有被规则制定者接受,当前SEC仍然维持了以单独的财力标准为主、以经验标准为辅的思路。

相比之下,我国的规范性文件采取了类型化的做法,对法人或其他组织投资者与自

---

① S. Rep. No. 293,104th Cong. 2d Sess.,p. 15(1996).

② See Re:Definition of Qualified Purchaser;Release No. 33 – 8041,letter from North American Securities Administrators Association,Inc.,available at:https://www. sec. gov/rules/proposed/s72301/borg1. htm.

③ Ibid.

④ See Annette Vissing – Jorgensen,Perspectives on Behavioral Finance:Does "Irrationality" Disappear with Wealth? Evidence from Expectations and Actions,NBER Macroeconomics Annual 2003,Vol. 18.

⑤ See Jeffrey R. Brown,Zoran Ivković,Paul A. Smith and Scott Weisbenner,Neighbors Matter:Causal Community Effects and Stock Market Participation,*Journal of Finance*,Vol. 63,No. 3(2008).

⑥ SEC,Report on the Review of the Definition of "Accredited Investor",December. 18,2015,p. 46,available at:https://www. sec. gov/files/review – definition – of – accredited – investor – 12 – 18 – 2015. pdf.

⑦ See Re:Definition of Qualified Purchaser;Release No. 33 – 8041,letter from North American Securities Administrators Association,Inc.,available at:https://www. sec. gov/rules/proposed/s72301/borg1. htm.

⑧ Ibid.

然人投资者进行区别对待。例如,《区域性股权市场监督管理试行办法》针对法人或其他组织仅使用财力标准,针对自然人使用财力与经验的混合标准,①可见,自然人投资者要受到财力标准和成熟性标准的双重限制,而企业或其他组织只需以财力标准进行衡量。这种类型化处理的思路是否合理?规则制定者的出发点或许在于,自然人投资者更易于作出不合理的投资决策,法人或其他组织更理性。但是,在法人或其他组织中,并非专业从事金融投资业务的主体在不借力投资顾问的情况下更理性的依据何在?笔者认为,更为合理的做法是采取单独使用财力标准和经验标准,以财力标准为主、经验标准为辅的做法。这或许不是绝对理想的最优选择,但能够兼顾各种考量的次优选择更具现实意义。

2. 特殊关系标准应进行严格解释

通常而言,特殊关系标准将发行人的"内部人"纳入特定对象之中。在特殊关系标准下,认购人必须与发行人存在特殊关系,以其享有的优势地位获取对投资而言关键的信息。但是,能够获取企业信息的雇员数量多,特殊关系标准能够覆盖哪些的发行人雇员?

首先,特殊关系使投资者能够便利地获取信息。在美国《1933 年证券法立法》进程中,国会否决了包含豁免向雇员发行股票内容的法律修正案,因为雇员股权投资计划的参与者可能如其他公众成员那样十分需要获知关于发行人的信息以获得证券法注册制度的保护。② 奠定证券非公开发行制度总基调的 Ralston Purina 案就是发行人向自身雇员发行普通股引发的诉讼案。在该案中,美国联邦最高法院认为发行对象包括了大量蓝领工人,他们不掌握与发行人有关的必要信息,即发行对象实际上包括了大量需要证券法注册制度保护的投资者,由于非公开发行不剥夺公司员工受到证券法注册制度保护的权利,因此判定 Ralston Purina 公司的发行不构成非公开发行。联邦最高法院还指出,向特定雇员(如高管)发行"非常"符合非公开发行,因为以其职位能够获得的信息与注册程序之中所披露的信息相同。因此,要使投资者能够获取必要信息,必须排除普通雇员,只有公司高阶雇员等内部人才处于获取信息的优势地位。在 Ralston Purina 案之后,联邦巡回法庭逐渐推高了对特殊关系的要求。例如,所有受要约人必须处于能够时常接触公司有关信息的位置,对发行人具有"优势关系"的地位才能使受要约人实际掌握信息。③只有拥有公司高级雇员的身份才能满足上述要求。纵使对特殊关系要求过多并不合理,但投资者享有的特殊身份对于获取信息的重要意义可见一斑。

---

① 法人或其他组织的净资产不低于一定指标,自然人在一定期间内拥有金融资产不低于一定标准且具有一定的投资经历或金融从业经验及相关工作经历。

② H. R. Rep. No. 1838,73d Cong. ,2d Sess. 41.

③ William M. Lively v. Fritz Hirschfeld and Wun Drop Company,440 F. 2d 631(10th Cir. ,1971);Hill York Corporation v. American International Franchises, Inc. 448 F. 2d 680(5th Cir. ,1971);SEC v. Continental Tobacco Company of South Carolina, Inc. 463 F. 2d 137(5th Cir. ,1971);Shirley Woolf and Robert Milberg v. S. D. Cohn & Co. 521 F. 2d 225(5th Cir. ,1975).

其次,特殊关系使投资者能够做出更合理的投资判断。美国联邦第五巡回法院在Shirley Woolf and Robert Milberg v. S. D. Cohn & Co. 案中要求受要约人具有实际查验的机会,因为发行注册程序中,SEC工作人员要审查注册材料并纠正不符合规定的披露;在非公开发行证券之时,仅仅提供必要信息不构成非公开发行,因为不存在像SEC工作人员一样审查注册文件的情况。虽然联邦第五巡回法院的要求有些苛刻,但并非全无道理。因为发行人提供的信息数量庞大、种类繁多,某些信息专业程度高,如果没有较强的信息筛选能力和理解能力,即使完全披露信息,投资者也会陷入信息的"汪洋大海"之中而无法抓取关键信息并做出合理的判断。发行人的高级雇员则不然,因为居于特殊地位,他们知晓哪些信息是关键的或应该搜寻哪些关键信息,并且他们能够较好地理解有关信息,在整合信息的基础上利用较丰富的经验做出更合理的判断。

综上,对于普通雇员来说,他们无法便利地获取对于投资而言必要的信息,即使通过一定途径获得了部分信息,也会因自身地位、经验、技能等的不足难以要求提供和筛选关键信息,无法理解有关信息和作出合理的投资判断。美国D条例501规则在定义获准投资者时也只列举了发行人的董事(director)、执行官(executive officer)和普通合伙人(general partner)三类特殊关系者。因此,特殊关系标准排除了发行人的普通雇员,只有发行人的董事、监事、高级管理人员等高级雇员才属于与发行人存在特殊关系的投资者。

(二)特定对象的类型

第一,机构(类)投资者。(1)金融机构。金融机构包括证券公司、期货公司、基金公司及其子公司、保险公司、商业银行、信托公司和财务公司,经行业协会备案或登记的证券、期货公司子公司等。金融机构是证券市场的经营者,拥有很高的专业程度和丰厚的财力,搜索、筛选、分析信息的能力强,投资决策水平高,议价和谈判能力强,甚至在某种程度上处于比发行人更强势的地位。金融机构有能力与发行人进行对等谈判和磋商,在非公开发行之中争取自己的权益。即使在以人数的单一指标来界定非公开发行的时代,美国SEC仍然允许发行人向高达数百个的机构非公开发行证券。(2)金融机构发行的金融产品。金融机构发行的金融产品包括各类资管产品、基金产品和信托产品等。中国证监会的规范性文件承认了上述金融产品的投资主体地位。① 鉴于资管产品、基金产品和信托产品等金融产品是由金融机构发行、由金融机构操作,并且取得了证监会规范性文件上的投资主体地位,可将金融机构认购非公开发行股票的行为视作金融机构的投资活动。

第二,法人或其他组织。特定对象中的法人或其他组织指财力较为充足的法人或其他组织投资者。当前我国的规范性文件主要借助财力标准来认定法人或其他组织是否为特定对象,如我国《区域性股权市场监督管理试行办法》规定了净资产不低于一定指标的法人或其他组织可以作为非公开发行股票的认购人。允许资产状况良好的法人或其他组织认购非公开发行证券既是特定对象的题中之意,又有助于纾解我国当前市场上存

① 如《区域性股权市场监督管理试行办法》第13条。

在的“两多两难”问题。

第三,自然人投资者。依据当前的规范性文件,考察自然人投资者是否有资格认购非公开发行股票的方式有两个:一是通过财力标准和成熟性标准进行双重考察。我国《区域性股权市场监督管理试行办法》要求自然人投资者在一定时期内拥有不低于价值50万元的金融资产且具有2年以上投资经历或金融行业、相关行业从业经历。其中,规则制定者为经验标准设置了客观的考察指标,提高了可操作性。二是利用特殊关系标准进行考察。我国《区域性股权市场监督管理试行办法》第18条规定发行人的董事、监事、高管和股东可不受第13条合格投资者的有关规定约束。这表明,现行规则承认了上述主体属于股票非公开发行的特定对象。

第四,公司股东。我国《区域性股权市场监督管理试行办法》第18条规定公司股东不受特定对象的资格要求限制。公司股东可能是机构类投资者,也可能是法人或其他组织,还可能是自然人投资者。从规范性文件的表达来看,公司股东既不是机构类投资者,也不是符合资格要求的法人或其他组织以及自然人投资者,仅仅依靠公司股东的身份就被归为特定对象。在股东人数较少的公司中,股东拥有获取必要信息或关键信息的优势地位,但在股东人数较多的公司中,某些股东不具有上述优势地位因而风险识别能力不强。同时,中小股东也不具有与公司对等的议价和谈判能力。如果一概允许公司所有股东认购非公开发行股票,认购人可能包括不具备风险识别和承受能力的投资者。因此,不能允许所有的公司股东作为特定对象认购非公开发行股票。笔者认为,应当以股东是否享有优势地位为依据,因为股东身份的特殊性就在于股东是公司内部人,这与公司董事、监事、高级管理人员相似。一般而言,持股数排名靠前的股东接触、获取必要或关键信息的机会更多,也更有能力分析、研判公司或项目的投资前景。因此,只有排名靠前的公司股东才应被纳入特定对象的范畴。当然,股东若属于前述几类特定对象,则不用对其进行限制。

四、结语

特定对象是证券非公开发行制度高效运转的关键,也是证券非公开发行与证券公开发行的重要界分点。早在《1933年证券法》立法之时,美国的国会议员就意识到在广泛牵涉公众利益的证券公开发行之外还应存在离公众利益遥远的证券非公开发行。最初监管者对证券非公开发行以发行对象的人数作为单一标准,这显然偏离了设置证券非公开发行制度的初衷。美国联邦最高法院对Ralston案的裁判从立法原意出发,为证券非公开发行制度的适用设立了一个准则,申明了发行对象资质的重要性。特定对象拥有的自我保护能力使得强制信息公开披露和监管机构对证券质量的把关不那么必要,而向特定对象发行才能实现与公众利益的区隔。就此而言,要实现证券非公开发行的整体功能,特定对象不仅是纸面上的条件规定,更意味着发行人在发行的过程中应对投资者进行筛选。经过多年的探索,财力、经验和特殊关系逐步发展成为特定对象的三大认定标准,值得注意的是,认定标准须与时俱进,在经济社会环境变化的过程中适时调整以保持灵活性。某些规范性文件使用合格投资者概念替换了特定对象概念,笔者认为,此举似有不妥,因为使用市场准入意味明显的合格投资者概念偏离了特定对象的性质,没有将发行对象放在证券非公开发行制度的整体之中进行考虑,且在证券法载明的概念之外使用新概念还可能导致理解的困难和规则的复杂化。

私募股权投资中对赌协议的效力裁判研究

赵　宇*

摘要：在“海富案”的判决广受批评的同时，我国学术界对Thoughtworks案件的解读亦存在误区。在中国法语境下，法院在对赌协议相关案件中对协议效力进行裁判是正当的。但是，除去效力已被肯定的“纯粹与股东对赌型”对赌协议，无论是“与股东对赌、公司提供担保”型对赌协议还是“与公司对赌”型对赌协议，通过实证分析其效力裁判的依据均能发现无效裁判中存在巨大的谬误。法院所关注的债权人利益保护的规范化路径也不在于对赌协议的效力判断。基于Thoughtworks案判决书的正确解读，借鉴其对“合法可用资金”的论理并结合中国法语境下的简单财务指标，由债权人自行起诉保护其自身利益才是问题的解决之道。

关键词：对赌协议　海富案　Thoughtworks案　债权人利益　资产负债表

自被称为我国对赌协议第一案的“海富案”①宣判以来，实务界与学术界均流行“可以与股东对赌，不得与公司对赌”的解读，这甚至被从事私募股权投资相关领域的PE/VC投资机构、律师事务所视作“黄金法则”，也被之后的法院对对赌协议案件进行裁判时奉为圭臬。当然，“海富案”的裁判结果在法学界引起了很大批判声。不少学者认为，对于公司与投资者之间的对赌协议应属于契约自由的范畴，因此以最强硬的否定性法律后果认定对赌协议的效力实质上并未尊重意思自治。有些学者从“合同”与“公司”二元结构的角度论述了对于对赌协议的武断否定是由于我国法院将公司视作“静态财产”而未在商事组织法的范畴内对其决策和财务状况进行判断，②其实是将公司视作了“股东财产延伸”。③ 还有学者援引了美国私募股权投资领域著名的Thoughtworks案以论证美国法院对公司财务状况的分析之于裁判的重要性以及对合同履行可能性的裁判而非合

* 中国社会科学院研究生院博士研究生，中国社会科学院与荷兰莱顿大学联合培养博士。

① 参见(2012)民提字第11号，甘肃世恒有色资源再利用有限公司、香港迪亚有限公司与苏州工业园区海富投资有限公司、陆某增资纠纷民事判决书。

② 潘林：《重新认识“合同”与“公司”——基于对赌协议类案的中美比较研究》，载《中外法学》2017年第1期。

③ 邓峰：《代议制的公司——中国公司治理中的权力和责任》，北京大学出版社2015年版，第27页。

同效力的裁判应当成为我国法院学习的对象。[①]

事实上,虽然自"海富案"宣判至今,关于该案件的分析与学理上的批判屡见不鲜,并且对于美国 Thoughtworks 案的类案比较分析也已较为详尽,然而在嗣后类似案件的司法裁判中,我国法院却基本上遵守了"海富案"的裁判路径。这究竟是我国法院在司法裁判中因循守旧或观念有待提高,还是我国学界对于以"海富案"为代表的私募股权投资中的对赌协议相关案件缺乏系统的研究,因而提出的建议条陈不符合中国法语境呢?显然需要在这些理论和比较法案例研究的基础上,对于我国的私募股权投资中的对赌协议相关案件裁判进行系统的实证研究,方能梳理出我国法院对于对赌协议裁判的重点、依据,并基于此提出司法裁判改进和提高的建议。

一、对赌协议的范围和样本说明

(一)对赌协议范围的确定

对赌协议范围非常广,绝不仅限于私募股权投资领域的协议。对于对赌协议范围的确定,重点应当从功能主义的维度把握。

从词源上看,"对赌"并非法律用词,而是更多地具有金融学上的含义。对赌在某种意义上可能带有赌博含义。也正是由此,带有赌博性质的资本市场中如衍生品交易,往往受到法律的严格规制以克制其强烈的负外部性。[②] 从功能主义视角上看,对赌至少有三种不同的交易模式:一是如前所说的金融衍生品交易中买卖双方达成的零和买卖(当然部分学者认为除了衍生品交易外,二级市场中股票的买卖亦是具有赌博性质[③])。二是存在于劳务、雇佣甚至委托关系中,以实际盈利或亏损作为合同相对人报酬指标的风险代理合同。三是私募股权投资中的对赌协议,其功能在于价格调整或估值调整,因而也被称为估值调整机制(Valuation Adjustment Mechanism)。这种对估值调整的意义在于"将交易双方不能达成一致的不确定事件暂时搁置、留待该不确定性消失后双方再重新结算。由于这种结构性安排,使达成股权交易的可能性大增,从总体上增加了社会福利"。[④] 因而可以看出,将对赌协议当然视作价格调整机制或估值调整机制是不正确的,因为估值调整事实上是对赌协议的制度功能之一,此功能正是通过对赌协议实现的。尽管从某种意义上说,估值调整功能正是对赌协议在投融资领域广泛使用最重要的原因。

事实上,功能主义视角下的三种对赌模式正符合实务中有关对赌协议的司法裁判案例类型。金融衍生品交易和以实际盈利或亏损作为合同相对人报酬指标的风险代理合

① 刘燕:《对赌协议与公司法资本管制:美国的实践及启示》,载《环球法律评论》2016 年第 3 期。

② 许德风:《赌博的法律规制》,载《中国社会科学》2016 年第 3 期。

③ 蒋大兴:《国民性、资本市场与法律的深层结构——民众的"好赌性"与市场调控法则》,载《北方法学》2009 年第 1 期。

④ 彭冰:《对赌协议:未来不确定的合同解决》,载《中国社会科学报》2012 年 11 月 28 日,A07 版。

同以及估值调整机制三类是产生对赌协议司法裁判案件的全部原因。而本文仅仅探究的是私募股权投资领域中的对赌协议相关案件司法裁判产生的问题。

(二)关于研究样本的说明

本文正是通过对私募股权投资领域对赌协议的司法裁判判决书或裁决书资料的收集并进行统计学分析,试图全面呈现相关对赌协议案件的裁判路径,并为裁判理由的评价与裁判建议提供切实基础。需要特别注意的是,此种研究方法固然能呈现法院对相关案件进行司法裁判的一般路径,但是存在三个局限:第一,裁判文书网虽然是目前最权威的官方裁判文书查询网站,但是通过该网站公布的裁判文书只占所有裁判文书的一小部分,有大量裁判文书未通过该网站公布。因而通过该网站查询到的裁判文书并不能全面展现法院对该类案件进行司法裁判的全貌。第二,通过裁判文书网上传的裁判文书存在归类错误的情形,即可能出现已经上传但错误归类到其他案件的情形,从而使案件统计不尽全面。第三,我国不同法院公布的裁判文书差异极大,有的说理较为充分、论证翔实;而有的几乎没有论证,说理也模棱两可,因而难以准确地确定其适用的法律依据和论证逻辑,也对案件统计工作的精确性带来一些阻碍。

在裁判文书网中,笔者通过关键词对赌协议,并结合规范索引《公司法》第 20 条和第 35 条①检索了中国裁判文书网所有相关的案例,最后检索时间为 2018 年 4 月 10 日。对所有案例进行甄别,剔除二审法院认定原审认定事实不清、发回重审的案件、②再审法院认定原审适用法律错误指令再审的案件,③以及与对赌协议合同本身毫无关系的案件、④并非私募股权投资领域的对赌协议案件,⑤共得到 63 份有效裁判文书。

需要特别注意的是,在全部 63 份有效裁判文书中,法院均在裁判中对协议效力进行了判断。⑥ 这意味着在我国司法实践中,有关私募股权中对赌协议的案件,无论当事人诉

---

① 在初步的案例筛选中,笔者发现法院对对赌协议进行司法裁判时较为常用这两条作为判决依据,因而为了尽可能补充关键词不能检索到的相关案例,使用了相关法条的检索。

② 北京匡富投资有限公司等与中国风险投资有限公司等合同纠纷二审民事裁定书,(2014)北京市第二中级人民法院二中民终字第 04990 号。

③ 郭某某、山西邦奥房地产开发有限公司股权转让纠纷再审审查与审判监督民事裁定书,(2017)最高法民申 3671 号。

④ 如北京泛亚太信息技术研究所(普通合伙)与北京神州泰岳软件股份有限公司股权转让纠纷二审民事判决书,(2017)京 01 民终 6090 号等 10 件。

⑤ 如深圳市英格利家具有限公司与李学刚服务合同纠纷申诉、申请民事裁定书,(2014)粤高法民申字第 1663 号等。

⑥ 2015 年环球律师事务所发布了《对赌在中国的司法实践研究报告》(第 1 版),提到 16 个对赌协议相关裁判文书中有 1 个未涉及合同效力,即翁某某与胡某某等股权转让纠纷案[(2014)沪一中民四(商)终字第 1096 号]。可参见 www.globallawoffice.com.cn/content/details_40_848.html。然而,笔者未能在中国文书裁判网或"北大法宝"等案例检索数据库及搜索引擎中查到该案全部判决书,故未将其计入统计案例中。而且即使计入也不影响样本总体说明情况。

求如何,法院一定会对协议效力进行判断。

二、对赌协议效力裁判的正当化证明

如前所述,通过实证研究表明我国法院在私募股权投资对赌协议案件中,对协议效力的裁判是共同的裁判路径。然而,虽然在所有案件中法院均对协议效力进行了裁判,但是并不意味着每个案件中当事人均有请求法院对协议效力进行判断的诉求。表一显示了双方当事人是否就协议效力请求法院进行裁判("是"包括原告提出合同效力的确认之诉及虽然原告未提出合同效力的确认之诉而是提出给付之诉等,但被告以合同效力为由提出抗辩事由;"否"意味着案件当事人完全未就协议效力产生争议)所占的全部案件的比例。

表1　对赌协议案件中当事人是否就协议效力请求法院进行裁判数量与比例

当事人是否就协议效力请求法院进行裁判	案件数量(件)	所占比例(%)
是	50	79.4
否	13	20.6

显然,通过表1明显可以看出,在大部分的案件(79.4%)中,法院就协议效力进行裁判是因为当事人双方本身就协议效力产生争议因而请求法院进行判断。由此可以证明,不少学者通过借助美国对赌协议案件中著名的Thoughtworks案批判我国法官在司法裁判中将重点置于协议效力全然不顾协议履行之可行性①有失偏颇,因为数据已然证明,近乎4/5的案件中当事人本身就要求法院对协议效力进行判断。

此外,或有人认为仍然存在有近1/5的案件(20.6%)中双方当事人均未对合同效力产生争议,然而法院仍然对合同效力进行了判断,这仍说明法院的裁判路径不正确,而是应当就当事人的争点直接展开裁判。然而,这种认识没考虑中国法语境,即我国民商事审判实践的前提——请求权基础的确定。质言之,在我国的民商法审判实践中,当事人提出的诉讼请求从诉的角度上分为确认之诉、形成之诉、给付之诉。确认之诉是当事人请求法院认定某种法律关系存在或不存在的诉,给付之诉是当事人请求法院责令义务履行人为一定行为或不为一定行为的诉,而形成之诉则是当事人请求法院变更或消灭某种法律关系的诉。具体到对赌协议案件中,倘若当事人提起确认之诉,一般是确认合同效力有效或无效,这部分案件中的当事人请求法院就协议效力进行确认,因而法院对协议效力必然要裁判;倘若当事人提出给付之诉,给付的内容可以是行为或物,而给付正是债的客体。提出给付之诉正是基于一定的请求权基础,在对赌协议案件中一般是基于协议产生的履行合同的请求权。法院要对此给付之诉进行裁判,最重要的就是判断当事人的请求权基础。即使原告未提出请求法院确认合同有效且被告也并未提出合同效力存在瑕疵的抗辩,但只要是法院对给付之诉进行裁判,则要查明请求权是否存在、当事人是否

① 刘燕:《对赌协议与公司法资本管制:美国的实践及启示》,载《环球法律评论》2016年第3期。

有请求权、存在何种请求权、请求权的内容为何。而查明这些的前提则是判断请求权的来源——对赌协议的效力。只有对赌协议是有效的,原告才享有基于该协议的请求权。因此,法院对对赌协议效力进行判断的本质是对请求权基础的判断,与当事人是否提出协议效力争议无关;倘若当事人提出形成之诉,必然是基于一定的形成诉权,如我国《合同法》第 54 条①或《民法总则》第 147 条规定的撤销权,②《合同法》第 94 条规定的法定解除权,③最高人民法院《关于适用〈中华人民共和国合同法〉若干问题的解释(二)》第 26 条规定的情势变更情形下的解除权④等。显然这些形成诉权的行使也是基于合同有效的基础上产生,否则不存在撤销亦不存在解除的问题,此时法院对合同效力的判断在于确定当事人有无形成权且当事人有无依诉行使形成权。此时法院对对赌协议效力的裁判亦与当事人是否提出协议效力争议无关。

如上三个不同种类的诉导致当事人的请求类型不同,法院判断对赌协议效力的原因不同。但这也就是无论当事人如何提出诉讼请求法院均会对对赌协议效力进行裁判的原因。

反观 Thoughtworks 案,原告 SV 投资合伙企业的诉求是作为投资股东要求 Thoughtworks 公司强制赎回其可赎回优先股。⑤ 原告未提出确认合同有效,被告也未提

---

① 我国《合同法》第 54 条规定:下列合同,当事人一方有权请求人民法院或者仲裁机构变更或者撤销:

(一)因重大误解订立的;

(二)在订立合同时显失公平的。

一方以欺诈、胁迫的手段或者乘人之危,使对方在违背真实意思的情况下订立的合同,受损害方有权请求人民法院或者仲裁机构变更或者撤销。

当事人请求变更的,人民法院或者仲裁机构不得撤销。

② 我国《民法总则》第 147 条规定:基于重大误解实施的民事法律行为,行为人有权请求人民法院或者仲裁机构予以撤销。第 148 条规定:一方以欺诈手段,使对方在违背真实意思的情况下实施的民事法律行为,受欺诈方有权请求人民法院或者仲裁机构予以撤销。第 149 条规定:第三人实施欺诈行为,使一方在违背真实意思的情况下实施的民事法律行为,对方知道或者应当知道该欺诈行为的,受欺诈方有权请求人民法院或者仲裁机构予以撤销。第 150 条规定:一方或者第三人以胁迫手段,使对方在违背真实意思的情况下实施的民事法律行为,受胁迫方有权请求人民法院或者仲裁机构予以撤销。第 151 条规定:一方利用对方处于危困状态、缺乏判断能力等情形,致使民事法律行为成立时显失公平的,受损害方有权请求人民法院或者仲裁机构予以撤销。

③ 我国《合同法》第 94 条规定:有下列情形之一的,当事人可以解除合同:

(一)因不可抗力致使不能实现合同目的;

(二)在履行期限届满之前,当事人一方明确表示或者以自己的行为表明不履行主要债务;

(三)当事人一方迟延履行主要债务,经催告后在合理期限内仍未履行;

(四)当事人一方迟延履行债务或者有其他违约行为致使不能实现合同目的;

(五)法律规定的其他情形。

④ 《合同法解释(二)》第 26 条规定:合同成立以后客观情况发生了当事人在订立合同时无法预见的、非不可抗力造成的不属于商业风险的重大变化,继续履行合同对于一方当事人明显不公平或者不能实现合同目的,当事人请求人民法院变更或者解除合同的,人民法院应当根据公平原则,并结合案件的实际情况确定是否变更或者解除。

⑤ Thoughtworks, Inc. v. SV Inv. P' rs, LLC, 902 A. 2d 745 (Del. Ch. 2006).

出合同效力存在瑕疵,双方直接围绕是否应该强制赎回展开。此时,法院不对该案件中投资合同的效力进行判断而是直接对协议的履行即优先股的赎回进行了分析,这种裁判路径符合美国普通法的一般审判原理,却难以直接适用于我国的司法审判。即使在我们熟读 Thoughtworks 案的今天,倘若该案件自我国重新发生,我国法院定然还会对投资协议的效力进行判断。暂且不论我国法院在私募股权投资对赌协议案件中对协议效力的判断是否准确,仅论及对协议效力判断本身,并非我国法院技不如人,而是符合中国法语境下的民商事审判规则。

前述已论证我国法院在私募股权投资对赌协议相关案件中对协议效力裁判的正当性,然而尽管这个裁判方向是正确的,却并不能说明对协议效力的裁判亦是准确的、论证是充分的。表2展示了"与公司对赌"和"与股东对赌"两种基本类型下当事人是否就协议效力请求法院进行裁判的案件数量对比。

表2 对赌协议不同类型案件中当事人是否就协议效力请求法院进行裁判对比

协议类型	当事人就协议效力请求法院裁判(件)	当事人未就协议效力请求法院裁判(件)	比例
与股东对赌(不含既与股东对赌也与公司对赌)	30	13	2.31∶1
与公司对赌(含既与股东对赌也与公司对赌)①	20	0	20∶0

通过表2能够看出,在两种对赌协议案件类型中当事人就协议效力请求法院进行裁判与未就协议效力请求法院裁判的案件数量对比。显然在"与股东对赌"类型中,有相当多数量的案件当事人根本未对协议效力产生争议亦未提出效力确认之诉;然而在"与公司对赌"类型中,所有案件的当事人均请求法院对协议效力进行裁判。细查之,则会发现在此类案件中不论原告提出的诉讼请求为何,被告均提出合同效力瑕疵的抗辩事由。结合对赌协议的司法审判历史,可以推断导致这种不同的原因是最高人民法院再审"海富案"之后,在实务界开始流行"可以与股东对赌,不能与公司对赌"的"经验"。因此,每当出现"与公司对赌"的案件,被告方的律师总会提出合同无效的抗辩且不论原告的诉求为何。这不得不说是关于对赌协议的效力裁判不准确所导致的直观后果,以至于使学界和实务界批判协议效力裁判必要性。

① 在两个存在与公司对赌协议的案件中,原告的诉求及原被告之间的争点完全集中在与股东对赌的条款之间,因此法院裁判也是围绕着股东对赌条款展开而未对与公司间的对赌条款进行裁判。为了统计的准确性,两个案件计入了"与股东对赌"的类型。参见宁波东元创业投资有限公司与张某甲、张某乙与公司有关的纠纷一审民事判决书[(2015)涪民初字第6087号],李某与张某甲、张某乙与公司有关的纠纷一审民事判决书[(2015)涪民初字第06088号]。

应当说,对赌协议案件持续引起关注不仅因为我国私募股权投资市场较为活跃,还因为法院在司法裁判中反复的态度、含糊的论证,以及“海富案”后确立的审判原则由于不符合各类私募股权投资市场的需要难以自圆其说而饱受批判。

在所有对赌协议案例中,“与股东对赌”项下又可以分为“纯粹与股东对赌”以及“与股东对赌、公司提供担保”两种子类型。不同类型的案件中法院对协议效力的裁判结果不同。表3呈现了各种具体类型的案件中法院对对赌协议效力的裁判结果。

表3 各种类型的对赌协议效力裁判结果对比

<table>
<tr><th colspan="2">协议类型</th><th>有效(件)</th><th>无效(件)</th><th>总数(件)</th><th>有效率(%)</th></tr>
<tr><td rowspan="2">与股东对赌(不含既与股东对赌也与公司对赌)</td><td>纯粹与股东对赌</td><td>34</td><td>0</td><td>34</td><td>100</td></tr>
<tr><td>与股东对赌,公司提供担保</td><td>4①</td><td>5</td><td>9</td><td>44.4</td></tr>
<tr><td colspan="2">与公司对赌(包括既与股东对赌也与公司对赌类型)②</td><td>4</td><td>16</td><td>20</td><td>20.0</td></tr>
</table>

表3所呈现的不同类型的对赌协议效力裁判结果显示,纯粹与股东对赌(无论是现金对赌还是回购对赌)协议的效力完全已经为我国法院承认。所有的该类案件诉争至法院后,对赌协议的效力均被肯定。因而,“纯粹与股东对赌”这类案件中的对赌协议效力问题已然不再是亟待解决的问题。与之相比,仅有44.4%的“与股东对赌,公司提供担保”型对赌协议与20.0%的“与公司对赌”型对赌协议的效力为法院所确认,这两类协议的效力则是需要研究的重点内容。

三、“与股东对赌,公司提供担保”型对赌协议的效力裁判研究

表3的统计结果揭示了一个事实:我国法院对“与股东对赌,公司提供担保”型对赌协议的效力认识尚存巨大的差异,几乎一半法院认定有效而一半法院认定无效。表4展示了认定无效的裁判文书对协议效力裁判的说理情况。

---

① 在通联资本管理有限公司、成都新方向科技发展有限公司与公司有关的纠纷再审案中,法院的论证事实上推翻了二审法院认定担保条款归于无效的认定,对担保条款的效力实际上予以确认。但同时法院也认为由于公司未能提供有效作出担保的决议而被担保人未能尽到审查义务,故法院依据《公司法》第16条第2款认定担保条款不对被担保人发生效力,而非认定无效。故该案计入有效序列。参见通联资本管理有限公司、成都新方向科技发展有限公司与公司有关的纠纷再审民事判决书[(2017)最高法民再258号]。

② Thoughtworks, Inc. v. SV Inv. P' rs, LLC, 902 A. 2d 745(Del. Ch. 2006).两案件均计入“纯粹与股东对赌”类型。

表4 无效的"与股东对赌,公司提供担保"协议效力裁判依据

案件	案卷号	论证依据	引用《公司法》条文
北京碧海舟腐蚀防护工业股份有限公司等与天津雷石信锐股权投资合伙企业(有限合伙)股权转让纠纷	(2015)二中民(商)终字第12699号	承担连带担保责任的约定——使投资者取得相对固定的收益,该收益脱离了公司的经营业绩,损害了公司利益和公司债权人利益	第20条
南京誉达创业投资企业与上海超硅半导体有限公司、陈某股权转让纠纷	(2015)松民二(商)初字第142号	造成公司责任资产的不当减少,脱离公司经营业绩获得固定投资收益,损害公司债权人利益——该约定也有违通常的投资原则,将投资风险转嫁给被投资企业	第20条
吴某某与福建茂龙鞋材有限公司、晋江风华鞋材有限公司等合同纠纷	(2015)榕民初字第249号	让公司为股东股权回购提供担保,侵犯了公司的财产权,亦侵犯了公司外部债权人基于公示登记而对公司资本状况享有的信赖利益	第35条 第20条
天津达晨盛世股权投资基金合伙企业(有限合伙)与蒋某某等股权转让纠纷	(2015)海民(商)初字第34476号	该债务承担连带责任的诉讼请求,因该连带责任没有法律依据,故不予支持	第20条
杨某某与蒋某某等股权转让纠纷	(2015)海民(商)初字第34474号	该债务承担连带责任的诉讼请求,因该连带责任没有法律依据,故不予支持	第20条

在"与股东对赌、公司提供担保"型对赌协议被认定无效的5个案件中,《公司法》第20条第1款①成为法院裁判的依据。在另外一个案件中,法院还认定提供担保条款涉嫌"抽逃出资"因而违反了《公司法》第35条②而无效。③

① 我国《公司法》第20条规定:公司股东应当遵守法律、行政法规和公司章程,依法行使股东权利,不得滥用股东权利损害公司或者其他股东的利益;不得滥用公司法人独立地位和股东有限责任损害公司债权人的利益。

② 我国《公司法》第35条规定:公司成立后,股东不得抽逃出资。

③ 参见吴某某与福建茂龙鞋材有限公司、晋江风华鞋材有限公司等一审民事判决书[(2015)榕民初字第249号]。

我国《公司法》并未对抽逃出资的概念做出具体规定,可以认为"抽逃出资是公司成立且股东缴付出资后,公司违反法律规定向股东返还出资或股东违反法律规定从公司无偿取得或超过合理对价取得利益并导致公司资本减少的行为或交易"。① 根据这一定义,构成抽逃出资的一个重要前提是"从公司无偿取得或超过合理对价取得利益",可是在公司为股东提供担保的情形并不满足这一前提。公司的股本绝非处于不可触碰或绝对不能用的状态。我国《公司法》第35条规定的禁止抽逃出资规则是基于资本维持原则防止股东抽逃出资以损害公司与债权人利益所设定的规则。这是因为股东对出资的抽逃是"无偿"或"超过合理对价",一旦股东抽逃出资后,公司的资本已然受到不可挽回的损失。此时损害的不仅是此时公司的债权人,其实也包含基于相信公司的资本信用而愿意和公司接触的嗣后债权人。这是由于"资本信用的显示与判断具有对世性……公司可以向不特定的多数人显示其注册资本状况,而任何人都可以利用工商登记资料进行资本信用判断"。② 显然股东抽逃出资后,公司的实际资产信用状况与其应当所有的资本信用状况不一致时,损害了债权人及基于公司注册资本而相信公司的资本能力而嗣后成为公司债权人的利益。但是这不意味着在公司成立后,公司的资本即束之高阁,难道动辄注册资本上亿的金融公司每天都要锁着好几个亿在公司不能用吗?显然不是这样,公司的注册资本金也是可以投入公司生产运营中的。倘若公司都持续保持注册资本金原模原样不变,《公司法》则不会要求公司提取利润进入法定公积金了。③ 事实上,在公司生产经营过程中,公司的资本金是不断在投入运营的,只不过是不断在不同资本形式间转换。而这种转化与"抽逃出资"有显著的不同。"抽逃出资"对公司股本造成不可逆的损害,违反了资本维持原则。而资本维持原则要求"公司应当维持与公司资本总额相当的财产"。④ 公司虽然不断将注册资本投入生产运营,但是这些注册资本金会转化为"与公司资本总额相当"的其他资本类型。比如,公司使用其注册资金购买了办公用品,虽然绝对意义上注册资金减少了,但是用去的注册资本却转化为购买的办公用品,这些办公用品对于公司而言仍然构成"相当于资本额度之财产"能够作为"具体财产充实抽象资本"。⑤ 而具体到为股东提供担保的情形中,公司即使使用了注册资本,但此时并非不可逆或无偿的"抽逃",而是取得了对股东的债权。

公司为股东提供担保,诚如《通联资本管理有限公司、成都新方向科技发展有限公司与公司有关的纠纷再审民事判决书》中所论述的"是股东承担的股权回购价款本息承担

---

① 刘燕:《重构"禁止抽逃出资"规则的公司法理基础》,载《中国法学》2015年第4期。

② 陈甦:《资本信用与资产信用的学说分析及规范分野》,载《环球法律评论》2015年第1期。

③ 我国《公司法》第166条规定:公司分配当年税后利润时,应当提取利润的10%列入公司法定公积金。公司法定公积金累计额为公司注册资本的50%以上的,可以不再提取。

④ 施天涛:《公司法论》(第3版),法律出版社2014年版,第168页。

⑤ 柯芳枝:《公司法论》,中国政法大学出版社2004年版,第127页。

连带责任,仍然属于金钱债务范畴”。[①] 在公司为股东承担担保责任后,公司取得了对股东的债权,公司的现金转化为债权形式的资本或资产。公司的现金减少显然并不是因为股东从公司无偿取得或超过合理对价取得利益。体现在公司“资产负债表”中,资产项目下的“现金”减少而“应收款项”增加,减少的“现金”等于增加的“应收款项”,公司总的资产项目并未减少。因此,为股东提供担保本质上并未减损公司资产。5份判决书均援引了《公司法》第20条,认为公司承担担保责任会严重影响债权人利益显然并未考虑到资产形式的转化。

当然,或许法院在裁判时也考虑到公司承担担保责任后会减少公司的现金,即使公司取得了对股东的债权那也不如有现金那样“令人感到踏实放心”,但是这个意义上的考量并非法律所考虑的范畴。若是彻底地实现所谓地“令债权人满意”,除非公司永远不花钱只挣钱,那显然是不可能的。《公司法》并非专门为债权人利益设计的法律制度,尽管债权人利益的保护是其中所考量的重要因素,但《公司法》需要维护股东、公司和债权人三者利益平衡,不可能向哪一方过度倾斜。此外,债权人之所以选择和特定公司进行交易,亦是其投资的自由选择。投资有风险,投资需谨慎,债权人不可能不承担任何风险。况且,公司符合法定程序的对外担保是其商业决策的一部分,与公司的普通投资经营行为无异,从长远看有利于公司发展,实现公司资产的增长。对于公司来说,其资本信用是保护债权人利益的一个基本制度,实际上在具体交易中即使公司注册资本的一部分被抽逃,债权人利益也未必会受到严重损害,但是公司法仍设定了资本维持的“红线”。而对于未损害公司资本的行为,法律意义上的严重损害债权人利益则需要依据个案进行判断。但是,无论如何也不可能做到完全“令债权人放心”的状态。因此,法院认定当股东对赌后公司提供的担保条款无效,实则未注意到,这种担保形式与《公司法》第16条规定的公司担保形式没有本质不同。既然都是公司对股东提供担保,况且作为主合同的对赌协议的效力受到法院认可却导致担保条款无效,这是丝毫没有道理的。

综上所述,通过对“与股东对赌、公司提供担保”型对赌协议的效力裁判依据分析可以得出,法院认定这类协议无效实则未考虑股东既不是无偿或超过正常对价获得利益亦未考虑资产形式的转化导致资产本质上未减少,因此,这类协议并不违反《公司法》第16条和第20条的规定,应当作有效判断。

四、“与公司对赌”型对赌协议效力裁判研究

自“海富案”判决中最高人民法院否认了海富公司与世恒公司之间的对赌协议效力后,整个实务界始产生“不能与公司对赌”认识。具体而言,“与公司对赌”型对赌协议分为“现金对赌”与“回购对赌”两个子类别。前者即以被投资公司向投资者补偿现金为手段,往往以公司的业绩为条件对赌,“海富案”中的对赌协议即此类;后者以被投资公司回购投资者股份为手段,往往以公司是否上市成功为条件。

---

① 参见通联资本管理有限公司、成都新方向科技发展有限公司与公司有关的纠纷再审民事判决书[(2017)最高法民再258号]。

表 5 “与公司对赌”型对赌协议效力裁判比较

类型	有效(件)	无效(件)	总数(件)	有效率(%)
回购对赌	1	11	12	9.10
现金对赌	3①	5	8	37.5

表 5 呈现了“回购对赌”与“现金对赌”协议效力裁判的区别。前者的有效率明显低于后者,这应当是两方面的原因造成的。其一,在传统的认识中,公司回购股份比公司对外输出现金“更危险”,更容易损害债权人利益。公司回购股份会造成公司资本的减少,尤其在注册资本实行实缴制时期,“实缴资本是资产利用方式多样性的基础”,②因此传统上认为公司资本一旦减少会对债权人必然造成损害。事实上,公司法对无论是有限责任公司或股份有限公司的股份回购都作了极其严格的限制。③

而公司进行现金补偿则不同。公司无时无刻不在进行各种交易,现金流的增加和减少稀松平常,现金的减少远不如资本减少那样“令人警觉”。且我国《公司法》并未规定利润分配的范围,分配时只要不落入“抽逃出资”的桎梏,在司法实践中都不认为公司现金的减少是多么严重的事情。④ 因此,法院裁判“与公司对赌”案件时,倘若遇到“现金对赌”可能会加以考虑再行判断,而遇到“回购对赌”的案件时几乎是不假思索地判决无效。其二,“回购对赌”类型中有效的 3 个案件是同一案情事实,只是被投资公司的 3 个不同投资者起诉,其案卷号都是相连的,因而这 3 个案件本质上是一个案件。3 个案件中的协议效力为法院作相同判断几乎是必然的,这无疑在一定程度上增加了有效比例。

表 5 所列事实之所以在表 3 中的“与公司对赌”事项下未具体区分,是因为虽然“现金对赌”与“回购对赌”的有效比例不同,但这种不同并非表 3 意图展现的问题。事实上,法院对“现金对赌”与“回购对赌”两个子类别的对赌协议效力持相似态度,认定无效的居多。但是,区分的意义在于认定依据明显不同。因此,对它们的效力裁判作具体研究时有必要加以区分。

---

① 3 个案件是同一公司的 3 个投资者分别起诉,案情完全一样。参见贺某与郭某公司增资纠纷一审民事判决书[(2014)海民初字第 10675 号];江某与郭某公司增资纠纷一审民事判决书[(2014)海民初字第 10677 号];薛某某与郭某公司增资纠纷一审民事判决书[(2014)海民初字第 10678 号]。

② 陈甦:《实缴资本的多重效用及其保障措施》,载《法学杂志》2014 年第 12 期。

③ 我国《公司法》第 74 条规定有下列情形之一的,对股东会该项决议投反对票的股东可以请求公司按照合理的价格收购其股权:(一)公司连续五年不向股东分配利润,而公司该五年连续盈利,并且符合本法规定的分配利润条件的;(二)公司合并、分立、转让主要财产的;(三)公司章程规定的营业期限届满或者章程规定的其他解散事由出现,股东会会议通过决议修改章程使公司存续的。第 142 条规定:公司不得收购本公司股份。但是,有下列情形之一的除外:(一)减少公司注册资本;(二)与持有本公司股份的其他公司合并;(三)将股份奖励给本公司职工;(四)股东因对股东大会作出的公司合并、分立决议持异议,要求公司收购其股份的。

④ 股东从公司获得财产,在公司法的实现机制下有 3 种,即股权回购、利润分配或关联交易。因此,即使符合对赌协议补偿条件,股东也是基于这 3 种机制之一从公司获得财产。

(一)“回购对赌”型对赌协议效力裁判研究

表 6 展示了我国法院在 7 个认定无效的“回购对赌”型对赌协议效力裁判中的说理情况。

表 6　“与公司对赌”中无效的“回购对赌”协议效力裁判依据

案件	案卷号	论证依据	引用《公司法》条文
扬州福源智业投资中心与浙江中凯润控股有限公司、苏某某股权转让纠纷	(2014)扬商初字第00079号	公司回购股东股权必须基于法定情形并经法定程序——让股东在不具备法定回购股权的情形以及不需要经过法定程序的情况下,直接由公司支付对价而取得财产,实质是股东可以不承担公司经营风险而即当然获得约定收益,损害了公司、公司其他股东和公司债权人的权益	第 20 条
江苏联发纺织股份有限公司与海安中机浦发曲轴有限公司、蒋某某等请求公司收购股份纠纷	(2016)苏0621民初3475号	该约定使投资可以取得相对固定的收益,该收益实际上脱离了公司的经营业绩,损害了公司利益和公司债权人的利益	第 20 条
常州产权交易所与黄某、尚蛙网络科技(江苏)有限公司等股权转让纠纷	(2017)苏04民终3295号	公司的股东只能通过公司经营利润分配从公司获取股东收益,亦可通过法定减资程序退出公司经营,在公司经营未达预期或者公司在经营过程中出现违反增资合同的情况下,要求公司回购股权,实质上系抽回出资的行为	第 35 条
管某某、山东姜仔鸭农业产业集团有限公司新增资本认购纠纷	(2017)鲁09民终1752号	公司进行退还认购款的约定,直接或者间接地损害了公司利益和公司债权人利益	第 20 条

续表

案件	案卷号	论证依据	引用《公司法》条文
湖南湖大海捷津杉创业投资有限公司与张某某、柳某等与公司有关的纠纷	(2017)湘民终245号	回购股份的条款违反了《公司法》的强制性规定，且侵害了该公司其他股东的利益而无效	第20条 第35条 第74条
新疆厚德股权投资有限合伙企业与库车杰丰果业有限责任公司、王某甲、王某乙合同纠纷	(2016)新01民初258号	该约定使厚德合伙企业的投资可以取得相对固定的收益，该收益脱离了杰丰公司的经营业绩，实质上损害了杰丰公司及公司债权人利益	第20条
叶某与福建省万坤顺建筑节能有限公司合同纠纷①等5个案件	(2016)闽0206民初298号	该约定内容背离公司法治理精神，最终使股东规避公司不能上市带来的风险，严重损害了公司、公司其他股东和债权人的合法利益	第20条

表6呈现了我国法院认定"与公司回购对赌"协议无效的理由。事实上，认定协议违反《公司法》第35条和第74条是一题两议。因为《公司法》第74条规定了股东的股份回购请求权，而《公司法》第35条则规定了禁止抽逃资本。一旦公司违法回购即违反第74条，也就自然成为抽逃资本的行为。显然，公司直接回购股权降低了公司资本，而"公司的资本一经确定，非依法定程序，不得随意改变"，②此资本不变原则的要求，因而《公司法》对公司股权回购有着较严格的规定。我国《公司法》提供的有限责任公司股权回购机制是《公司法》第74条规定的股东股份回购请求规则，因而不符合这个条款的回购行为由于非依法定程序导致公司资本减少，的确有"抽逃出资"之嫌。然而需要特别注意的是，正是由于我国《公司法》事实上提供了股份回购渠道，对于回购行为并非完全禁止，因而在协议中约定回购对赌并不意味着被投资公司实际履行协议回购股权的行为一定不符合法定回购程序。只是有可能公司为了履行回购的约定，又因无法通过股东会决议或不符合法定回购的条件，只能采取违法回购的方式，这种状况下公司的股份回购行为可

① 还有4个案件与本案被告相同，原告均为该被告的股东，这5个案件案情完全相同，判决查明事实、判决理由和结果亦完全相同。因此，为了简化表格只列了此案，其余4个案件参见严某某与福建省万坤顺建筑节能有限公司合同纠纷一审民事判决书[(2016)闽0206民初300号]，徐某某与福建省万坤顺建筑节能有限公司合同纠纷一审民事判决书[(2016)闽0206民初302号]，王某与福建省万坤顺建筑节能有限公司合同纠纷一审民事判决书[(2016)闽0206民初299号]，程某某与福建省万坤顺建筑节能有限公司合同纠纷一审民事判决书[(2016)闽0206民初304号]。

② 范健、王建文：《公司法》(第4版)，法律出版社2015年版，第246页。

能因违法而产生效力瑕疵。换言之,“回购对赌”条款中约定公司在某种条件成就时应当回购股权,这种回购行为很有可能是符合法定回购条件的行为。至于合同成立并生效后条件成就时,公司实际能否依法回购股权,这显然是合同实际履行时的问题,不是订立合同时双方所考虑的范围,也当然不构成影响判断合同效力的因素。一言以蔽之,本身约定股权回购的条款并不违反《公司法》规定,在法律对合同的履行提供了合法路径的情形下,显然没有任何理由以在实际履行合同时履行行为可能违法为由否定合同效力。

同理,公司合法回购股份显然并不“严重损害债权人利益”,公司在协议规定的须回购的条件成就之时依法回购股东的股份,则合法履行了对赌协议且未对债权人利益构成任何损害,此时合同不但有效且履行完毕;而倘若公司不能合法回购股份,如因缺乏足够的现金不能回购或未能满足法定回购条件而不能回购,此时则陷入了履行不能的状态。并且由于《公司法》提供了回购股份即合法履行合同的路径,在协议生效后公司却产生了履行障碍,即是嗣后的履行不能。而嗣后不能并不影响合同的效力,仅仅产生债务不履行(违约)的问题,①此时对赌协议的效力是不存在瑕疵的。此两种情形都与债权人毫无关系。“严重损害债权人利益”仅仅在公司最终没能依法回购,而是采取违法回购的履行方式时才可能出现。即使这种情形发生,也只影响实际履行行为的效力。因为若以此判定合同无效,这种判断合同有效性的标准显然是合同实际履行方式的合法性,那么几乎所有的合同都会陷入效力待定的状态,直到合同履行完毕。事实上,以权利变动为目的的基础合同只会在合同双方之间产生债之约束,与作为合同履行法律效果的权利变动本身是两个相互独立的法律事实。② 因此,无论合同的履行行为如何,合同效力不应受到实际履行行为影响。当然,当法律明确禁止某种行为而该行为就是履行合同的唯一方式时,合同的确可能因违反法律的强制性规范无效。比如,法律禁止买卖枪支,那么买卖枪支的合同则必然无效。但是“回购对赌”协议不同于“枪支买卖”合同,其行为本身并未为法律所禁止。而且,任何合同均存在合法履行的可能和违法履行的可能,贸然断定该类协议因其履行行为中存在某种可能“严重损害债权人利益”的行为而认定协议违反强制性规范(且是效力性强制性规范)无效是不正确的。

(二)“现金对赌”型对赌协议的效力裁判研究

表7展示了我国法院在3个认定无效的“现金对赌”型对赌协议效力裁判中的说理情况。

① 韩世远:《合同法总论》(第3版),法律出版社2011年版,第410页。

② 蔡立东:《行政审批与权利转让合同的效力》,载《中国法学》2013年第1期。

表 7 “与公司对赌”中无效的“现金对赌”协议效力裁判依据

案件	案卷号	论证依据	引用《公司法》条文
厦门金泰九鼎股权投资合伙企业与骆某、江西旭阳雷迪高科技股份有限公司公司增资纠纷	(2014)厦民初字第137号	补偿行为的效力应当遵守公司法有关公司资本维持原则的规定。该原则强调公司至少须维持相当于资本额的财产,以具体财产充实抽象资本。公司债权人可以在与公司交易中得到最低限度的担保,从而实现对其利益的保护。向股东返还资本则意味着从债权人有权获得支付的资本中攫取财富。如果融资公司可以直接作为补偿主体,必将不当减少公司资产,损害公司及债权人的利益	第20条
浙江实地东辰股权投资合伙企业与罗某某、杭州开鼎企业管理有限公司等新增资本认购纠纷、买卖合同纠纷	(2015)浙杭商终字第1276号	补偿条款的约定使企业可以取得相对固定的收益,该收益脱离了公司的经营业绩,损害了公司利益和公司债权人利益,该补偿条款应认定为无效	第20条
合肥高特佳创业投资有限责任公司与深圳市龙日投资控股有限公司、黄某某、深圳市龙日园艺景观有限公司合同纠纷①	(2015)深南法民二初字第159号	协议规避自身的投资损失,确保其投资可以取得相对固定的收益,该收益脱离了龙日园艺公司的经营业绩,损害了公司利益和公司债权人利益	第20条

表7呈现了我国法院认定“与公司现金补偿对赌”协议无效的理由。在各类对赌协议中,似乎此类裁判无效的理由最为单一——所有认定无效的判决均认为协议违反了《公司法》第20条第1款。从具体论述理由上看,法院论证的理由分为两种:其一,协议

---

① 还有两个案件与本案被告相同,原告均为该被告的股东,这3个案件案情完全相同,判决查明事实、判决理由和结果亦完全相同。因此,为了简化表格只列了此案,其余两个案件参见上海高特佳春晖投资合伙企业与深圳市龙日投资控股有限公司、黄某某、深圳市龙日园艺景观有限公司合同纠纷一审民事案件判决书[(2015)深南法民二初字第161号]以及深圳市高特佳精选成长投资合伙企业与深圳市龙日投资控股有限公司、黄某某、深圳市龙日园艺景观有限公司合同纠纷一审民事案件判决书[(2015)深南法民二初字第160号]。

使投资者取得了相对固定的收益、脱离了公司的实际经营业绩;①其二,协议减损了公司资本,即不当减少了公司资产。②

首先,对赌协议的本质在于投资者对公司股权的估值调整。投资者之所以与公司签订对赌协议并约定现金补偿条款,最重要的原因是当投资者投资公司时也即购买公司股份时,投资者与被投资公司之间就公司的股份实际价值存在争议。被投资公司当然认为自己的股份价值高,因而希望得到高额投资。而投资者则认为被投资公司之所以认为自己公司股份高,是因为公司在用未来可能实现或可能达到的某种条件为投资者"画饼"。至于这个"饼"能不能实现,投资者是不能判断的。因此,投资者与公司之间达成一个妥协,即一旦"饼"不能实现,投资者有理由认为公司价值不高,不能为投资者带来较高的收益,此时应当减少投资;一旦"饼"能够实现,公司能够为投资者带来较高收益,投资者则应给予较高投资。在这种合意下,若以现金作为估值调整手段则会产生两种投资方式:一是投资者以分期偿付的形式向被投资公司投资。比如,投资者向被投资公司先行偿付约定的全部股权对价款的60%,并设定一个条件如公司年绩达到1000万元,则投资者向公司再偿付全部对价款的20%。如果第三年公司年绩仍然达到1000万元,则再偿付最后的20%,这种投资方式在并购投资中较为常见。二是现金补偿型对赌投资。

两种估值调整方式本质上并无不同,只是表现在公司资产负债表上,前者的资产项下的现金流不断增加,总资产数额也不断增加。即使条件未成就,也仅仅使资产不再增加,并不会产生资产减少的问题。而对于后者,一旦对赌条件未成就,公司需要向投资者返还现金,意味着公司资产负债表资产项下现金流会减少。前者之所以不会产生这个问题,是由于前者在投资初始进入公司的资产项下的现金流是股权对价的一部分,相当于后者对赌条件未成就时公司返还投资者财产后剩余的现金增量。其实即使使用现金补偿作为对赌投资手段,条件未成就时公司资产负债表上的资产比签订对赌协议前的资产仍然增加了。此时,对于公司而言,其每股的价值一定与对赌条件成就时的每股价值不同,这种不同正是通过对赌协议进行了估值调整,所以对赌协议并未使投资者获得相对固定的收益而脱离公司实际经营业绩。返还投资者的现金相当于投资者的一部分或者全部的溢价出资,相当于公司的经营业绩未达到条件,不足以支撑依照对赌协议初始投资约定的较高的股票价值。对赌协议签订时高估了股票价值,高估的部分即返还的部分。因此,对赌协议可以理解为为投资者确定公司股票价值的方式。协议所设定的条件成就与否则决定了股票价值的高低与否。既然是确定股票价值,则必然存在价值高的情形与价值低的情形。不能认为价值高的情形就理所应当,价值低的情形就是投资的收益脱离了公司实际经营业绩。由于条件未成就,如公司经营业绩低导致股票价值低,若不返还投资者现金,才说明投资者的投资收益脱离了公司的实际业绩,损害了投资者权益。对于投资者而言,倘若其出资时就知道公司根本达不到条件,那么出资的价值一定是较

① 参见表7第二个和第三个案例。

② 参见表7第一个案例。

低的。综上，从根源上看，现金对赌条件未达到时，公司返还的现金不是对投资者较低收益的补偿，而是对股份价值估计过高的调整，将投资者当初过高的估价返还给投资者而已。自然不存在脱离使得投资者获得相对固定的收益而脱离公司实际经营业绩的问题。

其次，法院在论理中详尽阐述了资本维持原则以证明对赌协议会损害资本因而违反了资本维持原则，①显然混淆了资本与资产的概念。一旦公司履行"现金对赌"协议，必将减少公司的资产，这是毋庸置疑的。体现在资产负债表中，公司资产项下现金流会减少。而资产减少后，并不能确定是所有者权益减少还是负债减少。即使所有者权益项下减少，也不能确定就是股本部分减少。三者关系可简化为如下等式：

资产（现金+固定资产+等等）=所有者权益（股本+资本公积+盈余公积+未分配利润）+负债（长期负债+流动负债）

根据这个等式，履行对赌协议后，等式左边随着现金减少，资产随之减少。而为了保持等式平衡，等式右边也要相应减少。法院认定资产减少也就损害股本就是当然地将等式右边的减少项置入了所有者权益项下的股本部分。然而，事实上右边的任何部分减少均是有可能的。在私募投资实践中，有一种避税的税收筹划方案即将部分股权投资转为债权投资，计入公司负债项下（此方案在税法实务中称为"资本弱化"方案）。因此，如果"现金对赌"协议采取的是此种方案，那么公司履行协议时将一部分投资返还投资者，此时公司负债会减少。此外，如果公司经营状况尚可，依协议需要返还股东资产不多，有可能使用未分配利润或盈余公积返还。即使公司完全没有利润，那么股东当初溢价投资公司后，超出股票面值的溢价款进入公司资本公积，倘若资本公积仍未被公司使用，公司仍有可能使用资本公积偿付股东。在上述情形下，公司都向股东进行了现金补偿，但是都没有损害公司股本。也就是说，都不会出现案例中法院认定的"损害公司资本的情形"。当然如果公司经营业绩非常不好，连资本公积都已经用光，公司所有资产等于其资本，那么公司履行协议势必减少其资本。而这种减少又并非现金流转化为应收账款，即并非货币转化为债权，这种资本的减损若未经法定减资程序确实为公司法所禁止。此时公司资本受到损害，债权人利益也受到威胁。

但是，如同前述公司"回购对赌"方式一般，并不能用实际上协议已然成立并生效后一方实际履行协议方式的合法性，来倒推原本协议的合法性。法律事实上为协议的合法履行提供了可能性，不能因为实际履行行为为法律所禁止而当然认为协议本身无效。

综上所述，对赌协议并不会使股东脱离公司实际经营业绩，不能因实际履行中可能未经法定减资程序减损公司资本行为的存在而认定股东与公司间"现金对赌"协议一概无效。

五、代结论——美国 Thoughtworks 案的启示

尽管"海富案"的判决与其流行解读仍然广为诟病，但是在我国司法裁判中法院普遍

---

① 参见表7第一个案例。

对"对赌协议"效力进行判断的做法符合中国的民商事审判规则。当然,不可否认的是,法院对协议效力认定的理由和结论却存在巨大的问题。除了投资者与被投资公司股东签订的对赌协议已经广泛地被认为有效外,与公司之间签订的担保、回购或现金对赌协议,其被认定无效的理由均不能成立。

通过对所有对赌协议案件的实证分析可以看出,债权人利益成为法院关注的焦点且成为大部分协议效力裁判的核心。然而,债权人利益并非通过协议的效力裁判所能够保护的,通过司法裁判认定对赌协议无效也绝非保护债权人利益的规范化路径。学术界与实务界认为 Thoughtworks 案对我国对赌协议司法裁判的借鉴意义在于,法院的裁判重点由协议的效力裁判转向协议的可履行虽然有其合理性,但未免既没有考虑中国法语境,亦未完全读懂 Thoughtworks 案的裁判要旨。

其实,对于债权人利益的保护正是 Thoughtworks 案能够带给我们的启示。Thoughtworks 案完全无关乎对赌协议的效力,甚至也和具体保护债权人权利的标准没有太大关系,法官的中心论点在于阐明公司决定何时履行协议(在该案中为赎回优先股)是公司董事会履行信义义务的范畴。法官为了证明这个论点,详尽论述了公司"溢余"①(surplus)并非合法可用资金。其用意在于说明,公司有多余的钱("溢余")不代表着公司就有足够的能力偿付债权人。因此,投资者不能认为公司明显有多出股本的净资产而当然能够履行协议义务。只有公司有所谓"合法可用资金",公司才具有充分偿付债权人的能力,因此可以用合法可用资金来赎回优先股。

至于"溢余"和"合法可用资金"的边界在哪里,究竟多于股本的净资产达到多少才能被称为拥有"合法可用资金",还需要结合具体的财务指标,并且考虑公司目前的经营状况和对现金的需求程度等基于专业的商业考量才能就个案作出的判断。因此,这并非法官决定的范畴,而应是交由商人自行处理。② 尽管该案中法官的论述是有利于被投资公司的,但是特拉华州法院的法官为了证明被投资公司董事会决策的合理性所提出的"溢余"不同于"合法可用资金"之论点,对于中国法语境下对赌协议案件中债权人利益的保护有很大的启发。

如前所述,不能以债权人利益可能受损为由否定各类对赌协议的效力,但这并不意味着债权人利益无法得到保护。其实公司法在债权人利益保护方面提供了相应规则,如法人人格否认。当公司履行对赌协议后,倘若公司债权人认为对赌协议的履行严重损害了其利益,债权人可以提起法人人格否认之诉。即使公司未履行协议,债权人也可以以公司履行协议则会丧失清偿能力为由,提出代位权或撤销权诉讼。而倘若公司在履行协议时产生了履行不能的情形,则公司应承担违约责任。这种违约责任的承担仍表现为金

---

① "溢余"一词并非我国公司法的名词,最早由刘燕教授将英文"surplus"翻译为溢余。相比于其他翻译笔者认为这种翻译最为准确。参见刘燕:《对赌协议与公司法资本管制:美国的实践及启示》,载《环球法律评论》2016年第3期。

② 朱锦清:《证券法学》(第3版),北京大学出版社2011年版,第268页。

钱之债的给付。所以,债权人完全是在考虑公司履行协议后的资产状况以评估其清偿能力。而 Thoughtworks 案中法官提到的“溢余”在中国法语境下大致等于公司的净资产减去股本,体现在资产负债表中的关系如下等式所示:

溢余 = 资产 - 负债 - 股本 = 净资产 - 股本 = 资本公积 + 盈余公积 + 未分配利润

具体在中国法语境下,即使公司履行协议后仍保留溢余,即仍存在一部分资本公积、盈余公积或未分配利润(除去股本外的净资产),债权人仍然能够以公司可能丧失清偿能力为由起诉,公司亦不能以其未损及资本为由抗辩,而是应证明其保持充足的“合法可用资金”用以维护其清偿能力。我国传统的司法实践仅以资本维持原则保护债权人利益,但是资本充实仅能保障公司不出现资不抵债的情形,并不能保证公司有充分的清偿能力。而结合简单的财务指标即净资产与股本,法院通过“合法可用资金”的判断便提高了债权人保护的标准,让债权人利益保护的权利回归债权人自身,由其自行决定是否起诉以维护其利益并充分尊重了对赌协议当事人之间的私法自治。这正是 Thoughtworks 案对中国法语境下的对赌协议司法实践最有借鉴意义的地方。

房地产信托交易模式的被动流变与主动调适

王旭升*

摘要:房地产产业关乎国计民生,涉及诸多利益主体。作为资金密集型产业,房地产产业的融资需求与生俱来,但其产业发展关涉公民住所这一基本需求,受国家宏观政策调控和法律法规规范的特征明显。因此,在调整与被调整的螺旋圈中,调整者囿于交易模式的法律定性,不断细化监管细则,被调整者专注于逃避监管,不断创设新型交易模式。两者"猫捉老鼠"的游戏日益复杂,甚至陷入一种模棱两可的"怪圈",即金融创新与监管规避已然难以辨别,但是,对交易模式中各方的权利义务关系及其伴生的风险,监管部门与市场主体却不甚重视,这在房地产信托交易模式的被动流变与主动调适中可见一斑。

我国房地产信托交易模式深受监管政策的影响,先后演变调适生成四种模式:债权投资型、"明股实债"型、股权投资型以及资产收益权型,其纵向演变乃受监管政策影响而被动流变与主动调适所致。房地产信托交易模式历经数次调适,但其主流交易模式仍存在诸多法律不确定性,包括"明股实债"型信托模式中的股债属性的司法认定、资产收益权信托模式的法律效力等。《关于规范金融机构资产管理业务的指导意见》和房地产信托业务领域最新监管规定体现了对房地产信托交易模式的再一次调整。

关键词:房地产信托　明股实债　收益权信托　资产管理

房地产信托,是指受托人按照委托人的意愿以自己的名义,为受益人的利益或者特定目的,以房地产或其经营企业为主要运用标的,对信托财产进行管理、运用和处分的行为。① 按照信托财产类型的不同,我国房地产信托可分为财产信托、财产权信托、资金信托三种,其中房地产财产信托业务因信托财产登记制度未建立等诸多现实因素影响开展较少,而房地产财产权、资金信托因信托财产的非财产性、无须转移所有权和房地产开发项目的高收益性等特点深受投资者、房地产开发商以及信托公司的青睐。

截至2018年5月1日,我国房地产信托累计发行1835只,规模合计2888.36亿元,

---

* 中央财经大学法学院硕士研究生。

① 中国信托业协会:《信托基础》,中国金融出版社2012年版,第227页。

占比59.59%,远高于排名第二的基础设施信托(765只,1138.45亿元,23.49%)。[①] 可见,房地产信托在我国信托业务中的地位举足轻重,对其交易模式的发展历程、监管政策调整下的被动流变以及其市场的主动调适作一全方位的梳理、研究,不仅有其自身价值,对于理解整个信托业在我国的监管式发展亦具有重要意义。但遗憾的是,我国法学界对信托业务交易模式被动流变与主动调适的研究颇少,据笔者在中国知网检索显示,只有一位学者曾对证券投资信托的法律构造与监管流变作过比较全面的研究,[②]除此之外,尚未有学者对信托交易模式监管政策调整下的被动流变与主动调适作过研究,房地产信托更是无人问津。

一、房地产信托兴起的缘由考察

房地产信托作为房地产企业融资的重要方式之一,其发展、兴起的缘由与监管政策的演变紧密相关。建设部、国家计委、财政部、国土资源部、中国人民银行、国家税务总局2002年发布的《关于加强房地产市场宏观调控促进房地产市场健康发展的若干意见》[③]明确规定,商业银行不得向未取得“四证”(土地使用权证书、建设用地规划许可证、建设工程规划许可证和施工许可证)的房地产项目发放任何形式的贷款;之后,中国人民银行2003年发布的《关于进一步加强房地产信贷业务管理的通知》[④](以下简称121号文)规定房地产开发项目申请银行贷款除满足“四证”要求外,还须满足自有资金不低于项目总投资30%、贷款科目为开发贷、贷款须本地区使用且其用途不得缴交土地出让金等要求。

可见,上述规定的相继出台使众多不满足“43”等条件的房地产开发企业无法通过银行这一传统渠道融资,其资金链脱节压力亦随之越大。因而,不满足银行贷款“43”条件的房地产开发企业开始主动拓展多元化的融资方式,如IPO、非标融资、债券融资、海外融资等,这在一定程度上促进了我国房地产融资模式从单一到多元、从间接为主到直接间接融资相结合的转变。但是,在产业发展、监管政策及资本市场的多重洗礼下,众多房地产融资方式受挫甚至阶段性终止,但房地产信托却始终保持良好发展势头。究其原因,房地产信托的兴起绝非偶然,实乃其内外部因素使然。

从外部因素来看,我国房地产IPO、债券融资、海外融资等融资方式的发展受限为房地产信托的兴起提供了“用武之地”。IPO作为房地产企业直接融资的重要路径,相较其他融资方式,其在融资规模、资金成本以及“撬开”二级市场等层面均占有优势。然而,在

---

① 数据来源:根据Wind最新数据整理计算而得。截至2018年5月1日(产品状态为存续期),按照投资领域划分,我国房地产信托规模2888.36亿元,占比59.59%;基础设施信托规模1138.45亿元,占比23.49%;金融机构信托规模514.01亿元,占比10.60%;工商企业信托规模292.49亿元,占比6.03%;公益信托规模13.89亿元,占比0.29%。

② 缪因知:《证券投资信托的法律构造与监管流变》,载《当代法学》2017年第2期。

③ 参见建设部、国家计委、财政部、国土资源部、中国人民银行、国家税务总局2002年《关于加强房地产市场宏观调控促进房地产市场健康发展的若干意见》(建住房〔2002〕217号)第7条。

④ 参见中国人民银行2003年《关于进一步加强房地产信贷业务管理的通知》(银发〔2003〕121号)第1条、第2条。

继2010年“国十一条”[①]提出增加供给、抑制投机、严格发放开发贷款等举措之后,证监会叫停房地产企业IPO,故2011~2015年未有房地产企业A股上市,房地产企业IPO整体陷入“冰封”。另外,房地产IPO审核周期长、上市指标高,众多中小房地产企业欲通过上市满足其融资需求短期内仍是“奢望”。

债券融资因其审核难度小、发行门槛低及融资期限与开发期限相匹配等优势,加之2015年证监会公布的《公司债发行与交易管理办法》[②]规定非上市房地产企业具有发行公司债券的主体资格,扩大了公司债券的发行主体范围,使这一融资模式深受房地产企业青睐。然而,2016年上交所、深交所相继发布《关于试行房地产、产能过剩行业公司债券分类监管的函》,[③]规定对房地产企业发行公司债券采取分类监管标准,且募集资金不得用于购置土地,严重限制了房地产企业债券融资模式的发展。[④] 海外融资的渠道主要是发行美元债和美元票据,其优势主要为利率较低,发行人的融资成本亦随之降低,但因其评级门槛高、汇率波动较大等特点,又叠加我国众多中小房地产企业海外评级较低的客观情况,且融资规模亦受我国外汇管制的政策限制,故而海外融资难以满足我国房地产企业的融资需求。

从内部因素来看,房地产信托作为房地产融资的一种财产转移与财产管理的综合性制度安排,其自身除具有所有权与利益相分离、信托财产独立性、有限责任和信托管理的连续性等信托的一般功能外,[⑤]还具有明显的自身优势。具体来说,房地产信托自身优势以“432”[⑥]规定为界可以划分为两个阶段:第一阶段,主要为渠道优势和“过桥贷款”优势,其中渠道优势体现为受121号文规定之影响,不满足四证、30%自有资本金条件的房地产企业依赖银行开发贷款满足其融资需求的方式已是难以为继,而信托公司作为除银

① 参见国务院办公厅2010年《关于促进房地产市场平稳健康发展的通知》(国办发〔2010〕4号)。

② 参见证监会2015年《公司债发行与交易管理办法》(证监会令第113号)。

③ 参见上交所2016年《关于试行房地产、产能过剩行业公司债券分类监管的函》;深交所2016年《关于试行房地产、产能过剩行业公司债券分类监管的函》(深证函〔2016〕713号)。

④ 2015~2017年,全行业发债只数、金额分别是14,354只、172,228.24亿元;26,886只、272,107.97亿元;35,772只、323,467.22亿元,发债只数、金额呈上升趋势,且增幅稳定、波动较小。2015~2017年,房地产行业发债只数、金额分别是429只、6019.89亿元;979只、10,561.60亿元;451只,3754.29亿元,以金额计算,2015~2016年房地产行业发债金额增幅为75.45%,2016~2017年减幅为64.45%。数据来源:根据Wind数据整理计算而得。

⑤ 李智:《房地产投资信托(REITs)法律制度之基本理论》,载《河北法学》2007年第9期。

⑥ “432”即房地产信托融资须满足“四证”(土地使用权证书、建设用地规划许可证、建设工程规划许可证和施工许可证;项目资本金不低于30%;房地产开发商具有二级资质)。最早源于中国银行业监督管理委员会办公厅《关于加强信托投资公司部分业务风险提示的通知》(银监办发〔2005〕212号)(现已失效)“四、二、35%”的规定,直到国务院《关于调整固定资产投资项目资本金比例的通知》(国发〔2009〕27号)出台后,房地产开发项目最低资本金比例从35%变更为30%。之后,银监会出台了一系列规定重申和细化了房地产信托融资的“432”要件,出台的文件主要有中国银监会办公厅《关于加强信托公司房地产业务监管有关问题的通知》(银监会〔2010〕54号)、中国银监会办公厅《关于信托公司房地产信托业务风险提示的通知》(银监办发〔2010〕343号)等。

行外唯一具有放贷资质的金融机构，具有天然的牌照优势。中国人民银行2002年公布的《信托投资公司资金信托管理暂行办法》①未限制对不满足四证条件的房地产企业发放信托贷款。故而，对于众多不满足银行开发贷款条件的房地产企业，信托贷款自然成为其最优选择。"过桥贷款"优势体现在房地产信托融资"432"规定出台前，房地产企业通过"股权 + 回购"的交易模式充实资本金，以待自有资本金达30%后申请银行开发贷款，以起到过桥融资的作用。

第二阶段，主要为资金用途优势，房地产信托融资"432"规定的出台使房地产信托贷款与银行贷款条件一致化，房地产信托公司融资的传统渠道优势已不复存在，在一定程度上抑缓了房地产信托业务的发展。面对这一监管规定，市场主体主动调适交易模式为股权型和资产收益权型，使房地产信托业务再次迎来"春天"。具体来说，主要体现为股权型信托模式的投资属性和资产收益权型信托财产的非资金性而不受房地产信托融资"432"之规定（具体缘由详见本文第二部分），房地产企业所融资金用途既可以约定归还股东借款，亦可以"变相"缴纳土地出让金。② 总之，房地产信托在内外部因素交互影响下应运而生并逐步勃兴。

二、房地产信托交易模式的被动流变与主动调适③

房地产产业关乎国计民生，深受国家宏观政策所调整抑或影响，房地产信托作为其重要融资渠道亦概莫能外。规范房地产信托的法律体系主要包括三个层次：信托基本法、行业管理法以及业务管理法，其中业务管理法作为特殊法，对房地产信托业务及其交易模式的演变具有显著影响，具体表现为房地产信托债权投资型、"明股实债"型、股权投资型以及资产收益权型④交易模式的纵向演变。

（一）债权投资型信托模式

房地产债权投资型信托模式是一种比较基础的融资模式，具体交易模式（见图1）为：房地产企业以特定项目销售回款和项目公司经营收入作为还款来源，以资产抵押、股权质押或者出具保证担保、差额补足承诺函等方式提供担保，向信托公司申请贷款并承诺到期还本付息的行为。在121号文出台限制房地产企业银行开发贷后，众多不满足银

---

① 参见中国人民银行2002年《信托投资公司资金信托管理暂行办法》（银行令〔2002〕7号），现已失效。

② 银监会办公厅2008年《关于加强信托公司房地产、证券业务监管有关问题的通知》（银监办发〔2008〕265号）第1条第2款规定："信托公司不得向房地产开发企业发放用于缴交土地出让金的贷款……"可见，监管部门严禁信托资金用于缴纳土地出让金。实务中，常见的做法为：通过项目公司股东的过桥资金（股东借款）缴纳土地出让金，之后，运用信托资金归还股东借款，从而变相实现使用信托资金缴纳土地出让金的目的。

③ 本部分所称债权投资型、"明股实债"、股权投资型、资产收益权型等模式"受限""受挫""被堵"等词均是针对不满足"432"融资条件的房地产企业。

④ 广义的房地产资产收益权信托模式，包括"钱找项目"的资金信托和"项目找钱"的资产信托，狭义的房地产资产收益权信托模式仅包括"项目找钱"的资产信托。其中，"钱找项目"的资金信托，是指信托公司从委托人/投资者处募集资金后，投给特定房地产项目；"项目找钱"的资产信托，是指将项目资产收益权设定为信托财产，再以受益权凭证的形式发行给投资者，实际上是一个资产证券化的过程。本文所提到的房地产资产收益权信托模式均为狭义。

行开发贷条件的房地产企业转向信托贷款,而债权投资型信托模式以其交易模式简单、风险控制措施较为成熟等优势成为我国房地产信托这一融资阶段的第一模式。

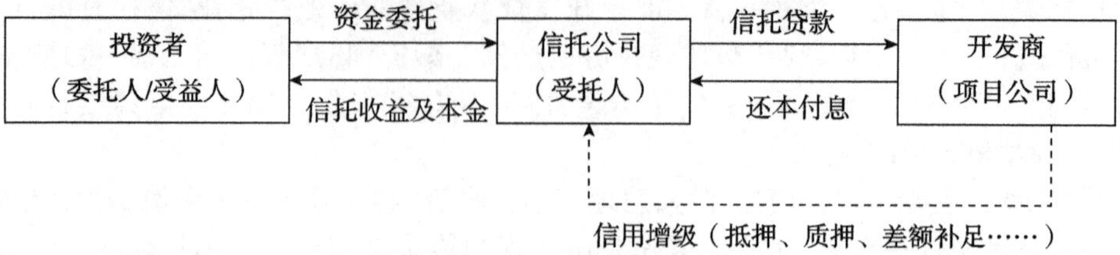

图1 房地产债权投资型信托模式

但是,随着银监办发〔2005〕212号、国发〔2009〕27号、银监会〔2010〕54号及银监办发〔2010〕343号文的出台,房地产银行贷款与信托贷款条件一致,且房地产信托贷款资金成本为10%左右,明显高于银行贷款。至此,房地产信托债权投资型模式在激烈的市场竞争中几乎"绝迹",新的信托模式开始登上"舞台"。

(二)"明股实债"型信托模式

"明股实债"又称"名股实债""明股暗债""假股真债"等,顾名思义,是指具有刚性兑付的保本约定,形式上表现为股权的持有和退出,经济本质接近于债务资金的发放和收取的融投资手段。① 房地产"明股实债"型信托模式是为规避"432"等一系列监管规定而创设,广义的"明股实债"型信托模式包括"股权+回购"(含收益固定性产品)和"股权+股东借款"(又称"小股大债"型),狭义的"明股实债"型信托模式仅包括"股权+回购"型。另外,以投资收益为主要设计内容的"明股实债"交易模式中,除直接约定固定收益外,即不受公司未来经营业绩的影响,部分协议还采用了"固定收益+浮动收益"的混合模式,本质上仍属于"明股实债"型信托模式;②而"股权+回购"型信托模式中,根据回购主体的不同,可分为公司回购和第三方(通常为股东)回购,分别涉及《公司法》与《合同法》不同领域的问题。③

本文为全面论述股债混合型信托模式,拟采其广义。具体交易模式为(见图2):信托公司设立单一/集合资金信托计划,通过受让股权或增资扩股的方式入股项目公司,或通过一小部分资金入股而剩余资金④以股东借款形式进入项目公司。另外,为保证信托资金的顺利退出,实务中,信托公司往往与项目公司控股股东或其关联方签署远期回购协议。

房地产"明股实债"型信托模式是信托主体在不违反监管规定的基础上反复调适并

① 赵育才:《名股实债司法裁判实务的总结与反思》,载《金融法苑》2018年第96辑。

② 参见燕小月:《"名股实债"的会计处理意见》,载《财会月刊》2015年第7期。

③ 赵育才:《名股实债司法裁判实务的总结与反思》,载《金融法苑》2018年第96辑。

④ 在"股权+股东借款"模式中,剩余信托资金即以股东借款形式进入项目公司的资金,若其偿还顺序劣后于银行贷款或其他债务,则一般认定其为该信托项目资本金。详细内容参见罗阳:《围炉夜话房地产企业信托融资:房企融资实用攻略详解》(上),载《信托周刊》2009年第16期。

最终创设的,兼具股权投资和债权投资之双重优势。具体来说,该模式的债权优势体现于信托公司作为项目公司股东,享有对项目公司资产上的受益权和管理参与权,①这在一定程度上加强了对融资方的管理,对融资方还款义务的履行提供了一定程度的保证;股权优势体现在该模式不仅可以其信托财产运用方式的“投资”属性逃避信托业监管部门“432”的融资规定,还可以通过增加房地产企业股本金的方式,即所融资金的会计科目从负债转为所有者权益,降低企业的资产负债率,增强财务实力,且不占用银行授信额度,为公司通过其他渠道融资提供支持。

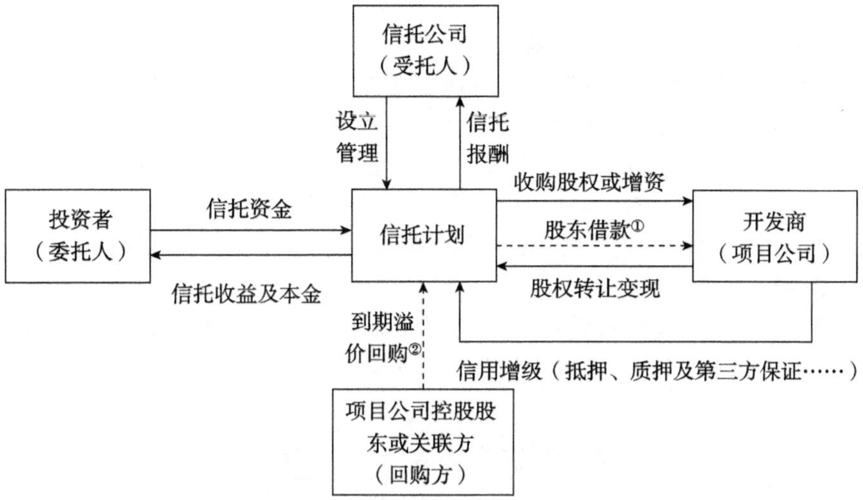

图2 房地产“明股实债”型信托模式

注:①为“股权+股东借款”型信托模式;②为“股权+回购”型信托模式。

然而,好景不长,随着信托监管部门一系列监管规定的出台,房地产“明股实债”型信托模式开始走向“尽头”。具体来说,银监会办公厅于2008年发布的《关于加强信托公司房地产、证券业务监管有关问题的通知》②(以下简称265号文)规定严禁信托公司以投资附加回购承诺、商品房预售回购等方式间接发放房地产贷款,加之银监会2013年发布

① 股权的内容包含公司股东获取经济利益和参与公司经营管理的权利,其中股东获取经济利益的权利典型地体现为股东所享有公司资产上的受益权,股东参与公司经营管理的权利是指对参加公司重大决策的权利和选择管理者的权利的概括。具体参见施天涛:《公司法论》(第3版),法律出版社2014年版,第254~255页、第261页。

② 参见银监会办公厅2008年《关于加强信托公司房地产、证券业务监管有关问题的通知》(银监办发〔2008〕265号)第1条第1款规定:“严禁向未取得国有土地使用证、建设用地规划许可证、建设工程规划许可证、建设工程施工许可证(‘四证’)的房地产项目发放贷款,严禁以投资附加回购承诺、商品房预售回购等方式间接发放房地产贷款。”

的《关于规范商业银行理财业务投资运作有关问题的通知》①(以下简称8号文)规定带回购条款的股权性融资资产属非标准化债权资产,进而认定"股权+回购"型信托为融资性,或言之,265号文和8号文的相继出台否定了"股权+回购"信托模式的投资属性,使其亦受房地产信托"432"融资条件限制;之后,银监会2009年《关于信托公司开展项目融资业务涉及项目资本金有关问题的通知》②(以下简称84号文)规定对股东借款、银行贷款等债务性资金不得充作项目资本金,限缩了项目公司信托融资的资本金涵盖范围,进而控制信托公司项目融资规模和信贷风险,同时也堵住了"股权+股东借款"信托模式过桥融资的监管缺口。

(三)股权型信托模式、资产收益权型

房地产信托"实质重于形式"③监管理念的确定,进一步否定了房地产"明股实债"型信托模式的"投资"属性,即其为房地产债务融资工具。故而,投融资主体为了规避以债权形式运用信托资金的系列监管规定,以资产收益权型、股权型房地产信托模式应运而生,成为我国目前房地产信托实务中应用最为广泛的两种融资模式。其中,股权型信托模式与上文"股权+回购"交易模式(剔除回购、股东借款)的一致,股权优势亦同,故此处对股权型信托模式不再赘述。

房地产资产收益权型信托模式,是指房地产企业将某种具有稳定现金流的特定资产受益权信托给受托人,由受托人按照信托文件的约定成立信托计划并募集对价资金,具体交易模式见图3。

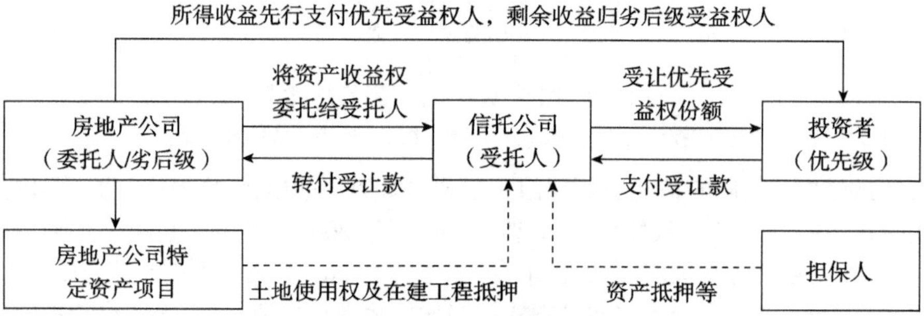

图3 房地产资产收益权信托模式

---

① 参见银监会2013年《关于规范商业银行理财业务投资运作有关问题的通知》(银监发〔2013〕8号)第1条规定:"非标准化债权资产是指未在银行间市场及证券交易所市场交易的债权性资产,包括但不限于信贷资产、信托贷款、委托债权、承兑汇票、信用证、应收账款、各类受(收)益权、带回购条款的股权性融资等。"

② 参见银监会2009年《关于信托公司开展项目融资业务涉及项目资本金有关问题的通知》(银监发〔2009〕84号)第1条规定:"对股东借款(股东承诺在项目公司偿还银行或信托公司贷款前放弃对该股东借款受偿权的情形除外)、银行贷款等债务性资金和除商业银行私人银行业务外的银行个人理财资金,不得充作项目资本金。"

③ 房地产信托"实质重于形式"的监管理念最早规定于银监会办公厅2010年《关于加强信托公司房地产业务监管有关问题的通知》(银监办发〔2010〕54号)第6条规定中,之后,银监会办公厅2010年《关于信托公司房地产信托业务风险提示的通知》(银监办发〔2010〕343号)第2条规定又重申了这一监管理念。

在此模式下，信托财产是资产收益权，而非投资者的集合资金，从而在形式上有效地绕过房地产信托融资“432”的限制。① 另外，该模式还具有以往交易模式所不具有的优势，一方面，对信托公司而言，在净资本和风险资本管理上，以信托财产管理方式为依据，信托业务可分为融资信托、投资信托与事务管理性信托，②不同的信托业务，风险资本管理系数不同，如股权投资类业务（非上市公司股权投资，包括 PE）风险资本系数 1.5%，房地产融资风险资本系数 3.00%，事务类信托业务风险资本系数 0.50%。③ 信托公司通过将本属房地产融资的资金信托设计为财产权信托，即资产收益权信托，在计算风险资本系数时将该类信托产品归为事务管理类信托，进而基于不同业务的净资本计提比例可以少提风险资本，并从中套利。

另一方面，对于融资方即房地产企业而言，优势主要体现在三个层面。第一，在资产流动性层面，资产收益权信托模式将特定资产收益权信托给受托人，而财产所有权仍归委托人，从而在委托人不丧失财产所有权的同时满足了其融资需求，提高了企业资产的流动性；第二，在资产摊销折旧层面，资产收益权信托模式信托给受托人的仅是资产收益权，而非财产所有权，故而融资企业仍可以对其计提折旧或摊销，并可运用资产折旧进行合理避税；第三，在资金用途层面，监管部门并未限制资产收益权信托模式下的资金用途，故而房地产企业既可以运用所融资金归还股东借款，亦可以“变相”缴纳土地出让金。

总之，资产收益权信托本质上是金融监管部门无预见性“遗漏”的产物，在银监会 2017 年《关于规范银信类业务的通知》（银监发〔2017〕55 号）规定将商业银行作为委托人的资产收益权信托交易模式纳入银信类业务予以监管前，④未有专门规定规范资产收益权这一新型信托交易模式。因此，房地产资产收益权信托作为资产收益权信托模式中举足轻重的一环，在监管“真空”与民商法私法自治的宽松的外部条件下，市场主体不断发展与完善这一交易模式，直至该模式既可解决房地产开发商的初期融资之难，又缓解了信托公司的项目难寻之殇，同时还规避了信托公司净资本的管理问题，可谓是“一石三鸟”，皆大欢喜，其交易模式实务应用亦甚广。⑤

三、房地产信托主流交易模式中的两个主要法律问题：争议与回应

我国房地产信托现行交易模式是监管政策和市场主体反复博弈的调适结果，具有实

---

① 银监会办公厅 2010 年《关于信托公司房地产信托业务风险提示的通知》（银监办发〔2010〕343 号）规定，信托公司向融资人发放房地产贷款必须符合“432”标准，投资附加回购承诺均按照发放贷款认定。实务中，为规避这一规定，信托主体设计信托交易结构为资产收益权信托模式，以替代资金信托，从而在形式上巧妙地规避了银监会这一规定。

② 周小明：《信托制度：法理与实务》，中国法制出版社 2012 年版，第 396 ~ 397 页。

③ 参见银监会 2011 年《关于印发信托公司净资本计算标准有关事项的通知》（银监发〔2011〕11 号）。

④ 参见银监会于 2017 年 11 月 22 日发布的《关于规范银信类业务的通知》（银监发〔2017〕55 号）第 1 条：“本通知所指银信类业务，是指商业银行作为委托人，将表内外资金或资产（收益权）委托给信托公司，投资或设立资金信托或财产权信托，由信托公司按照信托文件的约定进行管理、运用和处分的行为。”

⑤ 参见邹菁、周蒙俊、许晨艳：《资产收益权信托兑付危机之法律探讨——安信信托“昆山纯高”案的分析和启示》，载 http://blog.sina.com.cn/s/blog_54b1036d0101e8l2.html，最后访问日期：2018 年 5 月 1 日。

质的效率性和合理性,但其在司法认定层面能否经受检验却尚存变数。具体而言,房地产信托交易模式在不断调适演变的过程中,金融创新和监管规避相互交织,法律"空白"和"矛盾"地带随之扩大抑或越发明显。故而,为促进我国房地产信托有序、规范发展,以司法检视为视角,梳理房地产信托主流交易模式调适中所表现出来的两个主要法律问题,分析学界与业界对上述问题的观点,并基于此,笔者提出以下看法。

(一)"明股实债"型信托模式:股债属性之争①

房地产信托股债属性之争,即"股权+回购"(含收益固定型)和"股权+股东借款"两种交易模式法律关系的定性之争。从监管层面看,上述两种交易模式所表达的法律关系本质为债权投资。具体来说,银监会在265号文、84号文中先后明确,信托公司不得以投资附加回购承诺等方式间接发放房地产贷款及股东借款不得充作项目资本金,使"股权+回购""股权+股东借款"交易模式的融资条件等同于信托贷款,从而间接否定了这两种交易模式的股权投资属性;财政部2014年《金融负债与权益工具的区分及相关会计处理规定》②《企业会计准则——基本准则》③先后规定,金融工具的属性应遵循实质重于形式的原则,即根据所发行金融工具的合同条款及其所反映的经济实质进行会计确认、计量和报告,而非仅以法律形式,这从侧面反映出财政部对上述两种交易模式持按债权投资予以核算的态度;国家税务总局2013年《关于企业混合型投资业务所得税处理问题的公告》④规定,兼具股权和债权双重特性的投资业务为企业混合性投资业务,同时细化了该业务的认定标准,如收益固定、投资期限明确及不参与被投公司日常经营等,同样否定了上述两种交易模式的股权投资属性。显然,监管层的立场倾向于上述两种交易模式为债权投资,但若发生融资主体违约无法按期偿付而诉至法院,司法部门又将如何认定这两种交易模式所含法律关系的本质属性呢?是依据监管规定否定股权投资合同的私法效力,还是透视合同主体订约时之真实意思作出司法判断呢?

---

① 根据本文第二部分,针对不满足"432"等融资条件的房地产企业而言,"股权+回购"(含收益固定性)和"股权+股东借款"两种交易模式的实务运用已然受阻。但是,对满足"432"等融资条件的房地产企业而言,这两种交易模式又不失为一种融资选择。故而,对这两种交易模式是股是债的界定研究仍有必要。

② 参见财政部2014年《金融负债与权益工具的区分及相关会计处理规定》(财会〔2014〕13号)规定:"企业应当按照金融工具准则的规定,根据所发行金融工具的合同条款及其所反映的经济实质而非仅以法律形式。"

③ 参见财政部2014年《企业会计准则——基本准则》第16条规定:"企业应当按照交易或者事项的经济实质进行会计确认、计量和报告,不应仅以交易或者事项的法律形式为依据。"

④ 参见国家税务总局2013年《关于企业混合型投资业务所得税处理问题的公告》第1条规定:一、企业混合性投资业务,是指兼具权益和债权双重特性的投资业务。同时符合下列条件的混合性投资业务,按本公告进行企业所得税处理:(一)被投资企业接受投资后,需要按投资合同或协议约定的利率定期支付利息(或定期支付保底利息、固定利润、固定股息,下同);(二)有明确的投资期限或特定的投资条件,并在投资期满或者满足特定投资条件后,被投资企业需要赎回投资或偿还本金;(三)投资企业对被投资企业净资产不拥有所有权;(四)投资企业不具有选举权和被选举权;(五)投资企业不参与被投资企业日常生产经营活动。

表1 房地产信托“明股实债”案件司法裁判实务案例一览

案例名称	裁判机构	交易模式	投资方	股权取得方式	股权回购主体	股/债认定
明股实债——认定为股权						
1. 周某某与新华信托、泰州市金鹰民间借贷纠纷案①	江苏省泰州市中级人民法院	股权转让+回购、固定收益	新华信托	受让股权+增资扩股	股东 &公司	认定为股权
2. 新华信托等诉港城置业破产债权确认纠纷案②	湖州市吴兴区人民法院	股权转让+回购、收益固定	新华信托	受让股权	公司	认定为股权
3. 华南国仲金融仲裁典型案例精选(九)③	华南国际经济贸易仲裁委员会	增资入股+回购、固定收益	某投资公司	增资入股	股东	认定为股权
明股实债——认定为债权						
4. 北京时光房产公司与新华信托、兴安盟时光房产公司合同纠纷案④	最高人民法院	股权转让+回购、固定收益	新华信托	受让股权	公司	未对合同定性,公司回购条款有效、可履行,裁判结果同“认定为债权”
5. 新华信托与江某房地产公司合同纠纷案⑤	重庆市高级人民法院	股权转让+回购、固定收益	新华信托	1元资金受让项目公司原股东持有的90%股权	公司	认定为债权

① 详见江苏省泰州市中级人民法院(2015)泰中民终字第377号民事判决书。

② 详见湖州市吴兴区人民法院(2016)浙0502民初1671号民事判决书。

③ 华南国际经济贸易仲裁委员会:《华南国仲金融仲裁典型案例精选(九):“明股实债”纠纷案例》,载https://mp.weixin.qq.com/s/xkuzho4p6Gfolid0pzJaCA,最后访问日期:2018年5月1日。

④ 详见最高人民法院(2014)民二终字第261号民事判决书。

⑤ 详见重庆市高级人民法院(2014)渝高法民初字第00010号民事判决书。

续表

案例名称	裁判机构	交易模式	投资方	股权取得方式	股权回购主体	股/债认定
明股实债——认定为股权						
6.新华信托与强人置业、叶某某等金融借款合同纠纷案①	重庆市高级人民法院	股权转让+回购、固定收益	新华信托	受让股权受益权	股东&公司	认定为债权
7.新华信托与湖南中海投资、钱某某等合同纠纷案②	重庆市高级人民法院	增资入股+固定收益	新华信托	增资入股	分红或减资,转让股权	认定为债权

资料来源:根据中国裁判文书网已公布的房地产信托股债之争的民事判决书整理而得,搜索关键词为:“信托”(首部)、“股权”、“借款”、“法律关系”(全文),统计期限为判决日2013年1月1日~2018年5月1日。经筛选,房地产类判决书总计7份,其中判决认定股权投资的有2份,债权投资的有5份。详细数据参见http://wenshu.court.gov.cn/,最后访问日期:2018年5月1日。

在房地产信托股债纠纷中,当事人双方的主要争议焦点在于系列交易文件所建构的法律关系究竟是股权投资法律关系还是债权投资法律关系。从表1可知,我国司法实践对于这一法律关系的认定尚未形成统一认识,具体可概括为两种观点:一是坚持外观主义,确认为股权投资。信托公司和融资企业签订并实际履行股权转让协议或增资扩股协议,且以股东名册、工商登记等形式对外公示,信托公司已成为其合法股东,至于信托公司入股或退出的商业目的如何,本质属商业安排,法律在所不问。二是探寻意思表示,确认为债权投资。法院并不局限于对股权转让协议或增资扩股协议的考察,而是结合双方当事人具体的交易安排,如远期回购、收益、投资期限、公司经营决策权等,充分探究当事人订约之真实意思,从而在该法律关系符合债权投资法律关系的本质特征时,判定为债权投资。

司法实践中,无论是认定股权投资还是债权投资,裁判依据均非监管层的规定。这一方面是由于监管定性并不等同于司法定性,尤其是在定性当事人合意选择或设计的交易模式所含法律关系时,法院往往会采取重新定性的做法;另一方面是系列信托监管规定属管理型规范,而非效力性规范,虽然监管规定在规范信托业务、防范金融风险具有实质效用,但若欲否定合同(股权转让协议、增资扩股协议等)的私法效力,应有充分的强制性效力规范作为依据。

上述两种判决仅从信托投融资法律关系内外部单一视角考虑,具有实质合理性,但

① 详见重庆市高级人民法院(2014)渝高法民初字第00045号民事判决书。

② 详见重庆市高级人民法院(2015)渝高法民初字第00097号民事判决书。

若从其整体视角考虑,两种判决均有失偏颇,即均未能全面、准确地表达房地产信托股债之争所蕴含的法律关系。单一认定为股权投资,虽符合商事外观主义,但若当事人双方订立合同之真实意思为金融借款,这一认定将与双方实质法律关系不符,融资主体一旦违约,投资者不能主张还本付息,亦不能主张定期收益;单一认定为债权投资,虽遵循了当事人订立合同之真实意思,但融资主体一旦破产,这一认定将直接影响到其他破产债权人的利益,与我国《公司法》第32条①第三人以当事人对外公示内容为信赖依据的规定相悖。

笔者认为,对于股债之争蕴含法律关系的定性应当采取"内外有别,内债外股"的认定标准。具体来说,对于投、融资方内部关系而言,是真实股权投资还是"假股实债",应根据双方真实意思表示进行综合判断,具体判定因素有:信托收益是否固定抑或保本、退出机制是否为公司、公司股东或关联第三方回购、公司管理权和决策权在股权转让后是否发生明显变化等;而对于第三人与投、融资方外部关系而言,为保护第三人的合理信赖,维护交易安全和交易秩序稳定,应当遵循商事外观主义,即无论投融资双方内部关系如何,信托公司只要以股东的身份记载于项目公司股东名册,并于公司登记机关公示登记,均应当认定信托公司的投资行为为股权投资。

(二)资产收益权型信托模式:合法性之辨

资产收益权信托模式兼具金融创新和监管规避的特征,监管规避旨在排除特定法律规范的适用,金融创新旨在实现与前之禁止行为相同的交易需求。具体来说,资产收益权信托模式一方面规避了监管部门对房地产信托的融资限制,另一方面实现了在房地产投融资领域的金融创新。但是,资产收益权并非法律所创设之规定,而是金融业界为开展创新融资业务自行创造的概念,其本身隐含的法律风险不容小觑,如资产收益能否作为信托财产?其模式是否合法有效?

梳理我国《信托法》等法律法规,可以发现,对资产收益权信托这一交易模式未有法律予以明确规定。另外,在司法裁判层面,号称我国"资产收益权信托第一案"的安信信托诉昆山纯高案②引发业界广泛关注,以至于有评论认为,该案将引爆"司法地雷",决定信托行业变局。但遗憾的是,两审法院在审理中均未对其作出正面回应。这虽符合我国

① 参见我国《公司法》第32条第3款规定:"公司应当将股东的姓名或者名称向公司登记机关登记;登记事项发生变更的,应当办理变更登记。未经登记或者变更登记的,不得对抗第三人。"

② 参见上海市第二中级人民法院(2012)沪二中民六(商)初字第7号民事判决书、上海市高级人民法院(2013)沪高民五(商)终字第11号民事判决书。具体案情:安信信托与昆山纯高于2009年9月签署《资产收益权财产权信托合同》,依据该合同,昆山纯高作为委托人将其合法拥有的房地产项目基础资产的收益权信托给安信信托设立财产权信托,其中优先级由社会投资者取得,一般收益权由委托人昆山纯高持有。另外,双方又签订《信托贷款合同》,以便办理基础资产抵押登记。该信托计划成立后,昆山纯高未能按约履行还本付息的义务,安信信托将昆山纯高告上法庭,请求以《信托贷款合同》为依据要求昆山纯高返还贷款本金及违约金,而昆山纯高辩称《信托贷款合同》应属无效,《财产权信托合同》才是合法有效的合同。两审法院最终判决虽然承认了《财产权信托合同》系双方真实意思表示,但对资产收益权的法律性质及其能否作为信托财产未作正面回应。

司法在判断类型合法化上,一般不对监管部门核准或默许的交易类型提出质疑,[①]但房地产信托资产收益权模式何去何从的争讨及其引发的法律迷思却远未终结,一直困扰着我国法律界和金融界。

信托的核心在于经过资产分割后构造信托财产,信托财产的核心法理构造又在于其独立性。[②] 首先,信托财产的确定性是其独立性的前提条件,根据我国《信托法》的规定,"确定的信托财产"是信托成立的必备条件,[③]即若信托财产不能确定,则信托无效。[④] 房地产资产收益权能否作为信托财产,学界存有不同的观点,如有学者认为在建工程收益权属于一种未来债权,财产权益处于不断波动的状态,具有不确定性,因而资产收益权不能作为信托财产;[⑤]另有学者认为资产收益权能否作为信托财产不可一概否定,应根据个案情况即在建工程收益的确定程度作具体分析。[⑥] 其次,信托财产的独立性规定于我国《信托法》第15条、[⑦]第16条,[⑧]信托财产与委托人未设立信托的其他财产相区别,同时与受托人的固有财产相区别。但是,就信托财产独立性的实现手段而言,我国《信托法》等法律并无相应规定,有学者认为财产权的转移是信托财产独立性的充分必要条件,[⑨]但也有学者对此持相反态度,即财产权的转移是信托财产独立性的充分条件,而非必要条件。[⑩]

据上,资产收益权信托是否有效,核心在于信托财产是否达到有效分割,即信托财产是否确定以及是否具有独立性?具言之,信托财产的确定性是指针对信托财产本身是否可特定化、与委托人其他财产及权利之间是否有明确界限范围的事实判断问题,而风险和控制权是否转移是司法审查对于基础资产分离行为是否有效、信托财产是否具有独立

---

① 王军:《法律规避行为及其裁判方法》,载《中外法学》2015年第3期。

② 盛学军:《中国信托立法缺陷及其对信托功能的消解》,载《现代法学》2003年第6期。

③ 参见我国《信托法》第7条规定:"设立信托,必须有确定的信托财产,并且该信托财产必须是委托人合法所有的财产。本法所称财产包括合法的财产权利。"

④ 参见我国《信托法》第11条第1款第2项规定:有下列情形之一的,信托无效:……(二)信托财产不能确定。

⑤ 董庶:《试论信托财产的确定》,载《法律适用》2014年第7期。

⑥ 高凌云:《收益权信托之合法性分析——兼析我国首例信托诉讼判决之得失》,载《法学》2015年第7期;高长久、符望、吴峻雪:《信托法律关系的司法认定——以资产收益权信托的纠纷与困境为例》,载《证券法苑》2014年第2期。

⑦ 参见我国《信托法》第15条规定:"信托财产与委托人未设立信托的其他财产相区别。"

⑧ 参见我国《信托法》第16条规定:"信托财产与属于受托人所有的财产(以下简称固有财产)相区别,不得归入受托人的固有财产或者成为固有财产的一部分。"

⑨ 参见王志诚:《现代信托法论》,中国政法大学出版社2002年版,第79页;谢哲胜:《信托法》,台北,元照出版公司2009年版,第110页;[日]能见善久:《现代信托法》,赵廉慧译,中国法制出版社2011年版,第27页。

⑩ 楼建波:《信托财产的独立性与信托财产归属的关系——兼论中国〈信托法〉第2条的解释与应用》,载《广东社会科学》2012年第2期;卞耀武主编:《中华人民共和国信托法释义》,法律出版社2002年版,第3~4页;何宝玉:《信托法原理研究》,中国政法大学出版社2005年版,第11~12页。

性所做的法律判断。[①] 二者是出于不同逻辑层次的问题，只有作为信托财产的基础资产满足确定性之要求后，方可采风险和控制权是否转移的标准来判定该笔信托财产是否实现了独立安排运作的信托目的。

信托财产的确定性虽规定于我国《信托法》第 7 条、第 11 条中，但均属原则性规定，较为笼统，实践操作性不强。笔者认为，信托财产的确定性应做有形财产和无形财产之讨论。对于有形财产，信托财产的确定性是指信托财产在信托计划成立之时，数量或其边界是可以测量或确定的，且应从委托人的自有财产中隔离和指定出来；对于无形财产，如股权或货币，因无形财产的单个份额本身具有高度的同质性，单独识别和指定均难以完成，因此只要作为信托财产的无形财产的数目得以确定，即可作为信托财产。

如上文所述，我国部分学者认为财产权的转移是实现信托财产独立性的唯一手段，笔者对此持反对态度，认为信托财产的独立性可通过借鉴"真实出售"的评价标准予以确定。"真实出售"的核心要义在于实现基础资产完全、真实的转移，判定标准表现为"风险和报酬转移"和"控制权转移"的双重原则。[②] 相较于真实出售而言，信托财产独立性的实现并不排斥委托人对于信托财产保留一定的收益权利，如在自益信托中委托人本身即可成为受益人。但同样，欲实现信托财产的独立性，委托人须放弃对基础资产的控制权，同时也不得过多承受对信托财产管理运营中产生的风险，否则资产分割功能流于形式，破产隔离的目的亦难以达到。因此，信托财产的独立性可通过对具有确定性信托财产施以规范的风险和控制权转移安排来实现。

具体到房地产资产收益权信托而言，笔者认为，房地产资产收益权欲作为信托财产，其须具备确定性，且确定性之最低程度须使其价值范围和边界可测量为止。实务中，房地产投融资主体在信托合同中往往约定信托财产为基础资产及其衍生的一切收益，可见，房地产资产收益权信托模式中信托财产既包括基础资产的收益权，也包括基础资产本身。为了进一步增强资产收益权信托模式中信托财产的确定性，还可通过信托文件的约定或其他合规化安排，如第三方评估、房屋预/销售合同编号化等。

另外，就信托财产独立性的实现手段而言，信托财产所有权转移是实现信托财产独立的有效手段，但并非唯一手段，如规范的风险和控制权转移安排。我国《信托法》第 2 条在信托的定义中使用了"将财产权委托给受托人"的表述，其中，"委托给"受托人并非"转移给"受托人，两者为不同概念，即这一条文并未明确规定信托财产独立性的实现手

---

① 张笑滔：《非典型物权类型松绑的功能分析——以昆山纯高案为例》，载《政法论坛》2016 年第 6 期。

② 真实出售(real sale)，被誉为资产证券化的灵魂制度，强调实现财产独立性的同时高度重视所有权转移的设计，判定标准表现为"风险和报酬转移"和"控制权"转移的双重原则。具体演变进程为：2006 年财政部印发的《企业会计准则第 23 号——金融资产转移》第 7 条采用了"风险和收益转移"原则，如果发起机构将基础资产的几乎所有风险和报酬都转移给了受让人，应当终止确认该基础资产。之后，该准则于 2017 年进行了全面修订，其中金融资产转移终止确认的情形一节增添了"控制权转移"原则，即在资产证券化过程中，发起机构除应转移几乎所有风险和报酬之外，还必须放弃对基础资产的控制权，不能对受让人享有的基础资产控制权作出任何消极性限制。

段仅包括信托财产所有权转移一种,因而,这一制度安排为不重视所有权转移的风险和控制权转移标准的适用留下了空间。具体来说,在房地产资产收益权信托模式中,通过对信托财产"控制权"的设计亦可实现其独立性,如信托文件约定设立销售款资金专户、委托人定期报告底层资产的预/销售情况、委托人处分特定资产须经受托人同意等条款。未来,随着我国信托登记制度的建立完善,还可通过信托登记对特定资产的独立性进行表彰,是对通过权属转移表彰信托财产独立性的一个替代。①

总之,房地产信托交易模式历经数次演变调适,结构日益复杂,法律不确定性亦日益凸显。除上文已论述的两大法律不确定性外,我国房地产信托主流交易模式仍面临诸多潜在风险,如信托公司连续穿溯项目公司股权结构直至找到具有二级开发资质的实际控制人,以回避"开发商或其控股股东具备二级开发商资质"的融资限制,监管部门对此虽采取"默许"态度,但一旦发生纠纷诉至法院,将面临信托可能无效的司法风险;还如房地产资产收益权信托模式中"阴阳合同"②存在"阳合同"("信托贷款合同")无效而致抵押登记归于无效的法律风险。

四、晚近资管新规监管环境下房地产信托交易模式的调适路径

在我国,金融创新与金融监管相伴而生,尤其是监管政策"极严"或"极松"时期,这一特征体现最为明显。2018年4月27日中国人民银行、中国银行保险监督管理委员会、中国证券监督管理委员会、国家外汇管理局联合发布的《关于规范金融机构资产管理业务的指导意见》(以下简称资管新规),引发业界、学界热议。房地产信托作为资管行业金融监管和金融创新的重要一环,面对大资管的行业变局和"严监管"的资管新规,其交易模式又将如何被动流变和主动调适呢?

(一)股权型信托模式回归本源

金融回归本源作为资产新规的重要内容之一,体现于银行回归存贷汇,保险回归保障风险,券商资管回归资本市场服务,信托回归受人之托、代人理财的财产管理功能。③信托回归本源,重在回归其"忠诚审慎"和"合规创新"。"忠诚审慎"要求信托公司忠诚受益人利益,审慎履行受托人职责,并在打破刚兑的情况下,承受受益人追责;"合规创新"要求信托公司任一信托交易模式的设计旨在为社会谋取更大福利,而不是为规避监管提供通道。于房地产股权信托而言,笔者认为,"合规创新"即我国房地产股权型信托模式将摒弃"明股实债"等颇具法律风险的交易设计,回归其"真股权"本源结构;"忠诚

① 楼建波:《信托财产的独立性与信托财产归属的关系——兼论中国〈信托法〉第2条的解释与应用》,载《广东社会科学》2012年第2期。

② 实务中,房地产交易中心一般不承认《资产收益权信托合同》的主合同效力,从而拒绝办理抵押登记手续。投融资双方不得已合意订立《信托贷款合同》,以实现办理抵押登记的目的,但《信托贷款合同》与《资产收益权信托合同》仅基于同一笔业务或款项,两份合同中应当只有一份有效。根据司法机关的审判经验,"阳合同"因不体现当事人的真实意思而不发生效力。一旦作为"阳合同"的《信托贷款合同》被认定无效,基于该合同所办理的抵押登记亦无效,这对资产收益权信托计划的投资人而言是巨大的法律风险。

③ 第一财经日报社论:《资产新规让金融回归本源》,载《第一财经日报》2018年5月2日,A02版。

审慎”即信托公司加强信托产品资产端的管理,如项目选择、尽职调查、风险控制等。

从监管层看,这一模式转变是资管新规等系列监管规定的应有之义与内在要求。具体进程有资管新规规定“信托产品打破刚兑,实行净值化管理”,①风险和最终受益人相匹配,不允许保本保收益,以实现卖者尽责,买者自负,这对我国普遍存在刚性兑付的房地产“明股实债”型交易模式的转变具有积极作用。具体措施有三个方面:一是投资者风险自担理念的重申,资管新规要求资产管理产品从收益兑付上实现净值化管理,做到投资自理,风险自担;二是组织结构的独立,资管新规要求开展资产管理业务的金融机构设立资产管理子公司,实行风险隔离,防止资产管理业务的风险向母公司、银行等表内传递;三是资产管理产品的独立运作,资管新规禁止资产管理产品期限错配、禁止相互倒仓,并实行第三方独立托管。

银监会发布的《关于规范银信类业务的通知》②(银监发〔2017〕55号)规定“限制银信合作”,如将表内资金和收益权纳入银信合作范畴、③银行实际承担风险就需穿透监管并计提资本和拨备、规范银信合作资金流向及堵住银信通道规避监管的“口子”,进而从资金供给层面限制了贷款型信托规模的扩大。另外,资管新规消除多层嵌套和限定通道范围的规定,使通道业务的融资规模大幅缩减,这也为股权型信托模式的发展提供了市场空间。具体是资管新规规定资产管理产品只能投资于一层资产管理产品,所投资的资产管理产品不得再投资公募证券投资基金以外的资产管理产品,并对于规避监管要求(如约束杠杆、限定投资范围)的通道服务予以严格禁止。④

从信托公司看,去通道、发展股权型信托亦是其自身发展诉求。以中信信托、平安信托为例,两者2016年营业收入分别为58.18亿元、60.31亿元,净利润30.42亿元、37.97亿元,后者净利润明显高于前者,分析两者2016年财务报表(已审计)可知,主要原因是平安信托股权投资类(股息免税,债权投资营改增前营业税率5%)占信托资产总额比重高于中信信托。⑤ 平安信托副总经理郑建家在接受《中国经营报》记者采访时表示:“未来,行业各公司应当下定转型的决心,逐步发展壮大家族信托、股权投资、信托基金等财

---

① 参见2018年4月27日,中国人民银行、中国银行保险监督管理委员会、中国证券监督管理委员会、国家外汇管理局联合发布的《关于规范金融机构资产管理业务的指导意见》第18条、第19条。

② 参见银监会于2017年11月22日发布的《关于规范银信类业务的通知》(银监发〔2017〕55号)第1条、第2条、第3条、第7条。

③ 55号文出台之前,银信类业务的定义仅包括理财资金的委托,具体规定于银监会2010年《关于规范银信理财合作业务有关事项的通知》(银监发〔2010〕72号)第1条规定:“本通知所称银信理财合作业务,是指商业银行将客户理财资金委托给信托公司,由信托公司担任受托人并按照信托文件的约定进行管理、运用和处分的行为。上述客户包括个人客户(包括私人银行客户)和机构客户。”

④ 卜振兴:《资管新规的核心要点与影响前瞻》,载《南方金融》2018年第6期。

⑤ 根据《企业所得税法》第26条第2款规定:“符合条件的居民企业之间的股息、红利等权益性投资收益为免税收入”,实务中,信托公司股权投资收入是分红,项目公司已缴纳所得税,信托公司就股息收入不再缴税。故而,两家信托公司股权类业务的规模差异是造成其净利润高低的主要原因之一。

富管理和资产管理业务,推动信托业逐渐脱离初级阶段,向中高级阶段发展和进化。"[1]另外,从2017年12月26日中信信托向中国银监会信托部和北京市银监局出具的自律承诺函[2]"通道业务规模只增不减"的承诺亦可见一斑。

故而,这一系列"严监管"的出台,迫使信托公司主动降低债权融资类和通道业务的比重,积极提升主动管理能力,为股权型信托业务的发展提供了难得的市场和政策机遇,房地产股权信托亦不例外。

(二)资产收益权型信托模式规范发展

本固才能枝繁,根深才能叶茂。金融业属于服务业,通过服务实体经济来获得自身的发展,是金融业的强基固本之道。[3] 或言之,金融因实体经济需要而存在,因实体经济需要而运行发展,如果金融脱离实体经济,出现金融系统内部的资金空转、"脱实向虚"、"非理性繁荣"(irrational exuberance)[4]等现象,势必危及整个经济系统的健康运行。[5] 于房地产资产收益权信托模式而言,资管"大一统"时代将面临更严监管,其融资条件将可能等同于房地产集合资金信托计划成立条件,进一步回归监管式创新、回归服务实体经济的本源。

从监管规避的法律效果看,房地产资产收益权信托模式虽系信托创新的结果,但更多的是信托公司在近年监管趋严的情况下为规避监管而采取的变通模式。[6] 或言之,无论房地产资产收益权信托模式的交易结构设计得如何复杂、精巧,均掩盖不了投融资双方逃避监管、实现房地产融资的客观事实。更有研究者认为:"资产收益权信托是一种在表面上符合信托法律特征,但在法律效果上却违反成文法禁止性规定的'规避型'信托,这种信托唯一的'意义'就是借着金融创新之名践行违法之实。"[7]

---

① 易妍君:《资产新规倒逼,信托如何回归本源》,载《中国经营报》2018年5月7日,B08版。

② 此《自律承诺函》主要内容为:"中信信托将在不发生系统性风险、坚持稳中求进总基调前提下,2018年公司银信通道业务规模只减不增。同时,将积极与存量银信通道业务合作方沟通,争取提前终止部分业务。"

③ 张力生:《遵循方向,回归本源,全面提升金融服务实体经济水平》,载《河北金融》2018年第1期。

④ "非理性繁荣"(irrational exuberance)最早用于形容1996年美国股票市场中投资者的行为,即股票市场在投资者市场心理的影响下,被炒到了一个不正常的、难以维系的高度。具体参见 Alan Greenspan, The Challenge of Central Banking in a Democratic Society, Executive Speeches(1997), p. 8. Academic Search Complete, EBSCOhost(accessed May 23,2018)。之后,"非理性繁荣"一词用于形容金融部门过度无序扩张的现象,如货币信用过度扩张、实体经济空心化、经济发展虚拟化等。具体参见[美]罗伯特·J. 希勒:《非理性繁荣》(第3版),李心丹、俞红海、陈莹、岑咏华译,中国人民大学出版社2016年版,第3~4页。

⑤ 卢文华:《从美国经济过度金融化看我国金融回归本源的逻辑与路径》,载《南方金融》2018年第3期。

⑥ 胡伟:《反思与完善:资产收益权信托之检视——兼析安信信托"昆山纯高"案》,载《华北金融》2013年第8期。

⑦ 孙义刚、郑阚:《信托制度异化论——对我国现行信托产品法律结构之评判》,载《法律科学》2009年第4期。

根据我国信托"实质重于形式"①和资管新规统一监管的理念,考察并分析房地产资产收益权信托模式的产生动因,可以发现,其与贷款型信托模式在融资目的、房地产调控等方面并无本质区别,但是,前者须满足房地产融资"432"条件且禁止向开发商发放流动资金贷款等,而后者却无须满足上述条件,这与我国房地产调控政策、房地产信托监管要求相悖。未来,监管部门将逐步实现功能性监管和穿透式监管,引导资产管理业务进入规范、有序发展的阶段,避免资金在金融体系内部的自我循环与空转。② 一旦监管部门严格执行上述监管规定,现行房地产资产收益权型信托模式将面临合规风险,转型回归是其最优选择。

概言之,对于整个信托业而言,资管新规及系列监管规定的相继颁布实施,既是转型机遇又是合规挑战。但是,对房地产信托当前交易模式的影响,究竟是"一波寒冬"还是"真正的春天",仍有待监管政策的进一步明晰,方可判断。具体来说,短期内我国房地产信托交易模式将有些许微观调适,如"真股权"信托交易模式的回归。远期来看,伴随一系列监管政策和相应配套制度的出台落地,我国房地产信托主流交易模式有望实现从股权、资产收益权平分天下到股权为主,再到房地产信托投资基金(REITs)为主的转变。

五、结语

总体上看,我国房地产信托交易模式的演变史,不仅是监管政策调整下房地产信托交易模式的被动演变史,更是市场主体主动适应行业深度变革的调适史。在这个过程中,法律革新与法律规避并存,然而,法律革新与法律规避并不总易分辨,从长远来看,法律革新其实就是对那些被历史所接受了的法律规避措施的承认。③ 又房地产信托任一交易模式的演变调适,受诸多客观因素影响,磕磕绊绊在所难免。

任一法律效力存疑的房地产信托交易模式,未必是一种应当被清理整顿的短期或灰色形态。财产组织形式和法律关系本来就是不断演化的,当前的"标准"信托模式也不过是在历史演化中形成的,市场经济不应用既有的法律范畴去剪裁真实的生活,而是应当根据生活的真实来反思和发展法律学说与规则。④ 故而,对房地产信托交易模式的调适监管,一方面,监管部门应保持一种开放的形态,不囿于对其是法律革新或是规避的定性,适度尊重真实商事博弈中形成的信托交易模式;另一方面,紧密关注新型信托交易模式自身交易结构、各方权利义务关系及其可能衍生的系统性风险,并针对性地制定监管措施,以实现法律框架内房地产信托交易模式真正的业务创新,并达到房地产产业国家宏观调控与市场自发调节的有机统一。

---

① 房地产信托"实质重于形式"的监管理念最早规定于银监会办公厅2010年《关于加强信托公司房地产业务监管有关问题的通知》(银监办发〔2010〕54号)第6条规定中,之后,银监会办公厅2010年《关于信托公司房地产信托业务风险提示的通知》(银监办发〔2010〕343号)第2条规定又重申了这一监管理念。

② 卜振兴:《资管新规的核心要点与影响前瞻》,载《南方金融》2018年第6期。

③ Austin Wakeman Scott, *William Franklin Fratcher & Mark L. Ascher*, *Scott and Ascher on Trusts*, 5th ed., Aspen Publishers, 2006, p. 8. 转引自高凌云:《收益权信托之合法性分析——兼析我国首例信托诉讼判决之得失》,载《法学》2015年第7期。

④ 缪因知:《资产管理内部法律关系之定性:回顾与前瞻》,载《法学家》2018年第3期。

案 例 评 论

论“德士古石油”干扰并购之侵权行为责任

张玮心*

摘要：资本集中是市场经济发展之根本动力，而企业并购乃实现资本集中的一种手段。有统计数据显示，维持高成长的企业有近40%是通过并购达成目标。换言之，企业为壮大实体规模、整合资源，快速成为产业巨擘，必须争取更高的市占率和竞争地位。借由购并可以取代创建子公司的辛苦过程，不仅省时省力，普遍能预期创造“一加一大于二”的效果。然而，并购也可能因失败而付出惨痛代价，如德士古石油介入争取宾兹石油公司的并购案，意外导致抢亲成功的石油企业破产，收购者反被兼并。显见，公司高层对于并购的商业行为可能涉及的相关法规范，不宜轻忽。

关键词：合并　收购　合同法　商事法　侵权行为责任

一、前言

平心而论，中国企业若企图取得欧美技术品牌、降低成本、增加通路据点，并在短时间内提升产业转型、拓展国际市场，那么实行并购外商企业的战略，可以说是最便捷的方法。不过，当外界获知某上市公司将进行并购或购并的消息时，投资人普遍还不太能理解两者之间有哪些细致的差异，通常只有企业内部的管理阶层才清楚。简言之，并购（Merger and Acquisition，M & A），是企业兼并与收购的意思，即某企业购买另一家企业的全部财产，合并组成一家企业的行为；购并，则指某企业通过公开收购另一家企业相当数额的股份，从而拿下该企业的经营主导权地位。

近年来，中国备受瞩目的并购案量惊人，单单2016～2017年就至少10起以上。[①] 例如，万达集团以35亿美元左右（折合人民币约230亿元），收购美国传奇影业公司100%股权，成为迄今中国企业在海外最大的文化产业并购案，也让万达影视成为全球收入最高的电影企业。海尔通过现金方式购买通用家电，交易金额为54亿美元。此后，双方就交易金额进行了调整，最终金额定为55.8亿美元（约计人民币366亿元）。该笔收购是中国家电业最大一笔海外并购。腾讯收购Supercell 84.3%的股权，交易总额86亿美元

* 河南科技大学法学院特聘教授，台湾法官学院讲座教授。

① 中国并购公会网：http://www.ma-china.com/list.asp? classid=232，最后访问日期：2018年5月31日。

左右(约合人民币566亿元),借此购并案,腾讯从一家中国互联网大企业变身为全球游戏巨头。国家电网以人民币600亿元巨资买下CPFL的68%股份,国家电网购并CPFL的交易成功后,成为中国迄今为止在巴西的最大一笔投资,同时,这也意味着国家电网在巴西拥有发电、配电和电网资产,通过对巴西电力更实际的权力掌握,为深度开拓巴西及南美市场奠定了坚实的基础。中国美的集团收购库卡。库卡集团是德国工业机器人制造商,也是全球知名智能自动化解决方案供应商,通过该次购并,美的将持有库卡94.55%的股份。美的与库卡此前已达成协议,将维持库卡现有管理层,允许库卡独立运营,并由美的协助库卡在中国发展机器人业务。由于库卡被称为德国"工业4.0"战略的核心企业,故而收购案受到德国各界高度关注。中国台湾地区的鸿海集团收购日本夏普,稳坐液晶面板制造的企业龙头。

由上,中国企业俨然已形成了一股世界各国不敢轻视的并购势力。并购完成前,对一家集团企业来说,要先处理许多内部和外部的法律问题。比如,经营权争夺过程中应依循《公司法》条文,从董事会决议流程、股东大会召开方式等要件方面的落实,此外,还有《证券法》《股票上市规则》等事项的遵照,应予注意。至于外部的法律问题,企业可能面临《合同法》并购交易的付款方式、条件、日期等内容的决定,以及被收购方地区的法令。原则上,中国的企业并购主要以《公司法》为核心,另辅有行政法规、部门规章等参照。

此外,当一家公司在进行并购时,董事会应考虑到公司之最大利益,并尽善良管理人之注意义务,谨慎处理并购事宜。一旦公司董事会违反法令、章程或股东会决议处理并购之事宜,而致公司受有损害时,所参与决议之董事,对公司应负赔偿之责。另外,公司进行并购时,公司董事就并购交易有自身利害关系时,应向董事会及股东会说明其自身利害关系之重要内容及赞成或反对并购决议之理由。尤其,公开发行股票之公司于召开董事会决议并购事项前,应设置特别委员会,就并购计划与交易之公平性、合理性进行审议,并将审议结果提报董事会及股东会。如果公司依法设有审计委员会者,则由审计委员会依有关审计委员会决议事项之规定办理,如委请独立专家就换股比例或配发股东之现金或其他财产之合理性提供意见。

一般来说,成功的并购案多能达到预期带来的利益效果,不过,并购不慎却也可能付出高额代价或招致官司灾难。最知名的海内外并购失败案例,莫过于中国台湾地区明基公司并购德国西门子、国巨收购菲利蒲的被动组件部门,美国德士古石油公司(Texaco, Inc.)收购盖蒂石油公司(Pennzoil Co.)也经历了惨烈的教训。尤其,并购的主事方、公司的大股东,若不理解并购之行为受到商事法拘束,必须秉持诚信原则、具备合同法精神,并同时遵守商业道德等规定,那么一桩最初被看好的并购案,最终引动诉讼官司、不欢而散的概率还是存在的。于兹,本文中将援引两起实务案例佐证分析,下面先回顾并购的基本原理。

二、并购的商业行为操作

学理上将企业的并购主要区分为"收购"(acquisition)与"合并"(merger)两种模式,从法律的角度观察,有其不同之意义与内涵。实务上,参照2002年中国台湾地区"企业并购法"第 4 条之定义:并购,是指公司之合并、收购及分割。(1)合并,指依本"法"或其他"法律"规定参与之公司全部消灭,由新成立之公司概括承受消灭公司之全部权利义务;或参与之其中一公司存续,由存续公司概括承受消灭公司之全部权利义务,并以存续或新设公司之股份或其他公司之股份、现金或其他财产作为对价之行为。(2)收购,指公司依本"法"、"公司法"、"证券交易法"、"金融机构合并法"或"金融控股公司法"规定取得他公司之股份、营业或财产,并以股份、现金或其他财产作为对价之行为。此所指对价行为,乃股份转换,是指公司让与全部已发行股份予他公司,而由他公司以股份、现金或其他财产支付公司股东作为对价之行为。(3)分割,是指公司依本"法"或其他"法律"规定将其得独立营运之一部或全部之营业让与既存或新设之他公司,而由既存公司或新设公司以股份、现金或其他财产支付予该公司或其股东作为对价之行为。

并购在交易过程中涉及的主要商业手段,大致可以简单整理出下面几项:

(一)收购

收购,系指收购公司(acquiring company)以取得资产或经营权之目的,以现金或债券、股票等有价证券购买目标公司(target company)之全部或部分资产、股份之行为。又为取得目标公司之控制与经营权,收购公司通常做法不外直接购买目标公司的大部分股权。换言之,企业并购之主要目的系要能控制另一公司之经营权,故而,普遍的收购方式系透过购买目标公司的"资产"(asset)或"股权"(share)以取得其经营权。①

1. 取得资产

收购公司购买目标公司之全部或部分资产之行为称为"资产收购"(asset acquisition)。资产收购,系指收购公司与目标公司于收购程序完成后,其分别的独立法人人格,不因之而丧失消灭。此乃资产与股权收购之间的主要差异,因为企业进行资产收购时,可以自由挑选目标公司之特定资产,且目标公司的全部或部分资产仅属一般买卖行为,收购公司无须承受目标公司之负债。从而,当目标公司处于亏损状态时,企业多采以资产收购方式以避免未来继受目标公司之负债。② 资产收购必须仰赖双方当事企业进行交涉谈判方能达成。至于资产收购的交易,其得视其交易之规模大小,决定是否须经股东会或仅须经董事会决议。

当双方就特定资产的选购进行协商时,例如,针对特定生产设备或技术的资产收购,收购方可以预留选择性承受目标公司特定资产之空间,以避免法定合并所可能产生之"概括承受"对方隐藏性债务之潜在风险。而此项交易的形式主要以合同为之,内容包括标的物、责任、出售方代表人之担保、交付、风险负担以及履行条件等。反之,收购方会被

---

① 萧秉国:《论美国高科技产业并购专利策略与其法律问题研究》,中原大学财经法律研究所 2004 年硕士学位论文,第 65~69 页。

② 刘瑞霖:《财经法律与企业经营》,台北,元照出版公司 2002 年版,第 161 页。

要求交易完成后始对目标公司于相当范围内负起损害赔偿责任。[①]

囿于资产收购之各式档案及相关行政程序繁复,有时尚须一并处理资产附随之其他法律负担,如涂销抵押权设定等,企业通常会委托律师、会计师等专家对于目标公司展开营运相关业务之查核评估。

2. 取得股权

股权收购,系指企业购买目标公司的全部或大部分股份,与资产收购相同,于股权收购完成后当事公司仍分别具有独立之法人人格,唯目标公司将成为收购公司旗下投资之公司或子公司(subsidiary company)。其与合并不同之处则在于,股权收购系利用收购股份之方式,取得目标公司之经营或控制权,故目标公司不因出售股权而消灭。此外,收购公司与目标公司之资产负债仍各自独立,此与"合并后消灭公司之资产负债并入存续公司或新设公司,或消灭公司之权利义务由存续公司或新设公司概括承受有别"。往往股权收购系日后合并之前行为,即收购公司于股权收购完成后,往往以合并方式再将目标公司并入收购公司。[②] 实务上,企业收购目标公司股份的途径,最简易的方式系私下与大股东先就收购股份之事宜交换意见并征求同意。其他方式则可经由证券集中交易市场(Securities Exchanges)或柜台买卖中心(Over – the – Counter Market, OTC),直接购买目标公司之股票;或运用证券交易所提供的有价证券标购;或在证券集中交易市场或柜台买卖中心以外之场所,向目标公司股东收购股票。

此外,美国并购实务上另有所谓利用金融工具的收购,如"公开收购"(tender offer)、"融资收购"(leveraged buyout)及"股份交换"(stock – for – stock exchange)等方式。而前述中较常听闻应属公开收购,即向不特定人要约或购买某一公开发行公司的股票或权益证券(equity securities),风险是目标公司可能采取防御措施而拉抬市场价格,故而并购的成本一般较高。[③] 另外,目标公司若故意不合作,还有可能因公开数据不够透明而隐藏营运评估错误的危险。[④]

融资收购,系指收购公司向银行借贷,以取得收购目标公司股份之资金,然目标公司之资产,将会为质押贷款之担保,并以目标公司的未来营收去偿还银行之借款。有实务论者补充:[⑤]融资收购也称为"杠杆收购",因其乃利用财务杠杆的原理来收购目标公司之股份而得名。缺点是银行作为债权人当然要求固定利息及本金之偿还,因此,收购公司通常支付高出基本利率(prime rate)约5%以上之利率,以换取融通资金。如此,资金成本部位拉升,负债比重也相对提高,风险自然也变大。万一收购公司负债对股东权益

① 萧秉国:《论美国高科技产业并购专利策略与其法律问题研究》,中原大学财经法律研究所2004年硕士学位论文,第82~83页。

② 同上,第84~86页。

③ 刘瑞霖:《财经法律与企业经营》,台北,元照出版公司2002年版,第160页。

④ 王泰允:《企业购并实用》,远流出版公司1991年版,第158~159页。

⑤ 杨佳璋、张子:《经营权争霸——企业敌意并购攻防战》,商周出版公司2001年版,第244~252页。

比率(debt – to – equity ratio)超高时,如无法偿还负债,则有面临破产或被银行拍卖之命运。

至于“股份交换”,乃收购公司以发行新股之方式去取得目标公司全部股份之对价。待交易完成后,目标公司将成为收购公司百分之百的旗下之子公司。易言之,目标公司之股东于收购完成后,将不再持有目标公司之股份,而透过换股机制,持有收购公司之股份,成为收购公司之股东。① 普遍而言,大型并购案件也多倾向采用股份交换的方式,一来无须向银行筹措资金,二来可以保留较为充裕之现金。在股份交换的模式下,目标公司之全部股份于交易完成后,自动转为收购公司持有,即完全被母公司接收。②

(二)合并

合并(merger),系指两家或数家公司,签订合并合同,依照公司法相关规定,并经股东会决议通过后,发生合并效力。而合并成为同一家公司后,目标公司的权利义务消灭,无须再为个别资产或权利义务转移,而由存续公司或新设公司概括承受。③ 合并产生的效果,主要在于企业组织将会发生变动,而此与不必然发生组织变化的收购行为有较明显之差异。合并的类型往往因实质差异而略显多样,其中被我们广为熟悉的有以下两种:④

1. 吸收合并

吸收合并(merger)同如其字面意思,系指两家公司或数家公司合并后由其中一家公司吸收,故被吸收的公司之法人人格当然消灭,而消灭公司之所有权利义务转由存续公司概括承受。为避免存续公司为上市公司而目标公司为未上市公司的合并,可能引致主管机关怀疑利用合并借壳上市,而遭到否决之立场,通常合并案件多同属上市公司或非上市公司之间的合并。至于未上市公司是否有可能去合并上市公司时,因其另涉被并公司消灭后的股票无流通价值,实务上操作困难,且主管机关亦持高度之否定态度。

2. 新设合并

新设合并(consolidation),系指两家或数家公司合并后,原参与合并公司之法人人格全部消灭,而另成立新设公司,即前消灭公司之所有权利义务转由新设公司概括承受。囿于新设公司亦有应践履之程序规定,运作上烦琐不便,实务上普遍不鼓励此种合并方式,也较为罕见。依据我国台湾地区“证券交易所股份有限公司有价证券上市审查准则”第4条规定,一般公司(非公营事业或公营事业转民营者)已依相关规定设立登记届满5年以上,方得申请上市。因此,依新设合并模式所设立之新公司应无法承继消灭公司之上市地位。

---

① 王泰允:《企业购并实用》,远流出版公司1991年版,第172~173页。
② 同上书,第95~97页。
③ 柯芳枝:《公司法论》,台北,三民书局股份有限公司1997年版,第72页。
④ 刘瑞霖:《财经法律与企业经营》,台北,元照出版公司2002年版,第159~160页。

(三)分割

虽然中国台湾地区“企业并购法”第4条第2款规定,将公司分割列入并购之模式中,分割模式毕竟相异于企业力结合(joining forces)之传统方式,如金融控股公司之分割。公司分割活动,通常被视为“组织再造”(Corporate Restructuring)的一种方法,是指以扩张公司基本营运或改善公司资产或财务结构为目的之商业行为。此所谓组织再造,文义上还可区分为“营运再造”(Operational Restructuring)及“财务再造”(Financial Restructuring)两大类型。然而,亦有文献指出“组织再造”的任务,仅侧重于目的为经营及财务效率所进行之公司分割(divestitures)、组织瘦身(corporate downsizing)及财务再造等活动。①

从而,当某公司宣称组织改组,除了是指关系企业间之交易行为外,也可能包括至少两种含义,参照《美国国内税收法典》(Internal Revenue Code,IRC)的解释:(1)公司(转让公司)将其全部或主要部分之资产移转于另一间公司(受让公司),作价换取受让公司发行之股份,并因此持有受让公司有表决权之股份达50%以上而取得控制权。又因此种交易方式,亦得享有免税之待遇,因此多被用于公司之分割活动。② (2)公司资本结构之再造。③ (3)公司名称或营业所在地之变更。④

值得中国企业留意的是,若计划并购美国科技公司以取得技术者,不妨利用美国联邦提供的免税(tax - free)并购模式,只要满足IRC第368条规定之要件:⑤(1)公司重组符合商业目的(business purpose);(2)主并或收购公司是基于企业延续性(continuity of business enterprise)之考虑;(3)公司重组符合继续性利益原则(continuity of interest)。另外,美国一些获利较差之部门事业常被集团公司放弃经营而寻求出售,最终经营决策者体认到,只有全心投入核心事业,才能避免营运亏损,导致大型企业纷纷通过资产分割模式去将亏损或非核心事业脱手卖出。⑥

三、并购之合同法问题

并购,不限大型的集团企业,中小企业亦能复制操作,当然也不限定境内或境外企业的合并。从并购签约开始至完成阶段皆可能发生纠纷,而常见的争讼事件包括:请求履行合同、请求侵权损害赔偿、请求返还不当得利、请求给付并购价金等。其中,又以请求履行合同、请求侵权行为损害赔偿最为鲜明。

(一)强讯邮通并购达讯公司案

本案强讯邮通股份有限公司(上诉人兼被告),被请求履行合同事件,对于2014年3

---

① Patrick A. Gaughan, *Mergers, Acquisitions, and Corporate Restructurings*, New York: John Wiley & Sons, Inc., 1996, pp. 10 - 11.

② United States Code, Title 26, IRC §368(a)(1)(D).

③ United States Code, Title 26, IRC §368(a)(1)(E): “a recapitalization”.

④ United States Code, Title 26, IRC §368(a)(1)(F): “a mere change in identity, form, or place of organization of one corporation, however effected”.

⑤ United States Code, Title 26, IRC §368.

⑥ 林仁光:《企业并购规范与组织再造规范制度之重新检视》,载《月旦民商法杂志》2003年第1期。

月 18 日中国台湾地区高等法院台中分院第二审更审判决不服，提起上诉，遭到台湾地区“最高法院”判决上诉驳回：

事实经过：本案达讯公司（被上诉人兼原告）主张，两造于 2007 年 7 月 26 日签订业务经营权买卖合约书，由上诉人购买其经营之达迅有限公司、捷邮有限公司及捷邮联递股份有限公司（以下简称系争公司）之业务经营权。依系争合约第 2 条第 1 项、第 3 条第 2 项约定，上诉人应于 2008 年 2 月底前提出其所列客户于 2007 年 8 月 1 日至 2008 年 1 月 31 日（以下简称系争期间）交其投递邮件之明细，并计算出该合约之买卖价金后，扣除其已依第 3 条第 1 项交付部分，将余款给付。

上诉人拒绝给付之抗辩理由：系争合同第 4 条所称买卖价金计算基准之真意，应指业务经营移转基准日（2007 年 7 月 31 日）仍与被上诉人实际交易之客户而言，故应排除“历史客户”“共同客户”，且亦应排除“包装费用”。

原审判决理由认定：(1) 两造在杨律师见证下签订系争合约，由上诉人向被上诉人购买系争公司之业务经营权，价金依该合约第 2 条第 1 项之约定，以系争期间被上诉人依第 4 条所提供客户交易明细中所列客户，向上诉人交寄邮件月平均金额之 2.5 倍计算之事实，为两造所不争。系争合约第 2 条既已明订买卖价金之计算方式，再审诸两造缔约之目的，系由上诉人购买系争公司经营权，取得市场一定占有率，被上诉人则退出民间邮件投递业务之经营，可见系争公司经营权之买卖对双方均属重要，若买卖价金之计算方式另合意变更，衡情应以书面详为记载，唯上诉人称系以口头为之，显违常理。纵被上诉人曾担任上诉人新店营业所顾问，可确定新店营业所之营业额，然不能执此推论两造嗣有合意变更价金之计算。又系争合约第 12 条第 1 项载明本约自签订日起生效，并取代签约前双方所为之任何口头或书面承诺、协议或合同。故两造缔约前纵曾签署备忘录，唯仅系议约阶段之磋商文件，非最终拘束合同双方权利义务之文书，于系争合约签订后即失效，不具拘束力。况该合约第 2 条就买卖价金之计算，系采客观、极明确之上诉人受托交寄邮件金额为基础，自无事后再斟酌系争公司缔约前营收状况之必要。(2) 两造原属竞争关系，上诉人曾于 2007 年 1 月间擅自发布并购消息，加上两造于缔约前，就各自拥有客户名单及被上诉人营业金额等重要营业秘密，不可能先行提供对方核对业绩。是两造于系争合约前所订第二份备忘录所称“移转业绩”，显然无法客观认定，而于正式签约时将原约定之“业绩移转”改明定按系争合约第 4 条、第 2 条第 1 项之方式计算，未特别排除历史客户或共同客户。上诉人犹执相关备忘录，抗辩买卖价金之计算系以“被上诉人之业绩移转”为基础，历史客户及共同客户均非被上诉人之移转业绩，而是应自买卖价金之计算基础扣除云云，不足采取。

本文分析：两造缔约后，是以依合约精神履行，客户委托改由被上诉人经营之系争公司寄送邮件，上诉人即可获得业绩及利润，无被上诉人再移转客户业绩予上诉人之必要。承前所述，依上诉人并购系争公司后发布之新闻稿内容，可见上诉人就并购已评估一年，并自衡并购后可提高民营投递市场之占有率，及增加服务据点，对营收有所挹注。且若被上诉人继续经营 10 年，营收以上诉人所称之每年 2 亿元新台币计，共 20 亿元新台币。

则被上诉人显不可能同意由上诉人以所称的2000万元新台币、3000万元新台币收购。

原审本于采证、认事及解释合同之职权行使,综合相关事证后,法院认定上诉人抗辩系争合约第2条约定价金之计算方式,应排除历史客户、共同客户及包装费用,均无理由。然而,经核对,尚有未取得发票、未列入客户名单之交易金额、不属交寄邮件项目、未提出对应发票等数笔金额,依约定方式计算买卖价金后,应再扣除上诉人得抵销之金额,总计上诉人尚未给付之价款数额超过6000万元新台币,被上诉人同意减缩请求为5000万元新台币本息,自无不合,法院以上揭理由为上诉人败诉之判决,经核于法并无违背。

(二)宾兹石油并购盖蒂石油案

宾兹石油公司(Pennzoil Co.,以下简称宾兹石油),总部设在美国得克萨斯州休斯敦,系美国知名石油企业。1983年宾兹石油公司与盖蒂石油公司(Getty Oil Co.,以下简称盖蒂石油)签署了一份并购盖蒂石油的意向合同。就在媒体发布宾兹石油欲并购盖蒂石油的消息不久,德士古石油公司(Texaco,Inc.,以下简称德士古石油)向盖蒂石油提出新的报价。盖蒂石油于是拒绝先前与宾兹石油的并购交易并转向接受德士古石油的收购提议。数日后,德士古石油发布新闻稿证实收购盖蒂石油。宾兹石油遂向德拉瓦州法院声请禁制令,企图阻止盖蒂石油与德士古石油的合并案,并另案控告盖蒂石油及德士古石油,指称盖蒂石油违反与宾兹石油的并购合同,而德士古石油故意干扰破坏宾兹石油与盖蒂石油之间的合同关系,请求侵权损害赔偿。1984年2月6日德拉瓦州法院驳回宾兹石油请求禁止盖蒂石油与德士古石油并购的交易申请。[①]

由于宾兹石油与德士古石油同为美国德拉瓦州注册的公司,而且双方企业总部兼营运中心亦皆位于得克萨斯州,故德拉瓦州及得克萨斯州法院均对于本案有审判管辖权。德拉瓦州地方法院裁定作成后不久,宾兹石油随即撤回在德拉瓦州法院对德士古石油的告诉,而改以在得克萨斯州法院对德士古石油提起侵权诉讼,并请求75.3亿美元的金钱损害及惩罚性赔偿。得克萨斯州法院经过8个月的审前会议、证据开示,以及长达3个月的庭审,加上厚达17,000页的庭审记录,就在裁判结果预期快要出炉前,承审法官法里斯(Farris)突因身体不适退出本案改由卡塞伯(Casseb)法官接手审理。卡塞伯法官原为得克萨斯州执业律师,1960~1968年依得克萨斯州法律退休后转任法官。德士古石油对于卡塞伯法官的资格颇有疑虑,遂向法院声请解散陪审团。唯该申请遭到法院驳回。

1985年11月19日,历经4个多月的庭审与11个小时的评议,得克萨斯州地方法院陪审团宣读裁断结果,宾兹石油可获赔105.3亿美元的侵权损害赔偿。[②] 1985年12月10日得克萨斯州法院裁判作成,堪称美国史上最大金额的合同侵权赔偿案件。根据得克萨斯州法律,上诉程序未决时,上诉人申请暂缓执行必须预缴裁判金额加上利息作为担保。[③] 然而,法院不可能要求这么庞大的保证金,盖因保证金上限最多估计介于10亿~

---

① Pennzoil Co. v. Getty Oil Co., No. 7425, slip op. at 1-3 (Del. Ch. Feb. 6, 1984).

② Texaco, Inc. v. Pennzoil Co., 626 F. Supp. 250, 253 (S.D.N.Y.).

③ Tex. R. Civ. P. § 364.

15 亿美元,[①]况且在上诉结果出炉前扣押债务人资产尚存风险。当事人双方在法官同意下,约定于判决书内附带条款,即在判决确定前要执行得克萨斯州法院辖区内被告的财产者,原告不得进行强制执行程序,而被告亦不得出脱财产。德士古石油很快地向联邦纽约南区地方法院申请紧急禁制令,禁止宾兹石油执行得克萨斯州法院的裁判,主张得克萨斯州法院判决过高保证金的适用条文违宪,违反正当程序、自由商务、平等保护、民法及证券交易法等多项理由。

1986 年 1 月 10 日,美国联邦地方法院准核德士古石油的救济声请,并以罕见字眼驳斥得克萨斯州法院的判决简直"荒谬"(absurd)。于是,联邦地方法院重新估算宾兹石油可能获取最大损害的赔偿金额约为 10 亿美元。嗣后本案上诉,联邦第二巡回上诉法院肯认联邦地方法院对于德士古石油所争执正当程序、平等保护的宪法权利遭受侵害而给予妥适救济,并且正确行使联邦管辖权。不过,其他争执部分,联邦第二巡回上诉法院则批评 Brieant 法官滥用裁量权变更已经得克萨斯州法院陪审团裁决的赔偿金额。最后双方从得克萨斯州地方法院、得克萨斯州中级上诉法院、联邦地方法院、联邦上诉审法院,一路较劲至美国最高法院,缔造个案突破 23,000 页的法院文书纪录。[②] 历经 4 年的缠讼,1987 年 4 月 6 日美国最高法院做出判决,将联邦第二巡回上诉法院裁判撤销发回。宾兹石油诉德士古石油案牵涉了并购合同、合同伦理、违约侵权、天价赔偿金、自由商务、暂缓执行的超额保证金不合理、州与联邦的管辖权竞合以及破产保护等议题。以下就本案分别于得克萨斯州法院、联邦法院之不同裁判结果,深入剖析。

四、德士古石油干扰并购案之法律责任

(一)事实经过

承上,本案被告德士古石油公司,因干扰破坏宾兹石油公司与盖蒂石油公司之间的并购合同,遭原告宾兹石油控告请求侵权损害赔偿事件。美国得克萨斯州地方法院审理本案,庭审终结陪审团于相关事证中发现:[③](1)1984 年 1 月 3 日在董事会讨论结束前,决议盖蒂石油将持有 4/7 的股份,而宾兹石油将会拥有盖蒂石油剩余 3/7 的股份,如果盖蒂石油和宾兹石油在 1984 年 12 月 31 日前无法达成重组共识者,盖蒂石油资产的分割则依据各自拥有的股权处理;(2)德士古石油明知并且故意介入干扰宾兹石油和盖蒂石油集团之间的协议;(3)德士古石油介入阻碍的结果,导致宾兹石油公司蒙受 75.3 亿美元的损失;(4)德士古石油的行为系故意、存心的,并且恶意漠视宾兹石油的权利;(5)宾兹石油有权请求 30 亿美元的惩罚性赔偿。

固然事实有许多争议,当事人之间主要的冲突在于这些事实当中涉及法律部分的推断。有证据显示,1983 年年底的几个月内,宾兹石油曾与盖蒂石油董事会成员、盖蒂石油

① Texaco Inc. v. Pennzoil Co. ,784 F. 2d 1133,1138(2d Cir. ,1986).

② See Texas Archival Resources, http://www. lib. utexas. edu/taro/utcah/01290/cah – 01290. html, visited on Feb. 27,2016.

③ Texaco,Inc. v. Pennzoil,Co. ,729 S. W. 2d 768(1987).

执行长戈登(Gordon)(同为盖蒂石油股东兼受信托人)见面,就40.2%的盖蒂石油股权交换意见讨论。1983年12月28日宾兹石油主动宣布欲以每股100美元价格购并盖蒂石油1600万张股票。

不久,宾兹石油联系盖蒂石油的执行长戈登(Gordon)和持有11.8%盖蒂石油股份的J. Paul Museum总裁联系,就报价和收购盖蒂石油的可能交换意见。1984年1月初,三方当事人就谈话中已经达成的条件拟定了一份"合同备忘录"。

根据该份"合同备忘录"的计划,宾兹石油与盖蒂石油,分别以3/7、4/7所占持股比例的基础上成为合伙人,共同拥有并经营盖蒂石油。由戈登担任盖蒂石油董事会主席,而宾兹石油的执行长休·利特克(Hugh Liedtke)则将出任新公司的首席执行长。合同备忘录中进一步规定,盖蒂石油总裁同意以每股110美元拥有11.8%的股权,而其他所有公开发行的股票可供公司以每股110美元套现。宾兹石油还享有购入额外800万张股票的选择权以达到所占股权的比例。

合同备忘录另指其将受到盖蒂石油董事会批准的约束,万一在1月2日的董事会议中未被批准,合同备忘录上的交易条件将失其效力。宾兹石油的执行长利特克和盖蒂石油代表人戈登在1月2日盖蒂石油的董事会开会前签署了备忘录,而盖蒂石油总裁J.保罗·穆西恩(J. Paul Museum)在会议开始不久后亦于备忘录上签名。换言之,就在提交盖蒂石油董事会之前,合同备忘录已经先由掌控盖蒂石油的大股东签名完成。董事会开会遂针对前述购并事宜讨论,然董事会进行投票,多数票拒绝推荐宾兹石油的报价给盖蒂石油股东,接着又以每股110美元的并购价格太低为由,拒绝备忘录上的协议价格。最后董事会议结束前,盖蒂石油通过每股110美元加上10美元债券的决议并向宾兹石油提出反报价。

宾兹石油的投资银行则对于这个价格的响应表示负面。同年1月3日早上,盖蒂石油投资银行家杰弗里·博伊西(Geoffrey Boisi)开始与其他公司联系,寻求比宾兹石油并购盖蒂石油股票更高的出价。当日下午,董事会议再度被召开,宾兹石油同意将原报价修正为每股110美元加上3美元债券。盖蒂石油公司董事建议接受宾兹石油的新报价,并将债券提高至5美元,最后董事会投票,以15:1的票数通过决议。有证据显示,在董事会休会期间,盖蒂石油提出的反报价已知会宾兹石油并被宾兹石油接受。然在宾兹石油的回复接受被送达盖蒂石油董事会时,会议结束散会,而大多数董事会成员已各自返回居所。

当天晚上,盖蒂石油的执行长、总裁、董事、律师和公共关系部门的工作人员起草了一份公司信息,描述宾兹石油和盖蒂石油的并购交易。次日,即同年1月4日早上,盖蒂石油以公司信笺发布了电子新闻稿。当天稍晚,宾兹石油也向媒体证实了并购盖蒂石油的消息。然而当天,博伊西仍继续联系其他公司,企图寻找比宾兹石油更高的出价。德士古石油管理部和博伊西接触,并召开了几次内部的财务规划会议,其中包括评估盖蒂石油的价值以及可能收购的价格范围。当天傍晚,德士古石油雇用了一位投资银行家作为收购盖蒂石油的代表。而同时间,宾兹石油的律师则正在撰拟一份与盖蒂石油正式交易的合同协议书。

同年1月5日,《华尔街日报》报道宾兹石油与盖蒂石油之间所协议合同备忘录内各项条款,另外也揭露宾兹石油董事会曾召开会议批准与盖蒂石油的谈判内容。同日,德士古石油董事会开会决议授权主管出价收购盖蒂石油全部100%的股权相关事宜。德士古石油首先和盖蒂石油董事主席的律师李普顿(Lipton)联系并且安排一场高层会议,讨论盖蒂石油出售盖蒂石油的股份细节。当天晚上,德士古石油又会见戈登就盖蒂石油洽谈出售股份事宜。戈登被知会盖蒂石油董事已经同意将股份卖给德士古石油。戈登随后接受了德士古石油以每股125美元收购的提议,并签署了一份出售其股权意向同意书给德士古石油。

同年1月6日中午,盖蒂石油召开董事会讨论德士古石油的出价。董事会遂投票决议撤回对宾兹石油的反向报价(每股110美元),并一致通过接受德士古石油的出价。德士古石油随即发出新闻稿宣布盖蒂石油与德士古石油的合并案。

德士古石油电子信息发布后,宾兹石油立即电传盖蒂石油,要求其履行与宾兹石油的合同协议。当天傍晚,盖蒂石油向德拉瓦州法院提起并购的确认之诉,请求认定盖蒂石油与宾兹石油之间没有任何合同关系。同年1月6日、8日德士古石油和盖蒂石油完成合并协议与股票交易的细节签署。

(二)得克萨斯州、联邦法院判决不同

得克萨斯州上诉审法院认为本案争点在以厘清:(1)是否有证据足以支持陪审团裁断盖蒂石油与宾兹石油之间存在具拘束力的合同事实,又如何证明德士古石油系在知情下故意诱导前述合同的违反;(2)审判法院是否正确指示陪审团有关本案适用的法律;(3)是否有证据支持陪审团裁决的赔偿金额;(4)是否审判法院对某些证据的容许与排除有可逆转的错误;(5)是否原审法官有拒绝德士古石油公司公平审判的行为立场;(6)是否原审判决有违背美国宪法部分条文之规定。

1985年12月10日,得克萨斯州地方法院做出裁判结果,宾兹石油可以获得共计105.3亿美元的侵权损害及惩罚性赔偿金。德士古石油不服上诉,得克萨斯州中级上诉审法院维持原审裁判。

接下来,可以推论德士古石油的律师团可能要考虑是否继续上诉得克萨斯州最高法院,如未获审查,终局裁判的风险不小。德士古石油遂决定向联邦纽约南区地方法院声请紧急禁制令,一来阻止宾兹石油执行得克萨斯州法院的裁判,二来主张得克萨斯州要求过高的保证金条文违宪、违反正当程序、自由商务、平等保护、民法及证券交易法等多项上诉理由。

1986年1月10日,美国联邦地方法院批核德士古石油的救济声请,并以罕见字眼驳斥得克萨斯州法院的判决"荒谬",更一并修正宾兹石油可能获得最大损害赔偿的金额。宾兹石油不服,向联邦上诉审法院提起上诉。联邦第二巡回法院维持联邦地方法院核发禁制令的决定。意见书中指出:根据得克萨斯州法律,经法院判决的债权人可以保全并对债务人执行财产扣押,除非债务人声请暂缓执行并预缴保证金,保证金不得低于裁判的金额加上利息。本案上诉人(宾兹石油)于得克萨斯州地方法院获判1,053,000万美元的侵权赔偿金,指称被上诉人(德士古石油)诱发石油公司盖蒂石油违反合同并将股权卖给被上诉人。然而很明显的,德士古石油不太可能有能力缴纳规定的保证金,而得克萨斯州法院的判决对德士古石油的营运和财务状况已经造成相当大的影响。宾兹石油上诉理由指称,得克萨斯州审判法庭以陪审团的评议结果做成判决之前,德士古石油已向联邦地方法院提起诉讼,声称得克萨斯州的程序侵害其联邦宪法上及几项联邦法的权利,而德士古石油并未将这些争执向州法院提出,次按 Younger v. Harris 案法则,联邦法院应该拒绝审理此案。此项争执联邦第二巡回法院不采,重申依照 Younger 避让法则拒绝审理是不必要的,因为州的权利在该案中的类型与程度上有别于本案,况且得克萨斯州法院未能提供适当诉讼程序去确保德士古石油的联邦权利。

五、美国最高院判决德士古石油侵权成立

德士古石油转向联邦法院诉讼的策略似乎奏效,双方战成平手。对于宾兹石油而言,上诉是绝对必要的,导致本案官司延长赛,最后进入美国最高法院。只是德士古石油万万没想到,美国最高法院竟废弃联邦中级上诉审法院的裁判,将本案又打回原点。[①]

(一)法律争点

盖蒂石油和上诉人宾兹石油签立了并购合同,内容为宾兹石油将以每股110美元的价格承购盖蒂石油3/7的股权。被上诉人德士古石油最终以每股128美元的价格收购盖蒂石油成功。1984年2月8日,公司总部位在得克萨斯州休斯敦的宾兹石油,向得克萨斯州哈里斯(Harris)郡地方法院递交诉状控告德士古石油。诉状中指称德士古石油诱使盖蒂石油违反合同而拒绝将股份卖给宾兹石油,致使宾兹石油蒙受损失;宾兹石油要求75.3亿美元的损害赔偿和相同数目的惩罚性赔偿金。1985年11月19日,陪审团做出评议结果,同意宾兹石油请求75.3亿美元的实际损害赔偿金和30亿美元的惩罚性赔偿金。双方当事人预估包括利息在内的实际赔偿金额将超过110亿美元。

尽管双方当事人在赔偿细节上没有共识,然根据得克萨斯州法律,判决将赋予宾兹石油重大权利。债权人可以扣押债务人在得克萨斯州254个郡内的任何不动产,得克萨斯州财产法第52.001－52.006条规定供参(Tex. Prop. Code Ann. § §52.001－52.006)。如果债权人希望州政府官员执行判决,可以通过法院书记官请求执行令。得克萨斯州《民事诉讼法》第627条规定(Tex. Rule Civ. Proc. 627),强制执行令通常在判决作成30日后可以取得。而债务人在诉讼未决前得向法院预缴保证金以获暂缓执行,同法第364(a)条订有明文。另同法第368.3条规定,保证金不得低于判决赔偿金加上利息和诉讼费用的总额。

德士古石油向美国联邦地方法院救济成功。联邦地方法院于意见书中表示,得克萨斯州法院的判决已让德士古石油的财务状况陷入愁云惨雾之中。按照条文所要求的保

① Pennzoil Company v. Texaco, Inc. ,481 U. S. 1(1987).

证金数目将超过130亿美元,显然德士古石油一时是无法凑足如此庞大的保证金。再者,商业和金融界普遍认为宾兹石油会在德士古石油上诉完成前,利用得克萨斯州法律对德士古石油的财产展开执行。德士古石油的营运因之受到重大的负面影响,包括:股价应声下跌;很难取得银行信贷;公司债券评比被调降;德士古石油的供货商也暂停对其出售原油等。

然德士古石油却未在得克萨斯州法院争执赔偿金不合理或执行判决将与联邦法冲突。相反地,1985年12月10日,就在得克萨斯州法院宣告判决之前,德士古石油向联邦位于怀特普莱恩斯(White Plains)郡的纽约南区地方法院提起诉讼,怀特普莱恩斯郡也是德士古石油企业总部的所在地。德士古石油指称,依据美国宪法和联邦法律,得克萨斯州的诉讼程序侵害了德士古石油的多项权利,要求联邦地方法院禁止宾兹石油执行原审判决。而宾兹石油则答辩,联邦地方法院不能受理审理本案。理由指出,美国反禁制法(the Anti – Injunction Act)明定有禁止发布禁制令之情形;法院应遵循 Younger v. Harris 判例所建立的回避原则。[①] 第三点则主张,本案原审始于得克萨斯州地方法院,依据 Rooker v. Fidelity Trust Co. 案和 District of Columbia Court of Appeals v. Feldman 案判决揭示的上诉法律原则,联邦地方法院对本案没有管辖权。

联邦地方法院驳回宾兹石油的观点,强调反禁制令法(the Anti – Injunction Act)于本案中并不适用,[②]盖因德士古石油的诉状系以《美国法典》第42卷第1983条(42 U. S. C. 1983)关于权利被剥夺的民事诉讼基础上,就好比 Mitchum v. Foster 案属于反禁制令法的例外。[③] 联邦地方法院进一步指出 Younger 案的回避原则在本案中不适用,因为禁制令的发布并不"妨碍涉及州的根本权利事务",况且联邦审查本案之目的非采以州中级上诉审法院的角色去审查得克萨斯州的诉讼活动,而系为确保德士古石油有一个可以主张自身宪法权利的机会。

联邦地方法院认为德士古石油即便在得克萨斯州上诉,主张宪法权利的成功机会颇高,更遑论得克萨斯州巨额保证金的条文规定无疑剥夺了德士古石油实质上诉的权利。就个人与州的权益两相权衡后,无论如何德士古石油的上诉权利都应该受到保护。因此,核发紧急禁制令给予救济,尚属合理措施。

接着,宾兹石油上诉,联邦第二巡回上诉审法院维持联邦下级审法院判决[④]。不过,意见书中首次提及了 Rooker – Feldman 法则,驳斥部分联邦地方法院评价州法院的判决意见。联邦上诉审法院认为此一法律原则并不能完全阻碍联邦地方法院的管辖权。固然德士古石油没有向得克萨斯州法院提出正当程序与平等保护的权利请求,联邦与州法院的诉讼程序之间并非紧密不分的(inextricably intertwined),从而本案仍符合联邦法院

① Younger v. Harris, 401 U. S. 37(1971).

② Anti – Injunction Act, 28 U. S. C. 2283.

③ Mitchum v. Foster, 407 U. S. 225(1972).

④ Pennzoil Company v. Texaco, Inc., 784 F. 2d 1133(1986).

管辖的权限范围。

再者,联邦第二巡回法院支持反禁制令法不能阻止联邦地方法院批准德士古石油的救济声请。因为在州法赋予权利主张下,宾兹石油可以请求州行政官员扣押查封德士古石油的资产(to attach and seize Texaco's assets),而德士古石油得通过同法第1983条,即反禁制令法的例外(an exception to the Anti - Injunction Act)向联邦法院寻求相应的救济。

最后,联邦第二巡回法院重申回避审查非为必要。就本案诉讼过程对州的利益危险无论在性质还是程度上都不同于美国最高法院当初适用Younger避让法则的6个案件。此外,得克萨斯州亦未能针对德士古石油请求的联邦权利给予足够的裁判救济。是以,考虑德士古石油宪法上权利及得克萨斯州判决的影响,联邦中级上诉审法院维持下级审法院核发禁制令的救济(affirmed the grant of injunctive relief)。

宾兹石油不服,上诉美国最高法院,叩关成功。虽说美国最高法院认定联邦法院对本案有管辖权,却推翻了联邦第二巡回上诉审法院及联邦地方法院的意见。

本案的核心争点在于,宾兹石油已经在得克萨斯州法院胜诉,而德士古石油在得克萨斯州尚未用尽救济手段即上诉联邦法院,联邦法院受理审查州的上诉案件有否逾越管辖权限之虞,又联邦地方法院核发禁制令阻止原审判决的执行是否有理由?

(二)联邦法院回避原则

首先,美国最高法院引述几起判决先例,并且查阅美国反禁制令法、得克萨斯州宪法后,宣告废弃联邦中级上诉审法院及下级审裁判,理由略以:

美国联邦下级审法院理应依循Younger v. Harris案建立的联邦回避原则。① 联邦地方法院和中级上诉审法院都没能认识其裁判对得克萨斯州司法系统史无前例的干预将造成巨大侵害。换言之,联邦下级法院未采合理标准去判断得克萨斯州法院是否能提供德士古石油适当的救济。

Younger案判决的第一点理由指出,衡平法体系的基础原则就是当动议方(争执方、被告方)在法律上有足够的救济方法时,联邦法院便不应采取作为,尤其不应该限制州刑事犯罪的起诉。美国最高法院另外还补充了第二个解释:此所指根本的理由……不外是通过谨慎的思考形塑加强司法礼让的概念,就是对州的功能给予适当尊重。囿于美国是由各个独立的州政府联合组成,从而相信州的体系若自由地按照各自的方式运作者,国家政府的运作成果会最好。此一理念并不意味着联邦将对于州的权利过度盲从,而系在强调国家政府和法院对于每个重要争议事件的集中掌握。这个理念代表了州政府与联邦政府的合法权利,尽管国家政府有责任去努力维护联邦的权益,但总是尽量不逾越州的合法机能。

倘若州的权利果在诉讼活动中如此重要,致使联邦司法权的行使必须牺牲州与联邦

① Younger v. Harris, 401 U. S. 37(1971).

政府之间的司法礼让者，那么 Younger 回避原则的适用就不仅仅限于州的刑事未决案件，也应包括民事未判案件。Huffman v. Pursue 案供参。①

回避的另一个重要原因是为了避免未经授权，联邦法院率先对州的问题做出决定。当联邦法院借由联邦宪法问题去阐释州的法律时，合宪性的决定基础不过建立在法律的解释上，其对于州法院并不直接产生约束力，而联邦法院的决定也将受到质疑。退一步言，联邦法院的裁判一旦失去立场，也会使诉讼本身变得没有意义。参照 Moore v. Sims 案、②Trainor v. Hernandez 案③的旨趣相同。回避原则的适用在本案中有很特殊的意义。因为德士古石油没有向得克萨斯州法院争执其于本案中所宣称的合宪性疑虑，所以无从认定得克萨斯州所适用的法条和程序规则实际上引发了这些诉求。此外，得克萨斯州《宪法》第 1 条第 13 项（Texas Cons. Art. I, § 13）明定"公开法院条款"（open courts provision）：④"所有法院都是公开的，任何人的生命、土地、财产、名誉受有损害者，得透过正当法律程序获得救济。"得克萨斯州宪法保障人民权益的条文，看起来似乎比德士古石油主张美国宪法增修条文第 14 条的正当程序更加明确。是以，本案上诉联邦法院前，无论基于州的法律还是宪法，得克萨斯州法院完全有能力解决本案争点并自为裁判，德士古石油毋庸将问题拉升至联邦宪法的层面。诚如美国最高法院揭示，Younger 回避原则提供了一个绕过宪法问题的机会，却又能聪明地调解联邦宪法所关切介于个人与州之间的权利。

德士古石油反对 Younger 回避原则的主要论点是，联邦地方法院的权利并不涉及州"核心"或"重要"权利。该论点反映了德士古石油对判决先例的误解。美国最高法院多次肯认州在管理其司法系统方面存有重要利益，如 Trainor v. Hernandez 案、Middlesex County Ethics Comm. v. Garden State Bar Assn. 案、In Juidice v. Vail 案等判决要旨。据上，美国最高法院判决联邦法院应该回避本案。

因此，联邦第二巡回上诉审法院裁判应予废弃，本案发回联邦地方法院依照美国最高法院裁判要旨驳回系争诉状。

（三）评析并购失败的诉讼战略

本文中的目标公司盖蒂石油因反悔与宾兹石油约定的并购价格，而改以接受德士古石油的高价收购，最终导致宾兹石油与德士古石油之间长达 4 年的一连串诉讼。宾兹石油方面的诉讼策略，先系考虑双方皆为美国德拉瓦州（Delaware State）注册的公司，故向德拉瓦州地方法院提起禁制令声请，以阻止盖蒂石油与德士古石油合并，另再控告德士古石油干扰破坏合同，请求侵权损害赔偿。1984 年 2 月 6 日德拉瓦州地方法院拒绝宾兹

① Huffman v. Pursue, Ltd., 420 U. S. 592 (1975).

② Moore v. Sims, 442 U. S. 415 (1979).

③ Trainor v. Hernandez, 431 U. S. 434 (1977).

④ Texas Cons. Article I, § 13, provides: "All courts shall be open, and every person for an injury done him, in his lands, goods, person or reputation, shall have remedy by due course of law."

石油的禁制令申请。[①] 两天后,宾兹石油主动撤回在德拉瓦州法院对德士古石油的告诉,并转向得克萨斯州法院对营运总部设址得克萨斯州的德士古石油提起侵权诉讼。

检视整起案件的并购模式,原系两间石油公司盖蒂石油和宾兹石油先以简式意向合同约定并购案,盖蒂石油仍持有新设公司4/7的股权。担任盖蒂石油的投资银行家是并购案利益的第三方,功能上相当于中介经理人,为图谋更高的并购佣金,找上了德士古石油愿意以每股高出18美元的溢价买下盖蒂石油,等同盖蒂石油被收并于德士古石油旗下。盖蒂石油的律师恐误解与宾兹石油的合同中以"董事会决议通过"作为合同成立的条件,然其非指董事会决议后得随时重为决议;因为宾兹石油一旦接受董事会的反报价,即便书面尚未落笔签字,也已经构成新合同关系。

接下来宾兹石油控告德士古石油,宾兹石油很有策略性地从德拉瓦州法院移转至得克萨斯州法院,而德士古石油也不甘示弱接招。问题出在于官司"主场"在得克萨斯州法院,而德士古石油上诉得克萨斯州中级法院时却未将日后于联邦法院主张的宪法权利提出,反而争执违反合同伦理的认定,导致得克萨斯州上诉法院维持陪审团的评议决定。德士古石油方面必须思考上诉得克萨斯州最高法院还是联邦地方法院,德士古石油选择后者。既然上诉联邦法院,必定要引动联邦问题,然此步乃走险棋,盖德士古石油在德州尚未耗尽救济手段,况且联邦宪法上的权利,得克萨斯州宪法也有保障,果不其然,它成为美国最高法院废弃联邦下级法院掷地有声的理由。

反观宾兹石油的出手精准,决定上诉联邦法院势必要力保得克萨斯州法院的判决,故而倾全力争执联邦法院能否置州法院的裁判不顾,或纵使联邦法院有管辖权应否节制为由,援引 Younger 案的避让原则,最后成功说服美国最高法院。所谓避让原则,系为避免联邦与各州之间针对州内事务的管理发生不必要的冲突,联邦法院可以自主决定放弃对该案行使管辖权,而由州法院优先处理。

另外,美国最高法院补充"蔑视法庭的程序规定",强调州权利体现在维护州司法系统的正常运作,只要州系统可以在自身范围内提供联邦权利救济的机会,那是州一个重要权利。惩罚蔑视法庭的权力非常重要,它需要联邦法院回避,同如州法院要求人民遵守蔑视法庭的法律程序,州法院才能有效执行命令与判决。从而,联邦地方法院核发禁制令不仅妨碍州判决的执行,联邦判决的正当性往后也会遭到质疑。尽管当事人向州法院提出联邦问题,只要州尚未建立裁判先例,美国最高法院都应合理尊重州法院解决此类问题的能力,并要求联邦法院不要插手。

固然德士古石油上诉联邦法院的理由指称,得克萨斯州法院没能在可运用的有限时间内受理德士古石油的宪法争执,主张 Younger 回避原则于本案中不适用。不过,这点理由还须德士古石油举证证明得克萨斯州诉讼法禁止或阻碍他提出救济。最终,在这个问题上美国最高法院意见认为:参照得克萨斯州最高法院解释得克萨斯州宪法明定的

---

① Pennzoil Co. v. Getty Oil Co., No. 7425, slip op. at 1 – 3 (Del. Ch. Feb. 6, 1984).

“公开法庭条款”,其内涵保证了所有诉讼当事人的出庭、人民聆听的权利,以及立法机关无权拒绝程序正当的救济等事项。由于得克萨斯州最高法院素来明确允诺州法院系统的救济管道,美国最高法院岂能率先认定得克萨斯州法院会剥夺德士古石油主张宪法权利的机会。次就德士古石油质疑得克萨斯州法院解决联邦宪法问题的能力亦不够充分,盖得克萨斯州欠缺此类裁判先例,德士古石油无法对其实现举证责任。据此,联邦法院应该回避审查为妥。

六、结论

德士古石油公司是美国大型石油生产、炼油企业,曾经是美国《财富》杂志全球总收入最高的500大企业排名第44位。未料一出并购案的角力,意外导致抢亲成功的石油巨擘德士古石油破产,收购者反被兼并,赢家转身成了输家。

美国最高法院的裁判要旨清楚阐释了一项立场,联邦下级法院应恪遵对州尚未建立判例的案件优先适用司法礼让原则。退一步言,联邦下级法院错误采纳德士古石油指称得克萨斯州不健全的诉讼程序没能提供有效的救济。唯查事实情况是,德士古石油从未向得克萨斯州法院提出救济请求,包括放弃挑战天价赔偿金估算的正当性,如今却迫切地需要联邦实时给予救济,难谓有理由。至德士古石油在本案中争执得克萨斯州有关保证金的条文违宪,或者说德士古石油还可以在得克萨斯州法院提出这些诉求的可能性有多大,美国最高法院则不愿表示意见。

而就在美国最高法院的判决出炉不久,1987年4月12日德士古石油向法院申请破产保护,随后被并入Chevron(雪佛龙石油公司),成为现在21世纪知名的Caltex(加德士石油公司)。原系一场并购案的角力,意外导致抢亲成功的石油巨擘德士古石油破产,收购者反被兼并。本文倾向美国联邦地方法院Brieant法官批判得克萨斯州陪审团裁断的巨额赔偿几近荒诞。毕竟国家要扶植一间享誉国际的企业相当不易,一件侵权官司就足令其倒闭,殊为可惜。这也让华人社会不太能理解究竟该如何去合理估算侵权所造成的实质损害。

加德士的英文名称“CALTEX”,事实上也透露了讯息,其系由雪佛龙石油公司的前三个字母“CAL”、加上德士古石油公司的前三个字母“TEX”合成。据悉德士古石油拥有加德士公司50%的股份。业界评价Caltex联合了雪佛龙、德士古的合作,可谓商业史上最成功的合资企业,也是唯一业务遍及亚洲所有主要市场的石油公司,[①]故能享有石油界金字塔的美誉之称。现在重新检视这几间石油公司近30年来的戏剧性演化,似乎印证了商场上没有绝对的赢家或输家。诚如专家王巍先生所言,并购的核心不在收购资产和项目,是收购活的企业,一起生长。21世纪的中国正在融入全球经济活动,未来势必将调整全球商业结构,因此倡议落实诚信原则显得重要。

① Caltex official website, http://www.caltex.com/, visited on March, 18, 2016.

学位论文

有限责任公司增资合同解除权纠纷的法律适用

——基于合同法与公司法的比较与选择

叶俊鑫*

摘要:在公司新增资本已经生成(或认缴完成)的情形下,增资合同主体所享有的解除权应当受到限制。因为公司法有着合同法等行为法所不具备的“组织法”属性,在涉及公司等商事组织的债权人利益时,公司法等组织规则应当优先于合同法适用。具体就有限责任公司增资合同解除权纠纷而言,公司外部债权人的利益理应优先于解除权人的解除利益而得到保护。而在如何限制增资合同主体所享有的解除权的问题上,基于利益平衡保护原则,以是否违反资本维持原则作为限制增资合同主体行使解除权的标准,可有效弥补合同法进路和公司法进路的不足,更显公平、合理。资本维持原则不应关注欺诈交易规则、刺破公司面纱规则等行为规范所规制的股东不当侵蚀公司财产的行为,应侧重于在公司以合法形式向股东返还资本的情形下,出于使公司维持一定金额的资产或清偿债务能力的目的而设置一条财务底线以限制合法的资本返还行为。而通过借鉴美国法上的经验,应当以双重清偿能力标准作为财务底线为妥。具体而言,只要增资合同的解除未产生以下两项后果之一的,便应当允许增资合同主体行使解除权:一是公司无法偿还正常经营过程中产生的到期债务;二是公司的资产总额低于负债总额。

关键词:增资合同　解除权　债权人利益保护　资本维持原则

一、引言:公司增资的形式

有限责任公司基于营业之需求,增加注册资本的方式可细分为三种:一是以公司未分配利润、盈余公积金和资本公积金转增注册资本;二是由现有股东增加注册资本;三是由外部投资人(下文根据不同的语境又称“增资认缴人”或“增资股东”)认缴公司新增之注册资本。其中,第一种增资方式相较于后两种而言,在实质上并未使公司的资产得到任何增加,仅仅导致所有者权益项下注册资本、公积金等科目的数额发生变化。第三种

* 华东政法大学法学硕士,北京市汉坤律师事务所上海分所律师。

增资方式涵盖了第二种方式的内容和法律要求,更具有普遍意义。[①] 而且从商业实践来看,所谓增资也往往是指外部投资人认缴公司新增注册资本的行为,在形式上表现为外部投资人与公司达成的书面或口头形式的增资合同。本文所研究的有限责任公司增资合同解除权纠纷便是在此基础上展开的。

在中国当前的司法实践中,各地区法院对于有限责任公司增资合同解除权纠纷既有一些一致性的理解和法律适用,也存在截然相反的裁判逻辑和裁判结果。所谓一致性的理解和法律适用主要表现在增资合同之主体是否有权解除增资合同的问题上。具体而言,各地区法院基本上都是直接根据我国《合同法》总则第93条和第94条关于合同解除事由之规定判断增资合同的主体是否享有解除增资合同的权利,而并不事先考虑增资合同解除在合同法上之法定效果与公司法上之规定、原则及其背后所保护法益之间的冲突可能。这在一定程度上确实起到了过滤案件之功效,部分不具备解除事由的案件无须考虑合同法与公司法的适用冲突便可得到妥善解决。

而所谓截然相反的裁判逻辑和裁判结果则主要表现于增资合同项下解除权人行使解除权是否应当发生合同解除之法定效果。具体而言,各地区法院的裁判进路可以分为针锋相对的两大类:

第一种选择是基于行为法的合同法进路,即将增资合同解除权纠纷的性质认定为合同纠纷,只要增资合同具备法定或约定的解除事由,解除权人便有权向合同相对方作出解除增资合同的意思表示,从而便可发生《合同法》第97条[②]所规定的合同解除之法定效果,即尚未履行的出资义务终止履行,已经履行的出资义务恢复原状(包括公司变更股东名册、公司章程、注册资本登记和股权登记,恢复至其在增资合同签订之前的注册资本、股东情况和持股比例,返还外部投资人所支付的增资款等)。如在张某某等与河源市芳源公司、龙川公司等合同纠纷案[③]中,芳源公司等现有股东、张某某等外部投资人和龙川公司共同签订增资协议,约定张某某等以现金认缴龙川公司之增资,占50%股权,并取得龙川公司之经营管理权。之后,龙川公司就增资事宜作出股东会决议,修改公司章程,并办理了注册资本工商变更登记手续。因张某某等违反合同约定迟延支付增资款且放弃龙川公司之经营管理,芳源公司等现有股东起诉要求解除增资协议,回复至增资协议签订前的注册资本、股权状况并办理工商变更登记。一审、二审法院经审理认为该案应适用《合同法》之规定,股东资格的取得、公司章程和股权的变更均来源于增资协议,增资协议的解除必然导致股东资格的丧失、公司章程和股权的变更。各方对股权变更存在的争议,应当由民事裁判解决,不宜通过行政程序处理,也不必根据《公司法》规定的减资程

① 孙远辉、孔玛丽:《有限公司增资扩股的法律机制探析——以公司擅自增资扩股为切入点》,载《西北大学学报》(哲学社会科学版)2012年第2期。

② 《合同法》第97条规定:"合同解除后,尚未履行的,终止履行;已经履行的,根据履行情况和合同性质,当事人可以要求恢复原状、采取其他补救措施、并有权要求赔偿损失。"

③ 广东省河源市中级人民法院(2014)河中法民二终字第127号民事判决书。

序处理。因此,一审、二审法院支持了芳源公司等现有股东之主张,并要求龙川公司返还张某某等外部投资人已支付的增资款。

合同法进路的明显瑕疵在于完全忽视了增资合同的特殊性和公司法项下法益保护之需求。具体而言,在公司法的视野下,增资合同不仅是公司与外部投资人之间的新增注册资本认缴行为,而且是现有股东与新股东之间在资合基础上的人合行为,影响公司内部的组织关系,并与公司、股东和外部债权人的利益紧密相关。在特定情形下,增资合同解除之法定效果完全有可能与公司法上之规定、原则及其背后所保护之法益发生冲突。比如,债权人利益保护和"资本三原则",即资本确定原则、资本维持原则和资本不变原则。如果法院仅立足于合同法视野,将公司内部组织结构视为"黑箱",在具备解除事由的基础上一概裁判允许解除权人解除增资合同并发生法定效果,便有可能损害其他股东、外部债权人之利益,有违《公司法》之立法宗旨。①

第二种选择则是基于作为组织法的公司法进路,即将增资合同解除权纠纷的性质认定为公司增资纠纷或新增资本认购纠纷,基于公司法上的资本三原则,不允许增资合同的解除发生合同法上之效果,即尚未履行的出资义务应继续履行,已经履行的出资义务应通过股权转让或法定减资程序等实现返还之目的。如在重庆丰凯公司与王某某等公司增资纠纷案②中,外部投资人丰凯公司、王某某等现有股东、精瑞公司等三方签订增资协议约定丰凯公司以股权和货币的形式向精瑞公司增资,占75.2%股权,并约定如精瑞公司未按期取得金融经营许可证,丰凯公司有权解除协议。之后,精瑞公司就该增资事宜作出股东会决议,修改公司章程,并办理了注册资本的工商变更登记手续。由于精瑞公司未按期取得金融经营许可证,外部投资人起诉请求按照约定解除增资协议,并要求精瑞公司返还所取得的股权和资金。一审法院依据《合同法》第93条判决解除了增资协议,但认为出资的返还应当符合《公司法》第28条③和第35条④以及公司资本维持原则、资本不变原则的相关要求,故外部投资人不能请求法院直接判决精瑞公司返还出资,而应按照《公司法》之规定,通过股权转让或者法定减资程序实现返还出资之目的。

在公司法进路下,法院通过援引公司法上之资本三原则以完全限制解除权人解除增资合同本应发生的法定效果所表明的利益衡量结果是以抽象的公司外部债权人利益优先于解除权人在合同法项下的解除利益。这种"一刀切"做法的合理性十分值得商榷。一方面,并非所有增资合同解除权纠纷均面临着债权人利益保护的问题,且增资合同解除的法定效果并非必然与债权人利益保护相冲突,过于片面强调抽象的债权人利益保

---

① 《公司法》第1条规定:"为了规范公司的组织和行为,保护公司、股东和债权人的合法权益,维护社会经济秩序,促进社会主义市场经济的发展,制定本法。"

② 重庆市第五中级人民法院(2014)渝五中法民初字第00498号民事判决书。类似案例还有沈某与危积陋公司增资纠纷案,参见江苏省高级人民法院(2016)苏民终680号民事判决书。

③ 《公司法》第28条规定:"股东应当按期足额缴纳公司章程中规定的各自所认缴的出资额……"

④ 《公司法》第35条规定:"公司成立后,股东不得抽逃出资。"

护,实际上直接剥夺了解除权人在增资合同项下本应受保护的解除利益,于解除权人难言公平、合理。另一方面,法院要求解除权人通过股权转让或公司减资等途径实现增资合同解除之法定效果,可操作性不强,面临着其他实质性障碍,显得比较僵化。因为无论是股权转让,还是公司减资都将为解除权人带来其难以承受的更高的交易成本和更为烦琐的法定程序。

由此可见,有限责任公司增资合同解除权纠纷项下的核心问题是增资合同主体行使法定或约定解除权是否应当发生合同解除之法定效果。换句话说,基于公司法项下的特殊法益保护需求,是否应当限制以及应当如何限制增资合同主体所享有的解除权。从上述司法实践来看,已经比较明确的是,在外部投资人认缴的公司新增资本已经生成的情况下,增资合同解除在合同法上之效果将极有可能实质损害公司外部债权人的利益。具体而言,根据《合同法》第97条之规定,增资合同解除后,尚未支付的增资款,增资认缴人终止履行,已经支付的增资款,增资认缴人可请求公司予以返还。而在公司新增资本已经生成的情形下,由于公司外部债权人已对新增的公司资本产生信赖,增资股东无论是终止履行尚未支付的增资款,还是要求公司返还已支付的增资款都将导致公司资本和资产的减少,从而有可能对公司外部债权人的利益造成实质损害。

简单而言,上述核心问题可以分解为:第一,作为限制增资合同主体行使解除权的前提,外部投资人在增资合同项下对公司所认缴的公司新增资本何时生成?或者说,外部投资人何时取得股东资格?第二,基于公司法项下的外部债权人利益保护需求,增资合同主体所享有的解除权是否应当受到限制?或者说公司外部债权人的利益是否应当优先于增资合同主体在合同项下的解除利益?以及增资合同主体所享有的解除权是否应当受限于公司法上的其他价值追求,如股东利益的平等保护、有限责任公司股东间人合性的保护等?第三,如何限制增资合同主体所享有的解除权的问题是否属于公司资本制度项下的资本维持原则的射程范围?若是,增资合同主体所享有的解除权应当如何具体受限于公司法项下的资本维持原则?换句话说,应当如何重新解释中国法下资本维持原则的概念、内涵、保护客体、保护范围等,以此更好地平衡保护增资合同主体的解除利益?对于这些问题,前述司法实践中的合同法进路或公司法进路都未给予令人满意的答复。与此同时,摇摆不定的司法裁判终将对统一市场中的交易安全和效率产生严重的损害。因此,本文将立足于该核心问题展开研究,并依次对上述重要问题进行分析、论述,以期为增资合同解除权纠纷之司法实践提供建设性指引。

有两点应先予以说明:其一,如前所述,本文所作研究的前提是增资合同的主体享有法定或约定解除权,并不会过多涉及增资合同是否具备法定或约定的解除事由的问题。因为判断增资合同主体是否享有法定或约定解除权仅仅是在合同法层面上进行考量,尚未发生合同法与公司法之间的互动,在司法实践中亦无显著之争议。其二,本文所作的研究并不局限于增资认缴人要求解除增资合同的情形,也包括公司行使增资合同解除权的情形,两者在核心问题上的考量并无实质区别。其中,在公司新增资本已经生成的情形下,公司行使增资合同解除权实际上等同于公司除名股东。而且,合同解除说也是股东除名制度的重要基础理论学说之一。[①] 与之相符合的是,从司法实践来看,在增资合同解除权纠纷案例中一般都是增资认缴人要求解除增资合同,公司行使解除权的情况比较少见。因为公司往往通过股东除名制度以实现解除增资合同的法律效果。因此,下文主要以增资认缴人要求解除增资合同的情形为例展开论述。

二、公司新增资本的生成逻辑

如前所述,之所以试图限制增资合同主体所享有的解除权,是因为增资合同解除之法定效果将极有可能实质损害公司外部债权人的利益。这其中包含的一个前提条件是在增资合同主体行使解除权之时新增的公司资本已经生成,否则增资合同解除之法定效果完全不会损害公司外部债权人的利益,增资合同主体所享有的解除权也不应受到任何限制。应当指出的是,本文后续几部分的论述都是基于外部投资人所认缴的公司新增资本已经生成而展开。那么,公司新增资本的生成时点如何确定?或者说判断公司新增资本生成的标准是什么?在一般观念上,公司资本是指经由股东认缴所形成的公司原始资产。在法律上,公司资本应当与公司的注册资本同义。[②] 具体而言,结合《公司法》第 26 条第 1 款之规定,[③]公司资本应指公司股东认缴的,公司章程记载的,在公司登记机关登记的出资或股本总额。[④] 从中可见,公司资本以"股东认缴""章程记载""登记公示"作为基本要素。那么,这是否意味着公司新增资本的生成必须满足该三大基本要素?还是说只要满足其中一个或两个基本要素,便可认定公司新增资本已经生成?

在中国当前的司法实践中,各地法院的关注焦点并不在于增资合同主体行使解除权时公司新增资本是否已经生成,而在于增资认缴人是否已经取得股东资格。这两者看似存在明显的偏离与不同,但实际上好似一个硬币的两面,判断增资认缴人是否已经取得股东资格等同于判断公司新增资本是否已经生成。因为股东的资格依附于公司的注册资本,依照其认缴的出资对公司享受权利和承担义务。[⑤] 在公司新增资本生成之时增资认缴人便具有了股东资格,从而享受股东权利,承担出资义务。而且,从商业实践来看,公司的内部和外部增资程序,如作出股东会增资决议、修改公司章程、办理工商变更登记等,往往同时包含着变更股东和注册资本两项内容。由此可见,公司新增资本生成的时点与增资认缴人取得股东资格的时点应当具有一致性。

然而,在判断增资认缴人是否已经取得股东资格的问题上,各地法院的裁判标准和裁判逻辑存在明显的差异,大致可以分为两类。

一是以公司是否完成内部增资程序作为判断增资认缴人是否取得股东资格的标准,

---

① 李建伟:《有限责任公司的股东除名制度研究》,载《法学评论》2015 年第 2 期。

② 邹海林、陈洁主编:《公司资本制度的现代化》,社会科学文献出版社 2014 年版,第 34 页。

③ 《公司法》第 28 条第 1 款规定"有限责任公司的注册资本为在公司登记机关登记的全体股东认缴的出资额"。

④ 王保树主编:《商法》,北京大学出版社 2011 年版,第 111 页。

⑤ 邹海林:《我国司法实务应对公司注册资本制度改革的路径选择》,载《法律适用》2014 年第 5 期。

即在公司已经变更股东名册或作出股东会增资决议或修改公司章程(主要为其中的股东和注册资本内容)的情形下,应认定增资认缴人已取得股东资格,公司新增资本亦已生成。如在安鑫公司与智华公司、竺某某等公司增资纠纷案①中,增资认缴人安鑫公司与智华公司及其唯一自然人股东竺某某签订了《增资协议》,约定安鑫公司以智华公司6000万元的估值向其增资300万元,取得5%股权。《增资协议》生效后,安鑫公司支付了全部增资款,智华公司变更了股东名册但未按期办理相应的工商变更登记手续。安鑫公司遂以此为由请求解除《增资协议》,并由智华公司返还增资款。一审、二审法院均认为,根据智华公司的股东名册,安鑫公司已取得了智华公司的股东资格。虽然智华公司未办理相应的工商变更登记手续,但是工商登记仅具有对抗外部第三人之效力,不影响股东资格的取得和股东权利的行使。根据公司资本维持原则,非经法定程序,股东不得抽回其出资。因此,安鑫公司的诉讼请求不应得到支持。

二是以公司在完成内部增资程序的基础上是否办理注册资本变更登记作为判断增资认缴人是否取得股东资格的标准,即在公司已经变更股东名册或作出股东会增资决议或修改公司章程,并且完成注册资本变更登记的情形下,方才应当认定增资认缴人已取得股东资格,公司新增资本已经生成。如在新时代公司、黄某某与刘某某等新增资本认购纠纷案②中,新时代公司(自然人独资公司,唯一股东为黄某某)与增资认缴人刘某某签订了《投资协议》,仅约定刘某某向新时代公司增资100万元,并同意其担任公司董事和高管,参与公司重大决策和重要人士任免,但未涉及公司清产核资事宜、增资完成后刘傲群所占股权比例、办理工商变更登记时间等重要内容。《投资协议》生效后,刘某某按期支付了全部增资款,但新时代公司在增资认缴人的多次催促下仍未确认其股权份额,也未向工商行政管理部门申请股东和注册资本的变更登记。增资认缴人因而起诉请求新时代公司返还增资款。湖北省高级人民法院再审认为,新时代公司是否完成增资扩股程序,即刘某某投入公司的100万元资金是否转化为新时代公司的资本是其成为公司股东的基本前提。虽然自然人股东黄某某在《投资协议》上签字同意增资,但是新时代公司在《投资协议》生效之日起4年内未完成公司的增资程序,所以刘某某对公司的投资并未转化为公司的资本,其并非新时代公司的股东。而且,新时代公司拒绝履行增资程序的行为已构成根本违约,刘某某当然有权解除《投资协议》,并要求其返还增资款及利息。

由此可见,以上司法实践中的两大主流裁判标准和裁判逻辑的关键分歧在于登记公示是否是公司新增资本生成的要件之一。这背后其实涉及"注册"对于注册资本的意义或价值问题。不仅如此,这两大主流裁判标准和裁判逻辑也有着基本的共识,即在公司

① 上海市第二中级人民法院(2017)沪02民终1073号民事判决书。类似案例有周某某与百瑞公司、宫可印等公司增资纠纷案,参见天津市第二中级人民法院(2016)津02民终1057号民事判决书。天津安居办公室与浩天典当行股东出资纠纷案,参见天津市和平区人民法院(2014)和民初字第0839号民事判决书。

② 湖北省高级人民法院(2016)鄂民再74号民事判决书。类似案例有黎某与鹏科公司增资纠纷案,参见东莞市中级人民法院(2015)东中法民二终字第1347号民事判决书。

尚未变更股东名册、作出股东会增资决议和修改公司章程之时,不应认定公司新增资本已经生成,故而无须考量公司法项下外部债权人利益保护的需求。但是,特别是在有限责任公司的语境下,公司为了追求交易效率而简化内部增资程序的现象比较常见。在一些案例①中,增资认缴人与公司及其全体股东签订增资认缴协议后便开始行使股东权利,实际参与公司的经营管理,而公司并未作出任何股东会增资决议,也未修改公司章程,甚至未设置股东名册。那么,此时是否应当认定公司新增资本已经生成?这一问题的实质在于确定法定的公司内部增资程序对于公司新增资本生成的意义,即法定的公司内部增资程序是否是公司新增资本生成的要件之一。

本文认为,判断公司新增资本是否已经生成的标准是增资认缴人与公司以及增资认缴人与现有股东是否就增资达成合意。而法定的公司内部增资程序仅仅是增资认缴人与现有股东就增资达成合意的表现形式之一,不应被认定为公司新增资本生成的要件之一。而从及时保护公司债权人利益的角度考虑,登记公示更不应被认定为公司新增资本生成的要件之一。理由如下文所述。

(一)公司内部增资程序并非公司新增资本生成的要件之一

从公司合同理论来看,公司资本的生成应当是股东自治的结果。但在公司制度产生或被引入的初期,公司资本生成所具有的股东自治属性往往容易被人们忽视。人们意识到有限责任一方面限定了公司股东的责任范围,另一方面也容易导致股东滥设公司,损害与公司交易的相对人的利益。而为了降低与公司交易的相对人的风险,确保公司对债权人有足够的清偿能力,人们在资本创造价值的功能基础上又赋予其担保功能,②严格的公司资本管制制度便应运而生。在公司资本的生成方面,严格的公司资本管制制度主要表现为最低注册资本规定、资本实缴制、出资形式限制以及强制验资程序等。这些措施的实际效果不仅不及预期,反而成为公司融资的障碍,难以适应市场经济和资本市场发展的要求。因而,在世界范围内放松或取消管制公司资本生成的趋势日益明显。中国于2013年对公司资本制度的改革也顺应了这一趋势,修订后的《公司法》取消了注册资本最低限额和强制验资程序,改注册资本实缴制为认缴制,简化了公司登记事项,凸显了公司资本生成所应有的股东自治属性。而公司资本制度改革的结果也表明,公司资本的生成纯属股东的自治领域,它不具有维持公司应有的信用以保护债权人利益的功能,法律对公司资本生成所附加的管制显然是多余的③。

基于公司资本生成所具有的股东自治属性,在增资认缴人与公司以及增资认缴人与现有股东达成增资的合意之时,公司新增资本便已经生成。在实践中,增资认缴人与公司就增资所达成的合意(在性质上为双方法律行为)一般表现为双方签订的增资合同。而增资认缴人与现有股东就增资达成的一致意思表示(在性质上为共同法律行为)则有

① 成某某与宁某某新增资本认购纠纷案,参见廊坊市中级人民法院(2016)冀10民终569号民事判决书。
② 仇京荣:《公司资本制度中股东与债权人利益平衡问题研究》,中信出版社2007年版,第2页。
③ 邹海林:《我国司法实务应对公司注册资本制度改革的路径选择》,载《法律适用》2014年第5期。

三种主要的表现形式:一是现有股东在公司设立时通过公司章程事先授权董事会决定发行或募集公司成立后的资本余额(授权资本),那么在公司与增资认缴人订立增资合同的同时,现有股东与增资认缴人自然也就增资达成了一致意思表示。这实际上便是英美法上授权资本制的核心内容。二是法定的公司内部增资程序,即现有股东作出股东会决议同意公司向增资认缴人增资,并相应修改公司章程。三是全体现有股东直接与公司、增资认缴人共同签订的增资合同。全体现有股东的签字行为应视为同意公司向增资认缴人增资。由此可知,法定的公司内部增资程序仅仅是增资认缴人与现有股东就增资达成合意的表现形式之一,并非是公司新增资本生成的要件之一。在增资合同解除权纠纷项下,判断公司新增资本是否生成的关键在于确定增资认缴人与现有股东是否就增资达成了合意。

(二)登记公示并非公司新增资本生成的要件之一

就登记公示对于公司新增资本生成的意义而言,理论界也存在激烈的争议。有学者认为,一方面,既然法律规定了强制性的登记公示要求,那么登记公示自然便是公司新增资本生成的要件之一;另一方面,公司新增资本不仅要解决增资认缴人与公司以及增资认缴人与现有股东之间的自治问题,而且要通过登记公示产生对世效力,解决"负外部性"问题,即因股东负有限责任而对公司债权人可能造成的利益损害问题。① 但有学者持不同意见,首先,认为登记公示并非公司新增资本生成的要件之一,公司新增资本的生成仅取决于增资认缴人认缴公司新增资本的行为以及在公司章程中对认缴的公司新增资本加以记载。其次,登记公示的公司新增资本仅仅具有对抗效力,不影响增资认缴人基于认缴的公司新增资本而享有的股东权利和出资义务。最后,对于公司新增资本的登记公示要求主要是基于监管公司资本的考量,并没有为外部债权人提供可以直接向公司股东追索的请求权基础,公司资本也没有保护公司债权人的任何直接效果。②

经权衡、分析和比较上述两种截然不同的观点,本文认为,首先,法律对于公司新增资本的强制性登记公示要求并非是为了使公司新增资本产生法律上的对世效力或对抗效力,而仅仅是为确保与公司交易的相对人获得对于公司资本的一个稳定预期,或者说尽可能向与公司交易的相对人昭示股东出资的实际状况而非原始承诺。《公司法》第32条第2款和第3款实际上规定的是股东资格或股权经登记公示后具有消极对抗效力,即股东资格在作出登记公示前,不能对抗第三人,除非此事项已为第三人知悉,③但未经登记公示,股东资格的取得不受影响。如果将登记公示作为公司新增资本生成的要件之一,那么便会产生增资认缴人已取得股东资格但公司新增资本尚未生成的怪异现象,违反了股东的资格依附于公司的注册资本的基本公司法逻辑。

其次,以登记公示有助于保护外部债权人利益为由而将其认定为公司新增资本生成

① 陈甦:《资本信用与资产信用的学说分析及规范分野》,载《环球法律评论》2015年第1期。

② 邹海林、陈洁主编:《公司资本制度的现代化》,社会科学文献出版社2014年版,第41~42页。

③ 赵万一主编:《商事登记制度法律问题研究》,法律出版社2013年版,第97~98页。

的要件之一更是毫无道理。一方面，登记公示使外部债权人获得对于公司资本的稳定预期无助于债权人利益保护，因为外部债权人的关注点并不在于在某个特定时点公司资本的多少，而在于现有股东所认缴的公司资本是否都已按期、足额缴纳，以及公司是否存在违法向股东分配公司资产或减少公司资本的行为。另一方面，如果将登记公示作为公司新增资本生成的要件之一，那么自然的逻辑推理便是在增资认缴人与公司以及增资认缴人与现有股东就增资达成一致意思表示之后，而在办理注册资本变更登记之前，由于公司新增资本尚未生成，增资合同解除在合同法上之效果并不会对外部债权人利益造成实质损害，所以增资合同解除权的行使不应受到任何限制。这其实延后了公司法介入增资合同解除权纠纷的时间点，更加不利于公司外部债权人利益的保护。因此，登记公示不应被认定为公司新增资本生成的要件之一。

三、限制增资合同解除权的解释路径：债权人利益与增资股东利益的取舍

首先，应当予以明确的是，关于是否应限制增资合同主体所享有的解除权的问题，关注焦点应集中于公司法项下外部债权人利益保护的需求。无论是有限责任公司股东间人合性的保护要求，还是股东平等保护原则与是否应当限制增资合同主体所享有的解除权并无直接关联，本文将不会对此过多探讨，理由如下：

其一，就有限责任公司股东间人合性的保护要求而言，不同于股东对外转让股权和公司对外增发注册资本，增资合同解除之法定效果虽然会导致增资股东退出公司，看似破坏了公司内部股东之间的人合性，但实际的影响其实十分有限。理由在于：有限责任公司具有封闭性的特点，“股东人数较少且彼此熟识，资本和劳动关系结合紧密，对于选聘管理人员、出售公司资产等公司具体事务，都希望拥有相当程度的表决权，并且倾向于通过排除外来人员的进入，来维护股东团队的相对稳定”。① 保护股东间的人合性的制度设计，如公司法上对于股权转让和对外增发注册资本的限制，包括赋予股东的“优先购买权”和“优先认缴权”，是为了防止那些可能损害公司最佳利益的搅局者进入公司。而且，在有限责任公司的语境下，制度设计者的本意是在立足商人有限责任的基础上寻求商业合作过程中的人际纽带关系，即“以资合为主，人合为辅”。② 其中，“资合”的核心属性决定了应当允许有限责任公司股东退出公司。因此，强调有限责任公司股东间人合性的真正目的在于既不能将其他股东不乐意接受的人强加给公司，又不能让股东成为其所持股份的囚徒而不得脱身。③ 而增资合同解除权是增资股东在合同法下的正当权利，增资合同解除的法定效果并不会导致外来搅局者进入公司，所以对有限责任公司股东间人合性的影响十分有限。

其二，就股东平等保护原则而言，这主要针对的是增资认缴人与公司在增资合同的基础上，未经现有股东同意私下达成特殊条款以赋予增资认缴人特殊的合同权利或使公

① 罗培新：《公司法的合同解释》，北京大学出版社 2004 年版，第 83 页。

② 郑彧：《股东优先购买权“穿透效力”的适用与限制》，载《中国法学》2015 年第 5 期。

③ [法]伊夫·居荣：《法国商法》，罗结珍、赵海峰译，法律出版社 2004 年版，第 558 页。

司负担特殊的合同义务的情形。在这种情形下,增资认缴人基于特殊条款行使解除权确实会影响股东利益的平等保护,但是背后的关键不在于增资认缴人基于特殊条款行使解除权,而在于特殊条款未经现有股东同意。由此可见,股东平等保护原则与增资认缴人所享有的解除权是否应当受到限制的问题并无直接关联。股东平等保护原则应放置于前端关于特殊条款的效力问题之上。因而,本文对于是否应当限制以及如何限制增资合同主体所享有的解除权的论述均基于以下假设:全体现有股东对于增资合同的全部内容,包括一些特殊条款,应当是明知且同意的。

(一)美国法上之经验

1.美国法上股份认购制度概述

在探讨美国法上接近于增资合同解除权纠纷的法律适用之前,首先需要对美国法上的股份认购制度(Stock Subscription Law)有所了解。所谓的股份认购制度将投资人认购已成立或尚未成立公司的股份的行为(包括双方订立的股份认购合同)作为规制对象,曾是美国公司法的重要内容之一。传统上,股份认购行为根据不同的发生时点,具体可以分为公司成立前的认购行为(Pre - incorporation Subscription)和公司成立后的认购行为(Post - incorporation Subscription,即中国公司法上所称之增资认缴行为)等两大类。相对于公司成立后的股份认购行为而言,公司成立前的股份认购行为的特殊性表现为在公司成立前其法律性质并不被视为股份认购合同,而为附法定不可撤销期限的要约。这也在一定程度上导致公司成立前的股份认购行为一直是学者们更为关注的研究对象。具体而言,由于在认购行为作出之时公司尚未成立且各认购人的认购行为又往往相互独立,公司成立前的认购行为是否对认购人和拟成立的公司产生拘束力便存在争议。① 为解决这一问题,以1984年美国《修订示范商业公司法》②为代表的主流观点认为,公司成立前的认购行为应视为附法定不可撤销期限要约,虽然认购行为作出之时各认购人之间以及认购人和公司之间尚未产生任何合同关系,但在法定不可撤销期限内公司一旦成立并接受要约,认购人和公司之间便立即产生股份认购合同关系。③

虽然公司成立前的股份认购行为有一定的特殊性,并由此产生了独特的法律问题和法律规范,但是随着公司的成立和独特法律问题的解决,公司成立前和成立后的股份认购行为在所面临的法律问题和相应的法律适用方面便并无任何实质差别。有些州(如特拉华州)甚至不区分公司成立前和成立后的股份认购行为,两者完全适用相同的法律规范。④ 所以,就封闭型公司(Close Company,相当于本文语境下的有限责任公司)股份认

① Richard A. Booth, Financing the Corporation, Clark Boardman Callaghan/West Group, 2015, § 4:11.

② 美国《修订示范商业公司法》第6.20(a)条规定"公司成立之前对股票的认购在六个月内不可以撤销,除非认购协议规定更长或者更短的期限或者所有认购者同意撤销。"参见沈四宝编译:《最新美国标准公司法》,法律出版社2006年版,第49页。

③ [美]R. W. 汉密尔顿:《公司法》,刘俊海、徐海燕注,中国人民大学出版社2000年版,第77页。

④ Richard A. Booth, Financing the Corporation, Clark Boardman Callaghan/West Group, 2015, § 4:11.

购合同解除权纠纷而言，无论所涉及的是基于公司成立前的股份认购行为而产生的股份认购合同，还是公司成立后订立的股份认购合同（相当于本文语境下的增资合同），并不会对裁判结果产生实质影响。下文援引的判例也不仅包括基于公司成立前的股份认购行为而产生的股份认购合同解除权纠纷判例，而且包括因公司成立后订立的股份认购合同而产生的解除权纠纷判例。

应当指出的是，第一，自20世纪三四十年代以来股份认购合同在商业实践中日益式微，相应地，股份认购制度在美国公司法学界的关注度也持续下降。① 这一方面是因为在美国《1933年证券法》和各州的蓝天法项下，不仅公众公司公开发行的股份需要注册，而且公众公司与认购人逐一订立的股份认购合同也被视为证券，并需要完成注册手续，故而以订立股份认购合同的形式公开发行股份实际上需要承担更多的注册费用；另一方面是因为在封闭型公司的语境下，由于股东人数较少，投资人开始普遍采用共同签订公司设立协议的方式成立封闭型公司，以此降低各自单独与拟设立公司签订股份认购合同的交易成本。② 因而，当前美国公司法上的股份认购制度及其背后的相关理论与20世纪三四十年代相比并未发生重大变化。第二，不同于中国公司法所确立的法定资本制，美国公司法采取的是授权资本制。这导致在美国法下订立股份认购合同的主体仅包括公司与认购人，一般并不存在全体现有股东参与订立股份认购合同的情形，而且股份认购合同一成立，认购人便取得了股东资格，相应的公司资本也便生成。

2. 以外部债权人利益保护为先

从理论和判例来看，在是否应当限制股份认购合同解除权的问题上，美国法有着明显的公司法优先于合同法适用，公司外部债权人的利益优先于解除权人在合同法项下的解除利益而得到保护的倾向。具体而言，一方面，美国公司法理论原则上认为在缺乏法律规定或公司章程约定的情况下不应允许解除股份认购合同，除非公司全体股东一致同意解除股份认购合同，且股份认购合同之解除不损害债权人的利益。③ 因为无论是基于"托管资金"（Trust Fund）理论，还是隐瞒（Holding Out）或欺诈（Fraud）理论，还是法定义务理论（Statutory Obligation Theory），公司人格独立"担保"着股份认购合同项下出资义务的完全履行。另一方面，各州在司法实践中形成的判例法虽然对此有一些不同的声音，但在总体上也认同基于公司法上外部债权人利益保护之考量限制股份认购合同解除权之行使。而且，在特定情形下，判例法上的这种限制似乎表现得更为严格。如在大部分附特殊条款的股份认购合同（Subscription upon Special Terms，又称附后决条件的股份认购合同，Subscription on a Condition Subsequent）解除权纠纷判例中，面对认购人基于公司严重违反股份认购合同中的特殊条款而要求解除股份认购合同的主张，法院往往直接

① Richard O. Kummert, "Stock Subscription Law for Practitioners", 63 *Wash. L. Rev.* 21 (1988), p. 21.

② ［美］R. W. 汉密尔顿：《公司法》，刘俊海、徐海燕注，中国人民大学出版社2000年版，第78页。

③ The Havard Law Review Association, "Release of Stock Subscription", *Harvard Law Review*, Vol. 53, No. 2 (1939), p. 314.

以特殊条款独立于股份认购合同为由而不予支持,并认为认购人仅有权向公司主张违约损害赔偿。而且特殊条款一旦构成对外部债权人的欺诈(表现为损害外部债权人的利益),则将被认定为无效,那么认购人也无权向公司请求损害赔偿。以下兹以几个附特殊条款的股份认购合同解除权纠纷判例予以说明。

(1)特殊条款独立于股份认购合同

在 Bryan v. St. Andrews Bay Community Hotel Corporation①一案中,原告 ST. Andrews Bay Community Hotel Corporation 是一家酒店公司,与被告 Bryan 签订了股份认购协议,约定由被告向原告认购其增发的8%优先股股份,并在被告支付全部认购款后,原告向其交付股份凭证。由于被告未按期支付认购款,原告起诉请求法院判令被告强制履行,并赔偿相应的利息损失。被告辩称,除该股份认购协议外,原告曾向其口头承诺本次增发优先股募集的资金共计45万美元将全部用于建造位于弗洛里达州的一家酒店,且该酒店的造价、装修费等全部费用将不高于45万美元,原告为建造该酒店也不会产生任何债务。基于对该口头承诺之信赖,其与原告订立了股份认购协议,该承诺也是其认购优先股股份的对价之一,是股份认购协议不可分割的一部分。由于被告建造酒店的实际费用远超增发优先股所募集的资金,并产生了大量未清偿债务,严重违反了股份认购协议,故而其有权解除股份认购协议,无须支付剩余的认购款。

弗洛里达州最高院经审理认为,即使如被告所言,原、被告双方订立的股份认购协议在理论上应属附特殊条款的股份认购合同。② 在此类合同中,认购人和公司之间除一般的股份认购合同法律关系外,还存在公司向认购人履行特殊条款所约定的特定义务的合同关系(从中国法的角度来看,应视为单方法律行为),而且这两种合同关系相互独立,即公司是否履行特殊条款中所约定的特定义务并不影响认购人在股份认购合同项下向公司支付认购款的义务。换句话说,即使公司未履行特定义务,认购人也无权据此主张解除股份认购合同或抗辩公司关于支付认购款之请求。不仅如此,针对公司未履行特定义务的行为,认购人只有在公司有权订立此类附特殊条款的股份认购合同的情形下方可向其主张违约损害赔偿。因此,本案原告的诉讼请求应予支持。

(2)特殊条款效力的判断标准

在 Warren Co. Co-op. Ass'n v. Boyd. ③一案中,原告是一家注册成立于美国北卡罗来纳州的公司,共计发行股份68股,每股票面价值为25美元。在原告正式成立前,被告向原告认购了1股股份,并向原告交付了本票(Promissory Note,可简单地理解为"打白条")。在该本票上,被告还增加了一个特殊条款,即"原告接受该本票,便视为同意使用

① 99 Fla. 132. (1930).

② 弗洛里达州最高院在该判决书中引用了美国公司法学者的一些著作对附特殊条款的股份认购合同理论进行说明,具体包括:Helliwell, Stock & Stockholders, p. 81; 2 Clark & Marshall's Private Corporations, § § 456, 465, 466; 2 Fletcher, Corporations, § 601, p. 1311; 1 Thompson, Corporations 761 等。

③ 171 N. C. 184. (1916).

募集的资金以'Rochdale'的方式开展经营,如果违反该项承诺的,该本票失效,且若被告已支付出资款的,原告应予返还"。原告公司成立后,接受了被告交付的本票,并要求被告支付出资款。由于原告未一直按照前述"Rochdale"方式开展经营,被告遂以此为由拒绝履行出资义务。

北卡罗来纳州最高院认为,案涉合同的性质为附特殊条款的股份认购合同。在原告公司成立并接受被告交付的本票之时,被告已经取得原告公司的股东身份。基于附特殊条款的股份认购合同相关理论,被告作为认购人无权以原告公司未履行特殊条款项下的承诺为由而拒绝履行对于公司的出资义务,因而原告的诉讼请求应当予以支持。更为重要的是,北卡罗来纳州最高院还指出,在附特殊条款的股份认购合同项下,特殊条款的效力应当受到三项标准的检验:一是特殊条款是否违反公司的章程或者公司同意特殊条款是否越权(Ultra Vires);二是特殊条款减轻了认购人的义务或赋予了其更多的权利,是否构成对其他股东的欺诈;三是外部债权人基于信赖公司的认缴资本将得到全部缴足而与其开展交易,特殊条款是否构成对外部债权人的欺诈。[①] 而且特殊条款一旦与其中的任何一项标准不符,便将被认定为无效,虽然这并不会影响股份认购合同的效力。在该案中,北卡罗来纳州最高院对该三项检验标准进行了逐项分析:首先,并无任何证据显示特殊条款违反了原告公司的章程或者北卡罗来纳州的公共政策;其次,外部债权人的利益也未直接涉及,因为公司的资产1703.67美元高于公司的负债1450美元;最后,由于其他股东对于公司和被告之间订立的特殊条款并不知情,亦未曾表示同意,特殊条款的效力若得到认可,势必会加重其他股东的义务和责任,有违股东间权利、义务的平等。因此,本案中的特殊条款应视为无效。

(3)不同的观点

在Texas City Hotel Corporation v. A. D. Wilkenfeld[②] 一案中,原告是一家得克萨斯州的酒店公司,其代理人罗杰斯(Rogers)在权限范围内向被告承诺原告将以增发股份募集的资金在某市商业区或临近商业区的地方建造一间社区型酒店,并由当地政府机构人员管理和运营。基于对该承诺的信赖,被告与原告签订了书面的股份认购协议,约定由被告向原告认购其增发的部分普通股股份,认购款分期支付。之后,被告发现原告并未在商业区建造社区型酒店,而是在远离商业区的地方建造了一间汽车旅馆,并且已将该汽车旅馆出租给一家全国性的连锁汽车旅馆公司,于是便拒绝支付认购款。原告遂起诉请求法院判令被告强制履行。

---

① 北卡罗来纳州最高院在该判决书中援引了美国公司法学者Clark在其公司法著作中对该三项标准的论述:"Subscription upon special terms are valid except:(a) Where the stipulations are ultra vires, or inconsistent with the charter or articles of incorporation. (b) Where they operate as a fraud upon the other shareholders by subjecting the subscriber to lighter burdens, or giving him greater rights and privileges. (c) Where they operate as a fraud upon the creditors of the corporation who contract with it on the faith of the capital stock being fully paid"。See Clark on Corporations, p. 302.

② 410 SW2d 860. (1966).

得克萨斯州民事上诉法院认为,涉案合同的性质是附特殊条款的股份认购合同。原告在特殊条款中承诺建造的酒店与实际建造的酒店之间存在实质差别,已违反了合同中的实质性义务(Material Obligations),故而被告当然有权解除股份认购协议,并终止履行出资义务。

(二)增资合同解除权的认定:合同法与公司法的适用关系

就根本上而言,是否应当限制增资合同主体所享有的解除权之症结在于合同法和公司法的选择适用,或者说合同法与公司法的边界划分。这也是近几年来学者们所关注的热点问题之一。在公司契约理论兴起之前,合同法与公司法等组织法一直被认为是相互分离、并列而存在的关系,公司合同并未得到足够的重视。而在公司契约理论兴起之后,随着合同法与公司法等组织法之间的关系研究日益深入,学者们发现合同法与公司法等组织法之边界实则相当模糊,清楚划分并不容易,而且合同法理念与公司法理念更是相互冲突、相互影响,在司法实践中公司合同纠纷的法律适用也已成为一大难题。

在这个理念性的问题上,有学者认为在法经济学大行其道的时代背景下,虽然公司契约论对于公司法有巨大的影响,契约自由和平等自愿等原则在公司法的解释和适用过程中都有重要的指导意义,但是不能将公司法简单地理解为合同法的特殊形式或格式条款,并直接采用合同法的分析路径解释和适用公司法。① 诚然如此,经济学意义上的契约和法学意义上的合同概念存在重大区别:经济学意义上的契约泛指基于当事人意思自治达成的任何安排,并不限于双方的利益交换行为,几乎等同于协作;②法学意义上的合同则范围狭窄许多,其构成要素有严格的界定,强调合意和对价,且具有法律的约束力。而且,更为重要的是,公司法相对于合同法而言也有其独特的功能,即界定产权。因而,在与公司产权界定相关的纠纷中,如涉及公司外部债权人利益保护,公司法应当优先于合同法适用。

1. 从公司契约论角度看公司法的功能

公司契约论的核心问题是公司为什么会存在。这个问题实际上对于公司内部治理制度的构建有着指导意义。对此,制度经济学领域的专家科斯教授认为公司产生的原因在于市场中的价格机制的运用具有很高的成本,包括信息成本、谈判成本、拟定和实施契约的成本等,而通过公司内部的权威管理可以大量减少本来需要分散定价的交易数目,从而节约交易成本。③ 由此引发的进一步思考是,既然使用公司可以避免使用市场(价格机制)的交易成本,那么为什么不把所有生产全部放入公司内部进行呢?因为使用公司这一机制也存在交易成本(制度成本)。在公司内部,不同生产环节之间失去了价格的指引,各生产要素只能盲目地服从经理的指令进行分配,而经理的指令依赖于内部的信

① 黄辉:《公司法的逻辑:公司的契约性质等于公司法的合同进路吗?》,载《第四届公司与金融法制国际论坛——合同法视野下公司法与金融法的适用论文集》,2016年。

② 黄辉:《对公司法合同进路的反思》,载《法学》2017年第4期。

③ 同上。

息反馈和经验估计，其决策失误的可能性自然高于市场价格的指引。[①] 更为重要的是，劳力这一生产要素在公司等组织形式内与资本等其他生产要素有着重要区别。因为劳力会带来公司等组织形式内部的监督费用，即激励和约束机制的费用。因此，从公司契约论的角度出发，公司法的核心功能在于维护、降低公司内部这套权威管理体系的交易成本，主要为劳力要素所带来的监督费用。这也说明公司法的本质是商法，其价值追求是效率优先。具体而言，从整体上来看，公司法是国家所提供的一套格式化的权威管理体系，方便了公司发起人在需要时援用，避免了商人设立公司时重复性的缔约成本。从制度安排来看，公司法提供了一套由股东会、董事会和监事会所组成的公司内部治理结构范式，包括独立董事制度、董事信义义务制度、独立监事制度等。这些制度的目的都在于降低公司内部的监督费用。那么，公司法中的这些制度规定应当表现为任意性规范还是强制性规范？基于公司自身利益考虑，由于不同公司所面临的情况不同，这些制度应当以表现为任意性规范为妥。这从不同国家的公司法在公司内部治理制度上的差异可见一斑。

2. 公司法的产权界定功能

然而，公司法的功能并不止于维护和降低公司内部这套权威管理体系的交易成本。往往容易被忽略但实际上有非常重要意义的是，公司法确立并保护着一种独特的公司产权制度，具体表现为公司财产独立，股东承担有限责任并仅享有对公司的剩余索取权以及债权人有权就公司的资产优先于股东及股东的债权人优先受偿。根据汉斯曼(Hansmann)和克拉克曼(Kraakman)所提出的资产分割理论(Asset Partition)，一方面，公司财产独立提供了高强度的积极性资产分割(Affirmative Partition)，即公司的债权人对于公司的独立财产的请求权优先于股东的债权人；另一方面，股东承担的有限责任则提供了高强度的防御性资产分割(Defensive Partition)，即股东的债权人对于股东的独立个人财产的请求权优先于公司的债权人。[②] 这两者的相互配合使公司具有了高强度的资产分割的特征，保证了公司财产与股东财产之间的相对独立。

那么，公司法为什么要创设这样一种如此独特的公司产权制度呢？首先，以公司财产独立和股东有限责任为核心的公司产权制度能够有效弥补无限责任和连带责任机制的不足，如投资人难以通过多元投资分散风险，并满足商业市场的多样化需求。这从该种公司产权制度的发展历史可见一斑。公司财产独立和有限责任的雏形于 19 世纪中期开始在美国公司法律制度中出现。而到了 20 世纪初，公司财产独立和有限责任便已经

---

① 李俊慧：《经济学讲义：颠覆传统经济学 26 讲》，中信出版社 2016 年版，第 245 页。

② Henry Hansmann and Reinier Kraakman, "The Essential Role of Organization Law", *Yale Law Journal*, Vol. 110, 2000, pp. 387 – 440.

成为一种被普遍所接受的准则,①有学者甚至将其称为是“现代最重要的,唯一的发明”。② 而根据一些学者们的总结,公司财产独立和有限责任的效率主要体现在:减少了监督代理人的必要,促进了出资者之间的合作和信任,分散了出资者的投资风险,降低了公司的融资成本,促进了股票市场的大规模发展等。③ 与此同时,债权人似乎也比较乐于接受以公司财产独立和有限责任为核心的公司产权制度,因为公司财产独立使债权人可以直接执行公司财产,节约了事前的对公司能力、信用的评价成本,以及事后执行债权的成本。④ 其次,以签订合同的形式替代公司法立法来实现公司财产独立和有限责任的效果将会产生大量的交易成本,不具备现实可行性。具体而言,在公司法未规定公司财产独立和股东有限责任的情形下,如果想要通过合同的方式实现同样目的,企业的所有者不仅需要与自己的全部债权人约定企业不对所有者个人的债务负无限连带责任,而且在企业与第三人的交易合同中还需要说明企业所有者的财产与企业的财产相互区分。⑤ 这在企业所有者人数有限且企业对外交易不活跃的情况下尚有可能实施,否则签订合同的方式所带来的交易成本将急剧上升,企业的所有者根本难以负担。

静态的以公司财产独立和股东有限责任为核心的公司产权制度在实际的运行中也离不开公司法的保护。特别是在有限责任公司的语境下,控股股东极易利用对于公司的控制而滥用有限责任,如利用关联交易向控股股东输送利益,不当进行股利分配以及抽逃出资等,从而导致公司的财产向控股股东不当转移,严重破坏了公司财产的独立性并损害了外部债权人的利益。为此,公司法一般通过设置欺诈交易制度、公司资本制度以及刺破公司面纱制度等予以规制。

在这些制度中,比较有争议的是公司资本制度。一般而言,公司资本制度主要包括股东对公司的出资管制和公司向股东返还资本的限制(主要表现为资本维持原则)两方面。随着2013年修订的中国《公司法》放松了对股东出资的管制,具体涉及取消法定最低资本额和实行资本认缴制等,商业社会中低注册资本的公司屡见不鲜,公司资本制度或者资本维持原则的价值似乎已经完全丧失殆尽。本文对此并不认同,取消法定最低资本额等改革措施都只是公司法自身的规制方式顺应商业实践发展而进行的调整,并不意

---

① [美]所罗门(Solomon,L. D.)、帕尔米特(Palmiter,A. R.):《公司法》,中国方正出版社2004年版,第508~509页。

② Roger E. Meiners, James S. Mofsky and Robert D. Tollison, “Piercing the Veil of Limited Liability”, *Delaware Journal of Corporate Law*, Vol. 4, 1979, p. 351.

③ 邓峰:《普通公司法》,中国人民大学出版社2009年版,第188~189页。

④ Richard A. Posner, *Economic Analysis of Law*, 5th Edition, Aspen Law & Business, 1998, pp. 433-434.

⑤ 许德风:《组织规则的本质与界限——以成员合同与商事组织的关系为重点》,载《法学研究》2011年第3期。

味着商业实践中“资本”对于公司不再重要。① 无论股东出资管制是否放松，资本维持原则都有两项重要价值：其一，它能够在限制公司向其成员的分配方面起到作用，②并有助于保护公司财产独立和外部债权人的利益；其二，资本锁定(Locking in Capital)，由于股东无法抽回出资，公司便可以积累大量的长期资金用于工业化生产并发展组织的独特价值或商誉。③

综上所述，在创设和维护以公司财产独立和股东有限责任为核心的公司产权制度的层面上，公司法更接近于物权法而非合同法。就像所有权、抵押权等物权的对世性与追及力需要通过物权法的强制性规定来实现一样，唯有依赖于公司法上的强制性规定，才能有效保护公司财产的独立性，防止股东抽回出资和损害外部债权人的利益。④ 因此，在涉及公司等商事组织的债权人利益时，公司法等组织规则应当优先于合同法适用。而在增资合同解除权纠纷的语境下，公司外部债权人利益也应当优先于解除权人的解除利益而得到保护，即应当基于公司法项下外部债权人利益保护的需求而限制增资合同主体所享有的解除权。

四、限制增资合同解除权的判定标准：资本维持原则的再解释

从边际上来看，由于增资合同解除在合同法项下之法定效果将导致公司资本和资产的减少，所以增资合同解除权之行使在不同程度上都会导致外部债权人利益保护的水平下降。但是，这并不意味着外部债权人的利益必将直接受到损害，故而也不应完全禁止增资合同主体行使解除权。从上述保护公司财产独立性和外部债权人利益的制度群来看，如何限制增资合同主体所享有的解除权的问题应当属于公司资本制度项下的资本维持原则的射程范围。因为一方面增资合同解除在合同法项下的效果实际上就是公司向股东返还资本，另一方面在上述制度群中，除资本维持原则之外，其他制度都偏向于规制不当侵蚀公司财产的行为，而资本维持原则似乎更关注在公司以合法形式向股东返还资本的情形下使公司维持特定金额的资产或清偿债务的能力。因此，以是否违反公司资本维持原则作为限制增资合同主体所享有的解除权的判断标准似乎是一个比较恰当的路径，理由具体如下之所述。

(一)资本维持原则的意义与争议

1. 资本维持原则概念和内涵的再理解

虽然中国《公司法》并未规定资本维持原则，但是在公司法学理中资本维持原则一向

① John Amour, “Legal Capital: An Outdated Concept?”, *European Business Organization Law Review* 7:5 – 27(2006). 转引自刘燕：《公司法资本制度改革的逻辑与路径——基于商业实践视角的观察》，载《法学研究》2014 年第 5 期。

② [英]保罗·戴维斯、莎拉·沃辛顿：《现代公司法原理》，罗培新等译，法律出版社 2016 年版。

③ Margaret M. Blair, “Locking in Capital: What Corporate Law Achieved for Business Organizers in the Nineteenth Century”, 51 *UCLA L. Rev.* 387(2003). 转引自刘燕：《重构“禁止抽逃出资”规则的公司法理基础》，载《中国法学》2015 年第 4 期。

④ 许德风：《组织规则的本质与界限——以成员合同与商事组织的关系为重点》，载《法学研究》2011 年第 3 期。

被奉为“资本设计之圭臬”,嵌入在“资本三原则”之中,而且在资本三原则中居于核心地位。但是,学者们对于资本维持原则的概念和内涵似乎未达成一致的观念,对于资本维持原则的误读也并不罕见。通过翻阅学者们的著述发现,大部分学者通常把资本维持原则的内涵归结于公司必须或应当维持与公司资本或注册资本相当的资本或资产或财产。比如,有学者认为资本维持原则的“本意是公司存续期间,应当维持与其注册资本相当的资本,以达到保护债权人的利益和社会交易的安全”。① “资本维持原则又称资本充实原则或资本拘束原则,指公司在存续过程中必须经常保持与抽象的公司资本额相当的公司现实资产”。② 与此同时,有部分学者则将资本维持原则定义为禁止公司向股东非法返还资本或资产,如有学者指出“资本维持并不是要求公司必须维持资本而不得致其减损,而是禁止公司将资本非法返还给股东”。③ 就这两种观点比较而言,前一种存在明显的误区,因为基于这种观点的逻辑,自然可以得到以下推论:只要公司资本减少或发生损失,无论其原因是正常的商业风险,还是公司向股东非法返还资本,就都违反了资本维持原则。这明显有悖于商业实践的常理:与公司交易的债权人应当承担公司因商业风险遭受资本损失并进而不能偿还到期债务的风险。而后一种观点对于资本维持原则的理解则更加精准,也契合于传统英国法上对于资本维持原则内涵的经典阐述——在1887年Trevor v. Whitworth案判决书中沃森(Watson)大法官指出“无可避免的是资本会在公司被授权经营的业务中被损耗或消耗,而所有信赖公司并与公司发生交易的人都知晓并自愿承担这些风险。但是,他们有权依赖公司做出的如下保证:公司资本不会超出上述商业目的而被消耗,也不会因返还股东而减损”。④

除以上两种观点之外,还有一种观点对于资本维持原则的理解则显得更加的恰当、饱满和灵活。这也正是本文所赞同的观点。持该种观点的学者认为,公司资本维持原则可视为一系列否定性或限制性的底线规则群,或者说立法者在法律中所嵌入的一个“债权人利益的共同条款”。⑤ 换句话说,所谓的资本维持原则在于寻找一条财务底线,凡满足这一财务底线要求的公司,均可进行自由的商业判断,将公司资产以合法形式回馈或返还给股东。⑥ 诚然,这一种观点恰如其分地指出了资本维持原则在当下公司法中的独特价值。资本维持原则并不关注欺诈交易规则、刺破公司面纱规则等行为规范所针对的股东不当侵蚀公司财产的行为,侧重于在公司以合法形式向股东返还资本的情形下,出于使公司维持一定金额的资产或清偿债务能力的目的而对此种资本返还行为予以限制,

① 邓峰:《普通公司法》,中国人民大学出版社2009年版,第320页。

② 刘俊海:《现代公司法》,法律出版社2008年版,第126页。

③ 张保华:《资本维持原则解析——以“维持”的误读与澄清为视角》,载《法治研究》2012年第4期。

④ 12 App Cas 409(1887).另可参见[英]艾利斯·费伦:《公司金融法律原理》,罗培新译,北京大学出版社2012年版,第185~186页。

⑤ John Armour,“Share Capital and Creditor Protection:Efficient Rules for a Modern Company Law”,*The Modern Law Review*,Vol. 63,No. 3,(2000),p. 373.

⑥ 傅穹:《重思公司资本制原理》,法律出版社2004年版,第169~170页。

如限制增资合同主体行使增资合同项下的解除权。而这恰恰是欺诈交易规则、刺破公司面纱规则等行为规范力不能及之处,尽管此种意义上的资本维持原则仍然面临着一大难题,即如何设定该条防范股东侵蚀公司资产的财务底线。

然而,中国法下资本维持原则的适用则显得十分僵化。一方面,无论是公司分配、减资还是股份回购,实际上都只是将公司价值返还给股东的不同方式而已,应当在一定程度上统一受到资本维持原则的规制。但是,中国《公司法》对于公司分配、减资和股份回购等分别形成了不同的规则,缺乏利益衡量上的连续性。另一方面,中国法下资本维持原则在适用过程中的重点似乎并不在于为保护外部债权人的利益而设定一个防范股东侵蚀公司资产的底线,而是严格限制甚至禁止任何公司向股东返还资本的行为。这从中国《公司法》第 177 条①所规定的公司减资规则可见一斑。该条规定虽然原则上允许公司减资,但是需要履行法定的强制性程序,包括强制性编制资产负债表和财产清单以及强制性的通知和公告义务,而且债权人可要求公司在减资前清偿债务或为债务提供担保。这背后反映出的是立法者在潜意识里认为公司向股东返还资本的行为必将直接损害外部债权人的利益。

2. 资本维持原则项下的保护客体和保护范围

首先,应当明确的是,公司资本维持原则的保护客体并非列示在资产负债表右方所有者权益项下的资本,而是与该资本数额相对应的抽象的公司资产,且并非特定的某一公司财产。② 因为公司资本仅仅是公司成立时注册登记的一个抽象的数额,未经公司增资或减资并不会发生任何变动,而股东向公司认缴的注册资本一旦真实缴纳便成为公司的资产,会随着公司的经营情况而不断发生变化。所以,资本维持原则的实质是维持与公司资本数额相对应的公司资产。

其次,所谓的资本维持原则的保护范围实际上是指公司资本的范围。公司资本当然包含注册资本或股本,但真正的问题在于股份溢价或资本公积是否属于公司资本。在一般情况下,资本公积主要源于股份溢价。而股份溢价是指由于公司净资产价值或整体价值上升,在公司成立后加入的股东为取得股份而实际支付的高于股票面值的部分对价。③ 从中可知,注册资本或股本与资本公积或股份溢价实际上都是股东出资的组成部分。人为割裂的目的在于维系不同时期加入公司的股东之间的利益平衡。因此,资本公积或股份溢价当然属于公司资本,也应当受到资本维持原则之保护。这在英国、德国等国家的公司法中已十分明确。然而,在中国司法实践中,由于《公司法》并未对此作出明确规定,不时有法院出于利益平衡的需求而将资本公积不视为公司资本的一部分,如在著名的新

① 《公司法》第 177 条规定:"公司需要减少注册资本时,必须编制资产负债表及财产清单。公司应当自作出减少注册资本决议之日起十日内通知债权人,并于三十日内在报纸上公告。债权人自接到通知书之日起三十日内,未接到通知书的自公告之日起四十五日内,有权要求公司清偿债务或者提供相应的担保。"

② 白江:《论资本维持原则和公司资产的保护》,载《社会科学》2007 年第 12 期。

③ 刘燕:《新〈公司法〉的资本公积补亏禁令评析》,载《中国法学》2006 年第 6 期。

湖集团与浙江玻璃等公司增资纠纷案[①](以下简称新湖集团案)中浙江省高级人民法院便出于平衡增资股东新湖集团利益的目的,而免除了其所负担的计入资本公积部分的出资义务。很显然,此类裁判逻辑和裁判结果十分值得商榷。

3. 美国法项下资本维持原则的适用

在美国法项下,资本维持原则主要体现在公司法对于公司分配的限制。因为美国法上的"分配"有着广泛的含义。根据美国《修订示范商业公司法》第1.40(6)条的规定,分配的形式可以是宣告或者支付股利,购买、回购或者以其他方式取得公司股票;或者将公司的债权分配给股东;或者其他形式。[②] 这实际上已经等同于中国法下资本返还的概念。

在传统上,美国法采取"溢余"(Surplus)标准来限制公司分配,即如果公司分配的资金超过了公司的溢余,则应被认定为削弱了公司资本。换句话说,在公司没有溢余的情况下,不得向股东进行分配。那么,何为溢余呢?在特拉华州公司法下,它是指公司净资产超过声明资本的金额,对应于中国公司法语境下的"资本公积""盈余公积""未分配利润"三部分之和。[③] 从中可见,溢余标准实际上是资产负债表意义上的"资不抵债"标准。在公司虽有溢余但因缺乏现金流而无法偿还到期债务的特殊情形下,溢余标准的缺陷便一览无余。

为了弥补溢余标准的缺陷,美国公司法上出现了三条完全不同的改革路径。其一,加利福尼亚州公司法独辟蹊径,建立了一套类似于银行业监管核心指标——资本充足率的判断体系。简言之,公司向股东分配需要同时满足以下两项要求:一是在"保留盈余"的范围内分配,或者在分配后满足一系列财务指标,涉及总资产负债比率、流动资产、流动负债、税前息前盈余、流动比率等;二是分配未导致公司丧失到期债务清偿能力。[④] 其二,《修订示范商业公司法》确立了双重清偿能力标准。根据《修订示范商业公司法》第6.40条的规定,如果公司分配后将产生以下两项后果之一的,则不得进行分配:一是公司无法偿还正常经营过程中的到期债务;二是公司资产总额低于负债总额。[⑤] 其三,特拉华州在溢余标准的基础上附加了清偿能力标准,并要求只有同时满足这两项标准,公司才可分配。

(二)增资合同解除权的限制:以是否违反资本维持原则为标准

1. 以双重清偿能力标准作为财务底线

以是否违反资本维持原则作为限制增资合同主体所享有的解除权的标准,其关键在于构建一条财务底线。只要在解除权人向相对方发出解除增资合同的意思表示之时公

① 浙江省高级人民法院(2009)浙商初字第1号民事判决书。

② 沈四宝编译:《最新美国标准公司法》,法律出版社2006年版,第17页。

③ 刘燕:《对赌协议与公司法资本管制:美国实践及其启示》,载《环球法律评论》2016年第3期。

④ 刘燕:《公司法资本制度改革的逻辑与路径——基于商业实践视角的观察》,载《法学研究》2014年第5期。

⑤ 沈四宝编译:《最新美国标准公司法》,法律出版社2006年版,第58~59页。

司满足这一财务底线,法院就应当允许增资合同主体行使解除权,并发生相应的合同解除之法定效果,否则法院应当限制增资合同主体所享有的解除权。那么,如何确定这条财务底线呢?从前述美国法上的经验来看,本文认为应当以双重清偿能力标准作为财务底线。具体而言,只要增资合同的解除未产生以下两项后果之一的,便应当允许增资合同主体行使解除权:一是公司无法偿还正常经营过程中产生的到期债务;二是公司资产总额低于负债总额。这背后的原因在于,一方面,无论是加利福尼亚州公司法所采取的类似于资本充足率的标准,还是特拉华州公司法所采用的"溢余标准+清偿能力标准"都过于复杂,对于现阶段的中国法院而言是一个着实不小的挑战,可行性不高;另一方面,债权人所面临的核心风险在于公司失去清偿债务的能力,故而应当抓住主要矛盾,力求简洁、有力,由此也可以摆脱会计实务的束缚。

在构建完成资本维持原则项下的财务底线的基础上,需要进一步明确的是如何分配证明增资合同的解除满足财务底线与否的举证责任?从总体上来看,一方面,由于有限责任公司控制着自身的资产、负债信息,虽然《公司法》赋予了增资股东查阅公司财务会计报告的权利,但是在公司不予配合的情况下,增资股东欲获取公司在其作出解除增资合同的意思表示之时的财务信息,包括到期债务金额、资产总额、负债总额等,依旧面临着提起股东查阅权诉讼所带来的高昂的时间和金钱成本;另一方面,相对于增资股东而言,公司对于自身的财务状况自然掌握得更为细致和全面。因此,本文认为,为了提高增资合同解除权纠纷的诉讼效率并降低相关当事人所负担的诉讼成本,应当由公司举证证明增资合同的解除是否满足财务底线。而且,应当注意的是,由于增资股东与公司在增资合同解除权纠纷的诉讼中处于相互对抗的地位,在增资股东对公司所提供的到期债务总额、资产总额等财务信息提出合理怀疑的情形下,法院应当允许增资股东聘请专业的第三方中介机构对公司在其作出解除增资合同的意思表示之时的财务状况进行审计。相关的审计费用应当由败诉的一方承担。

2. 与合同法进路和公司法进路的比较

相比于前述司法实践中形成的合同法进路和公司法进路,以是否违反资本维持原则作为限制增资合同主体行使解除权的标准更符合商法上的利益平衡保护原则,能够实现商业效率和商业公平的平衡,增资合同主体与公司外部债权人之间的利益平衡,以及资源优化配置和最大程度保护交易结果的目标。① 具体而言,合同法进路为了保护商事交易的效率,并不考虑增资合同解除的法定效果与公司资本维持原则之间的潜在冲突,完全忽视了增资合同的外部性特征与公司外部债权人利益保护的需求,损害了商业公平。公司法进路则恰恰相反,为了实现商业公平,加强对公司外部债权人利益的保护,其以增资合同解除的法定效果损害公司资本为由完全限制了增资合同主体所享有的解除权,并直接剥夺了解除权人在增资合同项下本应受保护的解除利益,实则有损公司融资的效

① 郑彧:《商法要义》,法律出版社 2014 年版,第 99～103 页。

率。而以是否违反资本维持原则作为限制增资合同主体行使解除权的标准则有效地弥补了合同法进路和公司法进路的不足,更显公平、合理。一方面,公司法项下的资本维持原则的本意便在于保护公司的产权制度和外部债权人的利益,以此限制增资合同主体所享有的解除权符合制度利益和社会利益优先于当事人的具体利益和群体利益的利益衡量标准;另一方面,资本维持原则所构建的财务底线相比于公司减资制度而言更加宽松,更具有灵活性,在不损害外部债权人利益的情况下尽可能地平衡保护了增资合同主体的解除利益,而且避免了公司减资所带来的高昂的交易成本和烦琐的法定程序,并能够使商事主体形成稳定的交易预期,提升有限责任公司融资的效率。另外,值得一提的是,这也将助于避免司法实践中再次出现前述新湖集团案中法院以违反其他现有规则为代价盲目平衡增资股东利益的错误做法。

五、代结论

合同法与公司法的边界,或者说合同法与公司法的选择适用在近几年引起了学者们的持续关注,这似乎应主要归因于公司契约论在学界的兴起。在公司契约论兴起以前,合同法与公司法,或者说行为法与组织法一直被认为是相互分离、并列而存在,公司法等组织法中的契约因素并未得到足够的重视。而在公司契约论兴起之后,公司法等组织法中的内容,如公司章程,越来越被认为可归属于合同的范畴,甚至于被认为应主要适用合同法规范。合同法等行为法与公司法等组织法之间的边界正日益模糊,两者似乎是一种若即若离的关系。

增资合同具有无名商事合同和非典型公司合同的特性。这导致有限责任公司增资合同解除权纠纷不同于一般的民事合同解除纠纷,正处于合同法等行为法与公司法等组织法之间的交互地带,合同法与公司法的适用冲突一触即发。这也从侧面反映出有限责任公司增资合同解除权纠纷的症结在于合同法与公司法的选择适用问题,或者说合同法与公司法的边界问题。而面对这一冲突,当前中国法院在司法实践中的表现则难以令人满意。无论是基于行为法的合同法路径,还是基于组织法的公司法路径,都试图以单一的思路解决当事人之间的纷争,最终的结果不是忽略了公司法界定产权的功能和保护外部债权人利益的价值追求,就是直接剥夺了解除权人在增资合同项下本应受保护的解除利益。

为了更好地解决此类公司合同纠纷,需要回归中国合同法与公司法的现实,努力做到以下两点:其一,在对公司法的私法自治品格达成共识的基础上,应坚持维护以公司财产独立和股东有限责任为核心的公司产权制度。因为公司产权制度是有限责任公司存在的根本。而且,从这个层面上来看,公司法有着合同法等行为法所不具备的"组织法"属性。具体就增资合同解除权纠纷而言,公司外部债权人的利益理应优先于解除权人的解除利益而得到保护,增资合同主体所享有的解除权也应受限于公司法项下的资本维持原则。

其二,更为重要的是,应当在合同法中正式确认商事合同与民事合同的区分。只有在此基础上,商法思维才能最终生根发芽。而且,应当指出的是,商法思维绝不是单纯的合同法裁判思维或公司法裁判思维，要求对行为法与组织法的交融与互动有着深刻的理解。在对增资合同解除权纠纷的处理上，由于中国《合同法》民商合同不分的现实，法院往往容易不合理地适用公平原则、合同自由原则，而忽视商法一般原则的适用，如效率优先原则，最大限度维护交易结果原则以及利益平衡保护原则等。这带来的不利后果从前述合同法路径和公司法路径中可见一斑。基于利益平衡保护原则，以是否违反资本维持原则作为限制增资合同主体行使解除权的标准，可有效弥补合同法进路和公司法进路的不足，更显公平、合理。

征稿启事

《商法界论集》由中国社会科学院法学研究所商法研究室主办,旨在繁荣商法学理论研究、促进商事法治发展。本书设专题研讨、论文、案例评论、学位论文、研究报告、书评等栏目,每年出版两卷。诚邀国内外高等院校、科研机构、实务部门的专家学者,及优秀博士、硕士研究生赐稿。

一、投稿要求

1. 稿件尚未公开发表,主题属于商事法领域,包括但不限于商法基础理论、公司法、证券法、期货法、信托法、破产法、保险法、票据法、金融法等。

2. 请在文章首页脚注内注明作者姓名、单位、职称、电话、邮箱、地址及邮编。

3. 写作规范,篇幅一般应在8000字以上,附300~500字摘要及5个以内关键词。

4. 文章注释采用全文脚注形式,所有脚注均不简写。

5. 邮件标题和Word文件命名格式均为:作者姓名+文章标题。

6. 投稿邮箱:shangshifa@126.com,投稿之日起一个月内告知审稿结果。

二、注释体例

1. 中文专著

邹海林:《破产法——程序理念与制度结构解析》,社会科学文献出版社2017年版,第56页。

叶林主编:《期货期权市场法律制度研究》,法律出版社2017年版,第10页。

[意]F. 卡尔卡诺:《商法史》,贾婉婷译,商务印书馆2017年版,第6~7页。

2. 中文论文

陈甦:《资本信用与资产信用的学说分析及规范分野》,载《环球法律评论》2015年第1期。

曹兴权:《商事指导性案例中规则续造推理的规范性》,载陈洁主编:《商事指导性案例的司法适用》,社会科学文献出版社2017年版,第13页。

3. 外文文献:引用著作的,书名用斜体;引用论文的,文章名用正体加引号,期刊名用斜体。多个作者之间用逗号。

Steven L. Emanuel, *Torts*, CITIC Publishing House, 2003, p. 149.

Richard A. Posner, "The Decline of Law as an Autonomous Discipline: 1962 - 1987", *Harvard Law Review*, Vol. 100, No. 4 (1987), pp. 761 - 780.

图书在版编目(CIP)数据

商法界论集. 第2卷 / 陈洁主编. -- 北京 : 法律出版社, 2018
ISBN 978 - 7 - 5197 - 2948 - 6

Ⅰ. ①商… Ⅱ. ①陈… Ⅲ. ①商法-中国-文集 Ⅳ. ①D923.994 - 53

中国版本图书馆CIP数据核字(2018)第279854号

商法界论集(第2卷)
SHANGFAJIE LUNJI (DI-2 JUAN)

陈 洁 主 编
夏小雄 钟 维 副主编

策划编辑 沈小英
责任编辑 沈小英 刘晓萌
装帧设计 马 帅

出版 法律出版社
总发行 中国法律图书有限公司
经销 新华书店
印刷 北京虎彩文化传播有限公司
责任校对 杨锦华
责任印制 吕亚莉

编辑统筹 财经法治出版分社
开本 720毫米×960毫米 1/16
印张 16.25
字数 355千
版本 2018年12月第1版
印次 2018年12月第1次印刷

法律出版社/北京市丰台区莲花池西里7号(100073)
网址/www.lawpress.com.cn
投稿邮箱/info@lawpress.com.cn
举报维权邮箱/jbwq@lawpress.com.cn
销售热线/010 - 83938336
咨询电话/010 - 63939796

中国法律图书有限公司/北京市丰台区莲花池西里7号(100073)
全国各地中法图分、子公司销售电话:
统一销售客服/400 - 660 - 6393
第一法律书店/010 - 83938334/8335 西安分公司/029 - 85330678 重庆分公司/023 - 67453036
上海分公司/021 - 62071639/1636 深圳分公司/0755 - 83072995

书号:ISBN 978 - 7 - 5197 - 2948 - 6 **定价**:78.00元
(如有缺页或倒装,中国法律图书有限公司负责退换)